思想的・睿智的・獨見的

經典名著文庫

學術評議

策劃　楊榮川

五南圖書出版公司 印行

經典名著文庫

學術評議者簡介 （依姓氏筆畫排序）

經典名著文庫055

原富（國富論）（上）

An Inquiry into the Nature and Causes of the Wealth of Nations

亞當‧史密斯 著

（Adam Smith）

郭大力、王亞南 譯　吳惠林 審定

經典永恆・名著常在

五十週年的獻禮 ・「經典名著文庫」出版緣起

　　五南，五十年了。半個世紀，人生旅程的一大半，我們走過來了。不敢說有多大成就，至少沒有凋零。

　　五南忝為學術出版的一員，在大專教材、學術專著、知識讀本已出版逾七千種之後，面對著當今圖書界媚俗的追逐、淺碟化的內容以及碎片化的資訊圖景當中，我們思索著：邁向百年的未來歷程裡，我們能為知識界、文化學術界作些什麼？在速食文化的生態下，有什麼值得讓人雋永品味的？

　　歷代經典・當今名著，經過時間的洗禮，千錘百鍊，流傳至今，光芒耀人；不僅使我們能領悟前人的智慧，同時也增深我們思考的深度與視野。十九世紀唯意志論開創者叔本華，在其「論閱讀和書籍」文中指出：「對任何時代所謂的暢銷書要持謹慎的態度。」他覺得讀書應該精挑細選，把時間用來閱讀那些「古今中外的偉大人物的著作」，閱讀那些「站在人類之巔的著作及享受不朽聲譽的人們的作品」。閱讀就要「讀原著」，是他的體悟。他甚至認為，閱讀經典原著，勝過於親炙教誨。他說：

> 「一個人的著作是這個人的思想菁華。所以，儘管
> 一個人具有偉大的思想能力，但閱讀這個人的著作
> 總會比與這個人的交往獲得更多的內容。就最重要

的方面而言，閱讀這些著作的確可以取代，甚至遠
遠超過與這個人的近身交往。」

為什麼？原因正在於這些著作正是他思想的完整呈現，是他所
有的思考、研究和學習的結果；而與這個人的交往卻是片斷
的、支離的、隨機的。何況，想與之交談，如今時空，只能徒
呼負負，空留神往而已。

三十歲就當芝加哥大學校長、四十六歲榮任名譽校長的赫
欽斯（Robert M. Hutchins, 1899-1977），是力倡人文教育的
大師。「教育要教真理」，是其名言，強調「經典就是人文教
育最佳的方式」。他認為：

「西方學術思想傳遞下來的永恆學識，即那些不因
時代變遷而有所減損其價值的古代經典及現代名
著，乃是真正的文化菁華所在。」

這些經典在一定程度上代表西方文明發展的軌跡，故而他為
大學擬訂了從柏拉圖的「理想國」，以至愛因斯坦的「相對
論」，構成著名的「大學百本經典名著課程」。成為大學通識
教育課程的典範。

歷代經典・當今名著，超越了時空，價值永恆。五南跟業
界一樣，過去已偶有引進，但都未系統化的完整舖陳。我們決
心投入巨資，有計畫的系統梳選，成立「經典名著文庫」，希
望收入古今中外思想性的、充滿睿智與獨見的經典、名著，包
括：

- 歷經千百年的時間洗禮，依然耀明的著作。遠溯二千三百年前，亞里斯多德的《尼克瑪克倫理學》、柏拉圖的《理想國》，還有奧古斯丁的《懺悔錄》。
- 聲震寰宇、澤流遐裔的著作。西方哲學不用說，東方哲學中，我國的孔孟、老莊哲學、古印度毗耶娑（Vyāsa）的《薄伽梵歌》、日本鈴木大拙的《禪與心理分析》，都不缺漏。
- 成就一家之言，獨領風騷之名著。諸如伽森狄（Pierre Gassendi）與笛卡兒論戰的《對笛卡兒『沉思』的詰難》、達爾文（Darwin）的《物種起源》、米塞斯（Mises）的《人的行為》，以至當今印度獲得諾貝爾經濟學獎阿馬蒂亞‧森（Amartya Sen）的《貧困與饑荒》，及法國當代的哲學家及漢學家余蓮（François Jullien）的《功效論》。

梳選的書目已超過七百種，初期計劃首為三百種。先從思想性的經典開始，漸次及於專業性的論著。「江山代有才人出，各領風騷數百年」，這是一項理想性的、永續性的巨大出版工程。不在意讀者的眾寡，只考慮它的學術價值，力求完整展現先哲思想的軌跡。雖然不符合商業經營模式的考量，但只要能為知識界開啟一片智慧之窗，營造一座百花綻放的世界文明公園，任君遨遊、取菁吸蜜、嘉惠學子，於願足矣！

最後，要感謝學界的支持與熱心參與。擔任「學術評議」的專家，義務的提供建言；各書「導讀」的撰寫者，不計代價地導引讀者進入堂奧；而著譯者日以繼夜，伏案疾書，更

是辛苦，感謝你們。也期待熱心文化傳承的智者參與耕耘，共同經營這座「世界文明公園」。如能得到廣大讀者的共鳴與滋潤，那麼經典永恆，名著常在。就不是夢想了！

總策劃　楊榮川

二〇一七年八月一日

導讀

回到亞當‧史密斯的世界

前不見古人，後不見來者。

念天地之悠悠，獨愴然而涕下。

陳子昂（661～702）

《登幽州臺歌》

　　迄21世紀今日，「經濟學」已有二百四十多年的歷史了，自1776年開創以來，經過幾次大的變革，先是1890年馬夏爾（A. Marshall, 1842～1924）的經典名著《經濟學原理》（*Principles of Economics*）提出了供需圖形和均衡等分析工具及基本概念，並引入數學工具，出現了「新古典學派」。到1920年所謂的「混合經濟大師」庇古（A. C. Pigou, 1877～1959）出版了《福利經濟學》（*Wellfare Economics*），提出外部性、社會成本的概念，「市場失靈」現象被突顯，於是政府出面「校正」市場失靈備受肯定。到1930年代世界經濟大恐慌，「供給過剩」、「失業遍野」，市場機能失靈，引出了凱因斯（J. M. Keynes, 1883～1946）的巨著《就業、利息和貨幣的一般理論》（簡稱一般理論或通論，*The General Theory of Employment, Interest, and Money*），提出「政府創造有效需求」的解藥，不但政府名正言順站上經濟舞臺，以總體經濟政策「精密調節」整體經濟，而且「總體經濟學」誕

生了，「國民所得」、GDP也成為耳熟能詳的專詞。到1948年薩繆爾遜（P. A. Samuelson, 1915～2009）的《經濟學》（*Economics*）問世後，經濟學成為顯學，「社會科學之后」的稱呼也出現了，而數理分析也正式進入經濟學，經濟學數理化快速發展，如今成為主流，同時，「計量方法」也相應蓬勃開展，於是「經濟可以從事實證」，可以拿出「數字證據」來大聲說話，能評估政府公共政策的效果。而經濟學晉入「嚴謹科學」殿堂後，在1968年被列入諾貝爾獎行列，正式被認定為「科學」。

這種「自然科學化」的進展，雖然普遍受到正面肯定，也就是進步的表徵，但其實早就有一股批判聲音出現。在薩繆爾遜的「經濟學聖經」出版的次年，也就是1949年，奧國學派第三代掌門人米塞斯（Ludwig von Mises, 1881～1973）出版了千頁巨著《人的行為：經濟學專論》（*Human Action: A Treatise on Economics*），在第二百三十五頁裡，這麼寫著：「當今大多數大學裡，以『經濟學』為名所傳授的東西，實際上是在否定經濟學。」已故的自由經濟前輩夏道平先生就這麼認為：「這幾十年通用的經濟學教科書，關於技術層面的分析工具，確是愈來愈多，但在這門學科的認識上，始終欠缺清醒的社會哲學作基礎。說得具體一點，也即對人性以及人的社會始終欠缺基本的正確認識。」

夏先生應是最先將奧國學派學者引介到華人世界，也是最瞭解該學派的哲人，他更是最先翻譯《人的行為》者，應能體會米塞斯的感慨。

那麼，真正的經濟學是什麼呢？最簡單的和正確的答案

是：回歸亞當‧史密斯。畢竟他是經濟學的始祖，經濟學就是由他在1776年出版的一本書奠定的。這本書就是世人都耳熟能詳、琅琅上口的《原富》（又譯「國富論」）（*An Inquiry into the Nature and Causes of the Wealth of Nations*，簡稱*The Wealth of Nations*）。

這本書早已被稱為「經典」，不過，正如已故的經濟學名家哈利‧強森（Harry G. Johnson, 1923～1977），在1961年5月，於《美國經濟評論》（*American Economic Review*）這本全球數一數二經濟學術期刊發表的"The General Theory After Twenty-five Years"這篇論文中所言：「大凡被稱為經典名著，就是每一個人都聽過，卻沒人真正看過的書。」（……a classic - meaning a book that every one has heard and no one has read.）對於20世紀之後出生的世人來說，應該非常適用。

就我個人而言，1968年進入臺大經濟學系就讀，幾乎每堂關於經濟學的課，雖然老師和書本都時常提到和出現亞當‧史密斯及這本經典，但我都不曾去尋找該書，遑論去閱讀了！縱然耳聞有中譯本，也沒興趣去找來看。即便如此，史密斯在書中所強調的「分工」、「自利」、「不可見之手」、「自由市場」等等卻經由老師、教科書，及其他的書本和文章廣為散布。其實，由於當時的經濟學原理課所用的教本是英文版，邊讀邊查字典、整頁都是密密麻麻的中文旁註，讀起來都非常辛苦，哪有餘力去讀課外書，而當時薩繆爾遜那本紅遍全球的《經濟學》並未授權在臺出版，其難得的原版書才是最受歡迎和渴望的課外書，該書正是經濟學數理化、科學化，並且發揚凱因斯理論的最主要教科書了，如此一來，就更不可能會去接

觸史密斯的這本只有文字敘述的經典了。直到博士班畢業，到
中華經濟研究院從事經濟研究工作之後，接觸蔣碩傑院士（也
是中經院創院院長），精讀其文章並受到夏道平先生（當時也
受聘在中經院服務）和邢慕寰院士的薰陶，以及有機會大量閱
讀產權名家張五常教授的經濟散文和其巨著《經濟解釋》，
才逐漸瞭解「現代經濟學」的缺失，並對上文所引米塞斯在
1949年對當今經濟學的評語有所領悟，也很幸運的獲得閱讀
奧國學派海耶克（F. A. Hayek, 1899-1992）和米塞斯等名家
著作的機會。對於經濟學應對活生生、有血有肉、有靈魂、有
人性的「人的行為」，以及「人的社會」作研究並作解釋，而
不是只重視技術層面的分析工具。

　　巧的是，好友兼同事謝宗林先生在2000年和2005年分別
重新翻譯《原富》上下冊並送我閱讀，至此才總算有緣親炙史
密斯的經典。2014年退休之後，潛心撰寫幾位自由經濟名家
傳記，《亞當・史密斯》在2017年2月出版。在撰寫過程中，
參考了一些書本和資料，對史密斯有比較全盤瞭解，也才知道
《原富》並非史密斯最刻意撰寫的書。史密斯是倫理學家和
法理學家，在格拉斯哥大學講授「道德哲學」，他將在倫理
學課程講述的內容寫成《道德情感論》（*The Theory of Moral
Sentiments*）於1759年出版，該書在英國和歐洲大陸獲得極大
贊揚，史密斯也因而躋身英國頂尖哲學家行列，並獲聘擔任一
位公爵的導師，且伴隨該公爵到歐洲遊學數年增廣見聞。在這
期間，史密斯得與諸多歐陸頂尖學者接觸，如重農學派的創始
者揆內（Francois Quesnay, 1694～1774）。

　　其實，身為道德哲學家的史密斯，其終生一貫的研究目

的，在於想作一部完整的人類文化發展史，而在研究社會進化的事實中，發現古代與近代對於財富的觀念，有著巨大差異，在希臘羅馬時代，認為財富是墮落國民品性的東西，因而極力排斥，但近代國家的政策則完全相反，不但不歡迎貧困，還想方設法唯恐不能增加國民的財富。近代人民生活水準的提升，無一不是依賴豐富的財富，而民眾自由獨立的要求，當然是由於印刷術的發明而促進知識的進步以及普及所致。人民之所以能獲得印刷品，乃因他們的經濟環境有餘裕。

　　史密斯深覺財富的增加，對於人民生活提高的重要性，因而認為，對於人民最重要的，不是他們參與立法與否的問題，也不是他們參與構成政權與否的問題，而是政策本身的問題。史密斯識破能夠增加財富的政策，遠比空虛的政治論，對於人民的幸福，更有直接的關係。他在研究文化發展史的過程中，發現財富對於人類文化的發展影響最大，於是引起他對經濟學研究的濃厚興趣，在1764年初，當他帶領公爵赴歐遊學在法國圖盧茲（Toulouse）城待一年半，人生地不熟又無人相識，生活十分無趣，乃開始寫一本書來消磨時間，這就是《原富》的開端。

　　當1767年春，史密斯回鄉伴母親，乃開始專心撰寫《原富》。1773年史密斯赴倫敦，在那裡除繼續潤稿外，還不時會晤在倫敦的蘇格蘭同鄉人士，並與當時著名的傑出人士在文藝俱樂部歡聚，美國開國元勳班傑明·富蘭克林（Benjamin Franklin, 1706～1790）是其中一位。史密斯將《原富》稿子一章一章向富蘭克林朗讀，在場還有友人細細聆聽，並提出評論。史密斯將那些意見帶回家並參酌的修改書稿，經過三年時間

的潤稿後，《原富》就在1776年正式出版。出版後獲得熱烈
反響，史密斯繼續修改，於1778年出修訂版，1784年再擴增
爲第三版。

總而言之，史密斯研究經濟學是受其格拉斯哥大學的老師
哈奇遜（Francis Hucheson, 1694～1746）的引導和鼓勵，在
「分配」問題上是得自重農學派，而其「自然秩序」學說，則
是承襲自哈奇遜和重農學派，關於自由貿易是受休謨（David
Hume, 1711～1776）的影響，關於利己心的研究則受孟德維
爾（Bernard de Mandeville, 1670～1733）和休謨的啓示。史
密斯長於綜合之才，一方面把之前各流派的思想兼容並蓄，另
方面爲後代學者提供百般問題學說的端緒，被比喻作「蓄水
池」，多數河川注入其中，復又從其流出，因而被公認爲「經
濟學的創建者」。

《原富》共分五篇，第一篇分爲十一章，主要內容是分析
形成以及改善勞動生產力的原因，分析國民財富分配的原則。
它從國民財富（國富）的源泉「勞動」，說到增進勞動生產力
的手段「分工」，因分工而引起「交換」，接著論及作爲交換
媒介的「貨幣」，再探究商品的「價格」，以及價格構成的成
分「工資、地租和利潤」。

第二篇論物品積蓄的性質、累積及運用，共分五章，主要
內容是討論資本的性質、累積方式，分析對勞動數量的需求取
決於工作性質。

第三篇論不同國家財富增加的過程，共分四章，主要內容是
介紹造成當時比較普遍重視城市工商業，輕視農業政策的原因。

第四篇論政治經濟學的思想體系，共分九章，主要內容是

列舉和分析不同國家在不同階段的各種經濟理論。

　　第五篇論君主或國家的收入，共分三章，主要內容是列舉和分析國家收入的使用方式，是為全民還是只為少數人服務。如果為全民服務有多少種開支項目，各有什麼優缺點：為什麼當代政府都只有赤字和國債，這些赤字和國債對真實財富的影響等。

　　《原富》出版後引起大眾廣泛的討論，除英國本地，連歐洲大陸和美洲也為之瘋狂。首版標誌著「經濟學作為一門獨立學科的誕生」，在資本主義社會的發展方面，起了重大的促進作用。18世紀以前，《原富》就已出了九個英文版本。人們以「一鳴驚人」來形容《原富》的出版，並一致公認亞當‧史密斯是一門新學科——政治經濟的創始者，因而聲名顯赫，被譽為「知識淵博的蘇格蘭才子」。據說當時英國政府的許多要人，都以當「史密斯的弟子」為榮。國會進行辯論或討論法律草案時，議員常常徵引《原富》的文句，而且一經引證，反對者大多不再反駁。《原富》出版後被譯為多國文字，傳到國外，一些國家制定政策時，都將《原富》的基本觀點作為依據。這本書不僅流傳於學術界和政界，而且一度成為不少國家社交情況的熱門話題。

　　《原富》的中文翻譯，最早由翻譯大師嚴復（1854～1921）在1902年（清光緒二十八年）10月，以文言文譯出，無新式標點符號而且是節譯；1931年郭大力和王亞南兩位先生合作將全文譯出，以《國富論》為書名分為上下冊出書。1968年，臺灣銀行經濟研究室再出版周憲文和張漢裕合譯的《國富論》上下冊。2000年時，謝宗林再重譯《國富論》上

冊，2005年，謝宗林偕李華夏合譯《國富論》下冊。

2017年適值五南出版公司五十週年，推出「經典名著文庫」作為獻禮，將亞當·史密斯的這本巨著納入，嚴復的文言文節譯本不合適，周憲文和張漢裕兩位先生的譯本已被謝宗林和李華夏的譯本取代，而謝李譯文的出版社又不肯割愛，於是採用郭大力和王亞南的合譯本修飾出版。

此版本完成於1931年，中國尚未赤化、更未遭受文化大革命摧殘，也未施行簡體字，兩位譯者的譯詞介於文言和白話之間，某些用語稍加修飾之後即適合當代華人閱讀。本書為上冊，書名改為嚴復的譯名《原富》。

最後，有必要說一說為何捨棄一般人通知的「國富論」，改回「原富」。

本書英文原名*An Inquiry into the Nature and Causes of the Wealth of Nations*，旨意就是「探索The Wealth of Nations 的本質及其肇因」，主角是"the Wealth"，亦即「財富」，問題就在「誰的財富？」史密斯明確指出是"Nations"。關鍵點就是這個小小的"s"。

已故的自由經濟前輩、《自由中國》半月刊主筆夏道平先生（1907～1995），在1988年10月10日於中華經濟研究院出版的《經濟前瞻》上，撰寫了〈經濟學者應注意的一個小小"s"〉這篇短文，內容是由他寫給某刊物文稿中提到史密斯的這本經典名著，他用嚴復的中文譯名《原富》，卻被編輯改為《國富論》，所引發的感想。夏先生說他知道《國富論》這個中文譯名在早年中國大陸和後來在臺灣印行的版本都用，但他不願用它而樂於用《原富》。夏先生表示，從表面上看，這

好像是很小很小的事情，但在觀念上卻會衍生對立的差異，以致在政策上可能帶來嚴重的後果。問題就發生在原著的書名中"Nations"這個字的尾巴，"s"是否有受到重視。

夏先生鄭重嚴肅的指出，這個小小的"s"之有無，關係到這本書所講的是什麼經濟學：是國際主義的，還是國家主義的？這的確是個很重要的區分。夏先生說：「代表古典學派的亞當‧史密斯，失敗於他的價值論；而他的偉大處，在於方法論的個人主義，在於理想中的國際主義；從而他排拒集體主義的思想方法，排拒國家主義的偏狹立場。所以當他討論財富問題的時候，他不以一國為本位（儘管他書中講到的一些『事例』大都是英國的），而是著眼於多國。因此他在這部書名上用的"Nations"是多數式的。」

因此，夏先生認為《原富》這個譯名，雖未顯示出那個小小"s"所蘊含的國際意義，但不至於誤導到經濟國家主義。而用《國富論》這個譯名中的「國」字，卻可能有這種危險。這是因為中國文字的名詞，其本身沒有單數式和多數式之分。夏先生強調說，這不是他在咬文嚼字，也不能說他過於顧慮。事實上，當代各國的經濟學者，儘管不會不知道李嘉圖所發現的「比較利益法則」，但是，其中能夠一貫地忠於知識，而其意涵和言論不被政治神話中的「國家」陰影所籠罩者，畢竟還是少數。

夏先生於是在文末語重心長的說：「此所以世界各國所採取的經濟政策，幾乎沒有不是以鄰為壑，而弄得國際市場秩序——自動調整的市場秩序，經常陷於混亂。而且在混亂中的對策，不是苟且式的牽籬補茅屋，就是荒唐的抱薪救火。20

世紀的兩次世界大戰之發生，仔細分析，即可看出經濟國家主義之作祟。基本的利益法則，是沒有國界的，如果它一時受阻於國界，其終極的後果是大家受害。」我非常認同夏先生的說法及其疑慮，尤其對照當前的世界，各國都在從事貨幣戰爭，也在進行經濟戰爭，新重商主義的「國家經濟主義」瀰漫全球，爭權奪利、爾虞我詐的國際經濟談判司空見慣，自由貿易受到抹黑、訕笑。

2008年諾貝爾經濟學獎得主克魯曼（P. Krugman, 1953-）剛出道時，由其「國際貿易」專業領域立場，大力針砭「經濟國家主義」，對麻省理工學院的經濟學家佘羅（Lester C.Thurow, 1938～2016）大力撻伐。佘羅在1992年春出版的《世紀之爭》（*Head to Head*）一書暢銷全球，被克魯曼認為與該書副標題「一場即將來臨的經濟戰爭」密切相關，該書並獲得當時的美國總統柯林頓及許多有影響力人士的支持，可見「經濟戰爭」、「國與國之間的經濟戰爭」普受認同。本來，將經濟「競爭」比擬成「戰爭」，是「非經濟領域人士」的習慣，優勝劣敗的達爾文（Darwin, 1809-1882）進化論也不適用於經濟界，但佘羅這位全球知名的經濟學家竟帶頭鼓吹，這對亞當·史密斯的經濟學是一種反動。正如克魯曼所言：對訓練有素的經濟學家來說，把國際貿易當作與軍事敵對相似的戰爭觀點，聽起來是非常奇怪的。

不過，我們必須承認，現實世界是有許多貿易衝突和「策略性貿易政策」的事實，這也是各國政府決策者、商業領袖，以及有影響力的知識分子之看法，也就是這些地位關係重要的人士抱持「貿易是類似軍事戰爭」的觀點，他們基於自身

的利益，對於「競爭是互利的道理」故意無視或全然無知，於是「商戰」不但在輿論上居絕對優勢而流行，也表現在競逐「國家競爭力」上，致使「貿易保護」成為常態。其實，這也正是重商主義和新重商主義者的論點及主張，是亞當・史密斯反對，甚至要破除的。

所以，將史密斯的這本經典用「國富論」這個中文譯名，的確有「一國本位」的味道，與史密斯的「多國」、「全部國家」的本意有所扞格，而夏先生的提醒也非小題大作，而應嚴肅辨正。

雖然曾有學者辯說史密斯當時的英國，擁有許多殖民地，因而史密斯所指的多國還是只指大英國協。不過，縱使如此，一來「日不落國」幾已包括全球，二來不分本國、殖民地都一視同仁。因此，既然史密斯意在探尋財富的本質和起源，當然含括的對象就是諸多國家的人民，亦即如何讓全球民眾都能得到愈來愈多促進生活福祉的財富。

《國富論》這個中譯名的確容易被誤導到「經濟國家主義」，讓各國的領導者及其人民只顧自己國家的財富之增進，於是在觀念的錯誤引導下，衍生出「保護主義和保護政策」，而「以鄰為壑」的不幸後果也就層出不窮。夏先生特別提醒我們注意：20世紀的兩次世界大戰之發生，仔細分析，即可看出經濟國家主義的作祟。

史密斯的經典大作講的是「分工合作」，由之引出的基本經濟法則，也應該是沒有國界的，一旦不幸受阻於國界，其終極後果是大家都受害。

那麼，《國富論》這個中文譯名是不該再繼續使用了，但

選用什麼譯名較恰當呢？在沒有更好的譯名出現前，就讓我們回頭使用偉大翻譯名家嚴復先生最先用的《原富》吧！

吳惠林

二〇二〇年六月一日

二〇二二年六月二十八日一修

譯者序

　　亞當・史密斯的《原富》，原名應直譯爲《諸國民之富的性質及其原因之研究》。自一七七六年出版以來，全世界的學術界，都曾赫然爲所驚動。甚至於各國的領導人物，都相率奉之爲圭臬。世界上每個或大或小的經濟學家，都曾直接或間接受其影響。對之推崇到無以復加，甚至自命爲史密斯信徒的人們，亦會從中取出幾個章句來批評；反之，對之批評到無以復加，甚至公然揭櫫反史密斯主義的人們，亦莫不從中採納幾種意見，作爲自己的根本思想。規模如此宏大，論點如此廣博，議論如此暢達，文章如此明朗，然不時亦會露出幾個貽人指摘的自相矛盾的漏洞的《原富》，就這樣奠定了經濟學的基礎。

　　這部大著，就連在今日中國，亦是一部用不著介紹的經濟學名著了。三十年前出版的嚴幾道先生改名爲《原富》的那個譯本，雖則因爲文字過深，刪節過多，已經不易從此窺知原著的眞面目，但終不失爲中國翻譯界的一顆奇星。曾彷彿聽見前輩說，在科舉快要廢止的那幾年，投考的秀才舉人，只要從《原富》引用一句兩句，就會得自命維新的主考人的青眼，而高高的掛名於金榜。

　　對於一部如此偉大，又曾經一位如此偉大的譯者譯過一次的《原富》，我們今日再取來重譯一遍，也許會被義正辭嚴的批評家斥爲狂妄吧。但若中國的研究者，甚而常識家，樂於閱讀這一個譯本的話，我們就願拿下面幾段話，作爲他一個臂助。

　　亞當・史密斯（Adam smith）生於一七二三年六月五日蘇格蘭之柯克卡迪（Kirkcaldy）。先後入格拉斯哥大學及牛津巴里奧學院。他在學生時代，喜歡讀數學、自然哲學、政治史那一類的書。一七五一年，任格拉斯哥大學的邏輯學助教授；一七五二年升任道德哲學教授，很得學生的稱譽，而聞名於格拉斯哥。任教授時，著手著《道德學體系》，一七五七年出版《道德感情的學說》，便是其中計畫的一部。他在這時候結識了一位大思想家休謨作終身朋友，怕是當時最值得注意的一件事了。休謨著《政治論集》，於史密斯思想，有極大的影響。

　　一七六三年，史密斯到歐洲大陸遊歷，在法國又結識了杜爾閣及當時法國思想界諸激進分子。他思想中的重農主義的要素，便是當時受到的影響。

　　一七六六年，他回到倫敦。此後十年，便和他的母親一塊住在故鄉，專心著作。他的大著《諸國民之富的性質及其原因之研究》，就是這時完成，而於一七七六年公諸於世的。一七七八年，他曾被任命爲蘇格蘭海關稅務關長。一七八四年，他母親逝世了。一七九〇年七月，他自己亦在「成績太少」的嘆聲中長逝。

　　史密斯一生是很幸運的，他能在他未死之前，看見他的著作在社會上的成果。《原富》的發表迄於他的死，其間不過十五年罷了，但他理論中的重要主張，便實現了不少。

　　是怎樣的時代背景，造就他那種幸運呢？

　　他那個時代，正是製造家資本階級，急速發展財富，並從而取得政治支配權的時代。他是製造業頗爲旺盛的格拉斯哥的

大學教授，所以，他不知不覺，便作了這個當時尚爲新興的階級的代言人了。他書中雖有不少處所，痛責工商階級對於自身利害關係的無知，但他的全部理論，終不免作了這種利害關係的說明。他所提議的非負面的功利主義的原理，其實只是人類進化過程中一個階段的原理；他所提議的自然的自由制度，其實只是社會上一小部分人投資的自由制度，他的樂觀思想，只代表了資本主義發達初期的特種的朝氣。

研究方法中的批評的要素，乃是一切研究者應有的修養。本書的讀者，將視此爲永劫不移的經典，抑或將視此爲人類智慧在特殊時代的最光榮的成果呢？我們所亟盼於讀者的，是各有一個敏銳而批評的眼光。

這部書，絕不是難讀的，但在翻譯的時候，譯者卻特別感到一種困難，那就是有些名詞的意義頗爲含混。譬如，industry, trade, stock, employment那一類的字，意義就往往這裡和那裡略微不同，所以，沒有辦法，只好按照意思，把它們譯成各式各樣的詞。又如，「價值」一詞，在經濟學上，早已成爲特殊名詞，但他卻往往把這一個字，用在別樣的意義上。「勞動」一詞，有時與工資的意義相混。manufacturer一字，有時指製造家，但有時又泛指製造業工人。farmer一字，有時指農業家，但有時又泛指一般在農業上作事的人。workmen一字，有時指勞動者，但有時又兼指一般投資營業的人。

還有些地方，作者喜歡加上annual一個形容詞。於是，有annual produce（年產物），annual revenue（年收入），annual labor（年勞動），還有許多其他地方，都附有這樣的形式。這顯示了史密斯曾如何受重農學派的影響。但我們譯的

時候，往往因顧念行文的便利，把它譯成「常年的」、「年年的」、「每年的」那一類的字眼。

關於這個譯本的譯事，我們自問是頗為小心謹慎的，但因規模太大了，或尚不免有不少譯得不很妥當的地方，那只有待再版時盡量改正了。

這個譯本，是我們第二次的合作（第一、第五篇亞南譯，第二、第三、第四篇大力譯）。譯的時候，我們隨時互相商量；譯成以後，又交換審查了一遍。我們自然高興對於全書每一部分，負起連帶的責任。

一九三一年一月二十日

郭大力、王亞南 敬上

亞當·史密斯簡介

　　亞當·史密斯（Adam Smith）為蘇格蘭哲學家和經濟學家，他所著的《原富》為第一本試圖闡述歐洲產業和商業發展歷史的著作。這本書發展出現代的經濟學學科，也提供現代自由貿易、資本主義和自由意志主義的理論基礎。因此，被譽為經濟學之父。

　　大約14歲時，史密斯進入了格拉斯哥大學，在法國斯·哈奇遜（Francis Hutcheson）的教導下研讀道德哲學。他在這個時期發展出對自由、理性和言論自由的熱情。1740年，他進入牛津大學貝利奧爾學院，並在1746年離開。1748年，他在亨利·霍姆（Henry Home）的贊助下開始於愛丁堡大學演講授課。最初是針對修辭學和純文學，但後來他開始研究「財富的發展」。大約在1750年時，他認識了大衛·休謨（David Hume），兩人成為親密好友。同時，也認識了一些後來成為蘇格蘭啟蒙運動推手的人物。

　　1751年，史密斯被任命為格拉斯哥大學的邏輯學教授，並在1752年改任道德哲學的教授。他的講課內容包括了倫理學、修辭學、法學、政治經濟學，以及「治安和稅收」的領域。在1759年他出版了《道德情感（操）論》（*The Theory of Moral Sentiments*）一書，具體化一部分在格拉斯哥的講課內容。當時這些研究的發表使史密斯聲名大噪，這些研究主要是針對人類如何透過仲介者和旁觀者之間的感情互動來進行溝

通。史密斯流暢的、深具說服力的的論述相當突出，他的論述基礎既不是像沙夫茨伯里和哈奇森一般根基於特殊「良知」，也不是像休謨一般根基於功利主義，而是根基在同情上的。

史密斯的授課逐漸遠離道德的理論，改而專注於法律學和經濟學上。到了1763年底，政治家查理‧唐善德（Charles Townshend，也就是引薦史密斯認識了大衛‧休謨的人）提供史密斯一份收入更為豐厚的工作機會，擔任他的兒子──後來的布魯斯公爵的私人家教。史密斯辭去了在大學的教授職位，並在1764年至1766年間和他的弟子一同遊覽歐洲，大多是在法國，在那裡史密斯認識了許多知識分子的精英，譬如，杜爾哥和達朗貝爾，尤其重要的是法蘭索瓦‧揆內──重農主義學派的領導人，史密斯極為尊重他的理論。在回到可可卡地後，史密斯在接下來10年時間裡專注於撰寫他的巨作《國民財富的性質和原因的研究》（*An Inquiry into the Nature and Causes of the Wealth of Nations*），又稱為《原富》，於1776年出版。這本書備受推崇並且被普遍流傳，史密斯也隨之聲名大噪。1778年，他獲得了一份在蘇格蘭的海關關長職位，得以與他的母親一同居住在愛丁堡。史密斯於1790年7月17日在愛丁堡去世。死後清點遺產時，人們發現他秘密貢獻了相當大一部分的收入用作慈善用途。

史密斯的遺囑執行人是他在蘇格蘭學界的兩名好友──物理學家和化學家約瑟夫‧布雷克（Joseph Black），以及地質學家詹姆斯‧哈登（James Hutton）。史密斯留下了許多未發表的著作，遺囑聲明要銷毀其中一部分他認為不適合發表的著作，其餘著作則在日後陸續發布，包括在1795年出版的《天

文學歷史》（*History of Astronomy*），以及《哲學論文集》（*Essays on Philosophical Subjects*）。

序論及全書設計

　　一個國家全體國民常年的勞動，是供給這個國家全體人民每年消費的全部生活必需品和便利品的根本來源。而這種必需品和便利品，如果不是這個勞動的直接生產物，就是用該勞動的生產物向其他國家購得的。

　　一個國家對必需品和便利品的全部需求，能夠獲得供應的情況是好是壞，就看這個生產物或用這個生產物購得的物品數量，相對於需要消費該產品的人數比例，是大或是小來決定。

　　就每一個國家來說，這個比例，都由兩種不同的條件決定。第一，它的勞動通常是用怎樣的熟練，用怎樣的技巧，用怎樣的判斷力來應用；其次，全國的勞動人口中，有多少人從事有用的勞動。不管一個國家有怎樣的土壤氣候或領土面積，它的常年產品供給的豐嗇，在這個特殊的自然條件和領土範圍內，總是取決於這兩種條件。

　　這個供給的豐嗇，在這兩種條件中，前一種條件似乎比後一種條件來得重要。在未開化的狩獵民族間，每一個能夠工作的人，都多少會被僱用在有用的勞動上，而且也都盡其所能，為自己或家族內或部落內不能出去狩獵的老弱婦孺，供應生活上的必需品和便利品。但這樣的國家是極其貧乏的，以致僅因為貧乏的緣故，迫不得已，或者至少是覺得迫不得已，有時竟忍心直接去損害他們的幼兒、他們的親人或沾染痼疾的人，有時則把他們遺棄，讓他們餓死，或被野獸吃掉。反之，在文明

富庶的國家民族，無所事事的人不僅爲數甚多，其中許多人個別消費掉的物品，還比大部分從事工作的人所消費的多出十倍，乃至百倍。但因社會全部勞動的生產物極豐，以致所有的人都得到豐富的供應，即使是最貧窮低下的勞動者，只要他是勤儉的，就會比任何一個未開化人享受到更多的生活必需品和便利品。

研究勞動生產力改善的原因，以及勞動產出在社會各個階層與各種條件的人民之間，自然而然分配的次序，就是本書第一篇的主題。

任何一個國家，實際上不管是以怎樣的熟練，怎樣的技巧，怎樣的判斷力應用在勞動上，只要這個狀態不變，其常年產出的豐嗇，就取決於常年被僱用的有用勞動人數，在全國勞動人口中所占的比例。下文會說明，無論在什麼地方，有用的生產性勞動人數，總是依資本多寡和資本實際的使用方式來推動他們去工作。所以本書第二篇就要討論資本的性質、資本逐漸積累的方法，以及因爲資本使用的方法不同，被推動的勞動量又會有何不同。

勞動運用的熟練技巧和判斷力已相當進步的國家，對於勞動的一般支配和指導，採取極不相同的政策。這些政策，對於一國勞動產出數量的增大，並不是全然有利的。有些國家的政策，特別獎勵農村的產業；另一些國家的政策，卻特別獎勵城市的產業。恐怕找不到對各種產業都一視同仁的國家。自羅馬帝國崩潰以來，歐洲各國的政策對手工藝、製造業、商業等城市產業有利的程度，一直優於農業這種農村產業。本書第三篇，就要嘗試說明爲什麼要採用這種政策。

　　這些政策最初也許由特殊階級的私人利益和偏見出發，而不曾顧及或預料這些政策對人民的福祉會有什麼影響。可是，這些政策後來卻產生了極不相同的政治經濟學說，其中，有的人力主城市產業重要；有的人則力主農村產業重要。這些學說，不僅對於學者的意見產生重大影響，而且左右了君主與國家的政策。在本書第四篇我將盡可能充分明確地解說這種種學說，並解說它們在各個時代各個國家，已經產生哪些主要的結果。

　　本書前四篇的目的，就在於說明全體國民的收入是怎麼來的，並說明各時代各國每年供應全體國民消費的那些資本儲備的性質。第五篇是最後一篇，討論君主或國家的收入。在這篇，我要努力說明：第一，什麼是君主或國家的必要經費，其中，哪一些應該出自全社會一般的賦稅，哪一些只應該出自社會上特殊的階級或特殊的人員；第二，有哪一些方法，使全社會來負擔那些應該由全社會負擔的費用，是怎樣徵集的，這些方法，又有什麼重要的優缺點；第三，為什麼幾乎近代各國政府，都習慣於把這個收入的某些部分，作為債務的擔保或訂約借債，並且這種債務，對於整個社會的真實財富，或者說，對於社會的土地和勞動的年產出，又有什麼影響。

上卷目次

第一篇

論勞動生產力改善的各種原因，並論勞動生產物分配給人民各階級的自然秩序

第一章

論分工

勞動生產力最大的改善，以及大部分指導勞動或應用勞動時所用的熟練技巧和判斷力，都是分工的結果。

考察分工在某特殊製造業如何發生作用，就更容易瞭解分工在社會一般業務上的結果。依照一般的設想，分工在某些極不重要的小規模製造業上是最完美地實行，要是說不重要的小規模製造業比其他更重要的製造業有較爲周密的分工，那大概不全是事實，但這些不重要的製造業，因爲只供給少數人的少量需要，所以全部工人數必然是很少的，在各不同部門工作的人往往集合在同一工作場所內，觀察者可以一覽無遺。反之，那些大製造業因爲必須供給多數人的大量需要，所以各不同部門，都僱有許多工人，要把他們全體集合在一個工作場所內是不可能的，我們不容易同時看見一個部門以上的工人。這種大製造業，實際上，儘管比那些小製造業，把作業分成更多得多的部分，但因工作的劃分不能那樣一覽無遺，從而也更不爲人所留意。

製針業是一種極微小的製造業，它的分工，曾屢爲世人所注意，所以就把它當作例子來說吧。分工已經使製針成爲一種特殊的職業，一個工人，如果沒有受過訓練，就不知怎樣使用製針的機器（引起這種機器的發明，可能也是同樣的分工），縱令竭力工作，也許一日也不能造成一枚，更不用說是二十枚。但按現行的方法，則不但製針已經成爲一種特殊職業，並且它還分成若干部門，其中大多數也同樣是特殊的職業。計抽線者一人，拉直者一人，截斷者一人，磋鋒者一人，鑽鼻者又一人。但單單鑽鼻，已須有兩三種不同的工作。磋之使利，擦之使白，乃至以針刺於紙上的工作，都各自成了一種職業。

這樣，製針的重要作業，就分成了大約十八種操作。有些製針廠，這十八種操作分別由不同的職工擔任，但在別的小型廠內，同一個人有時會兼任兩三種。我曾看見一個小製造廠，只僱用十個工人，其中有些人要做兩三種不同的操作。儘管規模小，設備也不完備，但他們只要勤勉努力，一日也能成針大約十二磅，每磅合中等針四千枚以上。這十個工人，每日可以成針四萬八千枚以上，一人一日，可以成針四萬八千枚的十分之一，也就是每人每日成針四千八百枚。如果他們分別獨立工作，其中任何人都不熟習一種特殊業務，那麼，不論是誰，別說一日二十枚，就連一枚也製不成。他們不單不能造出今日由適當分工和不同操作配合，而有可能製成數量的二百四十分之一，就連四千八百分之一也不行。

分工在其他各種工藝及製造業和製針一樣；雖然其中有許多不能像這樣細分，其操作亦不能像這樣簡單化。但每一種工藝只要分工，就可以按照比例，增加勞動生產力。各種職業所以能各自分立，似乎不外就是這種利益的結果。在產業與改良達到最高程度的國家，各種職業的分立程度通常也最高。早期社會狀態中的一個人工作，在進步的社會，大都會成為若干人的工作。進步的社會內，農民往往就只是農民，製造業者往往就只是製造業者。生產一種物品所需要的勞動，亦往往分給許多人擔任。以麻布和毛織物的製造為例，在其中各個部門內，從亞麻及羊毛的收割者，到麻布的漂白工人、平熨工人，或毛織物的染色工人、整理工人，分成多少相異的職業啊！農業的性質，無法像製造業那樣容許緻密的分工，各種工作也大都不能判然分割開來。木匠的職業與鐵匠的職業通常是分開的，

但畜牧的業務與種麥的業務要一樣完全地分開來，卻是不可能的。紡者和織者幾乎總是不同的人；犁者、耙者、播種者、收割者，卻常常是同一個人。既然農業上這種種勞動在一年中隨季節而轉換，所以要一個人不斷從事一種勞動，事實上是不可能的。農業不同部門的勞動，不能完全分離開來，也許就是農業生產力總跟不上製造業的原因。固然，最富裕的國家，在農業和在製造業一樣優於其他國家，不過，它們在製造業方面的優越，比之農業方面的優越通常是更顯著的。它們的土地，大體說，也耕作得較好，投在土地內的勞動與費用，也比較多，和土地面積與肥沃程度成比例地生產出更多的物品。不過，這種優越，很少能夠超過勞動力和資本追加的比例。在農業上面，富國的勞動力並不比貧國的勞動力生產得更多；無論如何，絕不像製造業那樣顯著。所以，富國的穀物比之貧國的品質相同的穀物，並不是常常更為便宜。就富裕和進步來說，法國是優於波蘭的，但波蘭的穀物，往往與同品質的法國穀物同樣低廉。與英國比較，法國進步的程度要較遜一籌，但法國的穀物和英國的穀物一樣好，並且在大多數年分內，幾乎價格一樣。但英國的農田比法國的農田，耕作得更好。法國的農田比之波蘭的農田，據說耕作得更好得多。貧國的耕作儘管較差，貧國的穀物，在品質及售價上，卻能在相當程度內與富國不相上下。可是，這樣的競爭，在製造業是不能成立的；至少，在富國的土壤氣候和位置宜於這類製造業的時候，貧國無法與之競爭。法國的絲比英國的絲質好且價廉，因為製絲業，至少在今日原絲進口關稅很高的情況下，比起英國的氣候，法國的氣候更適合產絲。而英國的鐵器和粗毛織物，卻遠勝於法國；如

果品質相同，它們在英國也更便宜。據說，波蘭除了國家適當生存所需極為粗糙的家庭製造業，幾乎沒有任何的製造業。

相同人數由於分工而能使產量增加，是由於三種不同的條件，第一，由於每個特殊工人的技巧增進；第二，省下從一種工作轉換到另一種工作，通常會損失掉的時間；第三，由於發明許多機器，減少勞動力，使一個人能夠完成許多人的工作。

第一，工人技巧的改良，必然會增加他所能完成的工作量。分工既然使每個人的業務，變成某一種單純的操作，而這種操作成為他一生的專業，必然會大大增進工人的技巧。慣於使用鐵鎚但不曾練習製釘的普通鐵匠，沒有特殊原因，必須製釘，我敢說，他一天至多只能生產兩三百枚，並且會品質低劣。即使慣於製釘，但只要他不以製釘為專業或主業，無論他怎樣努力，一日產量恐亦不過八百枚，至多一千枚。我曾見有幾個以製釘為專業，不滿二十歲的青年，從來不做別的工作，但每人每日能生產兩三千枚。製釘絕非最簡單的工作。同一個人，要適時鼓爐添炭，要燒鐵，要鎚打釘的每一個部分；為了打造釘頭，他還得調換工具。比較起來，製針業和製銅扣業所區分的各種工作，全都簡單得多。以此為終生專業的人，其技巧通常會更為高明。此等製造業的某幾種作業進行得如此迅速，不曾親眼見過的人，絕不會相信人的手能夠快到那種地步。

第二，從一種工作轉到另一種工作時，通常會浪費時間，而節省時間是一種利益，那種利益，遠超乎我們的想像。要敏捷地由一種工作轉到地點不同、工具亦不同的別種工作是不可能的。耕作小農場的鄉村織工，由織機轉到耕地，再由耕

地轉到織機，總要花掉許多時間。

如果兩種職業是在同一工作場所內進行，時間上的損失無疑會少得多。但在這個情況，損失依然是很大的。人把他的手由一種工作轉到別種工作時，總不免暫時鬆懈。他開始新工作時，總不免因不習慣而效率降低，這就像俗語所說的「心不在焉」。在同一時間內，與其說他會爲達成好的業績而工作，倒毋寧說是在敷衍、鬆懈、偷懶、馬馬虎虎，對於每半小時要換一次工具，全生涯幾乎每天必須做二十項不同工作的農村工人，是自然會養成這些習慣，甚至可以說非養成不可。這種種習慣，使他幾乎一定要流於遲緩懶惰，在最吃緊的時候，也不能有活潑靈敏的行動。所以，除開技巧方面的缺陷不說，單是這個原因，已經必然會大大減少他所能達成的工作量。

第三，利用適當機器，可以大大地便利和節省勞動力。這是大家一望而知，不待舉例的。我在這裡只要指出，一切這樣便利勞動、節省勞動的機器發明，原來都是由於分工。人把注意指向一個對象，比之把注意分散於多種事物，更易於發現達到目的的更簡易更便利的方法。分工的結果，每個人的全部注意，自然會傾注在某一種極簡單的對象上。只要工作的性質還有改良的餘地，我們就可以指望，在各個特殊勞動部門內的人，這個或者那個，很快就會發現比較容易而便利的方法，來完成他們自己的特殊工作。分工最細密的各種製造業上所使用的機器，大部分原來是普通工人的發明，他們在最簡單的一種作業上工作，自然會想到，要發現比較便利的操作方法。每一個經常考察製造廠的人都會看到極像樣的機械，那原來是普通工人，爲了要便利和加速他們擔負的特殊工作，而發明出來

的。最初的蒸汽機，必須不斷使用一個兒童，按照活塞的升降，交替著開閉汽壺和汽筒間的通道。一個這樣的兒童因為愛和朋友遊玩，發現把開閉通道舌門的把手，用一條繩，繫在機器的另一部分，舌門就會自行開閉，他就可以盡情和朋友一道去玩。可是，並非一切機器的改良全是有機會使用機器的人的發明，在製造機器成為一種特殊的職業時，就有許多改良，是由於專門機械師的智巧。還有一些改良，是由那些稱為哲學家或玄想家的人的智能。這種人的職業，是不做任何事情，但觀察每一件事情，為了這個緣故，他們常能夠把各種懸隔而不相類似的物力結合起來。在進步的社會中，哲學與玄想，像其他各種業務一樣，成了市民中一個特殊階級的主要和專門的工作。和其他業務一樣，這種工作又分成許多不同的部門，每個部門各自成為一種或一類的特殊哲學家的職業。哲學上這種分業，像任何別一種業務上的分業一樣，增進了技巧，節省了時間。每個人專長於他自己的特殊工作，全體所做的工作就更多了，科學的量就大大由此增加。

由於分工之故，各種不同技藝的發展，就大大的增加。這種增加，在一個有適當統治的社會內，引起了一般的、普及於最低階級人民的富裕。各個工人除開自身的需要，還有多餘的產品可以由他去處分；既然其他工人的情況也相同，他就能夠以大量自己的產品，來交換其他工人的大量產品。他對於別人所需的物品，充分地予以供給；別人對於他所需的物品，也同樣充分地予以供給。富裕就這樣普及於社會一切不同的階級了。

考察一下文明而富庶的國家最普通的工匠或零工的日用

物品吧！你就會感覺到，雖然每一個工人都只用他勞力的一部分，乃至極小的一部分，用來供他這些日用物品，但這種工人的數目難於計數。譬如，零工的毛織外套，看起來是粗糙的，但亦是許多勞動者聯合勞動的生產物。為了製造這種日常的生產物，須有牧羊工人、選毛工人、刷毛工人、染色工人、粗梳工人、紡織工人、織布工人、使布匹光彩的工人、縫紉工人，以及其他許多人互相聯合起來工作。此外，這各種工人既然居住在距離很遠的地方，把材料由甲處運至乙處，其間又需有多少的商人和販運者啊！染色工人所用的染料既然常常要購自世界遙遠地方，所以要把各種染料蒐集聚攏來，其間又需要多少商業和航運業，該要僱用多少船工、水手、帆布製造者、繩索製造者啊！為了要為這些工人，乃至最下級的工人製造他們所使用的器具，又需要多少種的勞動啊！更不用說那些複雜的機器，譬如，水手的船舶、使布匹光彩的水磨、織布工人的織機了。只說那種簡單器械如牧羊工人剪毛時所用的剪刀吧。為了製造這種剪刀，也就須有許多種工人把他們各色各樣的手藝結合起來，譬如，礦工、熔爐的建造者、木材的採伐者、燒炭工人、製磚工人、泥水匠、熔爐的工人、鍛工、鐵匠，以及其他等等。假若我們照同樣的方法再考察一下工人的服裝和家用器具、貼身穿的粗麻襯衣、腳上穿的鞋子、睡覺時的床具、床具上的各種設備、調製食物的廚房，由土地採掘出來，也許要經過長途的水陸運輸，方才供給到他手裡的煮飯的煤炭、廚房的其他一切雜物、餐桌上的一切用具、刀子和叉子、裝食物和分割食物的陶器和白鑞器皿、供給麵包啤酒的各種人手；再考察那種導入熱氣和光線並遮蔽風雨的玻璃窗；再考察那種美麗而

偉大的，使世界這些北部地方成爲極快適居住地所必須發明出來的各種知識和技術，以及生產這種種便利品的工具吧，我敢說，如果我們把這一切事物考察一下，並把各種用在這上面的勞動考察一下，我們就會覺得，即使今日文明社會中一個最微不足道的人，一個被人們極其錯誤地認爲生活極其單純樸素的人的日用品供給，亦少不了萬把人的協助和合作。和大人物的奢侈華麗相比，這種人的享受，無疑是極樸素簡單的，但是一個歐洲國君在日常享受上，固然是優於一個勤儉農民，但這個農民的享受，不見得就會遜於許多非洲國王（上萬個裸體未開化人民的生命和自由的絕對支配者）吧。

第二章

論分工原理

　　這種產生許多利益的分工，並不是來自任何事先想追求普遍富裕的人類智慧。人性傾向於互通有無，物物交換，和互相交易，那是必然的，但極其緩慢、極其漸進的結果。這種傾向，從來不會顧念到那樣廣泛的好處。

　　這種傾向，在人性中，到底是一種原始而不容進一步解說的原理，還是多半是理性和言語能力的必然結果呢？這不是我們現在要研究的問題。它為一切人類所共有，但其他動物就不具備這種傾向。兩隻獵犬在同逐一兔時，往往也像是在做一種協同的動作。牠們把兔逐向對方，或在對方把兔逐向自己這方的時候，把兔子抓住。不過，這並不是任何契約的結果，而只能算是這個特殊時間，他們對於同一對象物，發生了偶然的一致欲望。我們從未見甲乙兩犬，公平審慎地交換骨頭。也從未見一種動物，以姿勢或自然呼聲，向另一隻動物示意說：「這是我的，那是你的，我願意和你交換。」一隻動物想由某人或另一隻動物取得某物，或牠所需要的服務時，除了博得對方的歡心，不能再有別種說服的手段。所以，小犬為了得食，就向母犬百般獻媚；家狗為了得食，就做出種種嫵媚態，來吸引食桌上主人的注意。人也有時採取這種手段來對待他的同胞。如果他沒有別的方法，讓他人按照他的意志來做，他就會做出種種卑鄙的阿諛行為，來博取對方的恩惠。不過這種辦法，只能偶一為之，不可能應用到每一個情況。他在文明社會中，隨時都要依賴多數人的協力和援助，但他畢生亦難博得幾個人的好感。幾乎一切其他的動物，達到壯年期的個體就是完全獨立的，在自然的狀態下，不必要仰仗其他動物的幫助。但人幾乎總是需要其他人的幫助，卻不必然就會得到他所需要的幫助。

　　不過，如果能讓別人覺得，爲其他人提供幫助，也等於在幫助自己，就比較可能得到別人主動的幫助。任何一個提議與旁人做任何買賣的人，都要提議這樣做。請給我以我所要的東西，同時，你就可以獲得你所要的東西：這是每一個這樣的提議的意義，我們日常必要的那些好東西，幾乎全是依照這個方法，從別人手裡取得。我們所需的食物不是出自屠宰業者、釀酒業者、麵包業者的恩惠，而僅僅是出自他們自己利益的考慮，我們不必求助於他們的愛（利）他心，只要求助於他們的自愛（利）心。我們不要向他們說「我們必需」，只說「他們有利」。除了乞丐，沒有一個人的生活，主要是仰賴同胞市民的恩惠。乞丐也不能一味依賴於這個。乞丐生活的全部所需，實際上是出自善人的慈悲。然而再怎樣慈悲的善人，也不可能在乞丐需要什麼東西的時候，就提供給他那種東西。乞丐和其他的人一樣，要由契約、由交換、由購買，來供給他各種偶然需要的大部分。他用別人給他的錢，去購買食物，用別人給他的舊衣，拿去換另一套更爲合身的舊衣，或交換寄宿的地方，或交換食物，或交換錢，再用這些錢去購買他們需要的食物、衣服或住所。

　　我們需要的各種別人能夠提供的好東西，大部分是由契約、由交換、由購買得到的。同樣，原來引起分工的，亦正是這種互相交換的傾向。譬如，在狩獵或遊牧民族中，有善爲弓矢者。他屢屢以自己製成的弓矢，與他人交換家畜獸肉，結果他發現，與其親身到野外捕獵，還不如與獵人交換，因爲交換所得比較多。爲他自身的利益打算，他只好以製造弓矢爲主要業務，如此，他便成了一位武器製造者。此外，另有一人，

因長於建造小茅房或移動房屋的樑架與屋頂，往往被人請去造屋，而得家畜獸肉為酬，最後發現，為自身的利益，自己應該專門建造房屋，成為一個房屋建築者。以下，依同樣的方法，第三者成了鐵匠或銅匠，第四者成了硝皮製革者（皮革是未開化人類的主要衣料）。這樣一來，人人都一定能夠把自己消費不了的勞動剩餘生產物，換得自己所要的別人所產的剩餘生產物。這種一定能和他人進行交換的事實，不期然而然的，激勵大家各自投入於一種特定業務，使他們在各自的業務上，發揮各自天賦的資質才能。

　　人們天賦資質的差異，實際並不如我們所想像的那麼大。一個人到了壯年，之所以有選定一種特殊職業的必要，有人說，是因為每個人的天資極不相同。但在多數情況，人們天資的差異，與其說是分工的原因，倒不如說是分工的結果。譬如，兩個性格極不相同的人，一個是哲學家，一個是街上的挑夫。他們間的差異，追究起來，大部分像是由於習慣風俗與教育，並不由於天性。他們生下來，在七、八歲以前，彼此的天性，也許極相類似。他們的父母朋友，恐怕也不能在他們兩者間，認出何等顯著的差別。可是，剛好在這個時候，或者此後不久，他們就投身在極不同的工作上了。此時他們才能的差異才顯露出來，往後相習愈久，差異愈大，結果哲學家為虛榮心所驅使，簡直不肯承認他們之間，有一點類似的地方。然而歸根說來，人類如果沒有互通有無、物物交換和互相交易的根本傾向，每個人都須親自生產自己生活上一切必需品，一切人的任務工作全無分別，從而，才能顯然各異的唯一原因 —— 工作的差異 —— 恐怕就不能存在了。

　　使各種職業家的才能，形成極顯著差異的，是交換的傾向；使這種差異，成為有用的，也是這個傾向。同類但不同品種的動物間，天資上的差等，有比較大的部分，是得自天性。人類資質的差別，得之於天性的比較少。未受教育習俗薰陶的人類，天性上的差別，實在不能算大。就天賦資質說，哲學家與街上挑夫的差異，比猛犬與尖嘴獵犬的差異，比尖嘴獵犬與長毛小獵犬的差異，比長毛小獵犬與牧羊犬的差異，真可說是微小得很。不過，這些同類但不同品種的動物，並沒有相互利用的機會。猛犬的強力，絕不能輔以尖嘴獵犬的敏速，輔以長毛小獵犬的智巧，或輔以牧羊犬的柔順。牠們因為沒有交換交易的能力和傾向，所以，不能把這種種相異的資質才能，結成一個共同的資源，從而，對於本種族的幸福便利，不能有增進的能力。各動物，依舊是各自分立，各自保衛。自然雖給了牠們各種各樣的才能，牠們並不能從彼此享得何等利益。人類方面的情形，就完全兩樣了。他們彼此間，哪怕是極不相類的才能，也能交相為用。他們依著互通有無、物物交換和互相交易的一般傾向，把各種才能生出的各種不同生產物，集結在一起，讓每個人都可以根據自己的需要，隨時買到利用他人的才能生產的物品。

第三章

論分工受限於市場的範圍

　　分工之起，由於交換，分工的範圍，亦往往受限於交換的範圍；換言之，常為市場範圍所局限。市場過小，很難促使人終生專務一業。因為在這種狀態下，他不能用自己消費不了的自己勞動的剩餘生產物，隨意換得自己需要的別人勞動的剩餘生產物。

　　有許多業務，就連最低下的業務，也只能在大都市立足。譬如，搬運工，就只能在大都市生活。小村落，固不待言；就連普通鄉鎮，亦嫌小了，不能一直提供他工作。散在蘇格蘭高原一帶的荒涼孤寂的鄉村農夫，不論是誰，都得為自己的家屬，兼充屠戶、烙麵師，乃至釀酒人。在那種地方，要在二十哩內找到同樣的一個鐵匠、木匠，或泥水匠，也不容易。零星散居的人家，如果離這班工匠至少有八九哩之遙，就只有親自動手，做許多小事情（那些小事情，在人口眾多的地方，卻照例會僱請專業工人幫忙）。農村職工，幾乎到處都是一個人兼營幾項類似（所用的材料類似）的工作，農村木匠，要製造一切木製的物品；農村鐵匠，要製作一切鐵製的物品。農村木匠不只是木匠，同時，又是細工木匠、家具師、雕刻師、車輪製造者、耕犁製造者，乃至三輪車四輪車製造者。木匠的工作如此繁雜，鐵匠的工作，還更繁雜。在蘇格蘭高原那樣僻遠的內地，無論如何，總維持不了一個專門造釘的工人。因為他即使一日只生產一千枚，一年只勞動三百日，每年也生產三十萬枚。但在那裡，一年也消費不了他一日的製造額，消費不了一千枚。

　　水運比起陸運，可以開拓更廣大得多的市場。所以，從來各種產業的分工改良，往往自然而然的，開始於沿海、沿河

一帶。這種改良，須經許久以後，才慢慢普及於內陸各地。現在，以駕駛兩人、馬八匹、大型四輪車一輛，載重約四噸之貨物，往返於倫敦、愛丁堡間，計需六星期日程。然以同樣長的日程，由六人或八人駕駛船舶一艘，載重二百噸的貨物，已能往返於倫敦、利斯間。照此比例，需一百人、四百匹馬、五十輛四輪車搬運的貨物，已可藉水運之便，由六人或八人搬運。而且，把二百噸貨物，由倫敦運往愛丁堡，依最低陸運標準計算，亦須負擔一百人三個星期的生活費和四百匹馬、五十輛四輪車的維持費以及消耗。若由水運，所應負擔的，最多也不過是六人至八人的生活費，加載重二百噸船舶的消耗費，再加較高的保險費（水運的保險費較陸運高）而已。所以，假若在這兩都會間，捨陸運外，不復有其他交通方法，那除了少數重量輕、價格高的貨物，便沒有什麼商品，能由一方運至他方了。從而，這兩地間的商業貿易，將只限於高價的貨物。這兩地相互提供的產業刺激，也只有那一小部分產業。若令世界上單有陸運，遠隔各地間的商業，一定會無法進行。試想，有什麼貨物，能負擔由敦倫至加爾各達間的陸上運費呢？即使有這種貨物，又有什麼輸送方法，能使貨物安然通過介在這兩地間那許多野蠻民族的領土呢？然而，現今這兩都會，已能相互進行大規模的商業，已能相互提供市場，並能在業務上，相互給予頗大的激勵。

　　水運之便，既可開拓全世界，使成為各種勞動生產物的市場，所以，工藝實業的改良，都自然發軔在有水運便利的地方。這種改良，自然要許久以後，才能普及於內陸各地。內陸各地，遠離河海，所以，許久不能取得更大的市場，來銷售它

們大部分的生產物。它們的市場範圍，長期局限在鄰近各個地方；長期受限於鄰接地方的財富與人口。結果，它們的改良進步，往往落後於鄰接的地方。我國殖民北美所開發的農場，歷皆靠近海岸河岸。舉凡離此過遠的地域，簡直是少有進展。

根據最可靠的歷史記載，最先進入文明的，就是地中海沿岸諸國。地中海是今日世界上最大的內海，其中，除風起浪湧外，沒有潮汐，從而，也沒有可怕的波濤。加之，海面平滑，島嶼棋布，離岸甚近，在昔指南針尚未發明，造船術尚不完備，人皆願遠離海洋，視狂瀾怒濤為畏途的早期航海狀態下，只有這種大內海，最稱適宜。古時，超越海克力斯圓柱；換言之，超越直布羅陀海峽西航，在航海上，久被視為最危險、最可驚的冒險。就連當時以造船航海事業著名的腓尼基人、迦太基人，也是過了許久，才敢於嘗試。而且，他們嘗試過了好久以後，還沒有別的國民，敢於問津。

在地中海沿岸諸國中，農業或製造業發達最早，改良最大的，又要首推埃及。上埃及的繁盛地域，均在尼羅河兩岸數哩內；下埃及卻不是這樣。在下埃及，有尼羅河無數支流，大大小小，分布全境；這些支流，只要略施人工，不但可在境內各大都市間，在各重要村落間，甚而可在村野各農家間，提供水上交通的便利。這種便利，與今日荷蘭境內的萊茵河、麥斯河，幾乎全然一樣。內陸航行，竟能如此廣泛、如此便易，無怪埃及能有這樣早的改良。

東印度孟加拉諸地和中國東部諸省，似乎極早就有農業上製造業上的改良。不過，關於這種往古事蹟的真相，歐洲有權威的歷史家，亦未能予以確證。印度的恆河及其他大河，亦分

出許多通航的支流，與埃及的尼羅河無異。中國東部諸省，亦有若干大江大河，分成無數小支流和水道，相互交通著，擴大了內陸航行的範圍。這種航行範圍的廣闊，不獨非尼羅河、恆河任一河所可比擬，合此二大河，也許亦是遠莫能及。但最令人奇怪的，是古代埃及人、印度人、中國人，都不獎勵外國貿易。他們的富裕，似乎全然得自內陸的航行。

　　非洲內陸地帶，向稱野蠻。居住在黑海、裏海以北極遠的亞洲地帶，如昔時之西帝亞，今日之韃靼及西伯利亞，亦終古無甚進化。韃靼海是永久不能通航的冰洋，其附近地方，雖有若干世界著名的大河流貫其間，但因彼此距離過遠，大部分皆不宜於進行商業和交通。內海為促進貿易聯絡交通之關鍵，在歐洲，有波羅的海與亞德里亞海；在歐亞兩大陸間，有地中海與黑海；在亞洲，有阿拉伯、波斯、印度、孟加拉，以及暹羅諸海灣。但在非洲，卻是一個大內海也沒有；境內大河，又相互隔離過遠，不能引起比較大規模的內陸航行。再者，一國境內，縱令有大河流貫其間，但若毫無支流，其下游又須經他國領土始注入海洋，這國的商業，也就仍然不能有何等大的規模。因為上游國能否與海洋交通，隨時都要受下游國支配。對於巴伐利亞、奧地利、匈牙利諸國，多瑙河所生實效，至為有限。設此河至黑海之全部航權，竟為三國中任何一國獨有，效用就不可同日而語了。

第四章

論貨幣的起源及其使用

　　分工的局面，一經完全確立，一己勞動的生產物，只能滿足自身欲望的極小部分，其他大部分的欲望，須用自己消費不了的剩餘勞動生產物，交換別人勞動所生產的剩餘物品來滿足。於是，人人都要依賴交換而生活，或者說，在相當限度內，人人都成了商人，同時，社會本身亦成了所謂商業社會。

　　但在分工發生之初，這種交換力量的作用，往往極不靈敏。譬如，假設甲持有的某種商品，自己消費不了，而乙所持有的這種物品，卻不夠自己消費。這時，甲當然樂於出售，乙當然樂於購買甲手中剩餘物品的一部分，但若乙手中，並未持有甲目下希求的物品，他們兩者間的交易，就依然不能實行。譬如，屠戶把自己消費不了的肉，置於店內，釀酒家、烙麵師固可各自購取自己所需要的一份，但這時，假設他們除了各自的製造品，就沒有別種可供交易的物品，同時，又假設屠戶已有充分的啤酒麵包，那麼，他們彼此之間，就會全然沒有進行交易的可能。屠戶不能作釀酒家、烙麵師的生意，釀酒家、烙麵師也不能作屠戶的顧客。彼此互相助益的功用，不免要減少許多。然而，自分工確立以來，各時代各社會中，都不乏深思遠慮之人，他為避免這種不便起見，自然而然的，要在自己勞動生產物外，隨時在身邊安置一定量的特殊物品：這特殊物品，在他想來，拿去和任何人的生產物交換，都不會見拒。

　　為這目的，屢次被人們想到而且用過的物品，有形形色色。未開化社會，曾用家畜作商業上的共通媒介。家畜是極不便的媒介物，那是無疑的，但我們卻發現，當時往往以家畜頭數，作為交換的評價標準，亦即用家畜交換各種物品。荷馬曾說：「狄阿米德的鎧甲，僅值九頭牛；格羅卡斯的鎧甲，卻值

一百頭牛。」據說，阿比西尼亞以鹽爲商業交換的媒介。印度沿海某地，以某種貝殼爲媒介；威基尼亞以菸草；紐芬蘭以乾魚丁；我國西印度殖民地以砂糖；其他若干國則用獸皮或精製的鞣皮。據我所聞，今日蘇格蘭村民，猶不時以釘作媒介，購買啤酒麵包。

　　然而，不管在任何國家，最後總會依著幾種不可抵抗的理由，使人們在一切物品中，特別爲此目的，而選定金屬。金屬比其他商品不易磨損，並且，它不僅耐用，還能任意分割而全無損失，分割了，可再熔成原形。這性質，卻爲一切其他耐用的商品所無。那是金屬的特點，亦即是金屬成爲商業買賣上及流通上適當媒介物的基本原因。譬如，假設除了家畜，就沒有別種物品可以換鹽，想購買食鹽者，一次所購價值，就勢必要相當於一頭牛或一頭羊。他所購買的價值，不能低於這個限度以下，因爲他用以購買食鹽的物品，不能分割，分割了，就不能復原。如果他想購買更多的食鹽，亦只有依同一理由，以兩三頭牛或羊，購入兩倍或三倍的分量。反之，假如他用來交易的物品，不是家畜，而是金屬，他的問題就容易解決了，他可以按照他目前的需要，分割相當分量的金屬，而購買價值相當的物品。

　　爲此目的而爲各國使用的金屬，有許多種類。古斯巴達人用鐵；古羅馬人用銅；在一切富裕商業國民間，多使用金銀。

　　最初，用作交換媒介物的金屬，都是粗型的條塊，沒有加以何等刻印鑄造。蒲林納（參看他所著的《自然史》）根據古代歷史家梯麥阿斯所述：至色佛阿斯・條里阿斯時代爲止，羅馬尚未見有鑄造的貨幣，他們通常購物，皆使用沒有刻印的條

狀銅塊。換言之，這粗型條塊，就是當時當作貨幣用的東西。

在這樣粗陋狀況下，金屬的使用，有兩種極大的不便。第一是秤量的麻煩；第二是試驗的麻煩。貴金屬在分量上有些許差異，在價值上便會生出頗大差別。但要正確秤量這類金屬，又至少，須備有極精密的法碼和天秤。金的秤量，尤須小心。賤金屬秤量稍差，在價值上，固然不會發生大的影響，從而，沒有精細秤量的必要。但若一個窮人，買賣值一個銅板的貨物，也須每次秤量這一個銅板的重量，就不免令人覺得麻煩極了。試驗金屬的工作，卻還更為困難，更為繁瑣。有些金屬，不投之坩堝，用適當的熔解藥，予以熔解，試驗結果必不能十分正確。在鑄幣制度尚未實施以前，世人常因不精於這種困難繁瑣的作業，而受到極大的欺騙。他們售賣貨物所得，表面上，雖很像一磅純銀或純銅，究其實，恐不免混有許多最粗劣低賤的原料。所以，進步諸國，為避免此種弊害，便利交易，促進各種工商業發達起見，皆認為本國普通購買貨物所用的特殊金屬的一定分量上，須加蓋公印。接著，就有鑄幣制度及稱為造幣局之官衙成立。這種制度的性質，類似於毛織物、麻織物的檢查官。他們的任務，同是加蓋公印，確定市上各種商品的分量，劃一它們的品質。

最初，蓋在貨幣金屬上的公印，不過要確定那最須確定而又最難確定的金屬品質與純度。當時的刻印，與現今金塊銀條上所刻的純度標記，頗相類似。在金塊上刻印，但只附在金屬一面，不會蓋住金屬全面的西班牙式標記，亦頗與此相似。它所確定的，只是金屬的純度，不是金屬的重量。《聖經‧創世紀》記載，亞伯拉罕，秤銀四百「雪克耳」給愛佛倫，作為

馬克培納原野的代價。據說「雪克耳」是當時商人流通的金屬貨幣，和今日金塊銀條的交易方式一樣，都不論個數，只論重量。往昔，撒克遜人入主英格蘭，其歲入，據說不是徵收貨幣，而是徵收實物，即各種食糧。以貨幣奉納的習慣，是大威廉創始的。不過，當時納入國庫的貨幣，仍有許久，是計重量，不計個數。

要秤量金屬而毫無差誤，是很麻煩的。這種麻煩，引出了鑄幣制度。鑄幣的刻印，不僅加在金屬塊片兩面，有時，還附加在它的邊緣。這種刻印，除了確定金屬的純度，還要確定它的重量。從此以後，鑄幣就完全以個數交易，沒有秤較重量的麻煩了。

鑄幣的名稱，原要表明內含的重量或數量。羅馬鑄造貨幣，始於色佛阿斯・條里阿斯時代。當時，幣名「亞斯」（asses）或「邦圖」（pondo）的，正含有羅馬純銅一磅。一「邦圖」分十二「盎斯」（ounce），亦即實含有純銅一盎斯。英國當愛德華一世時代，貨幣一鎊，即含有純銀一臺（tower weight）磅。一臺磅，似較羅馬一磅稍多，較現行造幣局一杜雷磅略少。英國現行造幣局重量一磅，是亨利八世第十八年採用的杜雷（troyes）磅。杜雷為法國邑名。當時，歐洲貿易以法國為最繁盛，而杜雷又為國內諸市之輻輳處，故當地度量衡單位，為各國所採用。法國幣名「里維爾」（livre）。里維爾亦磅的另一種名稱，當查理曼帝時，重如其名，含純銀一臺磅。蘇格蘭貨幣一磅，自亞力山大一世至布洛斯時代止，皆含有與英幣一鎊同重量、同純度的銀一磅。英蘇法三國的貨幣一便士，最初，都含有重一便士的銀。二十便士

爲一盎斯，故一便士爲一鎊的二百四十分之一。先令亦爲重
量名稱。亨利三世當時的法律規定：「小麥一卡德值十二先
令時，一法辛（farthing）上等小麥麵包，須重十一先令四便
士。」不過，便士對鎊的比例很穩定；先令對便士，對鎊的比
例，卻常變。法國古時所謂「蘇」（sou）或「先令」，因情
形不同，有時含五便士，有時含十二便士，有時含二十乃至
四十便士。在古時撒克遜人間，每一先令只抵五便士。其價值
變動，與其鄰法國先令比較，大抵相類似。法國自查理曼大帝
時代以來，英格蘭自大威廉時代以來，鎊、先令、便士的價
值，雖各大有變動，但彼此間的比例，卻和現今一樣，沒有多
大變動。我相信，世界各國的君主，都是貪婪不公的。他們欺
騙臣民，把貨幣最初所含金屬之眞實分量，次第削減。降至共
和國後期，羅馬一「亞斯」，已減價而等於原價二十四分之
一，名爲一磅，實只半盎斯。英格蘭的鎊和便士，現今價值，
亦不過當初三分之一；在蘇格蘭，不過當初三十六分之一；在
法國，不過當初六十六分之一。君王操製幣之權，之所以偷斤
減兩，原不過要以較小量的銀，償還債務，並履行各種契約。
但實行結果，不僅使政府的債權人，因此被剝奪了一部分應得
的權利；影響所及，國內一切債務人，都取得了和君王相等的
特權，他們同樣能以新的劣幣，償還貨幣改鑄前借來的金額。
所以，這種措施，常有利於債務人，而有損於債權人；結果，
對於個人財產，它們所招致的嚴重影響，眞是巨大，眞是普
遍。像這樣巨大普遍的嚴重影響，就連極大的公共災禍，亦無
法相比。

　　但貨幣卻在這情況下，成了一切文明國商業上的一般媒

介。依這媒介，一切貨物乃能進行買賣，乃能相互交換。

　　但是，當世人以貨幣交換貨物，或以貨物交換貨物時，究竟遵循何等法則呢？換言之，究竟如何決定商品的相對價值或交換價值呢？這正是我現今要討論的問題。

　　價值一詞，有兩種不同的意義。它有時表示特定物品的效用，有時又表示因占有其物而取得的對於他種貨物的購買力。前者是使用價值，後者為交換價值。使用價值很大的東西，其交換價值往往極小，甚或絕無；反之，交換價值很大的東西，其使用價值往往極小，甚或絕無。譬如，物類中，水的用途最大，但我們不能以水購買任何物品，也不會拿任何物品與水交換。反之，鑽石雖無多大使用價值可言，但須有多量其他貨物，才能與之交換。

　　因要探究諸商品交換價值的支配原則，我將努力闡明以下三點，即：

　　第一，什麼是交換價值的真實尺度；換言之，構成一切商品真實價格的，究竟是什麼？

　　第二，構成真實價格的，有哪些不同的部分？

　　第三，什麼情況，使價格某部分或全部，有時高於、有時低於其自然狀況下該有的價格？換言之，使商品市場價格或實際價格①，不能與其自然價格恰相一致的原因何在？

　　關於這三個問題，我將竭盡所能，在以下三章內，給予

---

① 實際價格，從原文（actual price）譯轉，與真實價格（real price）不同。

充分明瞭的說明。不過，在研究的細目中，有些像似冗贅的地方，要請讀者忍耐；有些地方雖經我竭力說明，恐仍不免難於理解，要請讀者注意。我因要求十分明瞭，往往不憚繁瑣。但一個這樣極其抽象的問題，即使殫精竭慮，期其明瞭，最後恐仍不免有些難於理解的地方。

第五章

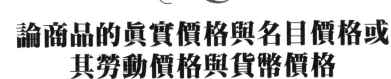

論商品的真實價格與名目價格或
其勞動價格與貨幣價格

　　一個人是貧是富，就看他能在什麼程度上，享受人生的必需品、方便品和娛樂品。但自分工完全確立以來，每個人所需要的物品，僅有極小部分仰給於自身勞動，最大部分已須仰給於他人勞動。所以，他是貧是富，須看他能夠支配多少勞動；換言之，看他能夠購買多少勞動。對於占有某些物品，但不願自己消費而願以之交換他物者，這些物品究竟有多少價值呢？那等於它所能購買可支配的勞動量。勞動是一切商品交換價值的真實尺度。

　　一切物品的真實價格，即欲得此物品的真實費用，就是獲得此物品的辛苦勞動。一切物品，對於已得此物但願以之交換他物者，真正值多少呢？那等於因占有其物而能自己省免，轉嫁在別人身上的辛苦勞動。自身做成的貨物，固由自身勞動而得；以貨幣或貨物購得的物品，亦由勞動購買。此等貨幣或貨物，使我們能夠免除相當的勞役。它們含有一定量勞動的價值，依此價值，我們可與其他在想像上含有等量價值的物品交換。勞動是第一價格，是原始的購買貨幣。世間一切財富，原來都由勞動購買，非由金銀。所以，某一物品，對於已有此物但願以之交換新物者，所值恰等於這物所能購得的勞動量。

　　霍布士說：「財富就是權力。」但獲得或繼承大宗財產的人，未必就獲得了或繼承了民政上、軍政上的政治權力。他的財產，即使可以提供一種獲得政權的手段，但單有財產，不一定就會有政權在握。財產對他直接提供的權力，是購買力，是對於當時市場上各種勞動生產物的支配權。他的財產大小，與這種支配權的大小，恰成比例。換言之，財產愈大，他所能購買、所能支配的他人的勞動量，或他人的勞動生產物量，亦按

比例愈大。反之，亦必按比例愈小。一種商品的交換價值，等於該商品對於其所有者所提供的勞動支配權。

勞動雖爲一切商品交換價值之眞實尺度，但一切商品價值，通常非由勞動評定。要確定兩個勞動量的比例，往往困難。兩種工作所費去的時間，往往不是決定比例的唯一因素。測定比例者，不應忘記它們的困難程度、熟練程度極不相等。困難的工作一小時，比容易的工作兩小時，往往包含更多勞動；需要十年學習的工作一小時，比普通業務一個月，所含勞動亦可能較多。困難程度如何，熟練程度如何，不易尋出準確尺度。但勞動生產物互相交換時，對於這兩種勞動，又不得不有相當的斟酌。調節這種交換的，不是任何準確的尺度，卻是市場上兩不相虧的協議。這雖不甚準確，但日常實用，也就夠了。

加之，商品多與商品交換，從而多與商品比較；少與勞動交換，從而少與勞動比較。所以，評量商品交換價值，與其依照這商品所能購得的勞動量，倒毋寧依照這商品所能購得的別種商品量。而且，我們說一定量別種商品，比說一定量勞動，亦更容易使人理解。因爲，前者是一個可以明確接觸的物體，後者卻是一個抽象的概念。抽象概念，縱能使人充分理解，亦沒有具體物那樣明白，那樣自然。

在物物交換已經停止，貨幣已成商業上一般媒介物的時候，商品就多與貨幣交換，少與別種商品交換。屠戶需要麵包啤酒，不是把牛肉、羊肉直接攜往麵包店、酒店去交換，卻先把牛肉、羊肉拿到市場去換取貨幣，然後再用貨幣交換麵包啤酒。他售賣肉類所得的貨幣量，支配他後來所能購買的麵包

量、啤酒量。因此，屠戶計量肉類價值，自然多用肉類直接換來的物品量（即貨幣量），少用肉類間接換來的物品量（即麵包啤酒量）。說肉一磅值三便士或四便士，比說肉一磅值麵包三斤或四斤，或值啤酒三升或四升，亦似乎更爲合宜。商品交換價值，之所以多依貨幣量計算，少依這商品所能換得的勞動量或其他商品量計算，原因即在於此。

像一切其他商品一樣，金銀的價值，時有變動，時有高低，其購買亦時有難易。一定量金銀所能購買、所能支配的勞動量或他種商品量，往往取決於當時著名金銀礦山的出產量。十六世紀美洲金銀礦山的出現，減低了歐洲金銀價值將近三分之一。此等金屬，由礦山運至市場使用，所須勞動既已較少，故至市場後所能購買、所能支配的勞動，亦須依同一程度減少。並且，在金銀價值上，這雖然是最大一次的變革，但不能說是歷史上唯一無二的變革。我們知道，本身數量會不停變動的尺度，如人足一步，人手一握，絕不是測定他物數量的正確尺度。同樣，自身價值會不停變動的商品，也當然不是評量他種商品價值的準確尺度。但在勞動的情況，卻另當別論。等量勞動，無論在什麼時候，什麼地方，對於勞動者，都持有同等的價值。勞動者如果精力如常，熟練程度、技巧程度如常，那要提供等量勞動，就非犧牲等量的安樂自由與幸福不可。他所獲得的報酬不論多少，他所支出的代價，總是一樣。他的勞動，雖有時能購得多量貨物，有時只能購得少量貨物，但這是貨物價值變動，不是購買貨物的勞動價值變動。不拘何時何地，凡在生產上已增加困難而需要多量勞動的貨物，價必騰貴；生產已較便易而必需勞動已較少的貨物，價必低落。只有

勞動本身的價值絕不變動，只有勞動可以隨時隨地較量各種商品價值，只有勞動是眞實的價值標準。所以，勞動是商品的眞實價格，貨幣只是商品的名目價格。

可是，等量勞動，對於勞動者，雖常有等量的價值，但在僱用勞動的人看來，它的價值，卻時有大小高低之別。雇主購買勞動，有時須用多量貨物，有時又只須用少量貨物；從而，他眼中見到的勞動價格，與其他一切物品一樣，價格常在變動。在他看來，以多量貨物購買的勞動爲高價，以少量貨物購買的勞動爲低價。這其實錯了。在前一情況，其實是貨物價跌；在後一情況，其實是貨物價騰。

所以，按照通俗的說法，勞動亦可說有眞實價格與名目價格之別。所謂眞實價格，就是勞動換取的生活必需品、方便品的數量。所謂名目價格，就是勞動換取的貨幣數量。勞動者的狀況是貧是富，勞動報酬是壞是好，不與其名目價格成比例，只與其眞實價格成比例。

就商品與勞動說，眞實價格與名目價格的區別，不僅是理論的問題。在實用上，亦非常重要。同一眞實價格的價值，往往相等；但同一名目價格的價值，卻往往因金銀價值變動而生極大差異。所以，假設一個人，要以地租永久不變爲條件而售賣一批地產，如果他眞要使地租的價值永久不變，那他萬不要把地租訂爲一定額的貨幣。訂爲一定額貨幣，難免有兩種變動：第一，同一名稱的鑄幣，因時代不同，所含金銀分量，可以各異；第二，同一量金銀，因時代不同，其價值可以全然不同。

在貪圖近利的君王心裡，實寧願減少鑄幣內含的純金屬

量。他們絕不會認為，增加鑄幣內含的純金屬量，於己有利。所以，我相信，各國鑄幣內含的純金屬量，都在不斷減少，而從來不會增加。結果，貨幣地租的價值，不免常有向下減落的趨勢。

美洲礦山的發現，減低了歐洲金銀的價值。據一般人設想，（雖沒有何等確實論據），這種低落傾向，迄今仍在逐漸進行，一時還不會停止。根據此種設想立論，貨幣地租，縱令不訂為鑄幣若干英鎊，而訂為純銀或標準銀若干盎斯，地租的價值仍會不斷減少，不會增加。

穀物地租，卻不如此。穀物地租，就連在鑄幣名實一致的時候，亦比貨幣地租，更能保持原有的價值。伊莉莎白第十八年令國內各學院的田產地租，僅三分之二納貨幣，其餘三分之一，規定須納穀物，或按照當時最近市場上的穀價，折合貨幣。由穀物折合貨幣的部分，原不過占全地租三分之一，現今據柏賴斯登博士所說，卻已二倍於其他三分之二了。按這個比例，各學院的貨幣地租，就已減而等於原價四分之一了。自菲利普和瑪利治世以來，英國鑄幣，殆無變化；同一數量之英鎊、先令，或便士，幾含有等量純銀。由此可知，各學院貨幣地租價值跌落的原因，不能不說全是銀價的低落。

設銀價下落，同時，鑄幣內含的純銀量，又日形減少，貨幣地租的損失，就會更大。蘇格蘭國幣遞輕，較英格蘭為甚，法國又較蘇格蘭為甚。所以，這兩地昔日頗具價值的地租，現在幾乎全無價值可言。

穀物價值的變動，實較少於金銀價值的變動。如果我們想以等量金銀常常購買等量勞動，未必可靠；想以等量穀物（勞

動者生活的必需品）常常購買等量勞動，卻是比較可能。等量穀物，要保持等量的眞實價格，似較可能；換言之，有穀物者，要以等量穀物，常常支配或購買他人同一量的勞動，似乎更是可能。我只說，等量穀物，比較等量其他商品，更能長期購買等量的勞動，因爲穀物其實也有幾分靠不住。勞動者的生活資料，亦即，勞動的眞實價格（如後章所要說明的），亦常因情形不同，而差別甚大。勞動者所得而享有的生活資料，在進步社會較多於在靜止社會；在靜止社會，又較多於在退步社會。在一定期間內，穀物以外，其他一切商品所能購得的勞動量，須按照這商品當時所能購得的生活資料量的比例。所以，穀物地租，最多不過受一定量穀物所能購買的勞動量上的變動影響。但由其他物品計算的地租，就不但要受一定量穀物所能購買的勞動量上的變動影響，同時，還不免要受一定量此物品所能購換的穀物量上的變動影響。

不過，我們要注意一點：穀物地租的眞實價值，由一世紀一世紀觀察，雖然比貨幣地租的眞實價值較少變動，但由一年一年觀察，卻比貨幣地租的眞實價值較多變動。如後章所要說明的，勞動的貨幣價格，並不逐年隨穀物的貨幣價格起落而變動。它並不適應於穀物的暫時或偶然價格，只適應於穀物的平均或普通價格。以後，我們又會知道，穀物的平均或普通價格，又受支配於銀價，受支配於產銀礦山的出產額，受支配於一定量的銀運至市場所必要的勞動量，從而又可說，受支配於爲運送一定量的銀至市場而被消費的穀物量。銀價由一世紀一世紀觀察，雖常有大變動，但逐年計，卻很少變動。銀的價值，有時，經過五十年、一百年，還能保持原狀。因此，穀物

的平均或普通價格，亦能經過長久期間，保持同一狀態。依著這個情形，勞動的貨幣價格，至少，在社會其他情形全無變動或幾無變動的情況，不難保持原狀。不過，穀物的暫時價格，卻年有變動，今年每卡德二十五先令，明年或不免漲至五十先令。在穀物價格變動的期間內，如果勞動的貨幣價格，以及許多其他物品的貨幣價格，能夠繼續保持原狀，那麼，在穀價每卡德漲至五十先令時，比較在穀價每卡德二十五先令時，不僅穀物地租的名目價值，乃至眞實價值，怕亦會抬高兩倍。換言之，比較起來，它所能支配的勞動量或其他商品量，會增加兩倍。

這樣看來，只有勞動是價值的普遍尺度、正確尺度了。換言之，只有勞動，能在一切時代、一切地方，比較各種商品的價值。由一世紀一世紀觀察，我們不能以一種物品所能換得的金銀量，來評定這物品的眞實價值；由一年一年觀察，我們又不能以一種物品所能換得的穀物量，來評定這物品的眞實價值。但無論由一世紀一世紀觀察，或由一年一年觀察，我們都可以極其準確地用一種物品所能換得的勞動量，來評定這物品的眞實價值。由一世紀一世紀觀察，穀物比銀，較宜於作爲尺度，因爲在這情況，同一量穀物，較之同一量銀，更有支配同一勞動量的可能。反之，由一年一年觀察，以銀爲尺度，又較勝於穀物，因爲在這情況，同一量的銀，又較之同一量穀物，更有支配同一勞動量的可能。

眞實價格與名目價格的區別，在訂定永續地租或締結長期租地契約時，還有人用到；但在日常生活比較普通的買賣關係上，卻很少有人顧到。

在同一時間、同一地方，一切物品的真實價格與名目價格，是成正比的。譬如，在倫敦市場上出售一種商品，獲得貨幣愈多，則在同時同地，它所能購買所能支配的勞動量亦愈多。反之亦然。因此，只要是在同一時間同一地方，貨幣亦未嘗不可作一切商品的真實交換價值的正確尺度，但一定要在同一時間同一地方。

在遠隔的兩個地方，商品的真實價格與名目價格，沒有任何正常的比例，而往來販運貨物的商人，亦只考慮商品的貨幣價格。換言之，他所考慮的，只是購買這商品所費去的貨幣量如何，將來這商品出售，預想可以換得的貨幣量如何，兩者差額又如何。在中國廣東地方，銀半盎斯所可支配的勞動量或生活必需品、方便品量，與倫敦一盎斯銀所可支配者比較，也許還要更大。所以，對於各該地的商品所有者，廣東值半盎斯銀的商品，比倫敦值一盎斯銀的商品，實際也許還更有價值、更重要。不過，如果倫敦商人能在廣東，以半盎斯銀購買的某種商品，竟能在倫敦以一盎斯銀的價格出售，他這趟買賣，就算獲得了百分之百的利益，在商人眼中，倫敦廣東兩地的銀價，原是相等一樣的。因為，廣東半盎斯銀，比倫敦一盎斯銀，是否能夠支配更多勞動或更多生活必需品、方便品，對於這個商人，原無何等關係。他所希望的，只是倫敦一盎斯銀，運到廣東去，所能支配的商品量，能兩倍於廣東半盎斯銀所能支配的數量。

一切買賣行為是否適宜，既然終受商品的名目價格或貨幣價格支配，所以，在日常生活的商務關係上，一般人更不注意真實價格，只注意名目價格，原不足怪。

但本書所論，有時又必須比較異時異地特定商品的真實價格上的差異。換言之，有時必須考察不同情況上，特定商品對於其所有者所提供的勞動支配權，有怎樣的不同。在這裡，我們不大比較一種商品出售通常可得的銀量上的差異，寧願比較不等量銀所能買得的勞動量上的差異。但時間隔遠了，地方隔遠了，勞動的時價如何，往往無從正確知道。正式記錄穀物時價的地方，雖然不多，但在性質上，穀物時價，就比較更為人所瞭解，從而，比較更能引起歷史家與其他著述家的注意。大體上說，穀物時價雖然不能像勞動時價那樣，供我們作最正確的價值尺度，但總算近似於最正確。所以，我們不能不退而求其次，常就穀物時價，來比較商品的真實價值。

隨著產業進步，商業國發現了同時使用數種金屬鑄幣的便利：大額付款，用金幣；中價位的買賣，用銀幣；比較小額的用途，用銅幣或比銅更賤的金屬鑄幣。在這三種金屬中，他們又往往特別選定一種，作為主要的價值尺度。在這種選擇上，中選的，往往是最先用作商業媒介的金屬。因為在他們沒有其他貨幣可用時，就已認它作本位，以後，即使有了別種貨幣，相沿下來，往往依舊認它作本位。

據說，羅馬在第一次布尼克戰爭以前，只有銅幣；銀幣鑄造，始於這次戰爭前五年間。因此，羅馬共和國就一直以銅幣為價值尺度。羅馬一切簿帳，一切財產價值，都是以若干亞斯（asses）或若干色斯特（sestetius）計算。亞斯是銅幣的名稱。色斯特值兩亞斯半，雖原為銀幣，但其價值，常以銅幣計算。所以，在羅馬，關於負債甚多的人，常說他借有別人多量的銅。

　　至於那些在羅馬帝國廢墟上立國的北方諸國民，定居之初，只有銀幣；甚而在此後若干時代，仍不知有所謂金幣銅幣。撒克遜人入主英格蘭時代，亦只行銀幣。金幣的鑄造，一直到愛德華三世時代，尚極有限。銅幣，是詹姆士一世以後才有。所以，在英格蘭，並且，依據同一理由，我相信，在歐洲近代其他各國，一切計算，都尚以銀爲本位；一切貨物、一切財產的價值，都用銀評量。要表述一個人的財產額，我們不說它值多少幾尼（guinea），只說它值多少純銀鎊。

　　我猜想，最初，各國的法定貨幣，都只是被認爲價值標準的那種金屬鑄幣。在英格蘭，鑄金幣後許久，金幣還不曾取得法定貨幣資格。金幣銀幣價值的比例，未由法律規定，純然取決於市場。所以，債務人如果以金償債，債權人可以全然拒絕，不然，就須按照雙方同意的金價計算。又譬如，銅在今日，只用以兌換小銀幣，已經全然不是法定貨幣。所以，在這情形下，本位金屬與非本位金屬的區別，就不僅是名目上的區別了。

　　往後，人們同時使用數種鑄幣愈發有了經驗，愈發知道各種鑄幣的價值比例，我相信，大多數國家，到這時才感到了確定它們價值比例的便利。比方說，才用法律規定某種分量、某種純度的幾尼，可以兌換二十一先令；規定對於這樣大的債款，可用這樣的幾尼，充作法定貨幣。在這狀態下，在法定比例繼續有效的期限內，本位金屬與非本位金屬的區別，又只是名目上的區別。

　　不過，在法定比例發生變動時，本位金屬與非本位金屬的區別，又不僅徒有名目。譬如，在一切帳目，皆以銀幣記

入，一切債務，皆以銀幣表示的情況，如果金幣一幾尼的法定
價值，竟由二十一先令跌至二十先令，或漲至二十二先令，以
銀幣償還舊欠，雖無異平時，然以金幣償還，則所差必巨。在
一幾尼低於二十一先令的情況，所需金幣數額必較大；在高於
二十一幾尼的情況，所需金幣數額必較小。在這情形下，與金
價比較，銀價似更不易變動。這時，好像是以銀測金，非以金
測銀。金的價值，似取決於金所能交換的銀量；銀的價值，似
不取決於銀所能交換的金量。但這種差異，乃全然發因於帳目
款額多用銀幣表示的習慣。反之，譬如，達蘭蒙氏期票一紙，
其上，若註明金幣二十五幾尼或五十幾尼，則在法定比例發生
變動以後，仍須以同額金幣付還。這時兌付，若不以金幣而以
銀幣，所需數額，亦必依隨法定比例的變動而有各種不同。從
而，就這張期票的支付，與銀價比較，金價的變動又似乎較
少。這時，又好像是以金測銀，非以銀測金了。所以，如果帳
簿契約債券，全都養成了以金幣表示的習慣，會被認爲價值標
準或尺度的金屬，就應當是金，不是銀了。

　　在諸金屬價值的法定比例不變的情況，最昂貴的金屬價
值，支配一切鑄幣的價值。譬如，英之幣制，便士十二枚，以
常衡（十六盎斯爲一磅）計，含有半磅銅。但因銅質不良之
故，未鑄成銅幣前，那半磅銅能值銀幣七便士者，亦不多見。
因法律規定銅幣十二便士換一先令，於是，實際不夠值七便士
的銅幣，仍在市場上作一先令使用，可隨時換得一先令。英國
就連在晚近金幣改革以前，金幣仍不曾像一般銀幣那樣低劣到
標準重量以下，至少，在倫敦及其附近流通的金幣是如此。可
是，低劣的銀幣二十一先令，通常，仍可兌換無大損耗的金幣

一幾尼。最近，依法律限定，英國金幣已盡量接近於標準重量。官署方面，非依重量計算，即不收受金幣的命令，應該可保持金幣的重量，使常與標準接近。可是金幣改革，銀幣卻是毀損低劣如故。市場上磨損了的銀幣二十一先令，依然可以兌換優良的金幣一幾尼。

因此，金幣的改革，就明顯抬高了能和金幣兌換的銀幣價值。

英國造幣局，以金一磅，鑄成四十四幾尼半金幣，以一幾尼為二十一先令，一英鎊為二十先令計算，含金一磅的金幣，就等於四十六英鎊十四先令六便士。又英國一磅為十二盎斯，故合重一盎斯的金幣，等於銀幣三英鎊十七先令十便士半。英格蘭向來不徵收造幣稅，以重一磅或一盎斯標準金塊持往造幣局，可不折不扣，換回重一磅或一盎斯的鑄幣。所以，每盎斯三英鎊十七先令十便士半，就成了英格蘭所謂金的造幣局價格，也就是造幣局交換標準金塊所須付給的金幣量。

在金幣改革前，市場上，標準金塊價格，多年在每盎斯三英鎊十八先令以上，有時為三英鎊十九先令，且有時漲至四英鎊。但就當時磨損的金幣言，甚而四英鎊的數目，怕亦沒有包含標準金一盎斯以上的重量。金幣改革後，每盎斯標準金塊的市價，已不大超過三英鎊十七先令七便士。改革前，其市場價格，常多少超過金的造幣局價格；改革後，又不斷低於金的造幣局價格。其市價如此，又無分以金幣易，或以銀幣易。所以，晚近金幣的改革，不僅對金塊，也許對一切其他商品而言，已經相對抬高了金幣的價值，並連帶提高了銀幣的價值。不過因為大部分其他商品的價格，尚受許多其他因素的影響，

所以，與這各種商品相對而言，金幣銀幣在價值上的騰貴，遂不致於怎樣顯著。

英格蘭造幣局，以標準銀塊一磅，鑄成六十二先令銀幣。依一磅十二盎斯計算，每盎斯合五先令二便士，此即英格蘭所謂銀的造幣局價格，也就是造幣局交換標準銀塊所須付給的銀幣量。在金幣改革前，標準銀塊的市場價格，因時不等。有時，一盎斯值五先令四便士；有時，值五先令五便士；有時，值五先令六便士；有時，值五先令七便士；且有時值五先令八便士。不過，就中以五先令七便士爲最普通。金幣改革以來，標準銀塊一盎斯的市場價格，往往爲五先令三便士、五先令四便士，或五先令五便士，很少超過五先令五便士以上。可是，銀塊的市場價格，雖因金幣改革而低減了許多，但終未落到造幣局價格以下。

就英格蘭各種鑄幣金屬的比價言，銅的評價，遠過於其眞實價值；銀的評價，略低於其眞實價值。法國荷蘭純金一盎斯，大約換純銀十四盎斯；英格蘭純金一盎斯，卻能換得純銀約十五盎斯。即是說，銀在英格蘭的評價，不及在歐洲。然而，銅塊價格，就連在英格蘭，也不因鑄幣銅的評價過高而上漲；同樣，銀塊價格，也斷乎不因鑄幣銀的評價過低而下落。銀塊與金，尙能保持適當的比例；此與銅塊對銀，尙能保持適當的比例，同其理由。

在威廉第三時代，銀幣有所改革，此後，銀塊價格，依然多少超出造幣局價格之上。這種高價，據洛克說，全然是允許銀塊輸出而禁止銀幣輸出的結果，因爲允許銀塊輸出，國內對銀塊的需要，必大於對銀幣的需要。但此說亦不盡然。國內爲

普通買賣而需要銀幣的人數，確較多於為輸出或為其他目的而需要銀塊的人數。並且，現在，我們也同樣允許金塊輸出而禁止金幣輸出，金塊價格卻依舊低於造幣局價格。在那時，亦像現今一樣，鑄幣的銀，與金相對而言，是評價太低了。在那時（那時，金幣似尚無改革必要），亦像在現今一樣，一切鑄幣的真實價值，皆受支配於金。從前的銀幣改革，既不能使銀塊價格低於造幣局價格的標準限度以下，那麼，現今任何類似的改革，也當然不能做到這樣。

假若銀幣能夠像金幣那樣，與標準重量不致相差太多，則按照今日比價，金幣一幾尼所能換入的銀幣，就要多於它所能購買的銀塊。銀幣既含有十足的標準重量，所以，先把銀幣熔成銀塊，由銀塊交換金幣，再以金幣換取銀幣，依次循環，也頗有利可圖。利之所在，人必趨之。要防止此種弊竇，只有改變金銀的比價。

就金銀鑄幣的比價說，現今銀的評價是太低了。當然，銀的評價太高，也是不方便的。但是，如果同時又像規定銅幣除了兌換先令就不得充作法定貨幣那樣，規定銀幣除了兌換幾尼就不得充作法定貨幣，那麼，與評價太低的情況比較，則評價太高的弊害，也許要少些。熔解變換的弊竇，定會因而減少許多。依此規定，銅幣評價過高的結果，既不致欺騙任何債權人，銀幣照樣辦下去，當亦不致於使任何債權人吃虧吧。我想，受這種規定之累的，只有一般銀行家。現在，銀行家的慣技，往往以最小的銀幣六便士支付款項，藉以延宕時間。這種規定的實行，卻使他們不能再使用這種不名譽的方法，來避免立時的兌付。他們常須在金櫃中儲有更多量的現金，這於銀行

家當然不利，但同時，卻正是債權人的大利。

誠然，就今日最佳的金幣而言，三英鎊十七先令十便士半（金的造幣局價格），亦未必含有一盎斯以上的標準金塊。從而，有人以為，用這個數額購換更多的標準金塊，就很不可能。但是，金鑄成幣，其使用，實較金塊為便；加之，鑄造貨幣在英國雖不取費，但金塊持往造幣局，往往須經數星期，始能換回鑄幣，當造幣局繁忙時，且須延遲數月之久。這時間上的拖延，等於抽了小額的造幣稅，同時，又是金幣價值較高於等量金塊價值的原因。所以，英國鑄幣銀的評價，對於金，若能保持適當的比例，那麼，即使不依照我所擬議的辦法，使銀幣評價略高又規定銀幣不得充作法定貨幣，銀塊價格猶不免要低於造幣局價格以下；因為，就連現今磨損了的銀幣價值，也還受銀幣所能兌換的優良金幣價值支配。

對於金幣銀幣，課以小額造幣稅，結果會使鑄幣金銀對等量條塊金銀的價值，益形增大。即是說，造幣課稅勢必按稅額比例，增加鑄幣價值。此與範金為器，將依範金所費的比例，增加金器價值，同其理由。鑄幣相對於金塊的優越性，不僅可阻止鑄幣的熔解，同時，並可阻止鑄幣的輸出。萬一因當前某種急需，有輸出貨幣必要，亦定有大部分，會隨出隨入。鑄幣流往外國，只能按照條塊的重量出售，在國內，卻持有這重量以上的購買力。輸出貨幣之再行輸入，頗為有利。法國對於鑄幣，課百分之八的造幣稅。據說，法國輸出的貨幣，都會再輸回本國來。

金銀條塊市價不時變動的原因，同於一切其他商品市價不時變動的原因。此類金屬的運輸，在海上陸上，都有遭逢意

外損失的可能；在鍍金、範金、鑲邊、彩飾各種作業上，會有不斷的消耗；在鑄幣及用器上，會有日甚一日的磨損。所以，不曾占有礦山的國家，因要不斷彌補此等損失消耗，有不斷輸入金銀的必要。逐利的金銀輸入商人，亦是一個商人。我相信，他們會看準當前的需要，竭其力使金屬輸入，合於當時的需要。可是，他們在供求量的估計上，無論如何周到，總不免有時失之過與不及。假如金銀條塊的輸入多於需要，他們往往不願再冒輸出的危險與困難。即使市價略低於普通平均價格，他們亦寧願在國內售去若干；反之，如果輸入少於需要，他們可得的市價，就會高於普通平均價格。至於在這種不時變動之下，金銀條塊的市價，若竟能連年固定下去，持續下去，保持著它們高於造幣局價格或低於造幣局價格的狀態，我們就敢說，那一定發因於鑄幣本身的某種情況。因為有這情況，一定量鑄幣所值，才連年較貴於或較賤於鑄幣內實應含有的純金量純銀量。結果的固定持續性，暗示了原因的固定持續性。

　　貨幣是價值尺度，不過，這種尺度，究竟在此時此地準確到了什麼程度，卻須視此時此地通用的鑄幣，是在什麼程度上，符合於它的標準。換言之，須視鑄幣內實含的純金量、純銀量，是怎樣符合於它的應有額。譬如，英格蘭四十四幾尼牛，如果正含有標準金一磅（即純金十一盎斯加合金一盎斯），此種鑄幣，就自然可以在此時此地作一般商品實際價值的最正確的尺度。此四十四幾尼牛，若因磨損消耗，沒有一磅標準金重，而且，磨損的程度又參差不一，這種價值尺度，就會像其他各種度量衡一樣，難免有些不正確。恰好適合標準的度量衡既不多見，所以，商人決定物價，往往不按照應當的度

量衡標準，卻依據各自的經驗，平均酌量，實事求是，而按照事實上的度量衡標準。在鑄幣紊亂的情況，結果亦復如此。諸商品價格，將不取決於鑄幣應當含有的純金量、純銀量，只取決於鑄幣在經驗上、平均上實際含有的分量。

在此，我們應當注意一件事。我所謂商品貨幣價格，只指此商品出售所得的純金量或純銀量，與鑄幣名稱無關。譬如，愛德華一世時代六先令八便士的貨幣價格，和今日一英鎊的貨幣價格，就被我視爲同一的貨幣價格。根據我們所能判斷的，那時六先令八便士，幾乎含有今日一英鎊同一量的純銀。

第六章

論商品價格的構成部分

　　無資本蓄積亦無土地私有制度的初期野蠻社會，獲取各種物品所必要的各種勞動量間的比例，就是這各種物品相互交換的唯一標準，譬如，狩獵民族殺海狸一頭，所需勞動，若兩倍於殺野鹿一頭所需，則海狸一頭，當然換野鹿兩頭。通例，兩日勞動生產物的價值，當然兩倍於一日勞動生產物；兩小時勞動生產物的價值，當然兩倍於一小時勞動生產物。

　　與別種勞動比較，如果這種勞動較為困難，我們自然要特別加以斟酌。一小時困難較大的勞動生產物，往往可以交換兩小時困難較小的勞動生產物。

　　又，某種勞動，因需要普通以上的技巧智慧，為尊重具有這種技能的人起見，對於他的生產物，自然要予以本分以上的價值。一種技能的獲得，常須經驗多年；給他們生產物以高價，不外是對於獲得技能所須費去的勞動與時間，給以合理的報酬。進步社會，對於特別困難及需要特別熟練的勞動，報酬常在勞動工資上斟酌。在初期蒙昧社會，或許，也會有這種斟酌。

　　在初期蒙昧的社會狀態下，勞動全生產物，皆屬於勞動者自己。一種物品通常可購換支配多少勞動量，只取決於生產此物品一般所需的勞動量。

　　等到資本一經蓄積於特殊人掌中，他們因見勞動生產物的變賣，或勞動在原料價值上的附加物，可以提供利潤，他們就為了這種利潤，投下資本，供勞動的工人以材料與生活資源，而使他們勞作。因之，與貨幣、勞動，或其他貨物交換的這些工人全部製造品的價格，除了足夠補償原料代價和勞動工資，還須剩有一部分，作為企業家冒險投資的利潤。因之，勞

動者附加在原料上的價值，這時，就須分爲兩個部分。一部分
支給勞動者的工資，又一部分支給雇主的利潤，來報酬他墊付
原料代價和工資的那全部資本。假若勞動生產物的變賣，所得
報酬，不能多於他所墊付的資本；換言之，並無何等利益，他
便不會僱用工人；並且，他所得的利潤，對於他所墊付的資本
量，如果不成一種比例，他也不會想要投入更多資本。

　　也許有人說，資本的利潤，不外是特種勞動的報酬。換
言之，不外是監督指揮（這也是一種勞動）的報酬，不外是工
資的別名。但利潤與工資，截然不同。它們受著兩個完全不同
的原則支配。而且這種所謂勞動的報酬，與其勞動之數量難度
與技巧毫無關係，那完全受支配於所投下的資本價值。利潤的
多少，與資本的大小，恰成比例。比方，假定某處製造業資本
的普通年利潤率爲百分之十。那裡，有兩種不同的製造業，各
僱用勞動者二十人，工資每人每年十五鎊，即每年必須支付工
資三百鎊。又假定一方所製造使用的粗糙原料，所值不過七百
鎊；另一方的精良原料，值七千鎊。合計起來，前者逐年投下
的資本，不過一千鎊；後者卻有七千三百鎊。結果，前一企業
家的利潤，每年僅及百鎊；後一企業家的利潤，每年卻可預期
七百三十鎊。他們的利潤額雖然差距如此之大，他們的監督指
揮，卻無甚差別，甚或全然一樣。許多大工廠，此類勞作，大
抵委託重要的職員。這種職員的工資，才眞正表示了監督指揮
那一類勞動的價值。在決定此種工資時，固不僅須如普通情
況，斟酌其人之勞動熟練，且須酌量其人之信用；不過，這種
工資的決定，無論如何，亦不和他們所管理監督的資本，保持
任何固定的比例。但毫不勞作的資本家，卻不妨期待其利潤與

其資本保持一定比例。所以，在商品價格中，資本利潤截然不同於勞動工資，它們受支配於兩個完全不同的原則。

在此狀態下，勞動全部的生產物，不單屬於勞動者了。勞動者，大都須與供給資本僱用他的雇主共分。於是，一種商品一般所應交換、支配，或購買的勞動量，已不僅僅取決於生產這種商品或者獲取這種商品一般所須投下的勞動量了。對於支付工資提供材料的資本，亦須付以利潤，所以，須添上一個追加量。

一國土地，一旦完全成為私有財產，擁有土地的地主，便會要求在他土地上播種收穫的人，付出收穫的一部分。甚至，對於到他土地上採集自然生產物的人，要求地租。森林地帶的樹木，原野的荒草，大地上種種自然果實，在土地共有時代，只須略費採集之勞的，現今，已須添上一個追加價格。因此，勞動者要採集這些自然物，非支給代價不可。換言之，他不能不把他所生產、所採集的物品一部分，貢獻於地主。這一部分，或者說，這一部分的代價，就是土地的地租。在大多數商品價格中，我們於是有了第三個構成部分。

以上這三個構成部分，各自的真實價值如何，須取決於各自所能購買所能支配的勞動量。即是說，價格中分解為勞動部分的價值，固然由勞動測定，分解為地租部分、利潤部分的價值，亦由勞動測定。①

---

① 這裡所說的「勞動」，與「工資」同義。史密斯常常把這兩個名詞混著用。

　　無論在什麼社會，商品價格，終可分解成爲這三個部分。或爲其中之一，或爲其中之二，或三者兼有。在進步社會內，大部分商品的價格，兼有三個部分。

　　試以穀物價格分解爲例。其中，一部分是地主的地租，另一部分是生產上被僱勞動者的工資及代勞家畜的維持費，第三部分是農業家的利潤。穀物的全價格，或直接或間接由這三部分構成。在一般人看來，農業家資本的收回，亦即家畜或他種農具消耗的補充，似當作爲第四個構成部分。但農業上一切用具價格，本身就由上述那三個部分構成。就耕馬而言，那就是飼馬土地的地租，牧馬勞動的工資，再加上農業家墊付地租工資的資本利潤。因此，在穀物價格中，雖須以一部分支付耕馬的代價及其維持費，但其全部價格，仍須直接或間接分解而爲地租、勞動，及利潤三部分。

　　就麵粉價格而言，我們必須在穀物價格上，加上磨粉家的利潤及其雇工的工資；就麵包價格而言，我們須再加上烙麵師的利潤及其雇工的工資。但由農家運穀物往磨粉家，復由磨粉家運麵粉往烙麵師，又需若干勞動；墊付這種勞動的工資，又需若干資本。這種勞動的工資和這種資本的利潤，亦須加在這兩種物品合計的價格內。

　　亞麻價格，與穀物價格同，可分解爲三個構成部分。麻布的織成，既須理麻師、紡師、織師、漂白師等各種職工的勞動，而分途僱用各種職工的人，又須分途投下資本，所以，這種種勞動的工資，這種種資本的利潤，亦須加在麻布價格內。

　　物品製造，所需工序愈多，其價格屬於工資利潤的部分，比較屬於地租的部分，亦就愈見加大。隨著製造的進程，

一步一步下去，不僅利潤的項目增加，而且居在製造後段者，比較居在製造前段者，所得利潤，往往更多。因爲，居在製造後段諸製造家，比較居在製造前段諸製造家，所需資本，往往更多。譬如，僱用織工的資本，須較大於僱用紡工的資本。因爲，僱用織工的資本，除了要償還僱用紡工的資本及其利潤，還要支給織工的工資。利潤對於資本，又常常保持著比例。

然而，就連在最進步社會內，也有少數商品的價格，只能分解爲勞動工資及資本利潤兩個部分。且有更少數商品的價格，單由勞動工資構成。譬如，海產魚類的價格，通常只有兩個構成部分：其一支付漁夫的勞動，又其一支付漁業資本的利潤。有時，在此種價格中，也含有地租，但極稀罕。關於這點，我們以後還會再說明。江河的漁業，卻往往與海上漁業不同。至少，就歐洲大部分言，它們的情形，是截然兩樣。歐洲的鮭魚業，大體上，皆支給地租。這種地租，雖難遽然稱爲土地地租，但無疑與工資利潤同爲構成鮭魚價格的部分。蘇格蘭某地方，有少數窮人在海岸撿拾蘇格蘭瑪瑙的斑色小石。雕石工人支給他們的價格，就全是他們的勞動工資；其中，沒有地租部分，亦沒有利潤部分。

總之，無論什麼商品的全價格，最後終不能不分解爲這三個部分，或爲其中之一，或爲其中之二，或兼有三者。在商品價格中，除去土地的地租以及商品生產製造，乃至搬運所必要的全部勞動價格，剩餘的部分，必然歸作利潤。

分開來說，一件商品的價格或交換價值，既可分爲三個部分（或爲其中之一，或爲其中之二，或三者兼有），全體看去，構成一國勞動年產物全部的一切商品價格，也同樣可以分

為勞動工資、土地地租，以及資本利潤三個構成部分，而分配給國內各居民。社會上，年年由勞動採集生產的商品全部，或者說，它們的全部價格，原本就是按照這程序，分配於社會上每個人。工資、利潤、地租，對於一切交換價值，可以說是三個根本來源，同時，對於一切收入，也可說是三個根本來源。一切收入，最終都是這三種收入的派生。

不論是誰，只要自己的收入，出於自己的資源，他的收入，就一定出自這三個來源：勞動、資本，或土地。出自勞動的收入，稱為工資。出自資本的收入，稱為利潤。有資本，不自用，卻以之轉借他人，從而取得收入，這種收入，就當稱為貨幣得來的利息或使用金。出借人既給求借人以獲取利潤的機會，求借人即以利息為之酬。由借金獲得的利潤，一部分當然屬於冒險投資而負擔勞動的求借人，另一部分，則當然屬於使求借人有獲取利潤機會的出借人。利息，常常是一種派生的收入。求借人只要不是為還債而借債的浪子，那麼，在不由投資獲取利潤，以償還利息時，他一定會由他種收入的來源彌補。至於專由土地生出的收入，通常稱為地租，屬於地主。農業家的收入，有一部分是得自勞動，另一部分則得自資本。在他看來，土地不過是藉以獲取勞動工資並造出資本利潤的工具。一切賦稅，一切以賦稅為來源的收入，一切俸金恩恤金，以及各種年金，最終都出自這三個根本的收入來源，都直接間接從勞動工資、資本利潤，或土地地租支出。

這三種不同的收入，屬於各別的個人時，其區別易見；但在屬於同一個人的情況，就不免相互混同，至少，在日常用語上是如此。

有土地的鄉紳，可以自行經營土地的一部分。他收回耕作費後，便須以地主的資格，獲得地租，以農業家資格，獲得利潤。可是，對於這全部收益，他往往籠統稱之為利潤，於是，把地租、利潤混同了。至少在日常用語上是如此。我國在北美西印度殖民者，大部分是經營自己的土地，從而，我們只聽他們說殖民耕地的利潤，不常聽他們說到殖民耕地的地租。

普通農家的耕作事業，不常僱用監工的人來指導。他們通常兼任各種農事。他犁、他刈、他做許多事情。因之，在全收穫中，除去地租，殘餘的部分，就不僅包含農業資本及其普通利潤，且含有他們自己勞動、自己監工應得的工資。但按照通常的說法，則彌補投入的資本，支給地租後，餘下的一切，統稱為利潤。這所謂利潤，明明含有工資在內。所以，在這情況，工資又與利潤混為一談了。

假若一個獨立的工匠，持有足夠的資本，來購買原料並維持生活至貨物上市，那麼，他所獲得的收益，便應有兩項：其一，以工人資格，領取工資；又其一，以老闆資格，由售賣工人出品而取得利潤。但他這兩項收益，普通亦統稱為利潤。在這情況，工資亦與利潤混同。

一個願親自動手培植農園的種園家，一身兼有地主、農業家、勞動者三種資格。他的生產物，自應同時對於他一個人，支給地主的地租、農業家的利潤，以及勞動者的工資。但通常卻自認為他的收入，全是勞動的獲得。由是，地租與利潤兩者，又都與工資混為一談了。

文明國內，交換價值單由勞動構成的商品，極不常見。大部分商品，都含有多量的利潤、地租。因之，社會全勞動年

產物所能購買、所能支配的勞動量，殆遠過於這年產物生產製造，乃至運輸所必要的勞動量。假若社會每年所能購買的全勞動量，能每年被社會僱用，那麼，因爲勞動量將年年大增的緣故，各年度的生產物，亦將依次比前年度的生產物，持有更大的價值了。不幸，事實上，無論哪個國家，都非用全部年產物來維持勞動工人的生活。無論哪個國家，每年都有大部分生產物，歸遊惰階級消費。一國年產物的普通平均價值，是逐年增加，是逐年減少，或是逐年不增不減，端視這國年產物，是逐年按照什麼比例，分配給這兩個階級的人民。

第七章

論商品的自然價格與市場價格

　　各社會、各鄰近地域，各種用途的勞動工資和資本利潤，都有一種普通率或平均率。如後章所說明，這普通率，一部分自然受限於社會貧富進退的一般情形；又一部分則受限於各種用途的特殊性質。各社會、各鄰近地域，地租亦同樣有一個普通率或平均率。如後章所說明，這普通率，一部分受限於土地所在社會、所在地域的一般情形；另一部分則受限於土地的自然肥沃度與人造肥沃度。

　　此等普通率或平均率，頗宜稱爲當地當時一般通行的自然工資率、自然利潤率，或自然地租率。一種商品價格，對於這商品生產製造乃至上市所曾使用的土地、勞動、資本，如果不多不少，恰足依照此等自然率而支給地租、工資、利潤，這商品便可說是以自然價格出售。

　　商品這樣出售的價格，恰恰相當於其所值，或者說，恰恰相當於這商品上市所費。普通所謂商品的原始費用，雖沒有包含販賣這商品的利潤，但販賣者，若得不到當地普通率的利潤，就把這商品賣掉，他就會是商業上的損失者。因爲他把資本投在其他方面，卻可以希望得到普通率的利潤。況且，他的利潤，就是他的收入，也就是他生活資料的眞正資源。他在完成商品，把它送往市場去的當中，不但要墊付勞動者的工資或生活費用，且須墊付他自身的生活費用。他自身的生活費用，大體上說，與他出賣商品所可期待的利潤相當。商品出售，若不能給他以利潤，那就等於說，他沒有從這商品的出售，取回他自身的實際費用。

　　能提供這種利潤的價格，雖然不常是一般商人出售貨物的最低價格，但就相當長的時期而言，那就不免是最低的；至

少，在絕對自由，每個人能隨意變更職業的地方，情形是如此。

商品通常出售的實際價格，就是所謂市場價格。市場價格，有時在商品自然價格以上，有時在自然價格以下，有時恰與自然價格一致。

商品的市場價格，實際受支配於這商品的供求比例。市上現有多少存貨呢？願支付商品自然價格者；換言之，願支付商品上市所必須支給的地租、勞動、利潤之全價值者，又需要多少這種貨物呢？願支付商品自然價格的人，可稱為有效需要者；他們的需要，可稱為有效需要。因為這種需要，使商品上市，得以有效。此種需要，與絕對需要不同。貧民，也許有一輛六轡馬車的需要，但絕對沒有這種馬車，會因要滿足他的需要而提往市場。像他這種需要，就不能說是有效需要。

市上的商品量，如果不夠滿足對這商品的有效需要，有效需要者，就不能全部得到供給。他們因恐落空，遂不惜支給較高的價格。於是，競爭發生於需要者方面。市場價格，遂多少高漲在自然價格之上。高漲程度如何，往往要看缺乏程度及競爭者富有程度、浪費程度，究竟引起了怎樣激烈的競爭。但在同樣富有同樣奢侈的競爭者間，缺乏程度所能促起的競爭程度如何，又往往要看這商品對於求購者，究竟怎樣重要。所以，在都市封鎖或饑饉情況，生活必需品的價格，不免會異常騰貴。

反之，如果市上某種商品量超過了它的有效需要，這商品就不能全由有效需要者購買，其中一部分，必須售給出價較低的人。這一部分價格的低落，使全體價格隨之低落，從而，它

的市場價格，遂多少降到自然價格以下。下降程度如何，往往要看超過數量的大小，怎樣增進了賣方的競爭，或者說，要看賣方怎樣急於要把商品賣出。所以，超過程度儘管相同，有腐敗性的商品輸入過多，與有耐久性的商品輸入過多比較，往往會引起賣方更大的競爭。譬如，柑橘輸入過多，與廢鐵輸入過多比較，就可以引起賣方更厲害的競爭。

如果市上商品量不多不少，恰夠供應它的有效需要，市場價格即與自然價格一致，或者，在我們能夠判斷的範圍內，與自然價格最為接近。因之，市上的商品，全都能以自然價格售賣。不能賺得較高價格，也無須接受較低價格。

市上商品量與其有效需要相符合，是一種自然趨勢。因為商品量不超過有效需要，才是一般使用土地，勞動或資本而以商品提供市場者的利益；不少於有效需要，才是其他一切人的利益。

如果市上商品量，超過了它的有效需要，那在價格諸構成部分中，就有某部分，不得不降到自然率以下。設下降部分為地租，地主的利害關係，將立刻促他撤回一部分土地；設下降部分為工資或利潤，勞動者或雇主的利害關係，也不免要敦促他們把勞動或資本，由原用途撤回一部分。由是，市上商品量，不久就會恰好足夠供應它的有效需要無餘，價格中一切構成部分，不久就都升達於自然率，全價格再與自然價格一致。

反之，如果市上商品量，不夠供應它的有效需要，那在價格諸構成部分中，就不免有某部分，會高漲到自然率以上。設高漲部分為地租，則因一切其他地主的利害關係，自不免要敦促他們準備更多土地，來生產這種商品；設為工資或利潤，

則因一切其他勞動者或營業家的利害關係，也會馬上敦促他們使用更多的勞動或資本，來製造這種商品提往市場。由是，市上商品量，不久就能充分供應它的有效需要。因之，價格中一切構成部分，皆下降而達於自然率，全價格又得與自然價格一致。

這樣，自然價格就成了中心價格；各種商品價格，都須不斷受其吸引了。意外的事件，固然有時會抬高商品價格，使較高於這中心價格，有時又會強抑商品價格，使較低於這中心價格；換言之，市場價格，要穩定停留在這個中心，固然不免有各種障礙，但最終它是無時無刻不向著這個中心。

為提供一種商品上市而使用的全部工作量，自然常常依著這種調節傾向，而適合於其有效需要。其目的在於使供給程度，恰與其有效需要程度相等，不會更多。

但是，投下相同的工作量，在有些行業上，逐年所產出的商品量，卻可以大不相同，在有些行業上，卻往往相等，或幾乎相等。譬如，同數農業勞動者，所產出的小麥、葡萄酒、橄欖油、蛇麻子等，就一年不同於一年；但同數紡織工所產出的麻織物、毛織物量，卻年年相差不遠，甚或全然一致。就前一情況的產業說，適合有效需要的生產額，只是這產業的平均生產額。如果實際生產額，竟然較平均生產額更大得多或更小得多，那就是市上商品量，竟然大超過於其有效需要，或竟然很不夠供應有效需要，那麼，有效需要縱令能夠保持同一程度，商品的市場價格，仍不免時有變動。但就後一情況的產業說，則因等量勞動，常可生產等量或近似等量的商品，所以，這生產物的數量，特別容易適合於其有效需要。在有效需要持續同

一狀態的當中，商品市場價格，亦持續同一狀態，而與自然價
格一致，或者在我們能施判斷的範圍內，趨近於一致。大家知
道，麻織物、毛織物的價格，沒有穀價那樣多的變動，也沒有
穀價那樣大的變動。因爲，前者價格，只隨需要變動而變動；
後者價格，則不僅依需要變動而變動。爲供應這需要而提往市
場商品量的更爲巨大、更爲頻仍的變動，亦可引起它的變動。

　　商品市價上臨時的一時的變動，大抵影響價格中工資部
分、利潤部分者多，影響地租部分者少。用貨幣確定了的地
租，無論就比率說、就價值說，全不受其影響。以原生產物一
定比例或一定數量計算的地租，也只能在年租的價值上，不能
在年租的比率上受其影響。因爲，地主以田授農夫，非依照生
產物暫時的價格，來決定地租率。那往往盡他所知，參照生產
物平均價格來決定。

　　這所謂臨時的、一時的變動，往往會按照當時市場上積
存商品或勞動的過多或不足；換言之，往往會按照當時市場上
既成作業或待成作業的過多或不足，而在工資或利潤的價值及
比率上發生影響。在國喪的情況，黑布存貨往往感到不足，以
致市價騰貴，因而，持有多量這種商品的商人利潤，便從而增
加。可是，這所增加的，單是商人的利潤，於織工的工資，毫
無影響。因爲，這時市上感到不足的，是商品，不是勞動。換
言之，是既成作業，不是待成作業。不過，國喪雖不能影響織
工的工資，卻會抬高縫工的工資。因爲，在這情況，感到不足
的是勞動；對於勞動，換言之，對於待成的作業，有效需要已
較大於現有供給量。國喪，一方面固可抬高黑布價格，他方面
卻亦會減低花彩絲織品、棉織品的價格。就後一情況言，不但

持有多量花彩絲棉織品商人的利潤會因而減少，並且，精製這商品的勞動者的工資，亦不免減少。因為這時候，對於這類商品，從而，對於生產這類商品的勞動者，需要都不免要停頓半年，甚或一年。於是，這商品與這勞動，都供過於求。

各種商品的市場價格，雖常有引向自然價格的趨勢，但有許多商品，有時因特殊的意外事故，有時因自然的緣故，有時又因特殊政策的規定，常能在相當長期間內，以其市場價格，遙遙超過於其自然價格。

當某商品因有效需要增加而市價較高於自然價格時，這商品的供給者，皆小心慎重的想瞞住這種變化。如果這種變化被人探知了，其利潤之大，定會誘致許多新競爭者，來這方面投資，結果，有效需要完全得到供給，這商品的市場價格，遂須低落而等於自然價格，甚或落在自然價格之下。設供給者距市甚遠，竟能保持祕密數年，他在這數年內，亦就可獨享異常的利潤。不過，這祕密，畢竟不能長此保守下去，所以，這異常的利潤，亦不能長此獨享下去。

製造業方面的祕密，比起商業方面的祕密，能保守長久些。一個染整業者，如果發現了一種染色材料，所費僅及普通染法之半，而處理又甚妥當，那他要終生獨享這方法的利益，也未始不能。甚至，要把這祕方傳給子孫，亦是可以辦到的。這種格外利得的來源，雖是他個人勞動的高價格、勞動的高工資，但因他加投下一部分資本，就可多取得一部分利益；換言之，他的報酬總額，與其資本總額，保有一定比例，所以，通常都不說它是勞動的高工資，卻說它是資本的格外利潤。

像這種市場價格的增高，分明是起因於特殊的意外事

故，不過，它的作用，亦往往能夠持續多年。

有些自然生產物的產出，需要特殊土壤與特殊位置。所以，一國之大，適於這生產物栽培的土地，即使全被使用，怕仍不夠供應有效需要。從而，在這種情況，提供到市場上的這類生產物，全都能售得自然價格以上的價格。這種高價，往往經數世紀不變。大體說來，它價格中，分解為地租的部分，往往會較高於地租的自然率。生產珍貴生產物的土地的地租，譬如，持有優良土壤和位置的法國珍貴葡萄園的地租，與鄰近同肥沃度、同改良程度的其他土地的地租比較，不能保持正常的比例。反之，在這種價格中，分解為勞動工資及資本利潤的部分，與鄰近其他業務上的勞動工資及資本利潤比較，卻常能保有自然的比例。

像這種市場價格的增高，分明是起因於自然的原因。這種原因，有時，會妨礙有效需要，使不能取得充分的供給。它的作用，每每永遠繼續下去。

個人或商業公司獨占市場，其作用與商業上、製造業上保守祕密同。獨占者，會不斷使市場存貨缺乏，使有效需要，永不能得到充分供給。因為要這樣，他們始能以超過自然價格的市場價格，出售他們的商品。他們的報酬，無論包含在工資方面或包含在利潤方面，都遠超過自然率。

獨占價格，無論怎樣，都是可能的最高價格。反之，自然價格或自由競爭的價格，雖不是在一切情況，但在長期間內，卻可說是可能的最低價格。獨占價格，在一切情況，都是能向買者榨取的最高價格，或者是想像中買者願給的最高價格。反之，自然價格或自由競爭的價格，卻是一般所可獲得的最低價

格，也就是他藉此始能繼續營業的最低價格。

　　同業組合擁有的攤外特權，徒弟制度，以及限制特殊職業上競爭人數的各種法規，雖然在程度上，不及獨占，但在趨向上，卻與獨占相同。它們，可以說是擴大的獨占。這種種法規，往往使某種職業的全部，經若干時代，尚能維持商品遠在自然價格以上的市場價格。同時，生產這商品的勞動工資及資本利潤，亦因而可以多少超過於其自然率。

　　像這種市場價格的增高，分明是起因於各種法規的限制。在這種種法規繼續有效的期間內，它們的市場價格，亦可繼續提高。

　　特定商品的市價，雖不妨長此續高於其自然價格，但不能長此續低於其自然價格。價格中，不拘任何構成部分，只要是低於自然率而累及人們利害關係時，人們就會立即感到損失，會立即從現在的用途，撤回各自的土地勞動或資本的一部或全部。從而，市場上這商品的供給，亦隨著減少，至僅足供應有效需要之時爲止。因之，市場價格不久便將升而與其自然價格一致。這情形，至少在改業完全自由的情況，可以常常見到。

　　在製造業繁榮時，徒弟制度與其他各種法規，雖可提高勞動工資，使高於自然率以上，但一旦製造業衰微，卻亦不免減低勞動工資，使低於自然率以下。因爲，這些制度法規，在前一情況，固可妨阻他人擠入他的職業，在後一情況，也可妨阻他改就別種職業。不過，實際上，這些法規在抬高勞動工資的結果上，雖有持續的效力，但在降低勞動工資的結果上，卻沒有持續的效力。因爲，就前一情況說，這些法規的作用，有的

可以繼續至數世紀之久；就後一情況說，它們的作用，卻不能持續很久。他們學好了的職業，固然一時不易改變，但他們會死。在這些勞動者中，如果死去了一部分，以後，學習這職業的勞動者人數，自然會適合於有效需要。至於像印度、埃及那樣，每個人依據教規，都有繼承祖父職業的義務，變更職業，即科以最可怕的瀆神之罪，那就無論對於什麼職業，亦不難使其勞動工資或資本利潤低於自然率以下，歷數代之久不變。

關於商品市場價格與自然價格一時的差異或永續的差異，我認為，我們所須考慮的，當止於此。

自然價格本身隨其構成部分（即工資利潤地租）的自然率，一同變動。但無論在什麼社會，這各種自然率，又須依隨社會狀況的貧富進退而變動。我在下四章內，將竭盡所能，充分明瞭的說明這諸種變動的原因。

第一，我要努力說明，決定工資率的，是哪幾種自然情況。這幾種情況，又怎樣受社會狀況的貧富進退影響。

第二，我要努力說明，決定利潤率的，是哪幾種自然情況。這幾種情況，又怎樣受社會狀況的貧富進退影響。

第三，貨幣工資與貨幣利潤，雖因勞動資本之用途不同，而非常不同，但各種勞動用途的貨幣工資，各種資本用途的貨幣利潤，其間比例卻似乎都有一定。如後章所說明，這種比例，一部分取決於各種用途的性質，另一部分則取決於所在社會的法律和政策。不過，在許多方面，這種比例雖為當前法律和政策所支配，但不大受所在社會狀況的貧富進退影響。換言之，無論社會貧富進退，這種比例常是一樣，或幾乎常是一

樣。因之，我要努力說明支配這比例的各種情況。

　　第四，我要努力說明，什麼情況，支配土地地租，並使一切土地生產物的真實價格，時而騰貴，時而下落。①

---

① Industry一字，在亞當・史密斯《原富》中，有各種不同的用法，有時，應譯為「工業」，與「農業」相對，有時，又應譯為「產業」，則包含工業（製造業）、農業，有時，與「勞動」之意相當，有時，又包括地主、資本家，以及勞動者的勞動。

第八章

勞動工資論

勞動生產物，構成勞動的自然報酬或自然工資。

在土地尚未私有，資本尚未蓄積的原始社會狀態下，勞動全生產物，皆屬於勞動者，沒有地主分配，亦沒有雇主坐享。

這種狀態，如果繼續下去，勞動工資，即將隨勞動生產力由分工而起之種種改良，而益形增加。但一切物品，卻將漸趨低廉，因為生產它們所必要的勞動量更小了。我們講過，由等量勞動生產的各種商品，自然會互相交換，所以，這時，這諸般商品的購買，也同樣只需較少量勞動生產物。

一切物品，儘管實際上都已更趨於低廉，但外表上，有些物品，卻似已較從前昂貴，因為它們已可交換較多量的其他貨物。假定大多數業務的勞動生產力，改善了十倍；換言之，在大多數業務上，現今一日勞動所能完成的作業量，已十倍於從前一日勞動，同時，某種特殊業務的勞動生產力，卻只改善了兩倍；換言之，在這特殊業務上，現今一日勞動所能完成的作業量，只兩倍於從前一日勞動。在這情況，這大多數業務上一日勞動生產物，如果與這特殊業務上一日勞動生產物交換，則前者以原工作量之十倍，不過購入後者原工作量之兩倍。因之，後者的一定量，譬如，一磅，比較從前，現今就似乎昂貴了五倍。但其實，卻是比從前低廉了二分之一。購買這一磅貨物所需的其他貨物量，雖已五倍於昔，但生產或購買這一磅貨物所需的勞動量，卻不過等於既往的二分之一；換言之，比較以前，現今獲得此物，已更容易了兩倍。

但勞動者獨自享有全勞動生產物的原始狀態，一經有了土地私有、資本蓄積，就宣告結束了。所以，在勞動生產力尚未有顯著的改善以前，這種原始狀態，早已不復存在；此種狀

態，對於勞動報酬（即工資）的影響究竟如何，並無進一步探索的必要。

　　土地一旦成為私有財產，勞動者想由土地生產或採集物品，就不能不在所產物品中，以一定份額，分給地主，而稱為地租。因之，曾使用土地的勞動生產物，就不得不第一次，扣下一部分來，作為地租。

　　一般農耕者，大都沒有維持生活至收穫完了的生活物資。他們的生活費，通例是由雇主（即役使他們的農業家）的資本項下墊支。這般雇主，如果對於勞動者生產物，不能享受一定份額；換言之，投下資本，假若得不到相當的利潤，他們當然會不願投資，不願僱用勞動者。因之，曾使用土地的勞動生產物，又不得不第二次，扣下一部分來，作為利潤。

　　其實，利潤的扣除，不僅農業生產物為然。一切其他勞動生產物，莫不如是。不拘在什麼工藝或製造業上，都有大部分勞動者，在作業完成以前，需雇主為他們墊支材料、工資與生活費。雇主，就對於他們的勞動生產物享有一份──換言之，對於勞動附加在材料上的追加價值部分──享有一份，這就是利潤。

　　一個獨立的工人，有時也有資力，自行購買材料，並維持自身生活至作業完了。他兼為勞動者及雇主，而享有勞動全生產物；換言之，勞動附加在材料上的追加價值全部，都由他一人占有。因之，在他享有的利得中，實際上，是包含兩種收入，即資本利潤與勞動工資，那通常為兩種人所有。

　　可是，這種實例不很多。就全歐洲來說，往往是二十個職工，在一個老闆名下做事。而且，我一說到勞動工資，大家都

會以爲我所說的情形，是勞動者爲一人，僱用他們的資本所有者另爲一人。

勞動者的普通工資，到處都取決於當事兩方所訂的契約。這兩方的利害關係，並不一致。勞動者盼望多得，雇主盼望少給。勞動者爲提高工資而團結，雇主爲低減工資而聯合。

但在普通的爭議情形下，要預知當事兩方，誰占有利地位，誰能使對方屈服於自己提出的條件，絕非難事。雇主方面的人數較少，團結較易。加之，他們的結合，是法律所公認的，至少，也不受法律禁止。但勞動者方面的團體，卻常被法律禁制。議會的條令，只取締爲提高勞動價格而結合的團體，不取締爲減低勞動價格而結合的組織。況且，在爭議當中，雇主方面，總比勞動者方面，較能持久。一般地主農業家、製造家商人，縱使不僱用一個勞動者，亦往往能依賴先前儲存的資本，維持一、兩年生活；失業勞動者，能支持一星期生活的人，已不多見，能支持一月的更少，能支持一年的，簡直沒有。就長時期觀察，雇主依賴勞動者的必要，雖無異於勞動者須依賴雇主，但雇主的依賴，沒有勞動者那樣迫切。

一般人說，工人的結合，是不時聽得到的，至於雇主的結合，卻頗爲稀少。可是，我們如果因爲這種流傳甚廣的說法，就想像雇主實際很少結合，那就未免昧於世故，全然不瞭解這問題的眞相。雇主因要使勞動工資不超過實際工資率，隨時隨地，都有一種默契而保持團結一致。破壞團結，隨時隨地，都是最不名譽的行動，將爲近鄰同業者所羞辱。我們所以不常聽聞這種團結，正因爲那是一種普通狀態，或者說是一種沒必要談到的自然狀態。此外，雇主因爲要減低工資，使落在

實際工資率以下，往往有一種特別而不常被人知道的結合。此種結合，一直到達到目的爲止，常在極度的沉默與祕密中。勞動者雖在這時痛切感到不利，往往猶不免不加抵抗就屈服。知道的人，亦就不多。不過，雇主方面的種種結合，有時亦不免爲勞動者所反抗，從而團結起來，以防止自己的利益受雇主侵害。並且，就連在沒有雇主結合的刺激時，勞動者也不時爲提高勞動價格，而自然結合起來。他們所持的理由，有時是糧食騰貴，有時是雇主的利潤甚多。他們的團結，無論是防禦式或攻擊式，往往總是名聞遐邇。爲求爭議迅速解決，他們常狂呼吶喊，甚而訴之於極可怕的暴烈行爲。他們所處的境地，要就是讓自己餓死，不然，就非脅迫雇主屈服不可。其處境如此絕望，所以，就不得不鋌而走險，甚至出於非法的暴動。這時，在雇主方面，也同樣喧嘩吶喊，請官廳援助，要求提出取締工人結合的嚴峻法規，來嚴厲執行。從而，勞動者方面，很少能依非法暴動得到利益。其團結，一方面因官廳干涉，一方面因雇主較能持久，又一方面因大多數勞動者爲了生計而有暫時屈服之必要，所以，往往於首事者受到懲罰或敗亡後，遂一無所得，歸於瓦解。

不過，在爭議上，雇主雖居於有利地位，但勞動工資的降落，終有底限；在相當長期間內，就連最低級勞動的普通工資，也似不能減到這一定標準之下。

凡依勞作而生活的人，其工資至少須足維持其生活。在許多情況，工資還得多少超過此種限度，否則，他將無從贍養家室，無從延續勞動者族類至一代以上。侃梯龍（Cantillon）曾根據這種計算，推定一個必須照料兒童的妻子，其自身勞動只

能支持自身，所以，最下級普通勞動者，也至少須爲供養兒女二人，而取得倍於自身所需的生活費。但就一般的估計，常有半數兒童，是未成年以前夭亡。因此，最貧窮的勞動者，至少也想養育兒童四人。可是，依據侃梯龍推想，兒童四人的必要扶養費，也許只與一個成人的生活費相等，並且，他說，一個健康奴隸的勞動，約有倍於其生活費的價值；一個最低級勞動者的勞動所值，也不能在一個健康奴隸以下。這樣，我們就正可以說，爲贍養家族計，就連普通最低級勞動者夫婦的勞動，所必須取得的額數，也須超過於維持他倆自身生活所必要的程度。但是，要超過到什麼程度才合理呢？是如上所述的比例，還是按照其他的比例？此處不擬繼續討論。

在一定條件下，勞動者有時也能立於有利地位，使工資抬高到普通最低生活標準之上。

不論何國，對於依賴工資爲活的勞動者、散工、廝役等等的需要，如果繼續增加，換言之，逐年僱用的勞動，若均較多於其前年度，勞動者就沒有爲提高工資而團結的必要。勞動者不夠，自會誘發僱主間的競爭；僱主爲僱得勞動者而相互競爭。他們防止工資提高的自然結合，亦自趨於破滅。

對工資勞動者需要之增加，正與維持勞動支付工資的財源之增加成比例。這種財源，有兩個來源：一，超過僱主自己生活所需的那部分收入；二，超過僱主自己工作所需的那部分資本。

地主、年金領受者、有錢人，如果計算收入，覺得在維持身家外，尚有餘剩，他們一定會把剩餘額的全部或一部，用來僱用若干家僕。這剩餘額增加，他們所僱用的家僕亦增加。

　　織工鞋匠這一類獨立工人，所持資本，如果除了購買材料，維持生活至事成而尚有餘剩，他自然也會以這剩餘額，僱用一個乃至數個散工，以謀利潤。這剩餘額增加，他所僱散工的人數亦必增加。

　　因此，對工資勞動者的需要，必隨一國收入及資本之增加而增加。收入及資本沒有增加，對工資勞動者的需要，絕不會增加。但收入及資本的增加，就是國富的增加。所以，對工資勞動者的需要，又必隨國富增加而增加。國富不增加，對工資勞動者的需要，亦不增加。

　　然而，勞動工資上漲的誘因，不是國富的總量龐大，卻是國富的繼續增加。最高的勞動工資，不存在於最富的國度，只能出現在最繁榮、最迅速趨於富裕的國度。就今日英吉利言，確較北美各地為富，然北美各地的勞動工資，卻比英吉利各地為高。紐約地方，普通勞動者一日的工資為美幣三先令六便士（合英幣兩先令）；造船匠為美幣十先令六便士，外加值英幣六便士之糖酒一品脫（全部合英幣六先令六便士）；泥水匠及建築木匠為美幣八先令（合英幣四先令六便士）；縫工為美幣五先令（合英幣兩先令十便士）。這諸般價格，都在倫敦之上。據說，其他殖民地的工資，亦與紐約同樣高昂。食物的價格，北美各地皆遠較英吉利為低廉。北美從來沒有饑荒現象。就連在最歉收的年度，不過是減少輸出，絕不致有供給不足之感。因之，北美勞動的貨幣價格，如果已較母國各地為高，則其真實價格（即其貨幣價格能對勞動者提供出來的對生活必需品、方便品的實際支配權），當更較母國為高。

　　北美雖沒有英吉利那樣富裕，但較英吉利為繁榮，那裡

以更大的速度，趨於富裕。一國繁榮最明白的標誌，就是居民數的增加。英吉利以及歐洲其他國的居民，在五百年內，不敢說有一倍的增加，但在北美英領殖民地一帶，不到二十年或二十五年，就增加了一倍。這種迅速增加的主要原因，現在並不能說是居民的繼續移入，只能說是種族的繁殖甚速。據說，當地高齡居民，往往能親見五十、一百，甚至一百以上的直系子孫。因勞動報酬優裕，子女多，不但不爲父母之累，反而是家庭富盛的來源。在離開父母家庭以前，每個兒女的勞動，推算起來，足有純收益一百鎊的價值。一個歐洲中下階層，有子女四、五人的青年寡婦，雖頗少求得第二丈夫的機會，但在北美地方，那些兒女，簡直是誘使男子向她求婚的財產。兒童的價值，是結婚的最大鼓勵。所以，北美人的早婚，是毫不足怪的。可是，早婚儘管會招致人口的過度增加，當地卻仍不斷因勞動者不足而感到困難。勞動需要的增加；換言之，維持勞動資源的增加，與勞動供給的增加比較，似乎更迅速得多。

一國儘管非常富有，如果長久陷於停滯狀態，我們就絕不能指望在那裡能發現極高的工資。支付工資的財源，換言之，居民的收入和資本，也許有頗大的數額。但這數額如果數世紀間不變，或近似不變，每年僱用的勞動者人數，就很容易得到供應，也許，翌年所需勞動者人數，不僅不愁缺乏供應，且慮有餘。在這種情況，勞動者既不缺少，雇主間亦就不復因要獲得勞動者，而相互競爭。在另一方面，勞動者的增加，卻自然會超過僱傭機會的增加。僱傭機會，常感不足，於是，勞動者間，反而因要獲得工作，而相互競爭。假如，該國勞動者的工資，本來足夠扶養他們各自的身家有餘，勞動者間的競爭和雇

主的利害關係，只怕會馬上把工資減低，使僅等於普通適合人
道的最低標準。中國，一向是世界上最富的國家。其土地最肥
沃，其耕作最優良，其人民最繁多，且最勤勉。然而，許久以
前，它就處於停滯狀態了。今日旅行家，關於中國耕作勞動及
人口狀況的報告，與五百年前客居該國之馬可波羅所記比較，
殆無何等區別。若進一步推測，恐怕在馬可波羅客居時代以前
好久，中國財富，就已發展到了該國法律制度所允許的極限。
各旅行家的報告，雖有許多相互矛盾之點，但關於中國勞動工
資低廉，勞動者難以贍養家族的記述，則眾口一辭。中國勞動
者終日孜孜勞作到晚，所得報酬，若夠購買少量稻米，也就覺
得滿足。一般職工狀態，就更惡劣。歐洲職工，是漫無所事
的，在自己店舖內，等候顧客；中國職工，卻是隨身攜帶作業
器具，為搜尋，或者說，為乞求工作，而不斷在街市徬徨。中
國最底層人民之貧困程度，實遠過於歐洲最貧乏的國民。在廣
東附近，往往有數百家族、數千家族，因在陸上沒有居處，而
棲息於浮在水面的小舟中。因為食物缺乏，這般人往往爭取歐
來船舶投棄船外的最汙穢的廢物。死貓死犬之類，縱令肉已半
腐而發惡臭，他們如能得到，比於外國人獲得最滋養的食品，
幾乎同樣歡喜。結婚，在中國是受到獎勵的，但獎勵的方法，
不是為了生兒育女有利可圖，而是為了有殺害兒童的自由。在
各大都會，每夜總有若干嬰孩，丟棄在街頭巷角，或者像小狗
一樣，被投在水裡。而這種令人戰慄的殺兒工作，甚至傳說是
一部分人謀生的手段。

　　中國雖然是停滯於靜止狀態，但還未曾退步。那裡，被居
民遺棄的都市，未曾見過。被放棄的開墾地，亦不見有。每年

被僱的勞動力仍是繼續不變，或近似不變；維持勞動的財源，絕未顯然減少。最底層勞動者的生活資源雖甚缺乏，但尚能勉強維持下去，使其族類存續，其人數如常。

在維持勞動財源顯然減少的國度，情形就截然兩樣。維持勞動的財源減少了，那在各級職業上，對於僕役及勞動者的需要，次一年度，都不免要少於前一年度。這樣，不能在上等職業找得工作的上等階級人民，不得不降格，而從事於最下級的職業。最下級職業的勞動者，原本已是供過於求，更加上等勞動者降格擠入，結果，職業的競爭，益形劇烈，勞動工資，遂減低到極悲慘極貧乏的生活標準。而且，就令忍受種種苛刻條件，猶有許多人找不到職業。這般失業者的境地，要不就是餓死，要不就是乞食，不然，就只有憑藉大惡不道的行為，來獲取生活資源。窮乏、饑餓、死亡的慘害，最先發生於最下階級，接著波及其他上等階級，終至減少國內人數，使人民數目，再與暴亂災厄後殘存的收入及資本相稱。東印度孟加拉及其他若干英領殖民地，就有這種情形。如果一國原是豐饒，人口又經大大減少，生活資源卻仍感不足，年年仍不免有三、四十萬人，因饑餓而陷於死亡，我們就可斷言，那是因為該國維持貧乏勞動者的財源，正在迅速減少。英國統治北美的憲法精神與濫用權威壓制東印度的商賈精神之所以如此不同，正是由於兩地經濟情況如此不同所致。

可見勞動報酬優裕，乃國富增進的必然結果，同時又是國富增進的自然徵候。反之，貧窮勞動者生活維持費的缺乏，是社會停滯於靜止狀態的徵候，勞動者不免饑餓而死，就是社會急速退步的徵候。

　　眼下，大不列顛的勞動工資，明顯超過了維持勞動者一家生活所必要的數額。要充分表明這種事實，我們無須用繁瑣而不可靠的計算，來推求勞動者養活一家，至少需要多少工資。大不列顛各地，有很多象徵，指出那裡的勞動工資，不以適合人道的最低率爲準。

　　第一，大不列顛各地，就連最低級勞動，亦有夏期工資與冬季工資的區別。夏期工資，常爲最高工資。但冬季有薪炭的臨時開支，故冬季家庭生活費在一年中爲最大。生活費最低時，工資反而最高，這就表明了勞動工資，不受最低生活的必要額支配，而受工作之量及其預設的產品價值支配。有人說，勞動者爲支付冬季費用，勢須儲藏夏期工資的一部分。所以，就全年度說，他全年的工資，並沒有超過他一年中維持身家所必要的數額。至若奴隸，或絕對仰賴他人爲活的人，卻並不受這種待遇。他們的日常生活資源，乃按照他日常的必需而調整。

　　第二，大不列顛的勞動工資，不隨食品價格變動而變動。食品價格，幾乎到處都年年變動，月月變動。但有許多地方的勞動貨幣價格，往往經過半世紀，尚保持原狀。因此，假若此等地方的貧窮勞動者，在食品最昂貴的年度，已能維持他的身家，那麼，在平常的年歲，必能過安適生活；在食品異常充饒的年度，就更舒服了。大不列顛有許多地方的食物昂貴，而勞動的貨幣價格並未顯著提高。固然，的確有些地方的勞動貨幣價格提高了，但那與其說起因於食物的昂貴，倒寧可說起因於勞動需要的增加。

　　第三，就不同年度言，食品價格的變動，較勞動工資的變

動爲大；就不同場所言，勞動工資的變動，又較食品價格的變動爲大。麵包屠肉的價格，在大不列顛各地，幾乎一樣。這兩種商品，以及其他爲一般勞動貧民零買的商品，在大都市中，比較在僻遠地方，價格同樣低廉，或者，大都市方面，還要比較低廉。但大都市與其附近地帶的勞動工資，往往較數哩以外地方的勞動工資，昂貴五分之一，乃至四分之一。倫敦及其附近之普通勞動工資，每日約計十八便士。數哩以外，即減低至十四便士或十五便士。愛丁堡及其附近之普通勞動工資，每日約計十便士，數哩以外，就低落至八便士。蘇格蘭低原一帶，普通勞動的普通工資，亦是八便士。勞動工資上的差異，雖不必然驅使一個人，由一地區，移到其他地區去，這種差異，也影響到商品，即使是許多笨重的商品，也會在各地區間，在一國各地間，在全世界各國間，往來轉運，立即使這諸般商品的價格，接近同一水準。人性見異思遷，雖早有定論，但根據我們的經驗，人類卻又是安土重遷，最不易移動的。勞動貧民，如果在大不列顛勞動價格最低廉的地方，尚能維持家庭，那在大不列顛工資最高的地方，就一定能過相當優裕的生活。

第四，勞動工資的變動，無論就時間或就場所來看，都不但不與食品價格的變動一致，且往往正相反。

一般人常食的穀物，蘇格蘭較英格蘭爲高價。蘇格蘭每年須由英格蘭輸入大宗穀物。英格蘭所產穀物的價格，在輸入地，當然較輸出地爲高，即英格蘭穀價較廉於蘇格蘭（同樣的品質，英格蘭所產穀物，絕不能在蘇格蘭市場上，賣得較高於蘇格蘭本地穀物的價格。穀物品質的良否，通常皆由可以磨得的粉量多寡而定。在這點上，英格蘭穀物，遠勝於蘇格蘭穀

物。所以，從外表看，從容積的比例看，英格蘭穀物的價格，雖然高於蘇格蘭穀物的價格，但就其實質、品質，或重量說，卻適得其反）。但穀價在蘇格蘭雖較昂於英格蘭，勞動工資，在蘇格蘭卻反而較低於在英格蘭。因此，勞動貧民，在帝國冶下的蘇格蘭，如已能維持其家庭，那在英格蘭，就一定能享受更豐裕的生活。現今，蘇格蘭普通平民，以燕麥爲常食之最良食物，但在英格蘭，同階級的人民，卻將認此爲低劣的食品。世間往往誤認爲，這種生活方式的差異，即是兩地人民的工資差異的原因。其實，這不是工資差異的原因，而是工資差異的結果。甲富而乙貧，並非甲因持有馬車而富，乙因徒步而貧，而是因甲富故備有馬車，乙貧遂出於徒步。

各年度平均計算，前一世紀英蘇兩地穀物價格，都較現世紀爲高。此種事實，在今日，已經沒有絲毫疑問。如必欲提供實證，則在蘇格蘭，比之在英格蘭方面，更爲明確。因爲蘇格蘭施行之公定穀價方法，依宣誓手續，就每年市場實況，評定所屬各地種種穀物的價格。依此資料，當無大誤。否則，我還可列舉歐洲許多國（尤其是法國）的事實，作爲旁證。

不過，前世紀英蘇兩地穀物價格，多少較高於現世紀，雖無可置疑，前世紀兩地勞動價格，遠低於現世紀，亦同樣無可置疑。因此，假如勞動貧民，在前世紀，尚能支持他的家庭，到現在，他們就一定能享受很舒服的生活。前世紀，蘇格蘭普通勞動工資，大抵夏時一日六便士，冬時一日五便士。一星期三先令的工資，迄今，猶繼續盛行於蘇格蘭高地及西部諸島若干地方。現今，在蘇格蘭低地地區，普通勞動最普通的工資，一日爲八便士。在愛丁堡附近，在鄰近英格蘭並受英格蘭

影響的地方，在最近勞動需要已日益增進的格拉斯哥、卡倫、亞爾夏等州附近，普通勞動一日，工資爲十便士，有時或爲一先令。英格蘭農工商業的改進，遠較蘇格蘭爲早。從這時候起，其勞動價格，自不得不伴隨此等改良而顯著增加。前世紀、現世紀，英格蘭的勞動工資，固然都較高於蘇格蘭，但試一比較前世紀與現世紀英格蘭的工資，又可以看到英格蘭工資的增加。不過，英格蘭各地支給的工資，較之蘇格蘭，更爲多種多樣，所以，要確定英格蘭工資的增加率，也較蘇格蘭，遠爲困難。一六一四年，步兵一名一日的餉銀，與現今同爲八便士。當初規定這種餉額時，必然是以普通勞動者普通工資爲標準，因步兵大都出身於這個階級。查理二世時代，高等法院院長赫爾斯，推算六口（父母及略能工作的子女二人，全不能工作的子女二人）合成的勞動家庭費用，一星期六先令，一年須二十六鎊。他設想，如果勞動者不能獲得這相當的額數，他就不得不由乞食或盜竊來彌補。赫爾斯關於這問題，很下了一番研究。以熟習政治的數學，博得德費蘭脫博士非常推崇的格列高里‧欽格，也曾於一六八八年，推算一般勞動者及戶外僕役的普通收入，認爲平均由三個半人合成的家庭，一年須費十五鎊。從表面上看，欽格的計算，似與赫爾斯院長的計算，頗有出入。但根本上，卻大體一致。他們都想像這種家庭一星期的費用，每人約當二十便士。自從那個時候起，國內多數地方，這種家庭的貨幣收入與貨幣費用，都大有增加，雖然增加的程度，因地方不同而很不相同。最近刊布的關於現今勞動工資增高的報告，雖是誇張得不符事實，但其額數，就帝國大多數地方說，卻確有顯著的增加。不過，我們要知道，任何場所的勞

動價格，都不能極正確的確定。因爲，就連是同一場所同一種類的勞動，也往往依照勞動者的巧拙、雇主的寬吝，而在價格上，生出種種差異。在工資沒有法律規定的情況，我們最多只能勉強確定最普通的工資。而且，如經驗所示，法律雖曾屢次僭越規定的工資，但實際上，卻從未予以適當的規定。

現世紀，勞動眞實報酬（即勞動者由勞動而得的生活必需品、方便品的眞實數量）的增加比例，遠較勞動貨幣價格的增加比例大。這原因，不單是穀物價格多少趨於低廉，同時，一般勞動貧民日用各種衛生美味的食品價格，亦在大幅跌落。譬如，現今國內各地馬鈴薯價格，推算起來，不過三、四十年前的半價。昔用鍬鑱栽培，今日普通用犁具栽培的蕪菁、胡蘿蔔、甘藍菜等蔬菜的價格，大體上，也與馬鈴薯相同。一切園藝產物，亦逐漸趨於低廉。我們知道，前一世紀英國消費的大部分蘋果、洋蔥，都是由伏蘭德輸入的。麻布製造業、毛織物製造業的改良，對於勞動者，提供了更廉價、更良質的衣服。賤金屬製品的改良，不僅對勞動者，提供了更低廉、更精良的職業用器，而且提供了許多舒適便利的家具。肥皂、食鹽、蠟燭、皮革，以及發酵飲料之類，大體上雖因課稅而抬高了價格，但其中，爲勞動貧民所必須消費的分量，卻極其有限。這小部分商品價格的昂貴，絕不足抵償其他多數物品價格的下跌。世人往往說他們已不甘於舊日生活上的衣食住，從而，慨嘆今日奢侈之風，已廣被於一般下層階級，其實，他們這種慨嘆，正使我們確信，勞動的貨幣價格與其眞實價格，都頗有增加。

下層階級生活狀況的改善，究竟是社會的利益，還是社會

的不利呢？一看就知道這問題的解答，極爲明瞭。各種僕役、勞動者、職工，在任何大型的政治社會中，都占最大部分。社會最大部分境遇的改善，絕不能視爲社會全體的不利。居民有大部分陷於貧乏悲慘的狀態，絕不能說是繁榮幸福的社會。而且，這些人的生產物供給社會全體衣食住，在自身勞動生產物中，享有自身所需的衣食住的相當份額，絕不能算是過分。

　　一般而論，貧困雖然會使人不願結婚，但不但不能阻止結婚，且往往有利於繁殖。蘇格蘭高地的半饑婦人，常生子女二十人以上，飽食暖衣的優閒貴婦人輩，有的竟一兒莫產，頂多生了兩三個，就覺筋疲力竭了。不妊症，雖爲貴婦人所常患，在下層社會，卻極少有。奢侈、貪歡、縱欲的女性，大抵生殖力微薄，甚而絕無。

　　貧困雖不能阻止繁殖，但極不利於子女的撫養。柔嫩植物，即使發芽生長於土地寒冽，氣候嚴酷的場所，不久亦就會歸於枯萎凋亡。據說，蘇格蘭高地，一母產子二十人，常有最終難於育成兩人的實例。又據許多富有經驗的軍官說，兵卒在聯隊內生產的全部兒童，據說後來用以補充聯隊的缺額，即用以充當聯隊的吹鼓手亦不夠。此等兒童能成長至十四、五歲者不多。有些地方的兒童，在四歲前，死去一半，有許多地方，在七歲前死去一半。在九歲、十歲前死去一半，幾乎是一種普遍現象。像這麼高的死亡率，在下層人民間，特易看見。他們不能像上層、中層人民那樣，注意於養育子女。他們雖比時髦人物更爲多產，但在他們的兒童中，僅有極小部分，能夠活到中年。與普通平民的兒童比較，育嬰堂及區立慈善會內收養的兒童，死亡率還更大。

　　各種動物，都自然會按照其生活資源增加的比例而增殖。沒有一種動物，能增殖到這個限度以上。然文明社會的人類，因生活資源缺乏而限制增殖的，特只有下層人民。這些人民由結婚而增殖的兒童，除了毀殺一大部分外，再也沒有其他方法，可以節制他們種族的繁殖。

　　勞動報酬若較爲豐裕，勞動者自然會改善兒童的給養，且能養育較多兒童。結果，增殖的範圍，必因而擴大。不過，我們應注意一件事：人口增殖範圍的擴大，勢必須在可能範圍內，與勞動需要所需的人口數，保持極相近的比例。勞動需要繼續增加，人口亦須繼續加大，以爲供應。因之，勞動的報酬，必須足夠鼓勵結婚與繁殖，使人口能繼續增加。設若勞動報酬不夠引起相當的人口增殖，勞動者的缺乏，馬上會抬高勞動的報酬。又若勞動報酬，不僅足夠鼓勵相當的人口增殖，而且有餘，勞動者的過多，又馬上會減低勞動的報酬。在前一情況，市場上的勞動供給，如此不足，在後一情況，市場上的勞動供給，又如此過剩，最終都將強制勞動價格，使復歸於目前社會所必要的適當程度。因此，像商品需要，必然支配商品的生產一樣，人口需要，亦必然支配人口的生產。生產過於遲緩，則加以敦促；生產過於迅速，則加以抑制。世界各地，不論在北美、在歐洲，或是在中國，支配人口繁殖程度的，都不外是對人口的需要。這需要，在北美成了人口增殖迅速的原因，在歐洲成了人口增殖緩慢的原因，在中國就成了人口不增不減的原因。

　　一般人說，奴隸的損耗，其損失在主人，自由雇工的損耗，其損失在被僱人自身。其實，後者的損耗，與前者的損

耗，同是雇主的損失。各種職工僕役所得的工資，都須按照社
會對人口的需要增加、減少，或保持不變，使他們足夠延續他
們的族類。自由雇工體力的損耗，最終亦須在雇主支出的工資
內，予以彌補。不過，自由雇工的損耗，雖然一樣是雇主的損
失，但與奴隸損耗比較，則雇主所受損失，又比較有限得很。
用作補充或修補──姑且如是說──奴隸損耗的資金，通常都
由散漫的主人或疏忽的監督者管理。但修補自由雇工損耗的資
金，卻由自由雇工自己管理。一由經濟漫無秩序的富者管理，
所以管理上亦漫無秩序；一由節省小心的貧者自己管理，所以
管理上亦是節省小心。目的雖同，所需費用，卻就因而大相懸
殊。所以，徵之一切時代、一切國民的經驗，我相信，由自由
雇工做成的作品，與由奴隸做成的作品比較，最終都更低廉。
就連在普通勞動工資頗高的波士頓、紐約、費城，亦不免有這
現象。

　　勞動工資豐裕，是財富增加的結果，又是人口增加的原
因。反對工資抬高，無異反對最大公共繁榮的必然結果與原
因。

　　但我們應該注意，勞動貧民（即大多數人民）境況最幸
福、最安樂的時候，並不是社會已達到絕頂富裕的時候，只是
社會日進於富裕的時候。勞動者的境遇，在社會靜止狀態下，
是艱難的；在退步社會狀態下，是困苦的。前者黯淡；後者陰
慘。只有進步狀態，是社會各階級快樂興旺的狀態。

　　豐裕的勞動報酬，一方面會促進普通平民的生育，同
時，並會增進其勤勉。勞動工資，是勤勉的獎勵。勤勉有如人
類其他各品質，愈受獎勵即愈向上。豐富的生活資源，往往使

勞動者體力增進，並在生活改良、晚景優裕的愉快希望中，使他們益加努力。所以，高工資地方的勞動者，往往比低工資地方的勞動者，格外活潑、格外勤勉、格外敏捷。譬如，在這幾點上，英格蘭的勞動者，實較優於蘇格蘭的勞動者；大都會附近的勞動者，實較勝於僻遠農村的勞動者。固然，勞動者在能以四日勞作的報酬維持一星期生活的情況，或不免把其餘三日，偷閒度過。但就大多數人說，並不如此。許多勞動者，在工資論件計酬時，每易陷於勞動過度，不數年，就把身體糟蹋殆盡。倫敦及其他地方的木匠，通常不能持續最精壯的氣力，至八年以上。此種現象，在工資論件計酬，工資較通常為高的時候，常會發生。製造業大都論件數計算工資，農村勞動亦有時如此。大概，各種匠人，經營特殊作業，往往因過勞而生特殊疾病。義大利著名醫家拉莫治，關於這類疾病，特著有一書。我們通常，總以為兵卒習於怠惰，不能力作，但在他從事某項特殊工程而論件領受工資時，軍官常須與之相約，使其每日報酬，不能超過一定額數以上。否則，兵卒將不免因相互競爭，且因希望增大報酬之故，以過勞毀其身體。從這些例子來看，世間囂然大鳴不平的四日勞作、三日遊惰云云，一考其實，卻正因四日勞動過度，不得不有三日休息。我們知道，無論誰在精神上、肉體上，繼續數日大勞動之後，都自然會伴以休養的強大欲求。這欲求，若無暴力或特別苦衷為之拘束，其來勢殆不可抵擋。安息，甚而遊惰，乃是自然的欲求。這時，若非任其安息、任其遊玩，以圖和緩，結果將不免發生危險，喪其性命，不然，遲早亦會迫他染患職業上的特殊疾病。所以，雇主假若能聽從理性及人道主義的主宰，就不應常常激勵

勞動者勤勉，應當讓他們緊張的勞作，時時得到緩和。我相信，一個人的勞作，若能長此適度，不致中輟，那他就不僅能長此保持健康，一年一年下去，他的作業，亦定能出人頭地。這種事實，在任何職業上，都可以見到。

有人說，在物價低廉的年度，勞動者大抵較平常爲遊惰；在物價高昂的年度，則較平常爲勤勉。由此推論：生活資源豐富，勞動者的工作，將因而弛緩；生活資源不足，其勞作必因而緊張。眞的，生活資源略較平常豐富，或不免成爲一部分勞動者偷閒的原因。但若說大多數勞動者，都會因此怠於作業，或者說，一般人當營養不良時，比營養佳良時；當意氣沮喪時，比精神爽快時；當苦於疾病時，比康健狀態時，更能勤勉勞作，卻就遠於事實。就一般說，饑饉的年度，往往物資匱乏，人工廢置，蓋因普通平民，多陷於疾病死亡。

當物資豐厚，物價低廉時，雇役往往離開主人，自依勞作生活。但食品價格的低廉，若能增加維持勞動的財源，亦就會獎勵主人——特別是農業家——使他僱用更多的工人。因爲在這情況，農業家與其以低廉市價出售穀物，倒不如以穀物維持較多勞役者，以期待較大的利潤。對雇役的需要增加，供應這需要的人數卻減少。勞動價格，往往在物價低廉時騰貴。

在物資缺乏的年度，生計的困難與不穩定，或不免驅迫這一些雇役，切望復得舊有的工作。但食品高價，可減少維持勞動的財源，因而，使雇主急於要減少現有的雇工，絕不肯增加。況且，以前的貧窮獨立勞動者，亦將因物價騰貴，購置材料的少額資本，不得不全部提出來消費，終於爲了生計，再變爲雇工。求職的人數，既然超過了就職的機會，許多人就只好

接受低等的條件，來獲取職業。所以，僕役雇工的工資，常在物價昂貴時低落。

因此，雇主與勞動者締結契約，在物價高昂的年度，多有利於雇主，在物價低廉的年度，多有利於勞動者。勞動者在前一情況，往往比在後一情況，更為恭順，更願為附屬，所以，雇主往往樂於在物價高昂的年度，進行他們的事業。地主及農業家，更會如此，因為他們的地租和利潤，頗有賴於食糧價格的提高。不過，若說人類一般在為自己工作時，工作常較少，在為他人工作時，工作常較多，卻未免是大笑話。論件工資勞動者，已經沒有獨立貧窮勞動者那樣勤勉，因為後者將享有自身勞動生產物之全部，而前者則須與雇主分享。且製造廠中的雇工，每易受惡友誘惑，以致道德淪亡；獨立勞動者卻不易受此影響。至於工資以年月計的雇工，則比獨立勞動者，更易流於怠惰。但是，物價低的年度，獨立工人與各種雇工比即可增加，物價高的年度，獨立工人與各種雇工比即將減少。

麥省斯是法國一位博學多能的學者，曾充聖愛梯安選舉區泰理稅（tallies）收吏。因要證明一般貧窮勞動者在物價低廉時比在物價高昂時，能成就更多作業，他曾就三種工廠——愛爾彼夫的粗毛織物工廠，盧昂遍地皆是的麻布工廠，以及絲織工廠——在物價低時及物價高時所生產的貨物量及價值，加以比較。據他由官署登記簿抄下的報告，這三種工廠在物價低時所生產的貨物量及價值，大概比在物價高時為大。物價最低的年度，生產量與價值，往往最大；物價最高的年度，往往最小。這三種工廠的生產量，逐年計算雖略有出入，但大體說來，卻都在沒有進步也沒有退步的靜止狀態中。

　　蘇格蘭的麻布業，約克郡西區的粗毛織業，同爲蒸蒸日上的工業。其生產量與價值，雖時有變動，但大體上，總是持續增進。不過，我們一審查關於此等製造業年產額公布的記錄，終沒有發現它們那種變動，與各時期的物價高低，有何等顯著關係。在物資非常不足的一七四○年，這兩地製造業固然都有顯著衰退的傾向，但在物資仍是非常不足的一七五六年，蘇格蘭製造業的進步，就非常年所及。但同年，約克郡製造業，卻反形衰退。其生產額，直至一七六六年；換言之，直到美洲印花稅法廢止以後，才恢復一七五五年的原狀。一七六六年及其翌年，約克郡生產額的增加，又爲向所未有。這種增加，迄今猶在繼續。

　　原來，以販銷遠地爲目的的一切大製造業的生產量，更不取決於生產所在國各時期商品價格是高是低，那多取決於消費所在國各時期商品需要是大是小；換言之，取決於消費所在國是治是亂，那裡非同業但可與此業競爭的製造業是盛是衰，那裡主要顧客的興趣是濃是淡。加之，物價低廉時期經營的特殊作業，還有大部分，未曾登記在製造業調查錄上。不再爲雇役的男子，將成爲獨立勞動者。有許多女工，會回到父母家中，爲自身及家族而紡絲。有許多獨立職工，常常爲鄰人僱請，以製造家庭用品。他們的生產，都顯然沒有登記在製造業調查錄上。然而，有許多非常誇大的記錄，就出自這種調查錄。有許多商人製造家，就根據這種記錄，妄斷大英帝國的盛衰。那當然不會正確。

　　勞動價格的變動，不但不與食物價格變動一致，且常全然相反，這是已經講過的。但我們絕不能因爲這個理由，就想像

食品價格，對於勞動價格，沒有一點影響。勞動的貨幣價格，必然受支配於兩種情形：其一，是對於勞動的需要；其二，是生活必需品、方便品的價格。按照當時的勞動需要，是增加是靜止或是減少；換言之，按照當時社會對人口的需要，是增加是靜止或是減少，可以決定勞動者所得生活必需品、方便品的數量，是增加、是靜止或是減少。勞動的貨幣價格，又須取決於購買此數量所必要的金額。所以，在食物低廉的時候，勞動貨幣價格雖然有時也會高昂，但在食物昂貴的時候，勞動需要若又繼續不變，勞動的貨幣價格，就將益見高昂。

勞動的貨幣價格，在突然異常的豐年騰貴，在突然異常的歉歲下落。原因是：前一情況的勞動需要增加，後一情況的勞動需要減退。在突然異常豐饒的年度，許多雇主手中雖存有僱用追加勞動者的財源，但對於這突然增加的勞動需要，恐不能立時有所供給。結果，希望僱用追加勞動者的雇主間，遂不免相互競爭，從而，把勞動的貨幣價格及真實價格，抬高起來。

在突然異常的歉歲，情形正相反。僱用勞動者的財源，既較前年度為少，便有許多人不免失業，他們遂為獲得職業而相互競爭。結果，勞動的真實價格與貨幣價格，均見低落。譬如，一七四〇年歉收，有許多人只要有飯吃，就願工作；以後數年，天年豐饒了，僱用勞動僕役就困難了。

食品高價格，固可提高勞動價格，但物價昂貴年度的歉收，因將減少勞動需要，亦可減低勞動價格。反之，食品低價格，固可減低勞動價格，但物價低廉年度的豐收，因將增加勞動需要，亦可抬高勞動價格。在食品價格較穩定的時候，這兩種對立的原因，似乎是相互平衡。勞動工資，所以到處都較食

物價格，更爲經久不變，這也許是一部分理由。

　　勞動工資增加，必然會按照比例增加價格中的工資部分，而抬高許多商品的價格，同時，並在國內國外，按照比例，減少這些商品的消費。但是，使勞動工資增加的理由——資本增加——又有增進勞動生產力的趨勢。使少量勞動，可成就多量的作業。資本家爲自己的利益打算，勢必妥當分配所僱那許多勞動者的業務，使在可能範圍內，生產最大量的出品。他自己、他的工人，總之，他們大家所能想到的優良機械，他都會依據同一理由，設法採用。發生在特殊工廠內勞動者間的作法，又往往依據同一理由，會發生於全社會的勞動者間。勞動者人數愈多，他們分工就愈精密。想發明優良機械的工人愈多，機械愈易發明。賴這諸般發明與改良，用較前爲少的勞動，即能生產較前爲多的商品。商品生產所需勞動量減少了，用此以補償勞動價格的騰高，只有過之，無不及。

第九章

資本利潤論

資本利潤之起落，與勞動工資之起落，同樣取決於社會財富之盛衰。但財富狀態對於兩者的影響，頗不相同。

資本增加，雖會提高工資，但同時卻會減低利潤。在同一事業上，如有許多富商投下資本，他們相互間的競爭，即不免減低這一事業的利潤；同一社會各種事業的資本，如果全都同樣增加了，則由於同樣的競爭，也將在整體事業上，發生同樣的結果。

我們在前面已經講過，勞動的平均工資，就連在特定場所、特定時間，也不易確定。勉強推定的，不過是最通例的工資。但就資本利潤說，卻連最通例的利潤，也罕能決定。利潤極易變動，從事特定職業者，也不大能夠說出他逐年的平均利潤。利潤，不但會受出售商品價格變動的影響，競爭者及顧客的際遇，商品在海陸運輸上，甚或在堆棧內，不免遭遇的意外事變，都會影響他的利潤。利潤率不僅年年變動、日日變動，甚至時時刻刻都在變動。要確定一大國各產業一般的平均利潤，已夠困難，如果想追尋既往或極遠過去時代的利潤，求其正確，就根本不可能了。

不過，我們要相當正確決定過去或現在的資本平均利潤，雖無法可施，但參考各時代通行的貨幣利息率，卻也可略略推知其梗概。使用貨幣所獲較多的地方，通常對於貨幣使用權，皆支給多額的報酬；在使用貨幣所獲較少的地方，通常對於貨幣使用權，則支給少額的報酬。這很可說是一個公例。我們由此確信：一國普通市場利率變動了，資本的普通利潤，亦不得不相應而一同變動。利率下落，利潤亦隨而下落；利率上升，利潤亦隨而上升。所以，利息的推移，使我們大體上知道

利潤的推移。

　　亨利八世第三十七年，以法令宣布一切利率，不得超過百分之十。可見，以前的利率，一定在百分之十以上。其後，愛德華六世，受宗教熱忱的鼓舞，禁止一切利息。但這種禁令，與同性質的其他各種禁令，同樣成爲具文。其結果，高利貸的弊害，不僅沒有減少，卻反而增加了。由是，亨利八世的法令，又由伊莉莎白女皇第十三年的法令第八條復活了。此後，百分之十，常爲法定利率。至詹姆士一世第二十一年，始制爲百分之八。復辟後不久，利率又減至百分之六。安妮女王第十二年，再減至百分之五。這一切法律的規定，皆極爲適當，那都隨在市場利率變動之後；換言之，隨在普通借款利率變動之後，並不搶在前頭。自安妮女王時代以來，百分之五的利率，與其說在市場利率以下，倒毋寧說在市場利率以上。在晚近戰爭以前，政府曾以百分之三的利率借款。帝國首都及其他許多地方的信用良好者，借款利率亦只有百分之三點五、百分之四、百分之四點五。

　　我國自亨利八世以來，財富與收入，均在不斷增長，而在此進步過程中，其速度只有日加，沒有日減。不僅日在進步，而且一天進步快似一天。不過，這期間的勞動工資，雖隨國富增進而增加了，但大部分工商業上的資本利潤，卻在減少。

　　在大都市經營一種事業，比在鄉村，往往需要更多的資本。各種經營上資本的龐大，和富有競爭者人數的增加，也就是都市資本利潤率低於農村資本利潤率的原因。都市的勞動工資，大體上，都較農村爲高。因爲擁有多量生產資本的人，都麕集於繁盛都市，他們爭僱勞動者的結果，遂致工資抬高，同

時，利潤低落。然在沒有充分資本來僱用全體勞動者的偏僻地方，情形卻正相反。一般人為獲得職業而相互競爭，於是，勞動工資低落，同時，資本利潤抬高。

蘇格蘭的法定利率，雖與英格蘭相同，市場利率卻比較高。該地信用良好者，通常不能以少於百分之五的利率借款。就連愛丁堡的私立銀行，對於隨時兌現全部或一部分的信用券，也須付給百分之四的利息。倫敦的私立銀行，卻不如此。他們對於儲入的資金，不付絲毫利息。在蘇格蘭經營事業，所需資本，大抵較英格蘭為少。從而，其普通利潤率，就不得不多少較英格蘭為高。從而，其勞動工資，如上面所說明的，亦必較英格蘭為低。蘇格蘭不僅較英格蘭貧窮，其進步的速度，亦遠較迂迴而遲緩。

自從一七〇〇年以來，法國法定利率，不常受市場利率支配。一七二〇年的法定利率，曾由二十分之一便尼，落到五十分之一便尼，即由百分之五落到百分之二。一七二四年提至三十分之一便尼，即提至百分之三又三分之一。一七二五年再提至二十分之一便尼，即提至百分之五。一七六六年，拉斐狄執政，當時又落到二十五分之一便尼，即百分之四。其後，大主教特雷，又恢復到原來的百分之五。據一般所想像，法定利率之所以強行被抑制，其目的乃在減低公債的利率。而且，這目的有時確曾達到。法國，一直到現在，恐尚不及英國富裕。法國的法定利率，雖較英國為低，一般市場利率，卻較英國為高。這就因為法國和其他各國，同樣有一個極安全的方法，可以迴避法律。據經商於英法兩國間的英國商人所述，商業的利潤，法國大抵較高於英國。許多英國人不想把資本投在重商的

本國，卻願投在輕商的法國，不外基於這個理由。況且，法國
的工資，又較英國為低。你如果由蘇格蘭走到英格蘭，你所目
擊的這兩地普通平民服裝姿容間的差異，已可充分顯示這兩地
社會狀態的差異。然而，假如你從法國歸英，其對照必定更
大。法國，無疑較富於蘇格蘭，但其進步速度，卻似不及蘇格
蘭。對於蘇格蘭，世俗一般的意見，皆謂其地正在退步，但據
我們所見，此說即使對於法國，亦屬錯誤。如果你二、三十年
前曾視察過蘇格蘭，現在再往該地視察，你一定會感到今昔大
不相同。

　　就領土面積及人口的比例說，荷蘭確較英格蘭為富。該
國政府借款，年利百分之二，信用良好的私人借款，年利百分
之三。勞動工資率，據說，荷蘭較高於英格蘭。大家又都知
道荷蘭人經營事業，所獲利潤，比較歐洲其他任何國民，都覺
更低。有些人說，現今荷蘭實業正在衰退。就其中某幾種實業
說，也許確是如此。但如上所述的諸徵候，卻很可證實該國實
業，並未普遍衰退。一直以來，利潤減少時，商人即訴說實業
衰退。不知道利潤減少，正是實業繁盛的自然結果；換言之，
既然投下了比以前更多的資本，就自然會生出這種結果來。在
晚近英法戰爭中，荷蘭人乘機獲得了法國販運業的全部。現今
戰事雖已平定，猶有一部分操在荷蘭人手中。英法的國債，早
已成為荷蘭人一宗大財產。據說，單就英國方面言，已計有
四千萬鎊（我以為這不免有幾分誇張）。此外，荷蘭人還把巨
額資金，貸給較本國利率為高的其他諸國的私人。這種事實，
正好表示他們資本的過剩，或者說，表示他們資本增加所達到
的程度，已不能以合理的利潤，投在本國的適當事業上。那絕

非表示那裡事業的衰退。由經營特定事業而獲得的私人資本，雖增加到不能盡行投在這事業上的程度，這事業仍不妨繼續增進；大國資本，亦可能有這情形。

我國北美及西印度殖民地一帶，勞動工資、貨幣利息，以及資本利潤，都較英格蘭爲高。諸殖民地的法定利率和市場利率，均在百分之六至百分之八。高勞動工資和高資本利潤並行，也許是新殖民地特有的現象。與其他各國比較，新殖民地，在最初開墾時，一定有一個期間，資本與領土範圍的比例，覺得過少；勞動人數與資本量的比例，亦覺得過少。他們所有的土地，多於他們資本所能耕作的土地，所以，他們只把資本投在肥沃度最大、地位最適宜的土地上，即投在海濱及航河沿岸各地。購買這等土地的價格，且往往低於其自然生產物的價值。爲購買並改良這等土地而投下的資本，勢須生出頗大的利潤，因而支給非常高率的利息。資本在這種有利用途上的急速蓄積，使耕作家所須僱用的工人數增加，非新殖民地所可供應。被僱勞動者的報酬，當然會豐裕起來。但是，隨著殖民事業的增進，資本利潤卻不免逐漸減少。肥沃度最大位置最好的土地，既全被占有，肥沃度位置較劣的土地，亦必開始耕作；由此等土地所取得的利潤，必益形減少。從而，用在土地上的資本，亦只能提供較低的利息。本世紀以來，我國殖民地大部分的法定利率和市場利率，都日益減低。財富、改良，以及人口增進了，利息自不得不趨於低落。勞動工資，卻不與資本利潤共同跌落。不論資本利潤如何，對勞動的需要，必隨資本增加而增加。利潤儘管減低，資本卻不妨照舊增加，甚或較以前更迅速的增加。在這點上，勞動國民的處境，與勞動個人

的處境，全然一樣。大資本，利潤雖低，但比較高利潤的小資本，卻更能迅速增加。此即世俗所謂，貨幣產生貨幣。已經取得了少許，不愁不能取得更多。最困難的，是這少許的取得。在前面，我已就資本的增加和業務的增加；換言之，就資本的增加和對有用勞動需要的增加，論述其關係之一部分，以後，我更當詳加說明。

　　新領土的獲得，新事業的開展，結果，就連在財富正迅速增加的國度，也會提高資本利潤，因而增加貨幣利息。這新領土新事業所展開的全範圍，若不能全部被人們經營，他們就會只把所有的資本，投在利潤最大的事業上。以前投在其他事業上的資本，亦必有一部分撤回來，從事更有利的新事業。舊有事業上的競爭，既較從前為和緩，市場上各種貨物的供給亦必減少。貨物減少，價格必多少騰貴，從而，對經營者能提供較大的利潤。結果，他們亦得以較高於從前的利率，借入資金。在晚近戰爭終了以後不久，信用良好的個人，乃至倫敦最大的商號，通以年利百分之五借款。在戰前，他們卻不曾支付百分之四或百分之四點五以上的利息。要說明這現象，最好舉我國占領北美西印度曾增加我國領土與事業那種事實，用不著說我國資本已經減少。資本照舊，所經營的新事業卻大增，那自然會使大多數事業上的資本量銳減，結果，同業競爭已較和緩的各種事業，利潤遂不得不因此增加。我相信，晚近戰爭雖耗去了巨大金額，但大英帝國的資本，卻並不曾因此減少。我所以會這樣相信，以後還有說明的機會。

　　社會的資本減少；換言之，維持產業的財源減少，勞動工資亦必減少，同時，資本利潤，貨幣利息，必因而提高。社

會上殘存資本所有者，一因，勞動工資低落了，以貨品提供市場所需的費用，比從前為少；二因，為提供貨品上市而投下的資本減少了，貨物售價，又須比從前為高。所費較少，所得較多，他們的利潤，就由這兩方面增加了。利率亦隨利潤加大而提高。孟加拉及英領東印度其他殖民地，要獲得巨大資產並不困難，這事實，正可證實此等頹廢地方的勞動工資低和資本利潤大。其貨幣利息，則與利潤相應。孟加拉農家，往往以百分之四十、五十、六十的利率，借入資金，並以下期的收穫物作為抵押。須擔負這種高利率的高利潤，既不免吸去地主地租的大部或全部，同時，這極端的高利息，又不免要吸去利潤的大部。羅馬共和國沒落以前，各地方都在總督虐政之下，屬行同樣的高利息。參考西塞羅的書簡，我們知道品德高尚的布洛達斯，也曾在賽普勒斯島，以百分之四十八的利率貸借。

　　一國所獲的財富，若已盡其國土壤氣候位置所許獲得的限度，此後，就沒有進步的可能，但在它尚未退步的狀態中，勞動工資及資本利潤，也許都非常低落。一國人口的繁殖，如已充分達到其領土所可支援或其資本所可僱用的極限，此後，亦就不能再有增加。這時，對於職業的激烈競爭，必然會使一向較高的勞動工資，低落到僅足支持現有勞動者數量的程度。又，一國資本，若已充分提供國內各種必須經營的事業；換言之，資本增加若已達到全事業所可容納的最高限度，資本間的競爭，一定會大到無可再大，普通利潤，一定會小到無可再小。

　　幸而，沒有一國的富裕程度，曾經達到這種境地。就連長期停滯於靜止狀態的中國，其富裕雖在許久以前，就已達到該

國法律制度所許有的極限，但若易以其他法制，則按照該國土壤氣候位置說，離此極限的距離，其實很大。一個忽略或鄙視國外貿易，除了二、三港口，即不許外國船舶通航的國家，如能改變法制，所可經營的事業，還有很多。一個只有富翁大資本家享受安全，貧民小資本家不獨不能安全，且時常在法律名分下，被下級官吏橫徵暴斂的國家，國內經營的各種事業，都不能按照各種事業所能容納的程度，投下足夠量的資本。在各種事業上，貧民所受壓迫，都會確立富翁的獨占。富翁壟斷一切事業而獲有最大利潤。所以，中國的普通利息，據說是年利百分之十二；普通利潤，須擔負這高率的利息，亦可想見。

法律上的缺陷，往往抬高利率，而與其國貧富狀況不成比例。法律如果失去了強制契約履行的效力，一切求借人所處的地位，與法制修明國破產者或信用不好者的地位比較，怕會相差不多。出借人要收回借金，既毫無保障，他當然會拿對付破產者的方法，來對付一切求借人，而要求高率的利息。昔時侵略羅馬帝國西部各地的未開化民族間，有許久，完全不過問契約是否切實履行。契約履行與否，完全決定於當事者的信用。他們王朝的裁判所，很少過問此事。當時利率，所以會那麼高，恐怕這亦是一部分原因。

法律完全禁止利息，絕不能得到效果。多數人有借入資金的必要，同時，因為有這法律，對於這資金的使用，所有者將不僅要求相當的報酬，他要迴避法律，困難危險，在所不免，所以，又不免要求相當的保險費，否則，他絕不肯貸出資金。據孟德斯鳩說，一切回教國利率的高昂，都不是因為他們貧窮。其中原因，一部分是法律禁止利息，一部分是貸金難於收

回。

最低的普通利潤率，除了補償投資往往遇著的意外損失，還須有若干剩餘。所謂純利潤或淨利潤，即此剩餘。普通所謂總利潤，除了包含這剩餘，還包含為補償意外損失而保留的部分。求借人所能支付的利息，只與純利潤成比例。

出借資金，即使相當謹慎，亦有意外損失之可能。所以，同樣，最低普通利率，除了補償貸借往往遇著的意外損失，還須有若干剩餘。設無此種剩餘，他絕不會有出借資金的動機——除非為了慈善或友情。

國富若已達到極度，投在各種產業上的資本，若均已達到最大限度，則普通純利潤率必甚低，同時，這利潤所能提供的普通市場利率亦甚低。因之，一個人，如非大富豪，絕不能靠貨幣利息生活。小產中產所有者，都不得不自己監督自己的資本用途。一切人，幾乎都要成為實業家，都有從事某種產業的必要。荷蘭國的現狀，似與此相類。不是實業家，就不能算是該國的時髦人物。必要的苦衷，迫使他們所有的人去經營實業。正如人受習俗時尚的影響，自己不與一般人穿上同樣的服裝，便覺難看；自己不與一般人同樣從事實業，也不免失去身分。一個無所事事的遊惰者，立在實業家中間，正如一個文官，側身在軍隊中間一樣，不但會感到尷尬，並且惹人輕視。

最高的普通利潤率，有時竟在大部分商品價格中，吸去應當歸作地租的部分，僅餘恰好足夠的數量，對於商品生產及上市所需的勞動，提供最低的工資，使僅足生存。因為，勞動者，在工作當中，勢不能不有食物。但地主卻不常有這種必要。東印度公司職員在孟加拉經營事業的利潤，恐怕與這最高

利率，相去不遠。

通常市場利率對普通純利潤率的比例，必隨利潤起落而變動。英國商人以兩倍利息的利潤，爲妥當適中合理的利潤。據我所見，這所謂妥當合理的利潤，不外就是普通利潤。在普通純利潤率爲百分之八或百分之十的國度，借資營業者，以所得利潤之半，作爲利息，頗稱允當。因爲，固然無論投資安危，求借人終須對出借人負完全責任，但大部分事業，有其餘一半利潤，也就很夠補償他擔當這種責任的危險和運用這種資本的辛勞。可是，一國普通利潤率如果大大超過此限以上，或大大低在此限以下，利息和純利的比例，就不能這樣。利潤率過低時，必不能以一半作利息；利潤率過高時，以一半作利息，猶恐不夠。

財富迅速增進的國度，常在多數商品的價格上，以低率的利潤，彌補高率的勞動工資，從而，它們的商品，始能與繁榮程度較低，勞動工資較低的鄰國商品，同樣廉價出售。

實際上，高率利潤，比之高率工資，尤有抬高生產物價格的傾向。譬如，麻布製造廠各種勞動者，梳麻工、紡績工、織工等的工資，如果每日各提高二便士，麻布一匹價格，必須由此上漲的數額，只等於爲生產這一匹麻布而被僱的工作人數，乘上爲生產這一匹麻布他們的工作日數，再乘二便士而已。換言之，經過一切製造階段，商品價格分解爲工資的部分，只照工資提高，按等差級數而遞次增加而已。但僱用這各級職工的雇主利潤，如果全抬高了百分之五，那麼，經過一切製造階段，商品價格分解爲利潤的部分，就須照利潤提高，按等比級數而遞次增加。即，梳麻工的雇主，在賣麻時，對於自己墊

支的（材料工資）全價值，定會要求百分之五的追加利潤。紡績工的雇主，對於自己墊付的全價值，也會要求百分之五的追加利潤。推而至於織工的雇主，也同樣會要求百分之五的追加利潤。所以，工資騰貴對於商品價格抬高的作用，恰如單利法對於債額累積的作用。利潤騰貴的作用，則如複利法。我國商人製造家，對於高工資之提高物價，從而減少國內外銷路的惡果，常發不平之鳴。但對於高利潤的惡果，他們卻三緘其口。關於因自己利得而生的惡果，他們保持沉默。關於因他人利得而生的惡果，他們卻大鳴不平。

第十章

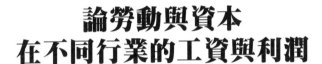

論勞動與資本
在不同行業的工資與利潤

　　勞動及資本的用途不一，各有各的利與不利，但綜合計算，在同一地帶內，各用途的利害，總是均等的，或不斷趨於均等。在同一地帶內，假若某用途，明顯較其他諸用途，爲更有利或更不利，一定有許多人會離去更不利職業，而簇集於更有利職業。結果，這用途的利益，會因此漸漸再與其他用途相等。至少，在諸般事物，純任自然推移的社會上，即在一切均聽其自由，每個人都能自由選擇自己認爲適當的職業，並能隨時自由改業的社會上，事情確是如此。每個人的利害關係，必然會敦促其尋求有利的職業，避去不利的用途。

　　歐洲各地的貨幣工資及貨幣利潤，固曾依勞動資本的用途不同，而極不均等，但這種不均等，一部分是基於各種職業本身的性質，一部分則基於歐洲諸國的政策。就前者言，職業本身的性質，各有不同，實際上，或者，至少在一般人想像上，某種職業的貨幣利得雖少，但有其他的好處，足以相償；另一職業的貨幣利得雖多，但有其他的壞處，足以相抵。所以，同是使用勞動與資本，貨幣利得卻頗不一樣。就後者言，歐洲各國的政策，皆不許一切事物，順從自然的推移。他們的政令規約既不相同，無怪勞動及資本，會因用途不同，工資及利潤亦不能均等。

　　因要分別研究，我把本章分爲兩節。

第一節　基於職業本身性質的不均等

　　據我的觀察，貨幣利得少的職業，猶不乏人經營的主要原因，有五：第一，職業本身有愉快有不愉快；第二，職業學

習有難有易，學費有多有寡；第三，工作有安定有不安定；第四，執業擔負的責任有重有輕；第五，營業成功希望有大有小。

第一，勞動工資，因業務有難易、有汙潔、有尊卑不同而不同。譬如，大多數地方，以一年計算，縫工的利得，較織工爲少，就因縫工的工作，較爲容易。織工的利得，較鐵匠爲少，就因爲織工的工作，較爲清潔。又，鐵匠雖是一種匠，但十二小時工作所得，往往不及一個只靠勞力的煤礦工八小時工作所得，這就因爲鐵匠的業務，不像煤礦工那樣汙穢危險。並且，他還是在地面上日光下工作。名譽的尊卑一端，對於一切尊貴職業，可以說是報酬的大部。如本節後面所述，從事此等職業的報酬，在金錢利得一點，都極有限。反之，在卑賤的職業上，情形正相反。屠戶的職業，本甚粗野、討厭，但有許多地方，他們所得的利益，實遠較大部分其他普通職業爲多。又，劊子手的職務，是一切職業中最可嫌惡的，可是，與作業量比例而言，他的報酬，在一切普通職業中，也算最大。

未開化社會視爲最重要的漁獵，在進步社會，卻成了最愉快的娛樂。古時爲必要而漁獵，今日是爲快樂而漁獵。惟其如此，所以在進步社會內，把別人消遣的方法當作職業生活的人，都是極貧苦的。自狄奧克利圖時代以來，漁夫一向貧乏。（見《伊底里昂》第二十一篇）。英國各地獵者，不外乎是極苦貧民。在嚴禁私獵國中，特許狩獵者的狀況，也絕不優裕好多。總之，狩獵者對此等業務上的自然興趣，常使他們樂於爲此。但他們所獲，殆難於提供優裕生活。加之，他們勞動生產物的價格，與其勞動量相比，往往過於低廉，業此者，除了最少量的生活費，實不能更有所得。

不愉快不名譽對於資本利潤的影響，與其對於勞動工資的影響相同。旅寓酒店的主人，絕不能支配他的旅店，醉客之橫蠻無理，有時還得陪笑周旋。這種職業之不名譽不愉快，可見一斑。但在普通營業中，卻不易尋到像這種以這樣小額資本提供這樣大額利潤的職業。

第二，勞動工資，因業務學習有難易，學費有多寡而不同。

高價機械的設置，至少，總期望這機械在磨毀以前所成就的作業，可以收回投下的資本，並獲得普通的利潤。同樣，一種費去許多工夫時間，才能學會的特殊熟練技巧之職業，也至少期望由他生前的作業，可取得普通勞動以上的工資，收回學費全部，並取得普通利潤。加之，人類的壽命，不如機械耐久期間那樣確定。所以，比較起來，他更須於較短的合理期間內，收回這成本和利潤。熟練勞動的工資和普通勞動的工資，所以會互相差異，就根基於這個原則。

歐洲諸國的政策，大抵認機械師、技術師與製造師的勞動為熟練勞動，認一切農村勞動者的勞動為普通勞動。這種政策，似乎假定前者的勞動，比之後者的勞動，帶有更精緻更巧妙的性質。在若干情況，確是如此，但在多數情況，卻反乎事實。這是我們下面要順次說明的。歐洲諸國各地的法律習俗，往往因要給某人以從事特種工作的資格，而規定寬嚴不一的徒弟服務制度（有些勞動，則全聽人自由）。在徒弟服務期中，一切徒弟的勞動，皆為師傅所有。徒弟這時的生活費，有許多情況，還是仰給於父母或親戚，甚至於衣服之類，也統由父母或親戚備辦。依照普通習慣，徒弟還須給師傅若干學費。不能

給學費的徒弟，則提供時間，換言之，延長服務年限，作爲報償。但徒弟往往因延長年限，習於怠惰，因之，這報償既無益於師傅，亦無利於徒弟。反之，農村方面的勞動，卻完全兩樣。農村勞動者，往往在受僱於簡易業務上的時候，無形中，逐漸學會了比較繁難的部分。在受僱期中，無論在何階段，他皆能以自身勞動，支持自身生活。因此，歐洲諸國的機械師、技術師、製造師的工資，論理，當然要多少高於普通勞動者的工資，而在實際也是如此。這種情形，使他們成爲一種更上等階級的人民。其實，他們這種優越程度，實很有限。製造亞麻布毛織物那一類職工一日或一星期所得，平均計算，不過稍稍較多於普通勞動者一日或一星期的工資。但因他們工作，比較持久均一，故全年總計所得的優越，亦就不少。但無論如何，這種優越，亦不過足夠補償他們教育費的高昂而已。

精巧藝術和自由職業的學習，更需要長期間和大費用。所以，畫家、雕刻家、法律家、醫生的貨幣報酬，當然要特別優裕，而實際也確是如此。

但在資本利潤方面，卻不大受職業學習的難易影響。大都市各種投資方法，就學習難易的程度言，幾乎完全相等。都市無論什麼種類的業務，國內的或者國外的，都不比別種業務更覺繁難得多。

第三，各種業務的勞動工資，因業務安定與否而不同。

有些職業，特較其他職業爲安定。大部分製造業的職工，在他能夠勞作的限度內，一年中，幾乎每日都有工作。泥水匠，當遇濃霧或氣候不良時，便完全沒有事做。並且，就連在天氣晴和的時候，他們有無工作，仍須取決於顧客的臨時要

求。因之，他們會常常失業。他們在有職業時所得，不僅要足夠他們失業期間維持生計，對於他不安定境遇中不時感到的焦慮失望的痛苦，亦須予以若干報償。惟其如此，所以，大部分製造業工人所得，推算起來，與普通勞動者工資比較，幾乎立在同一水準上，但泥水匠所得，卻大概有普通勞動工資的一倍半，乃至兩倍。普通勞動者一星期，如可獲得四先令、五先令，泥水匠往往可得七先令、八先令。前者如為六先令，後者即為九先令、十先令。前者如為九先令、十先令（如倫敦），後者常為十五先令、十八先令。但在各種熟練勞動中，泥水匠那樣的勞動，卻似乎最易學習。倫敦製椅工人，往往當夏期，就從事泥水匠的職業。所以，這類勞動者的高工資，與其說是熟練的報酬，毋寧說是不安定的報酬。

建築木匠所從事的業務，較泥水匠的工作，似更為精緻，更為技巧。但就許多地方說（雖不能概括一切），建築木匠每日的工資，卻稍較低廉。這就因為他的工作之有無，雖也主要取決於顧客的臨時要求，但不像泥水匠那樣，完全取決於顧客的臨時要求，且又不像泥水匠那樣受氣候影響。

安定職業的工資，對於普通勞動者的工資，通常保持一定的比例。但若在特殊場所，這種安定的職業，竟出現不安定的情況，這職業的工資，亦就會漲到這比例以上。倫敦一切工匠，幾乎與其他各地按日計酬的勞動者無異，每日每週，都有由雇主僱人或解僱的機會。因此，倫敦普通勞動者的工資，儘管每日以十八便士推算，但這種工匠，就連最下級的，如縫工之類，一日也能獲得半克郎（一克郎約合二先令六便士）。在小都市及農村地方，縫工的工資，往往僅等於普通勞動者的工

資，不過，他們是幾乎天天有工作；倫敦縫工，則動輒數星期無所事事，尤其是夏天。

假使一種職業，不安定、困難、不愉快、不清潔，各種缺點齊備，那即使是最普通勞動者，工資亦有時不免騰貴到最熟練工匠的工資以上。點件計酬的煤礦工，在紐喀薩，工資約兩倍於普通勞動者，在蘇格蘭許多地方，則約三倍於普通勞動者。不過，這種高工資，不是由於職務的不安定，而是由於工作的困難、不愉快、不清潔。許多地方的煤礦工的職業，大都能夠依照希望，持續下去。就困難、不清潔、不愉快那三點說，倫敦運炭夫的職業，殆與煤礦工的職業相同，但因炭船到岸時間頗不規律，大部分運炭夫的業務，不得不陷於極不安定的狀態，因之，煤礦工所得，若已須兩倍、三倍於普通勞動工資，運炭夫所得，就算是四倍、五倍於普通勞動工資，亦不為過。依據數年前的調查，運炭夫每日的工資，竟有六先令至十先令者。就六先令言，已四倍於倫敦普通勞動工資。不論何種職業，普通最低的報酬，大概即是從事這職業者一般所得的報酬。在外表上，他們所得，無論怎樣高於一般報酬，但實際上，如果除了補償職業上一切不適意情形，還覺有些高於一般報酬，那就除非那種職業，持有一種獨占的特權，只有特殊身分的人才能加入，不然，必有許多競爭者相繼加入，接著，使工資率，不得不立即降低下來。

至於資本的普通利潤，那就無論在什麼事業，皆不受資本用途安定或不安定的影響。資本是否繼續使用，不取決於所營的行業，只取決於經營事業的人。

第四，勞動的工資，因勞動者所須負擔責任之大小而不

同。

金匠、寶石匠，與其他許多勞動者比較，儘管所需技巧一樣，所得工資，仍必較優。且不僅如此，與需要更優良技術的勞動者比較，他們所得工資，亦必較優。這就是因為他們被付託有貴重的材料。

我們把身體的健康，委託於醫生；把財產，有時甚至把生命、名譽，委託於律師。像這樣重大的信用，絕不能安然委託於卑微不足道的人物。因之，他們所得的報酬，須足夠保持他們堪此重任所必要的社會地位。加之，社會地位的獲得，又少不了長期教育與巨額費用，於是，他們的勞動價格，就更加抬高了。

就資本而言，情形有些不同。一個人如僅使用自己的資本，即無所謂信任問題。至於他能否由他人取得資本，卻又不取決於事業的性質，只取決於一般人對於他的財產、名譽和智慮的看法。因此，各種事業利潤率的差異，也不可能是由於個別商人所獲得的信任度之大小。

第五，各種職業的勞動工資，又按照該事業的成功希望之大小，有所不同。

每個人對於所學職業之成功希望，因職業不同，而有大小之別。大部分機械職業，殆皆有成就的可能；自由職業的成就，卻頗少把握。譬如，送子學作鞋匠，他無疑能習得製造的技術；但若送子學習法律，成功與否，就頗不一定了。想靠法律吃飯的人，二十個中，不過一個人成功罷了。比之購買完全公平的彩票，中彩者所得，必為落彩者所失的全部。就成功者一人，不成功者二十人的職業說，這成功的一人，理當單獨享

有不成功二十人應得而不能得的全部。所以，年近四十，始能依職業獲得若干財產的律師，所得報酬，不僅要足夠補償這漫長歲月的教育和這巨額的教育費，同時，尚須使他所得，可以賠償全無所得的那二十人的教育時間與費用。律師的報酬，有時看來似乎過分，但他實際得到的報酬，從來達不到他們理應得到的。就某特定場所的鞋匠、織匠這一類普通職業言，我們如果把他們一年間收入的總額和他們一年間支出的總額計算，就知道他們一般的收入，優於其支出。但我們如果用同樣的方法，總計各法院、各法律學校的律師及法律學生的支出與收入，縱令盡量提高他們逐年收入的估計，並盡量減低他們逐年支出的估計，他們收入的全部，亦只夠補償支出的極小部分。即是說，學習法律這種彩票，是頗不公平的。這職業，與其他許多名譽的自由職業相同，從所得金錢一點看去，報酬是太少了。

但這類職業，常能與其他職業，保持一個水準線。其出路雖令人氣短，但世間一般最豁達而具有自由精神的人，都爭先恐後的，向這方面擠來。這類職業，蓋有兩種鼓舞他們的原因：第一，世上沒有誰不希望名譽，在這類職業上卓有成就，就有名譽；第二，對於自己的才能甚至於運氣，一切人都天生有一種自信心。

一個人如果在一種作到平凡地步尚不容易的職業上，特別露出頭角，那會最顯著的，表示他有天才或卓越的才幹。由這卓越才幹取得的名譽，常常是他報酬的一部分。這部分報酬的大小，即與名譽的大小成比例。這種報酬，就醫生說，已占全報酬的大部；就律師來說，更是全報酬的大部；但若就詩人哲

學家說，就簡直是報酬的全部。

　　有幾種非常適意優良的才能，若能取得，當亦爲人所稱許，但他若用這才能來圖利，世人就往往會根據理性或偏見，視之爲娼妓行爲。因此，爲圖利而運用此種才能的人，所得金錢，就不但要補償他學習這種技能所費的時間、勞力，與費用，且須補償他由這行爲而致聲名玷辱的損失。俳優、歌劇唱角、歌劇舞蹈者等，之所以有奇高報酬，即基於這兩個原則：一，才能罕有而美好；二，由運用這才能而蒙受的聲名上的損失。我們通常在一方面鄙視其人格，同時，卻又給予高報酬獎賞其才能。驟然一看，這似乎很是無聊。但是，正因爲我們鄙視他們的人格，所以要厚償他們的才能。假若世人對於這職業的意見或偏見，竟能一旦改變，他們金錢上的報酬，必會驟然激減下來。即是說，這種職業不但不被人輕視，甚或被人敬重，則從事這職業的人數，必增加。人數加多，自不免因競爭而減低他們勞動的價格。像這類的才能，雖頗不普遍，但也絕不若世人所想像的那樣稀罕。備有這種才能而不屑用以圖利謀生的人，實不在少數。假設這種才能的使用，不致於損害名譽，那會有更多人努力學此才藝。

　　大多數人，對於自己的才能，往往過於自負。這是歷來哲學家道德家所指稱的人類通病。但世人對於自己的幸運，往往發生不合理的妄想，卻不大爲識者所注意。實際上，對於幸運發生妄想的人，比對於才能過於自負的人，恐怕還更多。身體精神相當健旺的人，對自己的幸運，總不免抱有幾分自信。他們把利得的機會，評價過高；同時又把損失的機會，評價過低。至少，一個人在身體精神相當不錯時，絕不會高估失敗的

或然率。

　　人類，自然而然的，會把利得的機會，評價過高。這心理，我們可由一般人購買彩票的事實窺知。彩票是一種投機事業，經營者都是想從中獲取大利。完全公平的彩票，換言之，以全利得抵償全損失的彩票，不獨從來沒有，以後亦永遠不會有。就是國營彩票，就買彩票者說，也是所予之值，多於可得之值，但市面通例，通常仍以二成、三成乃至四成的贏利售賣。這種需要發生的唯一原因，不外是大家期望碰到好運氣，可以中得大彩。一個很穩重的人，雖明知用以購買彩票的小額資金，比中彩票機會的實際價值，要高過百分之二十或三十，但亦不認爲以小額資金釣取一萬鎊，乃至二萬鎊的中彩機會，全是癡想。獎金不過二十鎊的彩票，縱令在其他諸點上，較之普通國營彩票，更近於公平，但要購這種彩票的人，怕會更少得多。因要增加得中大彩的機會，有的人，同時購買彩票數張，有的人，更興致勃勃，與人合資購買許多彩票，但所購愈多，損失的機會亦愈多，這是數學上一個確鑿不移的定則。一個人假若冒險購買全部彩票，他的損失，就成了無可置疑的確實。他購買愈多彩票，也就愈接近確定輸錢的程度。

　　對於損失機會，往往評價過低，不常評價過高的事實，又可由保險業者的利潤輕微那一點上得知。把火災保險、海上保險當作一種事業經營，普通保險費，自然要夠充分補償普通的損失、支付經營的費用，並提供資本的普通利潤。被保險者所出，若不更多於此，亦即不更多於危險的眞實價值；換言之，不更多於他在合理程度上所能希望的最低保險價格，保險家雖大都能由此取得微利，但由此取得大資產的人，實在很少。就

此點考察，利得與損失，兩相比較，保險業其實不見得更有
利，其他可以使人致富的普通事業，亦不見得更為不利。然
而，因多數人過於輕視危險之故，保險費雖輕微，他們亦不願
支付少額的保險費。就全英國的家屋平均推算，二十戶中，就
有十九戶，甚或百戶中有九十九戶，不曾有火災保險。海難，
在許多人看來，較火災更為可怕，所以，保險船舶相對未保險
船舶的比例，遠較火災保險的比例為大。但無論在什麼季節，
甚至在戰爭期中，猶有許多未保險船舶往來航行。像這樣未保
險的航海，有時，亦不能遽然斷為不慎。一大公司或一大商
人，若有船舶二、三十艘同時航行海面，這全部船隻，就可相
互保障，而由此節約下來的保險費，亦就足夠補償普通危險所
引起的損失而有餘。可是，忽視海運保險與忽視家屋保險的心
理正同。大體上，那都不是精密計算的結果，只是輕率無謀，
在推想上，輕視危險的結果。

　　忽視危險奢望成功的心理，在我們一生中，以青年期選擇
職業時，最為顯著。這時期，對於任何不幸的恐懼，都不足減
少他對於幸運的希望。此種心理，我們試一觀察上流社會青年
熱衷於所謂自由職業的事實，已可明瞭，若再觀察普通青年樂
於充當陸軍或投身海上的事實，就更為明瞭。

　　普通士兵所可蒙受的損失，是很明白的。然少年志願兵
終不顧危險，敢於應募，而且在新戰開始時，特別踴躍，事實
上，晉升的機會雖幾乎沒有，但他們卻在少年意氣的空想裡，
生動描繪出了無數可以獲得、但事實上卻並不能獲得的榮譽拔
擢的機會。這許多浪漫的希望，形成了他們流血的全部代價。
至於報酬較普通勞動者為低，實際勤務上的勞頓遠較普通勞動

者爲大的計較，卻爲他們所不注意。

　　水兵生涯的成敗機率，沒有步兵生涯那樣不利。一個穩健的工匠的兒子，往往先得父親的允許，再從事海上生活。可是，在他應募陸軍的情況，卻往往要隱瞞父親。因爲在前一職業，他人亦能見到幾分成功的機會，在後一職業，就除了當事人，誰也不會承認那有成功的機會。以海軍陸軍比較，青年就更願意充當陸軍。從來的海軍上將，都沒有陸軍上將那樣博得民眾崇拜。就光輝榮譽說，海上服務的最大成功，絕不能與陸上同等的功業相比。這樣的差別待遇，且不限於上將，等而下之，海陸兩方各同級的軍官，亦不免略有被人歧視之處。依據等級的規定，海軍的艦長，原來與陸軍上校屬於同一位階。但在一般的評價上，卻沒有把艦長與上校同樣看待。像彩票一樣，大彩當然更少，小彩當然更多。普通水兵所得的幸運，所得的晉升機會，遠較普通步兵所得爲多。一般人所以願意子弟充當海軍，不願其充當陸軍，這就是主要的原因。可是，一般海員的熟練與技巧，也遠勝於一切其他職工。他們的職涯，都在不斷的困難和危險舞臺上。在他們繼續充當普通海員的時候，對於他們全部的熟練技巧，對於他們全部的困難危險，他們所得的報酬，除了在顯露他們的熟練技巧、克服環境的困難危險時，頗能生出一點快感外，還有什麼，就難說了。他們的工資，仍取決於港口普通勞動者的工資，絕沒有超在他們之上。但因他們不斷往返於各海港間，所以，一切由英國出航的船舶，水手每月工資，與其他勞動者比較，更不易因地點不同而有差別。現在，倫敦港船舶出人最多，當地海員工資率，便是其他各港口海員工資率的基準。倫敦各種工人大多數的工

資，約有愛丁堡同類工人工資的兩倍。但由倫敦出航的水手工資，與由利斯港出航的水手工資比較，每月計算，差到了三、四先令，就算是了不得的大。平時倫敦商船上的水手，每月工資二十一先令至二十七先令不等。然倫敦普通勞動者以一星期九先令至十先令計算，每月也可得四十先令乃至四十五先令。固然，水手除工資外，還領有食糧。但其價值，恐亦不致超過他所得工資及普通勞動者所得工資之差額。即使有時超過了這差額，但超過額仍不能算是水手的純利。水手無法把這種食糧，分給他在家不得不養的妻兒。

冒險生活的艱難險阻，均不足以沮喪少年一往直前的意氣，有時，卻反而可以鼓勵他們去選擇這類職業。下階層人的慈母，之所以不肯把兒子送入海港地帶的學校讀書，正恐兒子被航船的情景，水手的言行所引誘。海洋生活上雖有許多意外，但我們就希望憑著自己的勇敢與機警，予以征服。海上生活，絕不會引起我們不快的感想。從而，這類職業的勞動工資，絕不因危險困難而提高。然在勇敢機警已無所用的職業上，情形卻就兩樣了。以不宜於健康著稱的職業，其勞動工資常特別豐裕。因為，不健康即是一種不愉快。其對於勞動工資的影響，應歸在不愉快一類。

各種資本用途的普通利潤率，常多少隨其獲利之確實與否而變動。資本的獲利，在國內商業上常較國外貿易為確實。而在國外貿易上，某一部門又較別一部門為確實。譬如，對牙買加貿易的投資，比對北美貿易的投資，獲利不確定性高。普通利潤率，雖常隨風險程度而多少上升，但上升的程度，不常按照風險程度的比例。提高的利潤，不一定能夠完全抵償風險。

破產，在風險最高的行業上，最常見。風險最高的行業，要算走私了，在冒險成功時，其得利固厚，但結局，多不免破產而終。此外，成功的奢望，在此種事業上，比在其他事業上，作用正相同。多數人，因巨大利潤的誘惑，不斷競相投入這種風險事業，於是，利潤減低，有時，竟不夠抵償這事業的風險。要使這事業的風險，完全得到補償，其一般收益，勢必在資本平常利潤外，還須彌補他一切不時的損失；換言之，還須對於冒險家提供一種與保險家利潤同性質的利潤。這風險事業的普通收益，必須相當於這諸般的利潤，然後，這事業的破產風險，才不會比其他事業，更為常見。

　　因此，使勞動工資發生變動的五種因素中，只有兩種因素——業務愉快與否、安全與否——會影響資本利潤。就愉快與否這一點來說，大多數資本用途，都是相差不遠，或者全無差別，但在各種勞動用途間，卻存有極大的差異。此外，資本的平常利潤，大體上，雖隨風險程度而上升，但其上升程度，又不必然按照風險程度的比例。由此等事實推論，我們知道在同一社會或同一地帶，各種資本用途的平均利潤率，比較更接近於一個水準，各種勞動的貨幣工資，卻比較有些差異。而且，事實也如此。普通勞動者所得，和生意好的律師、醫生所得比較，差異很大。任取兩種事業的平均利潤比較，差異也不見有這麼大。況且，各種事業的利潤，外表上雖有差異，但那種差異，又大都基於我們的幻象。什麼應該算作工資，什麼應當算作利潤，我們往往不加區別。

　　藥劑師所得利潤之高，一般人常引為笑談口實。其實，這種表面上的高利潤，往往不過是他們合理的勞動工資。藥劑師

的熟練，遠較其他一切工匠的熟練，爲更綿密微妙。他所負擔
的責任，也遠較爲重要。他常充當貧民的醫生，而在病痛危險
較輕的情況，亦不時充當富人的醫生。由熟練及重任付託而取
得的報酬，往往大部分包含在出售藥品的價格中。大商業都市
中最興旺的藥劑師，每年出售的全部藥品，成本雖然也許不過
三、四十鎊，他所得的，卻在三百鎊、四百鎊；換言之，他們
雖以十倍的利潤出售藥品，但其實，這利潤，也許只夠支付他
應得的工資。他應得的工資，除了加在藥品價格上，簡直沒有
第二種方法取得。他表面上特大的利潤，其實，只是他應得的
工資。表面上稱作利潤的，實際卻有很大部分其實是工資。

在海口小市鎮上，資本百鎊的小雜貨商人，儘管能獲得百
分之四十或五十的利潤，但同地資本萬鎊的大批發商人，卻很
少能夠獲得百分之八或百分之十的利潤。雜貨商的營業，爲該
地居民便利上所必要，但因市場狹小，允許投在這職業上的資
本，不得過大。況且，藉此職業謀生的人，又須具有經營這職
業所須有的各種資格。除了具有小額的資本，他又必須能讀、
能寫、能算，並須有能力判斷五、六十種商品的價格品質及其
最便宜的購買處。簡言之，這種商人，必須具備大商人所須具
備的一切知識。因爲，他之所以不能成爲大商人，只因他沒
有充分的資本。像這般完美的人，每年取得三、四十鎊，作爲
勞動的報酬，絕不能認爲過分。假若從他這一看好像頗大的資
本利潤中，除去他應得的工資，則剩餘下的部分，恐不會更多
於正常利潤。因之，表面上是利潤的大部分，其實是眞正的工
資。

零售商表面上的利潤，與批發商表面上的利潤，在大都會

地方的差異，較在小市及農村爲小。如果投資一萬鎊在雜貨商業上，則雜貨商人的勞動工資，對於這大資本的眞實利潤，就不過是很小的一個附加部分。從而，這時富裕零售商表面上的利潤，與批發商的利潤比較，就更接近於同一水準。都會零售商的貨物售價，與小市及農村方面比較，所以同樣低廉，且常遠爲低廉，不外基於這個理由。譬如，都會地方的雜貨，與小市及農村方面比較，更低廉得多；麵包與肉類，則與小市農村同樣低廉。雜貨上市，大都市所費，固不必較多於小市農村，但大都會所需的穀物家畜，卻不得不從遠地而來，故與農村比較，運輸費較多。雜貨的成本，都會農村既然一樣，所以，在貨物價格中附加利潤最少的地方（大都會），其價最廉。麵包肉類的成本，大都會既較農村爲高，所以，大都會的利潤雖較低，其售價不一定較低，只往往同樣低廉。就麵包及肉類這類商品而言，其表面利潤減少的原因，即其成本增加的原因。市場的廣大，一方面由所投資本較多，而減少其表面利潤，另一方面，又必須由遠方運來，因而增加其成本。這表面利潤的減少與成本的增大，在許多情況，很可互相抵銷。所以，穀物及家畜的價格，雖然在全國各地很不相等，但麵包及肉類的價格，卻幾乎是通國一樣。

　　零售商及批發商的資本利潤，雖然在都會小於小市農村，但以小資本開始經營，終至成爲巨富的人，則在大都會常有，在農村小市，卻幾無一人。小市農村，因市場狹隘，不能常隨資本的增加而擴大營業，所以，這些地方，特殊商人的利潤率雖甚高，利潤的總額卻不甚大。結果，他們年年的蓄積額，亦就有限。反之，大都會的營業，則能隨資本的增加而擴

大，商人若能勤儉向上，則其信用的增加，更遠較速於其資本
的增加。這樣，他的營業，就得依其信用及資本合計額的增加
比例而擴張。其利潤總額，依其營業的擴張比例而增加；其常
年蓄積，又依其利潤總額的增加比例而加大。不過，在大都會
方面，想依某種正規確定且爲世所周知的營業而獲得巨大財
產，仍須經長久歲月的勤勉、節約，和注意，否則，仍是沒有
多大希望。固然，大都會中，往往有依投機事業而突然致富
的，但投機商人，並不是經營正規確定且爲世所周知的業務。
他今年是穀物商，明年是酒商，後年也許又是砂糖商、菸草
商，或茶商。不論何種職業，只要他預先看見了這職業有超過
普通利潤的希望，他便馬上加入，一旦預先看見了哪種職業的
利潤，將要下降而與其他職業相等，他又馬上離開。因此，他
的利潤和損失，殆不能與其他任何正規確定、且爲世所周知的
營業，保持正規的比例。大膽的冒險者，有時或竟由兩三次投
機的成功而獲得莫大財產，有時也許會由兩三次投機的失敗，
而喪失莫大財產。此等事業，除大都會外，在其他任何場所，
皆無法進行。因爲經營此等事業所必要的預測，只能進行於商
務最繁盛消息最靈通的場所。

　　上述五種情形，雖可使勞動工資與資本利潤，發生頗大的
差異，但各種職業在實際上想像上的利與不利，卻不能由上述
五種情形，而發生大體上的差異。上述諸情形，乃所以使金錢
利得少的職業，得到補償，金錢利得多的職業，有所抵銷。

　　但要使一切用途的利與不利，大體上互相均等，那就連在
最自由的地方，亦須具備三個必要條件：第一，各種職業均須
爲鄰近所周知，且已在當地確立甚久。第二，各種職業，均須

在普通狀態下，即所謂自然狀態下。第三，各種職業，均須爲從事者的唯一職業或主要職業。

第一，只有在各種職業均爲鄰近所周知且已在當地確立甚久的情況，才能有這種均等。

在其他條件一致時，新職業的工資，大都較高於舊職業。在企業家擬設立一新製造業時，他最初必須以較高於其他職業的工資，或較高於本職業應有的工資，從其他職業，招誘工人過來，但工資一經提高，那非經長時間，他絕不敢把工資降低至一般標準。有一類製造品的需要，完全由於時尚幻想，故其業不免常在動搖，歷期之短暫，不易視爲確立甚久的職業。反之，若需要起於效用與必需，則變動較少，同一的形式構造，或可歷數世紀，尚爲人所需要。所以，前一類製造業，與後一類製造業比較，工資常常較高。伯明罕的製造業，多屬於前一類；席斐爾德的製造業，多屬於後一類。因爲這兩地的製造業，有這種性質上的差異，所以，據說，這兩地的工資，亦按這差異而有別。

新製造業、新商業、新農業的設立，常常是一種投機。企業家總期望從那裡獲取格外的利潤。這種利潤，有時誠然是很大的，但有時是，也許更常常是利潤甚微。總之，這種新職業的利潤，與鄰近舊職業的利潤比，並不保有正常的比例。如果計畫成功了，利潤最初是很高的。但職業一經確立而爲鄰近熟知，即因有競爭，其利潤又將降而與其他職業相等。

第二，各種用途利害大體均等的趨勢，只能在這各種用途的普通狀態下，即所謂自然狀態下實現。

幾乎對各種勞動的需要都不免時有高下，有時較平常爲

大，有時又較平常爲小。在前一情況，用途的利益，騰貴到普通水準以上，在後一情況，就會低落到普通水準以下。對於農村勞動的需要，一年中在割草期收穫期特別大，其工資遂亦伴隨此需要而上揚；當戰爭中，四、五萬原爲商船服務的海員，被迫而爲國王服務，因之，海員大感不足，商船海員的需要必大增，從而這時海員的工資，便由平時每月二十一先令至二十七先令，漲到每月四十先令至六十先令。然在日趨凋落的製造業上，情形卻正相反，許多勞動者，不願捨去舊有的職業，所以，按照工作性質照理應得的程度，工資雖然覺得太少，卻也只好認爲滿足。

資本的利潤，依隨資本所生產的商品的價格而變動。某種商品的價格如騰貴到普通率或平均率以上，則至少爲這商品上市而使用的那一部分資本的利潤，必騰貴到其本來水準以上。如落在普通率或平均率以下，則其利潤，亦會降到其本來水準以下。一切商品的價格，原來是免不了多少有變動的。不過某種商品的價格變動，特別較其他商品爲常。爲生產人類勞動生產物而年年僱用的勞動量，必然受這生產物常年的需要調節。這調節作用，在可能範圍內，竭力使逐年平均的生產額，等於逐年平均的消費額。前面講過，有些職業，以等量勞動，常可生產等量或近似等量商品。譬如，在亞麻或羊毛製造業上，同一人數的勞動者，年年幾乎製造等量的麻布或毛織物。所以，像這類商品的市場價格變動，就只能起因於需要上的偶然變動。國喪雖可使黑布的價格上揚，但對於素樸麻布及毛織物的需要，則幾乎沒有變動，所以，其價格亦幾乎沒有變動。但在其他方面，還有些產業，以等量勞動，不會生產等量商品。譬

如，穀物、葡萄酒、藋蒲、砂糖、菸草等的生產，逐年由等量勞動而生產的數量，就頗不相同。從而，這類商品的價格，亦會極度波動，因為它不僅隨需要變動而變動，同時，又隨供給量變動而變動。在這種產業上，供給量的變動，既甚巨大，且甚頻繁。結果，經營此類商品者的利潤，也就必然要和商品價格，一同發生變動。一般投機商人的活動，就大都在這類商品上進行。他們看著哪種商品將要騰貴，立即買入；看著哪種商品將要跌落，立即賣出。

第三，各種用途利害大體均等的趨勢，只能在各用途成為經營者之唯一產業或主要產業的情況發生。

有一種人，雖依某種職業謀生，但那職業，並不占有他大部分的時間。在這情況，他往往就利用閒暇，去從事其他職業。他由此所得的工資，顯然沒有達到按照那職業性質應當要求的限度，但他不暇計及。

蘇格蘭許多地方，迄今猶有稱為那一種人存在。這種人，現在較數年前減少了。他們是地主農業家的戶外雇役，由雇主取得的報酬，通常是一間住宅、一塊栽培莱類的小園、一塊夠飼養一頭母牛的草場，再加上一兩畝不良的耕地。當雇主需要他們的勞動時，他也許還每星期支給他們兩倍克（Peck）燕麥粉，約值十五便士。主人需要他們勞動的時候，在一年中，原來不多，或竟大半年，是全不需要，同時他們自身的小耕地上，又不夠消費這餘下的得由自己任意處理的時間。所以，當這些家居者的人數，遠較現今為多的時代，據說，他們都樂於為極小額報酬，向任何他人，提供其閒暇時間，情願以低於一切勞動者的工資而工作。在古代，這種住民

遍布於歐洲各地。設無此等住民，則在耕作未發達，人民尚稀薄的國度中，就有大部分地主和農業家，無法於特別需要農村勞動者的季節，加僱臨時勞動者。此等勞動者，每日或每星期勞動所得報酬，分明不是他們勞動的全價格。他們借住的小屋，是他們勞動全價格的大部。有許多著作家，探究往昔勞動及食品的價格，特別喜歡把這兩者的價格，說得格外低賤。他們把這種勞動者一日或一星期偶然所得的報酬，認做是那種勞動的全價格。

像這類勞動的生產物，往往以較低於應有的價格，提供市場。蘇格蘭各地手織的襪價，較任何地方用機械織成的襪價爲低廉。據說，就是因爲手織此等襪的勞動者，都依據其他職業，獲得了他們的主要生活資源。每年，席得蘭都有一千雙以上的襪，輸入利斯，其價格每雙由五便士至七便士。據聞，席得蘭群島的小首都勒威克，普通勞動的普通價格，爲每日十便士，但他們所織成的絲襪，卻有每雙值一幾尼以上者。

國家富裕，市場大抵非常廣闊。如是，一個人只要從事一種職業，已可容納他全部的勞動資本。依一種職業謀生，同時又由其他職業獲得若干小利益的，那多半是貧國特有的情形。然而，依以下的實例所示，同一現象，卻又能發現於最富裕國家的首都。房租較倫敦爲高的都市，我相信，全歐洲沒有一個。但是，餘屋附有家具，租金卻又最低廉的都市，我也要指倫敦。在倫敦租借餘屋，不但遠較巴黎低廉，且遠較愛丁堡低廉。最令人奇怪的是，全房租的高價，竟成了餘屋租金低廉的原因，原來，大都會房租的高價，乃基於幾種原因。一般勞動昂貴，一切必須由遠地供給的建築材料昂貴，地皮地租又昂

貴。有獨占者地位的都市地主，對於不良街市地皮一畝，猶要求鄉村最優良農地百畝以上的地租。但除了上述那些原因，倫敦房租的高價還有一個原因，出自於倫敦人的特別風習，即在倫敦租借家屋時，各家主均有租借全屋的義務。通常所謂一個住宅，在法國蘇格蘭，及其他歐洲多數地方，單是指著建築物的一層，在英格蘭卻包括屋頂以下所有的一切。倫敦商人，必須在顧客所在的城市中，租借一棟房屋的全部。他把最下一層作為自己的店鋪，屋頂室作為一家的寢所。中間兩層，則分租於寄居者。寄居者僅為他分擔一部分房租。此等商人所期，是依營業支持其家族生活，並不稀罕寄居人的租金。巴黎及愛丁堡的房屋承租人，卻不是這樣。他們的生活，完全依靠分租房間，因此，各房間的租價，就不但要分擔家屋的全部租金，並須足夠維持出租人全家族的費用。

第二節　基於歐洲政策的差異

這樣看來，即使完全自由放任，但若缺少上述三要件之一，各種用途利害大體均等的*趨勢*，已就無從發生了。況且歐洲政策，還不讓有完全的自由。所以，由此又不免引起更重要的差異。

歐洲政策的影響，大體上，是依著以下三種方式：第一，限制某種行業上的競爭人數，使願加入者不能加入；第二，增進某種行業上的競爭，使超越自然的限度；第三，妨害勞動及資本的自由活動，使不能由一行業轉移到其他行業，不能由一場所轉移到其他場所。

　　第一，歐洲的政策，限制某種行業上的競爭人數，使願加
入者不能加入。因而，在各種用途上，引起了利弊得失極大差
異的現象。

　　同業團體的排他特權，是歐洲政策限制行業競爭人數的主
要手段。

　　有團體的行業排外特權，勢必在特權設立的市場上，只
許那班有經營此業自由的人相互競爭。得到這種自由的必要條
件，通例是正當地自有相當資格的師傅門下，完成徒弟的義
務。團體的規約，有時限定各師傅所能容納的徒弟人數，一
般，則又規定徒弟必須服務的年限。這兩種規約的目的。要不
外限制各該行業上的競爭人數，使願加入者不能加入。徒弟數
的規定，是直接限制這競爭，徒弟長期服務年限的規定，是由
學習費用增加而間接限制這競爭，但一樣有效。

　　席斐爾德的刀匠師傅，依團體規約，同時，不得有徒弟
一人以上。諾福克及挪利支的織匠師傅，同時不得有徒弟二人
以上。違者每月奉納國王罰金五鎊。英格蘭內地及英領各殖
民地的帽匠師傅，亦不許同時有徒弟二人以上。違者月科罰金
五鎊。半歸國王，半歸呈報於記錄處者。這兩項規定，雖曾由
帝國公法確認，但其公布方法，明顯無異於席斐爾德的團體規
約。它們的精神是一樣的。倫敦絲織業組合，不到一年當中，
就制定各師傅不得同時有徒弟二人以上。此後，這規約的廢
止，還經過了議會一種特別法律手續。

　　往昔，全歐洲大部分有團體的行業，似乎都把徒弟服
務期限訂為七年。而這所謂團體，古時，通稱為「大學」
（University）。事實上，在拉丁文裡任何團體都稱為「大

學」。鐵匠「大學」、縫工「大學」等等，在古時都市的特許狀中，常可看見。今日特稱爲大學的這個特殊團體，設立之初，獲文藝碩士學位所必要的學習年限規定，據說是模仿往昔團體職業之徒弟服務年限規定，亦似乎不錯。一個人，想在普通職業上獲得稱師受徒的資格，就得在具有適當資格的師傅門下，服勞七年。同樣，一個人想在文藝上成爲專家、教師，或博士（此三者在往昔原爲同義的名詞）取得收受學生或學徒（此兩者原來亦是同義的名詞）的資格，也得在具有一定資格的專家門下，學習七年。

伊莉莎白治世第五年，頒布徒弟條例。這條例，規定此後無論何人，未完了七年徒弟義務，即不許從事當時英格蘭已有的一切職業手藝或技藝。因此，以前英格蘭各地特殊團體的規約，現在竟成了各通商都市一切職業上的公法。該條例的用語，極爲廣泛，顯然包括英國全土。但在解釋上，其通用範圍，卻只限於通商都市。農村勞動者則不受此條例的拘束。他不妨一時兼作幾種未從師學習七年的職業。這就因爲農村居民在作業便利上，有同時兼營幾種職業的必要，而且，農村的人民，亦不夠分配人數，使各專營一種職業。

再就條例的用語，加以嚴格解釋，則其適用範圍，又只限於伊莉莎白治世第五年以前，已在英格蘭境內確立的職業，絕沒有擴大至以後新立的職業上。這種限制，引起了幾種無聊的區別。譬如，依當時法令的裁判，馬車製造人，不得自行製造車輪，亦不得自行僱人製造，他必須向車輪匠購買。因爲車輪製造業，是伊莉莎白第五年以前英格蘭已有的職業。但車輪匠，縱令沒有在馬車製造家門下當過徒弟，卻不妨製造馬車，

或僱人製造。因為馬車製造業，是徒弟條例制定以後英格蘭才有的職業，所以，不受該條例的限制。在曼徹斯特、伯明翰、沃爾味罕呑等地，有許多製造業，就根據這種理由，不列於徒弟條例中，不為徒弟條例所拘束。它們是伊莉莎白五年以後始見於英格蘭的職業。

　　法國的徒弟服務期間，各市不同、各業不同。在巴黎，雖有大多數職業，以五年為期，但一個人想取得某種職業上的師傅資格，他至少還須再做五年散工。在以後這五年間，他被稱為師傅的工友。這五年期間，則稱為工友期。

　　蘇格蘭關於徒弟服務年限，沒有普通規定的法律。職業不同，年限亦發生差異。大抵在年限長的情況，常能以少額資金相償，來縮短期限。在大多數都市中，只要支給極少額資金，便可買得同業團體的自由。此外，那裡的主要製造業，如亞麻布大麻布的織工，以及附屬於這類製造業上的其他各種機輪工匠、紡車工匠，不支出分文，亦不妨在有團體的市上，從事作業。有團體的市上，一切市民都能自由在星期內的法定日，自由販賣生肉。若干極高貴的職業，徒弟服務期間三年。大體上論，歐洲各國的同業團體法律，皆不若蘇格蘭寬大。

　　勞動的所有權，是其他各種所有權的根本基礎。所以，這種所有權是最神聖不可侵犯的。貧家所有的世襲財產，就是他們的體力與技巧。在他沒有加害鄰人，以正當方法從事勞作的限度內，妨害他們體力技巧的使用，即是侵害他這最神聖的財產。而且，這不但明明侵害了這勞動者的正當自由，同時，還侵害了勞動僱用者的正當自由。妨害這個人使不能在自認為適當的用途上勞動，就是妨害另一個人使不能僱用自認為適當

的人。這個人宜不宜於受僱，其裁斷權可安然委之於雇主的酌量。立法當局，惟恐雇主僱用不適當勞動者，因而出面干涉，那就不只是壓制，而且是僭越。

長期徒弟制，絕不能保障不良工作之不提供於公共市場。因爲不良工作之提供市場，大體上並非能力缺少的結果，而是欺詐的結果。徒弟服務期限，即使再長，亦不能保障沒有欺詐。所以，爲防止此種弊害起見，又需有一種完全相異的法規。與徒弟期限比較，板金上附刻純度記號，麻布毛織物上附加檢印，都能予購買者以更大的保證。購買者判別貨物，往往只看記號或檢印，他絕不會想到製造貨物的職工，經過多長的徒弟服務期。

又，長期徒弟制不能養成少年人的勞動習慣。計件的工資勞動者，因所做愈多，所得愈厚，所以，無形中自會趨於勤勉。若徒弟，則因再努力工作，利益也不歸自己，勢必流於怠惰，實際亦常如此。從事下級職業者，勞動樂趣，完全存在於勞動報酬。享得此種樂趣愈速，尋味此種樂趣之情愈殷，則獲得勤勉習慣亦愈快。少年人不能由長期勞動享受絲毫利益，自不免對於勞動引起嫌惡之感。由公共慈善院送出去的兒童，其年限較普通爲尤長，所以結果大都成了非常怠惰而低能的勞動者。

古代沒有徒弟制度存在。師傅和徒弟間的諸種相互義務事項，在一切近代法典中，都占有相當部分，但羅馬法關於此等義務，卻全未涉及。在近代人心中，徒弟的意義，即從師受業，有爲師服務一定年限的義務，同時，師傅則有授業的責任。但此等觀念，實不能由希臘拉丁語中，找出一個相當字

眼來表明（我想，我很可以斷定這兩國文字中，沒有這種術語）。

就學習上說，長期的徒弟服務，是全然不必要的。遠較普通職業為優等，像掛鐘手錶一類職業的技藝，確未含有須受長期教導的奧妙。固然這般美妙機械的最初發明，甚至在這般機械製作上使用的某種器具的最初發明，無疑，都是費了精深工夫和長期歲月，很可說是人類智力的最大的成效。但是，當這機械器具，一經好好發明，一經好好理解，那麼，即使要把器具的使用方法和機械的構造方法，詳為少年人說明，也恐只需數日的教授就夠了，絕用不著費數週以上的教授時間。至於普通的機械職業，那就更加簡便了。固然，精巧手藝的獲得，就普通職業上說，也非有多少實習和經驗不可，但一個少年人，如果最初即以散工的資格而勞動，得依他工作量的多少，給予工資，按他由粗忽或無經驗所損失的材料，責令賠償，那他在業務的實習上，必遠較徒弟為勤勉而且注意。其教育必更為有效，並常可減少經費與麻煩。不過，如此做去，師傅就無疑是一個損失者。七年徒弟服務的工資，他將無從取得。並且，最終，徒弟自身，也恐不免成為損失者。一種職業既如此容易學成功，那種職業上的競爭者，必較以前增多，於是，當他成為一個完全勞動者時，他的工資，必然會遠較現今為少。這種競爭增大，會減低師傅的利潤，亦會減低職工的工資。而從事諸般職業技術手藝的，都將成為損失者，社會卻將成為得利者。各種匠人的製造品，既以遠為低廉的價格提供市場，一般大眾，就受到實惠不淺了。

同業團體以及大部分團體法規的設立，不外因要限制自由

競爭，以阻止價格下跌，從而，阻止工資及利潤下跌。往時，歐洲多數地方，設立團體，只須得團體所在地的市公會許可。在英格蘭，卻有得國王特許的必要。不過，國王這種特權，並不是爲了防制獨占事業而保護一般自由，卻只爲了要向臣民榨取貨幣。所以，國王只要獲得了若干資金，馬上就會特許。假若某種匠人商人，認定他們的團體，以不經國王特許爲妥當，即當時所謂私生同業團體，也就不必因無特許，而被取締，那只須每年付納國王若干罰金，來報答國王的默許。一切團體，以及他們認爲適當的法規，只受直接監督於團體所在地的市公會。所以，組合的監督指令，通例不出於國王，只出於市公會。這般團體，各都是這個較大團體的一分子。

市公會的統治權，當時，全都握在商人匠人掌中。他們防止各自產業在市場上的供給過多，實際要使它在市場上的供給過少，分明都是爲了他們自身的利益。各階級都急要確立達到此目的之適當規約，設爲當前情勢所許，他們還同意於其他一切階級，都有這種規約。結果，各階級所必要的貨物，都不得不以較高於無此等規約時的價格，向市上其他階級購買。同時，他們自己的貨物，也能以相當的高價出售。賣買相衡，正如一般所謂兩不相虧。同市內任何階級，皆不會由此等規約而蒙受損失。但在他們與農村相互交換時，他們卻會得到極大的利益。維持各都市，使各都市益臻富裕的，亦就是這種交易。

一切都市的生活資源與工業原料，全都仰給於農村。都市對農村支付代價的主要方法有二：第一，是把由原料製成的熟貨一部分，送還農村。在這情況，物品價格，就因勞動工資及師傅（或直接雇主）利潤而提升了。第二，是把由外國輸入或

由國內其他邊遠地方輸入都市的粗製品或精製品一部分，送往農村。在這一情況，物品售價，亦因水陸運輸的勞動者工資及僱用這般勞動者的商人利潤而增大了。都市由前一種商業獲得的利益，乃由製造業獲得；由第二種商業獲得的利益，乃由對內及對外貿易而得。勞動者的工資及各種雇主的利潤，構成了這兩種商業利得的全部。所以，不論何種規約，如果它具有一種趨勢，可以使這工資和利潤，增加到沒有此規約情況以上的程度，即無異說它具有一種趨勢，使他們能以較少量的都市勞動，購買較多量的農村勞動生產物。這種規約，既然給了都市商人、匠人一種較大的利益，使較優於農村的地主農業家及農業勞動者，所以，在都市與農村的商業上，應該發生的自然均等，就被這規約破壞了。我們知道，社會勞動的年產額全部，是逐年分配給都市和農村這兩方面的人民。但因為有此等規約，都市住民就享得了格外較大的份額，同時，農村住民，只獲有格外較少的份額。

都市年年由農村輸進食品原料，又年年以製造品及其他物品輸往農村。為前者輸入而實際支付的價格，即是後者輸出的數量。出品的賣價愈高，則輸入品的購價愈廉。都市產業就更為有利，農村產業就更為不利了。

歐洲各地都市產業較農村產業為有利的事實，不待詳加推算，只要由一種極單簡而明白的觀察，就可以充分知道。歐洲各國，如果有一百人，能以小資本經營都市產業（即商業製造業）而獲得大資產，怕只有一個人，能以小資本經營農村產業（即改良土地從事耕作）而獲得大資產。對照一下，可知都市產業的報酬，必較農村產業為豐。都市的勞動工資及資本利

潤，也分明較農村爲大。資本與勞動，自然是傾向於有利用途的。所以，它們自然在可能範圍內，集中於都市而離開農村。

　　都市住民群集一地，故較易結合。結果，都市中最卑微不足道的職業，亦常有團體。即便在完全沒有團體的情況，他們也有團體精神；換言之，他們對於外鄉人的嫉妒，對於容納徒弟的抑制，對於該職業上祕密的保持，猶通行於一般從業者間，使他們依自動的結合或協約，阻止其他不能由規約而禁止的自由競爭。在所僱勞動者人數有限的職業上，最容易形成這類結合。譬如，使一千紡織工繼續作業所必要的梳毛工數，恐不過六人。假如這少數梳毛工人結合起來，不容納徒弟，他們就不僅能夠獨占這種職業，使羊毛工業全部，對於他們，立在從屬的地位，且可使他們的勞動價格，抬高到按照這作業性質所應有的程度以上。

　　農村的住民，正與都市住民相反，他們是相互散居各地，不易結合的。他們不但從來未有團體，並且一向就缺乏團體的精神。他們並不以爲，從事農村主要職業（即農業），亦須經過徒弟服務時期，始有資格。然而，事實上除了所謂美術及自由職業，恐怕沒有一種職業，是像農業這樣，需要種種複雜的知識和經驗。關於農業，各國有無數的載籍。就這種記載，我們就連在最賢明、最有學識的國家中，亦不能發現一個認農業爲最容易瞭解的主張。固然，有些著述家，對於農民，好作侮蔑賤視的言詞，但是，一個人，縱令讀破農業載籍的全部，也恐怕不能完全瞭解普通農民的繁雜作業。反之，普通機械職業的作業，卻全可以用附加圖解的文字說明，所以，只要有本薄薄數頁的小冊子，就幾乎沒有不能完全明確理解的。現

在法國學術院所刊行的工藝史，實際就是依圖解的方法說明。
此外，農業的作業，又須依天候變化及其他許多偶發事變，而
有變更之必要。故與常常一律或近似常常一律的作業比較，其
經營每需更多的判斷與考慮。

　　普通農民的技術或農業上各種作業的一般的經營，較大部
分機械職業，固需更多得多的經驗與熟練，但就連最低級的農
事工作，亦莫不如是。以銅以鐵為材料而從事作業，其所用器
具與材料，全為同一性質或近似同一性質的。但耕鋤土地所用
的牛馬，則性質各殊，體力各異，而作業對象的材料品質，又
頗不相同。欲因地之利，物之宜，在在皆需要更多得多的判斷
與考慮。就連被一般人認作愚鈍無智的普通農夫，亦大抵具有
此種判斷力與思辨力。他在社會交際上，本來不及都市機械工
人嫻熟。他的聲調語言，也不免使那些沒有聽慣的人，覺得粗
野而且頗不容易瞭解。但他的理解力，慣於考慮各式各樣的對
象物，與終日集全注意於少數極單純作業的人比較，其實格外
優越。只要你因營業關係，或為好奇心所驅使，曾與農村下級
人民，與都市下級人民接觸過，你就知道前者實較優於後者。
中國印度一般農村勞動者的地位與工資，均較優於大多數的匠
人和製造工人。假若沒有同業團體法及團體精神為之妨礙，恐
怕到處都會和中國印度一樣。

　　不過，歐洲各地都市產業，之所以比農村產業優越，原
因並不完全由於同業團體及團體法的存在。其他許多規定，亦
曾予以支持。對於外國製造品，對於由外國商人輸入的一切
貨物，歐洲各國常課以高關稅率。這種辦法，亦有這種傾向。
有了同業團體法，都市居民已可抬高其製品價格，不必憂慮本

國人的自由競爭，會把價格降低；有了高關稅率一類的規定，都市居民又能避免外國人的競爭。由這兩種法規生出的價格騰貴，不論何處，最終都由農村的地主、農業家，以及農業勞動者負擔。他們對於這種獨占權的建立，幾乎從未加以反抗。他們通常沒有團結的傾向，也沒有團結的意思，加之，商人製造家的喧鬧詭辯，很容易說服他們，使他們相信社會一部分（不重要的一部分）的私利，即是全社會的利益。

　　英國都市產業對農村產業的優越程度，過去較現今爲大。與前世紀或現世紀初葉比較，現今的農村勞動工資，更接近於工業勞動工資，現今的農業資本利潤，亦更接近於商工業資本利潤。這種變化，正可說是此前特別獎勵都市產業所必致的後果，儘管此後果直至晚近方始呈現。都市所蓄積的資本量，慢慢達到這樣大的數額，把這巨額的資本，反覆使用在都市所特有的產業上，其利潤就不能不較往昔爲低。都市所特有的產業，與其他一切產業，同樣有一定的界限。一種產業上的競爭加大，其資本利潤，必因而減低。都市方面的利潤減低，資本勢必流向農村，農村勞動有了新需要，工資遂抬高起來。這樣，資本就散布於地面上（假使可以如是說），經由都市資本流向農業，使一部分資本，復歸於農村。這裡說復歸於農村，就因資本的大部分，本來是以農村爲犧牲而蓄積於都市中的。歐洲各國農村最大的改良，大都基於都市所蓄積的資本過多。關於這點，在下面，我將努力加以說明，同時，並將指出，雖有若干國家依這過程，達到了顯著的富裕程度，但這過程本身，卻極緩慢，極不確實，極易爲無數偶發事變所妨害而中斷。總之，無論就哪一點說，這過程都是違反自然，違反理

性。至於這過程所由而生的諸般利害關係、偏見、法律，以及習俗，我將在本書第三篇及第四篇，予以充分明確的說明。

同業中人，聚在一起，即使以娛樂消遣為目的，言談之下，恐亦不免是對付公眾的陰謀，是抬高價格的策劃。想用某項能實施卻又不違反自由正義的法律，來阻止同業者不時的集會，固屬難能，但立法使其便於集會，尤其是立法使其集會成為必要，卻亦是錯誤的措施。

強令同市一切同業者登記姓名住所於公簿的規則，卻正是立法使其便於集會。因為這法規，能叫不登記即永無相識機會的人結合，並使從事同一職業者，能獲知各同業者的住址。

強令本業課稅以救濟同業之貧者病者及孤兒寡婦的規則，亦把一種共同利害關係，給他們處理，使他們不時的集會，成為必要。

同業團體，不但使這集會成為必要，且使多數決議案，束縛全體。就自由職業言，凡屬有效團體之設立，勢須取得同業者全體的同意。同業者一人發生異議，該團體即無法存續下去。然在同業團體，則依多數決議而制定的法規，皆附有適當的懲罰條規。有此條規，其限制競爭之作用，乃能較其他任何自由團體，更有效更持久。

有人說，同業團體，為各職業統制方法改善所必要。這藉口，全無根據。對於職工的有效約束，不是他們所屬的團體的約束，而是他們的顧客的約束。職工之不敢欺詐懈怠，正以其有失業的顧慮。但有了排外的約束，卻反而要減少他們這種顧慮。因為要請工匠的，不能有所選擇，他非在這特群人中僱請不可，無論好壞。良莠既無區別，所以，在許多有團體的大

都市中，甚而在最必要的職業上，亦不易找得良工。如果你有一件差可人意的作品，那一定出自郊外。那裡的勞動者全無排外特權，只憑本領。你只有把他們製成了的物品，祕密輸入都市。

　　總之，歐洲限制職業競爭，使願加入者不能加入之政策，就在這情況下，使各種不同職業應用勞動或資本的利弊得失，大體上差異極大。

　　第二，歐洲的政策，增加某種職業上的競爭，使超越自然的限度，因而，在與前相反的方面，使各種不同職業應用勞動或資本的利弊得失，大體上差異也大。

　　因視某職業定須養成適當數目的人才，遂有公共團體或私人樂捐者，應此目的，設置了許多獎勵金、研究補助金、獎學金、貧苦學生津貼等等。結果，使這職業的人數，超過自然的限度。我相信，一切基督教國，大部分牧師的教育費，都是出自這個來源。完全由自費育成的牧師，是頗不多見的。競求牧師職務的人數既多，定然有許多人願接受較低於按這職業教育程度所應得的報酬，於是，依自費受過長期繁瑣而多費的教育者，就不太可能獲得相當的報酬。最終富者本應期待的報酬，就因貧者競爭而被奪了。我們把候補牧師或布教師，同普通職工比較，固然不免失禮，但候補牧師、布教師的薪水，與普通職工的工資，卻很可視為同一性質。這三種人，都與其上司締結契約，而獲取工作報酬。就這幾次全國宗教會議所頒布的教令看，英格蘭候補牧師或教區牧師的通例俸金，至十四世紀中葉，尚為銀幣五麥克（Merks），重約為今日銀幣十鎊。然而，依據同時代法令的布告，泥水師傅的工資一日四便士，

泥水散工的工資一日三便士，前者約合今日一先令，後者約當今日九便士（參照愛德華三世第二十五年的勞動者法令）。所以這兩種勞動者，假如能夠繼續受僱，其工資就遠較候補牧師的薪俸為優。又，假若泥水師傅每年有三分之二的時間就業，則其工資恰與候補牧師的薪俸相等。安妮女王第十二年第十二號法令，宣稱「茲鑑於候補牧師缺乏充分的給養與獎勵，所入過少，無以為生，特令各地主教，以簽字蓋章，發放候補牧師充分撫養費，不得過於年額五十鎊，不得少於年額二十鎊」。現今，候補牧師年得四十鎊，即視為非常優裕。議會通過的法令，儘管限定年薪再少不得過二十鎊，但逐年所得，未達此限的，實大有人在。倫敦的製鞋散工，卻有的每年可得四十鎊；同市中，任何種類的勞動者，只要勤勉，每年所得，殆沒有不在二十鎊以上的（雖然許多農村教區的普通勞動者，二十鎊亦不是極高的數額）。規定勞動工資的法律，雖往往不要抬高工資，只要減低工資，並且在許多情況，法律雖然企圖抬高候補牧師的工資，並為教會的威信所計，往往命令教區長，給候補牧師的數目，須超過他們甘願接受的最低程度，可是，法律在這兩方面的努力，都毫無效果。法律從來不曾抬高候補牧師的工資，也從來不曾依照其規定程度，減低勞動者的工資。牧師因處境窮困，競爭者眾多，法律亦不能防止他甘心接受法定給養費以下的給養。反之，因希望由僱用動勞者而取得利潤與愉快的人互相競爭，所以，法律又無從防止勞動者獲得法定生活費以上的給養。

教會下級職員的境遇，儘管低微，但高級神職人員聖俸的崇隆，與其他宗教上的威嚴，猶足以維持教會本身名譽於不

墜。而且，這種職業所受到的尊敬，正可以補償他們金錢上報酬的低微。在英格蘭及一切羅馬舊教國，教會待遇崇隆，已足夠補償金錢報酬上的微薄。再看蘇格蘭、日內瓦，以及其他許多新教國家的實例，我們就知道，這種職業的俸祿雖少，但以其受教之便利及其地位之優隆，還是能誘使許多有學識的人士，期望充當牧師的職務。

至於律師、醫師一類職業，則又另當別論。此等職業，全無常俸可言，設從事此等職業者，與從事牧師職業者，同樣由公費教育，則競爭必趨激烈，而大大減削他們金錢上的報酬。這樣一來，以自費教育子弟，從事此等職業，就頗不值得。此等職業，將不免完全委在那班依賴公費育成的人士身上。這種人，亦將因境遇壞、人數多，只能獲得極微薄的報酬。結果，律師、醫師這類職業，恐怕不能像今日世間那樣，受到極高的崇敬。

今日的醫師、律師，總算倖免了這種厄運，但一般落魄的所謂文人，卻正處在這種厄運中。這般人，在歐洲各地，大抵是為要供職教會而教育出來的，但有種種原因，使他們不能取得牧師職務。他們的教育既出於公費，人數又到處供過於求，所以，其勞動價格，就極為低微了。

印刷術發明以前，文人依其才能獲取報酬的唯一業務，即充當公的或私的教師。換言之，把自己學得的珍奇有用的知識，授予他人。這種職業，比印刷術發明後，為書賈執筆賣文的職業，確是更有名譽、更有效用，甚而，一般而言，報酬更高。要成為一學術卓越的教師，其所需時間、研究、智慧、知識，以及經驗，至少應與著名律師、醫生所必要的這幾項的程

度相等。然而，卓越教師的普通報酬，卻比不上律師、醫生所得的報酬。這原因，就由於前者由公費育成，其處境苦，其人數多，後者則多由自費育成，人數極為有限。不過，公私教師的報酬，現今雖然很少，但若一般為麵包而執筆賣文的更貧苦的文人，也加入教師市場參加競爭，則此種教師的報酬，恐不免比現今還要微薄。在印刷術發明以前，學生和乞丐，似乎是同義詞。當時諸大學的校長，似常允許學生到校外乞討。

在從前沒有這種種獎學津貼授與貧困子弟的時候，一般卓越教師的報酬，比較起來，是更優渥得多。蘇格拉底在反詭辯學派的著述中，曾極力譏刺當時的教師。他說：「他們極堂堂皇皇的訓誡學生，要他成為賢哲，成為幸福公正之人。但這樣重要的任務，卻只由學生那裡，得到四邁尼亞（Minae）或五邁尼亞的微薄報酬。」他更繼續說：「教人以賢哲，自己一定是賢哲。但是，一個人竟以這樣低的價格，出售這樣高的貨色，他其實應被人訾為大愚。」在這裡，蘇格拉底對於當時教師報酬，當然沒有誇大的意圖。但當時教師的報酬，亦絕不會再少於他所說的限度。四邁尼亞，等於現今十三鎊六先令八便士；五邁尼亞，等於十六鎊十三先令四便士。雅典當時，對於最優秀教師的普通報酬，當不在五邁尼亞以下。這報酬，其實也不算差，蘇格拉底卻認為太少，他自己就向學生每人要十邁尼亞，即三十三鎊六先令八便士。據說，他在雅典講學時，列席學生，約為一百人。我知道，這所謂一百人，即每一課聽講的人數。像雅典這大的都市，像蘇格拉底這樣高明的教師，而他所教的又是當時那樣流行的修辭學，學生一百人，絕不能算是太多。果真如此，他每一課所得的講金，就有一千邁尼

亞，即三千三百三十三鎊六先令八便士。無怪別個地方，布魯塔克說他的講金（即通例的講課價格），有一千邁尼亞。當時其他許多卓越的教師，都似曾獲有大宗財產。哥爾期斯曾以純金製成自己的雕像，奉納於德爾菲寺堂。我並不是說他自己的雕像，與其身體，同樣巨大，但哥爾期斯的生活狀態，和當時有名的兩位教師，希比亞斯及勃羅臺果拉斯，生活狀態都近於豪奢，其事實卻為柏拉圖所指摘過的。柏拉圖自己的生活，據說，也頗為堂皇。亞里士多德是亞歷山大王子的師傅。王子及其父腓力，對於他的報酬的隆厚，那是一般所公認的。但他卻以為，回到雅典再開學園，更為上算。當時學術方面的教師，也許沒有後此數十年間普遍。此後數十年，即因教師人數增多，發生競爭，結果，他們勞動的價格，世間對於他們人格的尊敬，都不得不同時低落。但其間最突出者所享受的報酬，猶遠較今日從事同一職業的人為優。雅典市民曾派遣柏拉圖學派大師卡尼亞底及斯多葛派大師提奧奇尼斯出使羅馬，其使節之尊嚴，真令人羨慕。當時雅典雖失去了以前的壯觀，但還不失為一個獨立有名的共和國。況卡尼亞底為巴比倫人。以嫉視外人充當公職著稱的雅典人，居然在這種情況，派遣卡尼亞底，足見他們對於這位大師，尊敬到了什麼程度。

上述那樣的不均等，從全體看去，也許對於社會大眾，沒有害處而有利益。公職教師的地位，雖不免因此感到幾分低落，但學藝教育費的低廉，確是一大利益。這利益，很可補償些許的不便而有餘。現在，歐洲大部分的教育，尚嫌費用大了些。設若學校組織、學院組織有所改良，則大眾由此得到的利益，將更大。

　　第三，歐洲政策，妨礙勞動資本的自由活動，使不能由一職業移轉到其他職業，由一場所移轉到其他場所，從而使各種不同職業應用勞動或資本的利弊得失，大體上，極不平衡。這種不平衡，弊害最大。

　　徒弟條例，妨礙勞動的自由活動，即使同在一地方的各種職業，一般人也不能由一職業轉到其他職業；同業組合的排外特權，甚而在同一職業上，妨礙勞動的自由活動，使不能由一場所轉到其他場所。

　　我們時常看到，某製造業的勞動者，儘管獲得高工資，其他製造業的勞動者卻不得不忍受只能維持最低生活費的工資。這就因為前一製造業是在進步狀態中，不斷需要新的勞動者，後一製造業，卻在退步狀態中，勞動者的過剩在不斷的增加。但這兩種製造業，縱令存在同一都市，或存在同一都市的鄰近地域，相互間，仍不能有何等的支援。因在前一情況，有徒弟條例妨害其相互扶助。在後一情況，有徒弟條例和排外團體制度，妨害其相互扶助。我們知道，有許多種類的製造業，作業過程頗相類似。設無此等不合理的規約，加以妨害，勞動者很容易就能由一職業轉到他職業。譬如，織素麻布的技術與織素絲料的技術，幾乎完全相同。織素毛織物的技術，雖略有差別，但因為這差別極其有限，麻織工或絲織工，亦只要學習數日，就能夠成為相當稱職的毛織物織工。因此，假若這三種主要製造業中，任一製造業陷於衰退狀態，該製造業的勞動者，即可改事其他兩種榮盛的製造業之一。因之，他們的工資，在繁榮時不會過高，在衰退時，亦不會過低。英格蘭今日麻布製造業，誠然是依特別法令，開放了，人人皆有從事這行業的自

由。但該製造業既未通行於英格蘭大部分地域，所以，對於其他衰退工業上的勞動者，就只能提供很有限的就業機會。因此，在徒弟條令實施的地方，一般衰退工業的勞動者，除了請領教區津貼外，就只好以普通勞動者的資格而勞動。不過，按照他們的習慣，與其改爲普通勞動者，倒不如變成類似工業的職工。所以，最終他們多半是請領教區津貼。

妨害勞動者自由流動的障礙物，也同樣妨害資本的自由流動。因爲一種事業所能使用的資本量，大都取決於這事業所能使用的勞動量。不過，同業團體法，對於資本由一場所移到其他場所的自由活動，比對於勞動的自由活動，其妨害程度小得多。富裕商人要在有團體的都市中，獲得經商的特權，比貧窮匠人要在有團體的都市中，獲得勞作的特權，不論何處，都更容易得多。

同業團體法妨礙勞動的自由移動，我相信，那是歐洲各地的共通現象。但濟貧法妨礙勞動的自由移動，據我所知，卻是英格蘭獨有的現象。自有濟貧法以來，貧民除了在所屬的教區內，就不易找得住所，甚且不易找得工作的機會。濟貧法的妨害，即包含在這兩種事實中。同業團體法所妨害的，只是技工和製造工人，使他們的勞動，不能自由移動。濟貧法阻撓的對象甚至還包括普通勞動的自由移動。在英格蘭，這種法律導致社會的混亂，恐怕是所有政策中最大的。這裡也許值得對這種混亂的起源、發展及現狀稍作說明。

英國貧民，在無衣無食時，一向是向寺院領給，諸寺院破毀的結果，貧民失去了此種救濟來源。此後，雖幾經設法救濟，但均無效果。伊莉莎白皇后第三十四年，始由法令第二

號，規定各教區有救濟其所屬貧民的義務，並規定逐年任命的貧民監督官，須與教區委員，共同視教區貧民多寡，徵集救貧的金額。

依這次法令，各教區遂不得不贍養所轄境內的貧民。但一個人怎樣才算是所轄境內的貧民呢？這就成了頗為重要的問題。這個問題幾經變化之後，終至依查理二世第十三年及十四年的法令解決了。據該法令的規定，不論是誰，只要繼續不斷在某教區住過四十日，就可取得這教區的住籍。但在這四十日期限內，該新住民，如為當地區民所反對，即可由治安判事者二人，依教區委員或貧民監督官的陳訴，把他遣返到他最後合法的居住所在的教區。但若新住民每年能出十鎊房租，或能向治安判事者提出保證，不致以貧困牽累區民，而為治安判事者所認可，則不在此限。

據說，此種法令的結果，曾生出若干欺詐行為。教區職員往往賄賂區民，使其潛赴其他教區，並在其他教區潛住四十日，獲得住籍，以圖脫去原屬教區的負擔。為矯正此種弊端，詹姆士三世第一年，遂有以下的規定：不論何人，要在新教區獲得住籍，均須繼續居住四十日，此期限，一律從他以書面，向當地教區委員或貧民監督官，通知他新居地址及家族人數之日算起。

然而，教區職員，對於自己的教區，亦不見得怎樣關心。他們有時雖受到移居者的書面通知，卻並不採取何等適當的處置，即默許其侵入。此後，教區各居民，想到為自身利益，應竭力阻止這種侵入者時，於是，在威廉三世第三年，又有以下的規定：那四十日的居住期，須從那書面通知書，在禮

拜日祈禱後，公布於教會之日算起。

柏恩博士說：「書面通知書公布後，繼續居住四十日而獲得住籍的人，畢竟寥寥無幾。此等法令的主旨，與其說為了要使移住人獲得住籍，毋寧說為了要使他不作移居的打算。因為通告的提出，實無異給教區人民以迫令他退出的根據。至於按照其人處境，實際能否迫令其人退出尚屬疑問時，接到其人之通知書後，教區就只有選擇以下兩種辦法之一。第一，是允許其繼續居住四十日，予以住籍；第二是冒險違法，立即將他遣送出境。」

因此，這種法令想讓貧窮人依繼續居住四十日的老方法，獲得新住籍，事實上就不可能。當局者為補救此缺陷，使這教區的普通平民，得安全立身於別一教區，於是，又規定無須通告或公布，亦能取得住籍的其他四種方法：一、凡能完納該區規定的各項稅捐者。二、被推選為教區職員，供職一年者。三、在該教區充當學徒，服務期滿者。四、被該教區僱用，繼續一年者。

然而，這四種方法，仍不能保證人民獲得住籍。因為依前二方法，勢必要取得教區全體的同意。但教區全體，對於這除自身勞動即一無所有的外區新來者，課以各項稅捐，恐怕負擔不起擔當，更不必說能選他作教區職員了。

由後二方法，則已婚者都沒有獲得住籍的希望。因為已婚者不願當學徒，而已婚的僱役，又早有明令規定，不得由僱用一年而取得住籍。況且，按照現在的規定實行，其結果勢必大大破壞一年僱用的舊習慣（這舊習慣，在英格蘭通行已久，即在今日，法律仍把未經特別協定的僱役期間，作為一年解

釋）。換言之，雇主絕不願因僱用他一年，便給他以住籍；雇工亦不願因被僱一年，即須解除他對於原住址的責任，失去他父母親戚所在的故居。結果，雙方都同意縮短僱用的期間。於是，一年僱用的舊習慣，就被破壞了。

不論是普通勞動者還是工匠，只要他是一個獨立職工，他就明顯不能依徒弟資格或雇工資格，獲得新的住籍。因此，這種人如果要向新教區進行何等作業，不問其如何健康，如何勤勉，只要他每年不能支出十鎊的房租，或不能向治安判事者提出保證不致以貧困牽累教區而為判事者所許可，則教區委員或貧民監督官，就隨時可任意命其退出。然而，一年十鎊的房租，對於徒依勞動為生者，實無擔負之可能；保證的要求，雖然完全委之於判事者的裁量，但因法律規定，凡不能購入三十鎊以上的世襲不動產的，即因不夠解除教區的責任，不得予以新住籍，所以，判事者絕不會只要求三十鎊以下的額數。三十鎊的保證，在僅依勞動者為生的人，已都無力負擔了，何況實際要求的，往往高於此數額。

勞動的移動自由，遂完全為上述各種法令所剝奪了。為圖在相當限度恢復其自由移動，於是，有證書法的發明。依威廉三世第八年及第九年的法令，不論是誰，在他持有證書，這證書上面，又有最後合法住所的教區委員及貧民監督官署名，有兩名治安判事者證明，並註明任何教區皆有收留其人之義務時，他所移往的教區，即不得單以恐怕他需要救濟的理由，命他退出。但這個人，如果實際到了不得不受救濟時，則又有其他的規定：即，給他證書的教區，有負擔其生活費、遷移費的義務。為了防止持證書者，不致因貧而牽累新教區起見，同

法令又有更進一步的規定：即移居者須能租一年租金十鎊的住宅，或自費爲教區服務一年，方能取得住籍。總之，這種人，不論是由通告，由被僱，由徒弟服務，或由付納教區救貧稅，終不能達到其遷徙目的。最後，乃依安妮女王第十二年法令第一號第十八條的規定，攜帶此項證書者，無論爲雇役或爲徒弟，皆不能在所住教區內，取得住籍。

這個證書法，究曾在什麼程度上，恢復既經被前述諸法令所完全剝奪的勞動移動自由，我們由柏恩博士極明確的觀察，可窺見一斑。博士說：「教區人民，當然有種種理由，責令新來者，交出證書。因爲這種人，不能由徒弟服務，不能由雇役，不能由通告，亦不能由付納教區濟貧稅而取得住籍。因爲他們不能給徒弟雇役以住籍。因爲，如果他們眞是受累了，他們才知道把這種人遷到什麼地方去，叫什麼教區擔負這種人的遷移費及遷移期間的生活費。因爲，如果病了，不能遷移，他們又好指令什麼教區擔負這種人的生活費。這幾層，都非有證書不可。但所遷入教區責令交出證書的理由，即是原教區一般不肯發給證書的理由。領證書的人民，大有被迫遷回的可能，而在被迫遷回時，其處境，往往比之前還會更壞。」柏恩博士這種論調，似乎告誡說，在平民想遷入的教區，應向其索求證書，而在平民想遷出的教區，不應輕易核發證書。這聰明的著者，在他所著《濟貧法史》中，又說：「關於這證書，其間還存有若干慘酷的事實。教區職員，簡直可以幽閉平民，使其終身禁錮。平民不幸一旦獲得了所謂住籍，而在當地繼續居住時，不論感到如何不便，皆無法可施。而在他感到自行移住他地，大有利益時，亦移動不得。」

證書所載，不過是領證者之姓名籍貫而已，那並不證明領證者的善良操行。但這證書是否發給，是否收納，卻一任教區職員的自由裁量。據柏恩博士所說，有一次，政府曾論教區委員及貧民監督官，命其順民之情，立予簽署證書，但大理院視此為非常奇異之想法，拒絕了。

英格蘭境內，彼此相隔不遠諸地的勞動價格，極不均等。溯其原因，也許基於英格蘭的居住法。那種法律，妨害無證書的平民，使不能轉地勞作。康健而勤勉的獨身者，固然，有時無證書，也能被人默認在其他教區，得到居處，但有妻室家族的人，作此種嘗試，就不免要為多數教區所斥退。即使是獨身者，如此後結婚，亦將同樣免不了被人斥退的命運。因此，英格蘭絕不能像今日蘇格蘭那樣，在一教區感到勞動不足，即可由其他教區勞動過剩，而得補救。在移居自由的國度，大都會附近或其他對於勞動有異常需要的地域，工資也許比較略高；距此等地方愈遠，工資的提高亦愈有限；結果，到農村，工資即歸於普通水準線。像英格蘭那樣相鄰諸地的工資，亦相差極大的實例，卻是別處沒有的。英格蘭平民要超越教區的人為境界，比要超越國家的自然境界（如大海大山，那也可使相鄰國的工資，極相懸隔），還要困難得多。

強迫沒有犯罪的人，使不能居在他所願居的教區內，明明是侵害自由與正義。英格蘭的普通平民，雖是熱心求自由，但他們亦像其他多數國家的普通平民一樣，自來不曾正確瞭解自由為何物，所以，他們逆來順受此桎梏百餘年，迄今猶任其壓迫，不圖何等救濟。有思慮的人，有時，也非難居住法為社會之害，可是，這非難，像對逮捕法的非難一樣，從來不被一

般民眾所討論所反對。逮捕法，無疑是訴訟手段的濫用，但其壓迫之普遍，則尚不如居住法。我敢斷言，今日四十歲以上的英格蘭窮人，殆無一人在他一生中，未曾受這悖謬的居住法慘酷壓迫。

在此，我將以下面的觀察，結束這一章冗長的討論。以往的公定工資率，先是由全國通用的普通法律規定，之後由各州治安法院的特殊命令，到現在，這兩種方案都已廢止了。柏恩博士說：「積四百餘年之經驗，時至今日，一切不必要、不可能的限制政策，均須推翻。使同業工人領受同額工資的結果，一切競爭，均將停止，勤勉智能，將全無發揮之餘地。」

然而，時至今日，議會仍有許多特殊法案，不時要規定特殊職業、特殊場所的工資。喬治三世第八年的法令，即規定除國喪期間，在倫敦及其附近五英里以內的縫工師傅，每日不得支給二先令七便士以上的工資，縫業雇工，亦不得領受此額以上的工資，違者科以重罰。從來，立法當局，在規定雇主及雇工關係時，往往是以雇主為顧問。所以，一向的法規，於勞動者有利的，常屬正當而公平。於雇主有利的，便不免流於不正當不公平。譬如，命令各業雇主，須以貨幣，不得以貨物支給工資的法律，是完全正當公平的。雇主不曾因此感到何等實際的困難。他們最多不過是把一向慣於取巧的貨物支付法，改作貨幣支付法而已。這種法律，當然對於勞動者有利。但喬治三世第八年的法令，卻有利於雇主。當雇主企圖減低勞動工資而互相結合時，他們通常是私下成立同盟或協定，相約不得支給定額以上的工資，違反者加以懲罰。但在勞動者亦成立一種對抗的同盟，約定不許接受定額以下的工資，違反者亦加以懲

罰時，法律就將嚴厲的，予該勞動者以制裁。法律如果公平，就須以對付勞動者的態度，對付雇主。但喬治三世第八年的法令，卻正滿足了雇主的要求，使雇主結合的企圖，有了法律的根據。勞動者常常抱怨這種法律，說這種法律，同樣看待最有能力最勤勉的勞動者和普通的勞動者，那真是一點不錯。

在往昔，曾企圖由公定食品及其他物品的價格，而規定商人的利潤。據我所知，今日麵粉價格的公定，已經是這種舊習俗的唯一遺跡。在排外同業團體尚未消滅時，規定生活第一必需品的價格，也許是一種適當做法。但在團體已不存在時，依競爭調整物價，遠較政府法定為優。喬治二世第三十一年設定的麵包價格公定方法，乃由市場職員執行。當時蘇格蘭沒有市場職員，所以無法實施。至喬治三世第三年，始設法矯正此缺陷。但蘇格蘭此前未行價格法定，也無多大的不便。今天還施行法定方法的地方，也不見有多大的利益。在此，有必要補充的是，蘇格蘭大多數都市，都有要求排外特權的麵包業團體，不過這些特權都沒獲得法律的嚴格保護。

總之，勞動用途不同，工資率不同，但彼此間必保有一定比例。資本用途不同，利潤率亦不同，但彼此間亦必保有一定比例。必須知道，這種比例，不會受所屬社會的貧富成長衰退的狀態太大的影響。公眾福利的諸般變革，雖然會影響各種用途的工資率利潤率，但最終必平均影響於各種用途。因此，各種用途的工資率，得以保持原比例；各種用途的利潤率，亦得保持原比例。至少在相當長期間，是不會因此等變革而變動的。

第十一章

土地地租論

地租，若被視為使用土地的價格，那自然是租地人按照土地實際狀況，所能付出的最高價格。當決定租約時，地主必努力使租地人所得的土地生產物額，僅足補償他購買食料、支付工資、購置耕牛農具那一類農業資本，以及當地農業資本的普通利潤。這數額，雖是最小數額，但絕不會使租地人賠本，他應當以此為滿足，地主絕不多留給他。生產物若較多於這額數，換言之，生產物價格若較多於這額數的價格，地主自然把較多的部分，當作土地地租，努力留歸己有。因此，地租明顯是租地人按照土地實際情形，所能支付的最高額。固然，地主因心存寬大，更可能是因為計慮不周，致有時接受多少低於這最高額的地租；另一方面，租地人（雖較地主為罕見）也因計慮不周，有時，竟支付多少高於這最高額的地租，而甘於承受多少較低於當地農業資本普通利潤的利潤。但這數額，仍不妨視為土地的自然地租。而這所謂自然地租，自然是土地出租大概應得的地租。

也許有人設想，土地的地租，不外是地主投資改良土地的相當利潤或利息。在少數情況，這確是事實，但也只在少數情況。大概說來，地主不僅對於已改良土地要求地租，對於未改良土地，亦要求地租。所謂改良費的利息或利潤，對於這原來的地租，只是一種追加額。而且，改良土地，並不限定是地主的資本，且有時是租地人的資本。不過，在租約更新時，地主往往不問改良是誰出的資本，總是按照這改良所用的資本額，要求增加地租。

有時，地主對於完全不能由人力改良的自然物，亦要求地租。譬如，克爾蒲是一種海藻，此海藻一經燃燒，即可成為製

造玻璃、肥皂，以及其他幾種物品所需的亞爾加里鹽。不列顛瀕海地方，皆產此海藻，但蘇格蘭所產尤多。此海藻，生於潮間帶的岩石上，海潮每日侵入兩次，其生產亦每日兩次，絕不能由人力增多。但是，毗連此海藻出產地帶之土地地主，對於海藻產地，常要求地租，像他們要求穀田的地租一樣。

　　席德蘭諸島近海，魚類極為豐富。居民食糧之大部分，皆仰給於魚。但是，居民要從水產物獲取利潤，勢不能不定居於近海地帶。因此，該地地主的地租，就不單按照農業家由土地收得產物的比例，且按照他由土地及海上兩方面收得產物的比例。這地租的一部分，是以魚類支付的。魚類價格中也含有地租成分的實例，頗為罕見，這算是稀罕實例之一。

　　這樣看來，土地地租若被視為使用土地的價格，那自然是一種獨占價格。地租率之高低，完全不按照地主改良土地所支出費用的比例，亦不按照地主所能收取數額的比例，乃按照租地人所能支付數額的比例。

　　土地生產物，如要送往市場，則其普通價格，必須足夠補還該產物上市所必要的資本及其普通利潤。然若普通價格逾此限度，則剩餘部分，自然會移作土地地租。若不逾此限度，則其物雖可提供市場，但不能提供地租。價格是否逾此限度，則須取決於當前的需要。

　　土地生產物中，有些物品的需要甚大，其價格常能超過它上市的成本有餘；有些物品，在某一情況，有引出此較高價格的需要，在其他情況，卻又無此需要。前一類物品，隨時會提供地主以地租，後一類物品，則當視情形如何，有時提供地租，有時又不能。

在這裡，須注意一件事，地租與工資、利潤，同為商品價格的構成部分，但其構成的方法不同。工資及利潤的高低，為價格高低的原因；地租的高低，則為價格高低的結果。因為一件商品上市所必須支付的工資利潤，有高有低，這商品的價格，亦有高有低。但這商品有時能提供高地租，有時只能提供低地租，有時全無地租，卻是因為商品價格有高有低。換言之，因這商品價格，在支付工資及利潤後，有時甚有餘剩，有時略有餘剩，有時卻全無餘剩。

為特別詳論地租起見，我把本章分為以下三節：第一，論時常發生地租的土地生產物；第二，論有時發生有時又不發生地租的土地生產物；第三，論這兩種原生產物，在彼此互相比較或與製造品比較時，會因改良階段不同，自然在其相對價值上，發生種種變動。

第一節　論時常發生地租的土地生產物

像一切其他動物一樣，人口的增殖，亦自然會按照比例於其生活資源的比例。所以，對於食物，常有或多或少的需要。因此，食物常能購買或支配若干勞動量，且常有人願為獲得食物而從事勞作。固然，有時因為對於勞動支給了高工資，致食物所能購得的勞動量，與處理方法最經濟時所能維持的勞動量，不常常相等，但不拘在任何情況，它總必按照鄰近一帶勞動者的普通生活標準，盡量維持一定量的勞動。

但是，土地的地位不論如何，其所產食物，除了以最寬裕的方法維持它上市所需的勞動以外，常有剩餘。這剩餘，又不

僅足夠補償僱用勞動的資本及其利潤。因此，必會有剩餘的食物，作爲地主的地租。

挪威及蘇格蘭的荒涼曠野，產有一種牧草。以這牧草飼養牛隻，所得的牛奶，以及繁殖牛隻所得的收益，除了足夠維持牧畜所必要的一切勞動，支給農業家、牧畜家的普通利潤，常有小額剩餘，作爲地主的地租。牧場地租的增加，按照其品質的比例。品質愈優良，地租愈加多。優良土地，不但比同面積的劣等土地，能維持較多的家畜，且因等數家畜，聚集於較狹區域之故，飼養上、收穫上，亦只需較少的勞動。這樣，地主就從生產物數量增加及其維持費用減少那兩方面得到利益。

不問土地的生產物如何，其地租不僅常隨土地肥沃度而變動，並且不問其肥沃度如何，其地租又常隨土地位置而變動。都會附近的土地，比較僻遠地帶同肥沃度的土地，能提供更多的地租。耕作後者，所費勞動，與耕作前者所費勞動，雖爲等量，但僻遠地方產物運到市場，常需較多勞動。因此，這僻遠地方的產物，必須要維持較多量的勞動，從而，農業家利潤及地主地租所自出的剩餘部分，就不得不減少。況且，前面講過，僻遠地方的利潤率，大概比都會附近爲高，從而，在這已經減少的剩餘部分中，屬於地主的部分，就非更小不可了。

一國有良好的道路、運河，或通航的河流，則因運輸費少，可使僻遠地方與都會附近地方，更爲接近於同一水準。所以，一切改良中，以交通改良爲最有實效。僻遠地方，常占極大範圍；交通便利，就常能促進這最大範圍的開發。同時，那又可破壞都會附近農村的獨占，而於都會有利。但都會附近的農村，亦可因此得到利益。交通的改善，一方面雖會導入若干

競爭的商品，到都會附近農村的市場上來，同時，另一方面，對於都會附近農村的農產物，卻亦能開拓許多新市場。加之，獨占乃是良好理財法的大敵。良好理財法，除了依賴自由普遍的競爭，絕不能得到普遍的確立。自由普遍的競爭，勢必驅使每個人，爲防衛自身而藉助於良善理財法。將近五十年前，倫敦近郊諸州郡，曾向議會請願，反對有稅道路向僻遠的州郡擴張。他們的理由是：設若有稅道路擴張到僻遠州郡，那些州郡，定將因勞動低廉，其牧草穀物，均將以較低於倫敦附近州郡所產的價格而在倫敦出售，結果，倫敦附近州郡的地租，定將因而低下，耕作事業，亦將因而衰退。然而，從那時起，它們的地租，其實是提高了，它們的耕作事業，也逐漸改良了。

肥沃度普通的穀田，較之同一面積肥沃度最大的牧場，能產出遠爲多量的人類食物。耕作穀田，雖需遠爲多量的勞動，但收回種子，維持一切勞動後，剩餘的收穫，仍是大得多。所以，肉類一磅的價格，若不大於麵包一磅的價格，那與牧場比較，穀田的剩餘額較大，其剩餘額的價值亦必較大，從而，農業家利潤及地主地租所從出的財源，亦必較大。在往昔農業發展初期，情形就似乎一般如此。

但這兩種食物（麵包與肉類）的相對價值，因農業發展時代不同而非常相異。在農業發展初期，國境內土地，有最大部分未曾開闢，這種原野，全都委之於家畜。於是，肉類較多於麵包。對麵包這種食物的需求，遂引起了極大的競爭，因而，可以提供極高價格。據烏羅亞說，在布宜諾斯艾利斯這地方，四、五十年前，四里爾（real，合英幣二十一便士半）爲一牛的普通價格，購此牛的，尚可在兩、三百頭牛群中，隨意選

擇。烏羅亞沒有言及麵包價格，大概因為麵包價格，無何等特別值得注目的現象吧。他又說，同地牛一頭的價格，殆與捕獲該牛所費的勞動相等。但無論在哪裡，栽種穀物所須費去的勞動，均必甚多。且因該地在普拉特河沿岸，當歐洲至波托西銀礦之要衝，其勞動的貨幣價格，又不能甚為低廉。但當國內大部分領域，已擴展為耕地的時代，情形就完全兩樣了。這時，麵包較肉類為多，競爭既轉變了方向，肉類價格遂較麵包為高。

　　加之，耕地擴大，未闢原野，遂不夠供應肉類需要。因之，有許多既耕地，又轉而飼養家畜。家畜價格，遂不但要足夠維持飼養所必要的勞動，且要足夠支給土地用作耕地時地主所能收得的地租及農業家所能收得的利潤。可是，原野地所養家畜，與改良地所養家畜，須在同一市場上，依品質重量，以同一價格出售。因此，原野地所有者，就會乘此良機，按照其家畜價格，增加土地的地租。不到一世紀以前，蘇格蘭高地一帶的肉類價格，還與燕麥麵包的價格相等，甚或較為低廉。後來，英蘇統一，高地一帶的家畜，遂在英格蘭，得了一個新市場。於是，蘇格蘭高地的肉類普通價格，在今日已較本世紀初期，大約增加了三倍，而其間，許多土地的地租，亦增加三四倍。今日大不列顛各地，最良肉類一磅，約值最良白麵包二磅以上。如為豐年，且有時值最良白麵包三磅，乃至四磅。

　　隨耕作進步，未改良的牧場的地租利潤，亦在相當限度上，受已改良的牧場的地租利潤支配，而已改良的牧場的地租利潤，又似受穀田的地租利潤支配。穀物每年收穫一次，肉類卻需四、五年工夫，始有收穫。因此，哪怕同是一畝土地，

肉類的出產額，也遠不及穀物出產額之多，肉類在產量上的微薄，勢不得不由價格上的優越，得到補償。假若價格的優越程度，超過了這限度，則必有更多的穀田，改作牧場；假若價格的優越程度，沒有達到這限度，則用作牧場的土地，一部分又必改作穀田。

牧場的直接產物，是家畜的食物；穀田的直接產物，是人類的食物。這兩種土地的地租利潤，在總計全國大部分的改良土地時，固然有均等現象，但就某特殊場所說，情形可以完全兩樣。即，牧場的地租利潤，可以較耕地的地租利潤爲優。

大都會附近，對於牛乳及馬糧的需要，再加以肉類的高價，致使牧草價格，超過它對穀物價格的自然比例，而增高起來。然而，這種地方的利益，明顯不能期諸僻遠地帶。

一國人口，有時因特別情形，而異常稠密。此時，該國全境的居民，將與大都會附近地域的居民，同樣感到生活上必要的牧草生產及穀物生產的不足。在這情況，其土地必有大部分，用來生產那體積較大，不易由遠方輸來的牧草，人民所食的穀物，則仰給於外國。現今荷蘭正在此狀態中。當羅馬繁榮時，古義大利竟有大部分土地，用來生產牧草。據西塞羅所述，大嘉圖曾說：「私有土地的管理經營，以善於飼養爲最有利益，飼養差可人意，占第二位，飼養不良，占第三位。」農耕的利潤利益，他不過算在第四位。這是因爲在古義大利，羅馬鄰近地域屢屢把穀物無代價或極低價分配於人民，其結果遂嚴重打擊耕作。這種穀物，乃取自被征服領域。此等被征服領域，有的地方不納賦稅，但須將其生產物十分之一，以每培克六便士的法定價格，賣給羅馬共和國。共和國即以這穀物廉價

分配於人民，於是，羅馬舊領之拉丁姆的穀物價格，自不免在羅馬市場上，大大跌落。其地的穀物耕作事業，全被打擊。

　　即使在以穀物為主要產物的廣大國家，有柵妥為圍繞的牧場的地租，每較高於其附近的穀田地租。但在這情況，因栽種穀物的代勞牛馬較易飼養之故，這高率地租，與其說出自牧場生產物的價值，倒毋寧說出自利用牧場的穀田生產物的價值。假若鄰近土地，全被圈作牧場，其高率地租，即不免跌落。現在蘇格蘭圈地地租高昂的原因，似乎是圈地的不足，一旦這不足取得了補充，則其地租絕不能長此高昂。圈地制度，於牧畜較為便利。那不但可節約守護的勞動，同時，家畜因免去了守護者看門狗的驚擾，亦更宜於攝取食物，增加體重。

　　但牧場在沒有此等特殊便利時，其地租利潤，自不免要受宜種穀物（及其他普通植物性食品）的土地的地租利潤支配。

　　同一面積的土地，若僅任牧草自然生產，則所能飼養的家畜極為有限，若以種種改良手段，培植蕪菁、胡蘿蔔、甘藍榮一類人工牧草，則所能飼養的家畜加多，從而，當地屠肉價格對於麵包價格所持的自然優越程度，亦就有降低若干的希望。事實上，亦正如此。至少，我相信，倫敦市場上肉類對麵包的相對價格，在現今，較前世紀初葉，是遠為降低了。

　　柏居博士在他所著《亨利公傳》附錄中，詳記此公日常支付的肉類價格。重六百磅之牛一頭，時價九鎊十先令，即每百磅三十一先令八便士。亨利公是一六一二年十一月六日，十九歲去世的。

　　一七六四年三月，議會曾調查當時食品價格高漲的原因。在這次徵集的許多證據中，有一個維吉尼亞商人證言：他

於一七六三年三月備辦船上食物，曾付過每百磅牛肉二十四先令至二十五先令的價格，他並認爲這是普通價格。在進行調查的高價年度（一七六四年），對於同質等量的牛肉，雖須支給二十七先令，但比之亨利公所付的日常價格，卻還較低四先令八便士。而且，我們又知道，爲遠道航海而備置的適於醃藏的牛肉，一定是最好的。

亨利公所支的每磅三便士又五分之四的價格，並不單指最良牛肉而言，那是不分精粗優劣的平均價格。所以，推算起來，當時零售的良肉，就非每磅四便士半或五便士不可。

然而，據一七六四年議會調查所示，當時精良牛肉的價格，每磅爲四便士，至四便士又四分之一。粗肉的價格，每磅由七法辛（farthing）至二便士半或二便士又四分之三。此種價格，大抵比三月間的普通市價，每磅約高半便士。然就此時的高價而言，亦遠較亨利公時代的普通零售價爲廉。

前世紀最初十二年間，溫德索市場上最良小麥的平均價格，每夸特（等於九溫徹斯特蒲式耳）爲一鎊十八先令三便士又六分之一。

然在一七五三年至一七六四年十二年間，同市最良小麥的平均價格，每夸特爲二鎊一先令九便士半。

因此，就前世紀最初十二年與一七六四年以前十二年比較，麥價是遠爲騰貴了，肉價就遠爲低落了。

在一切大國中，開墾地的大部，皆用來生產人類的食物或家畜的食物。此等土地的地租利潤，支配其餘一切已開墾地的地租利潤。假若某種特殊生產物只能提供較少的地租利潤，那種土地，馬上就會改作穀田或牧場。若能提供更多的地租利

潤，則穀田牧場，又馬上會改用來生產那特殊的生產物。

　　爲使土地適於該特殊生產物的生產，最初，必須比穀田牧場，投下更多額的改良費，或須逐年投下更多額的耕作費。因其改良費加大，所以有較大的地租，因其耕作費增加，所以有較大的利潤。其地租利潤上的高昂，實際往往只足補償其費用的高昂，即付以合理的利息。

　　譬如，栽植蛇麻、果樹，以及蔬菜的土地，其地租利潤雖較穀田牧場爲大，但地租之大，是基於開始培冶土壤的費用多，而利潤之多，則基於平時需要更愼重更熟練的管理。加之，蛇麻草和果樹的生產，最不確實。其價格，除了補償一切意外損失，還須生出幾分利益，作爲保險的利潤。一般種園家的平凡境遇，暗示了他們所具的大技能，通常並沒有受到過大的報酬。原來，種園業是一種愉快的作業。因爲最需要這種作業的產物的顧客，大都會自己種植各種珍貴花木，以圖娛樂，所以，以種園圖謀利潤者，所得利益，往往極少。

　　地主由這種改良所享得的利益，也似乎僅僅足夠補償其改良所費。在古代一切農園中，葡萄園除外，便於灌漑的菜園，就算是能提供最有價值產物的農園了。古代人尊稱爲農業技術之父的德莫克利達斯，在兩千年前，即有關於樹藝的著述。他曾指摘菜園繞以圍牆，不是聰明辦法。因爲菜園的利潤，終不能補償其石垣之費用，而且，磚塊（我想這種磚塊是藉日光曬乾的）經風雨毀壞，有不斷修繕的必要。科倫麥拿亦著書言農事，對於德莫克利達斯之說，未持異議。但他提倡一種以荊棘爲籬的素樸方法。據他說，依此方法圍成的籬垣，經久耐用，然在德莫克利達斯時代，似未爲一般人所周知。科倫麥拿這意

見，最初曾爲斐洛讚揚，以後又爲巴拉底斯採用。根據這些古代農事改良論者的意見，菜園的生產物，普通只能補償其栽培灌漑之費，沒有剩餘。何況這些地方陽光熾熱，除非園內各畦均能隨意導入水流，即不宜於種菜。歐洲今日大部分地方的果園，依舊是採取科倫麥拿提倡的圍籬方法。獨大不列顛及其他北方若干國度，非藉助垣柵，即不能獲有優良的果實。從而，它們的優良果實價格，勢必極爲昂貴，否則，其生產上所不可少的垣棚建築費維持費，即無可補償。因之，不能以本園生產物補償本園垣柵建築費、維持費的菜園，周圍就常以果木繞成圍牆，而得圈地之利。

培植適當而處置完善的葡萄園，乃一切農園中最有價值的部分。無論今昔，一切葡萄酒產國，都認此爲無可置疑的定說。但據科倫麥拿所說，建設新葡萄園究竟有無利益，卻是古義大利諸農業家間尙有議論餘地的問題。科倫麥拿也愛種植新奇物品，他曾明確肯定種植葡萄園有利，並由利潤與費用之比較，努力證明建設新葡萄園爲一種最有利益的農事改良。然而，關於新產業計畫之利潤與費用，各種比較，大都不免謬誤，而最易謬誤的，即是農業。實際上，由這類栽培所得的利益，如果都有科倫麥拿所想像的那麼大，世間絕不會還有何等議論。這問題，現今在葡萄酒產國中，猶不免常常引起爭論。從來，這類高級耕作事業的愛好者、鼓吹者，換言之，一般農業著作家，都和科倫麥拿一樣，確言栽種葡萄園有利。法國舊葡萄園所有者，百般阻止一切新葡萄園建設的苦心焦慮，正可證實此等著述家的意見，並表示他們這般有實際經驗的人心中，早已覺得栽培葡萄，比栽種其他任何作物，更有利益。可

是，同時，從另一方面看來，他們這苦心焦慮，又從反面表示了葡萄園的優越利潤，如果得不到限制葡萄自由栽培的法律庇蔭，絕不能持續下去。一七三一年，舊葡萄園所有者，竟幸運獲得了參議院通過的一項命令，即：凡未經皇帝特許，新葡萄園的建設和栽培停止兩年以上的葡萄園的恢復，皆在禁止之列。要得皇帝這種特許，又須先請州知事查驗，證明此土地，除栽培葡萄即不宜於任何耕作。據說當時參議院發布這命令的理由，是穀物牧草的缺乏和葡萄酒的過剩。但是，葡萄酒過剩如為事實，則不待參議院命令，亦會因其利潤跌至對牧場穀田的利潤之自然比例以下，而阻止新葡萄園的造設。當時人以為葡萄園增加，招致了小麥缺乏。關於這點，我們知道法國全國，對於適宜生產小麥的土地耕種事業，並不像對於葡萄酒產地那樣，加以注意。在勃艮第、基恩，是如此，在上郎基多克，亦是如此。因為僱用來栽種葡萄的大量勞動者，必然會讓栽種小麥的事業得到激勵，因為他們為小麥提供了龐大的現成市場。把買得起小麥的人數降低，無疑是不可能達到鼓勵小麥種植目的的辦法。這辦法的不可靠，類於想由打擊製造業而促進農業之政策。

因此，為改良土地，使適於栽種特殊作物，所需的費用如已較大，或此後逐年所需的耕作費用較大，則其地租利潤，縱令有時大大超過穀物或牧草的地租利潤，這超過額如果僅足抵償其費用的高昂，那麼，實際上，其地租利潤，就仍受普通種植物的地租利潤支配。

若適於生產這特殊物品的土地量過小，不夠供應其有效需要，則該生產物全部，都可依高價出售，不僅足夠按照自然

率或平均普通率，償還它生產以至上市所必須支給的地租工資及利潤全部。在這種價格中，除去改良及耕作的全部費用後，剩餘的部分，在這情況，並且，只在這情況，通常與穀物牧草的同樣的剩餘部分比較，並不保有何等正常的比例。那無論超越至何等程度，都是可能的。這超過額的大部分，自然歸於地主。

我們前文提到葡萄酒的地租利潤對穀物牧草的地租利潤間的普通自然比例，所指的葡萄園，只是那種生產普通葡萄酒的葡萄園。詳言之，我們所指的葡萄園，土壤是疏鬆而混有砂石，所產葡萄酒，除了濃度與衛生兩點，又全無可以推稱的特色。國內普通土地，只能和這種普通葡萄園競爭。至於具有特殊品質的葡萄園，就非普通土地所可競爭了。

在一切果樹中，以葡萄樹最易受土壤的差異影響。特殊的美味，往往得自特殊的土壤，絕非人力所可矯造。現實上或想像上，這種美味，有時僅爲若干葡萄園產物所特有，有時又或通行於小區域中的大部分，又有時通行於大區域中的大部分。市場上美味葡萄酒的全量，往往不夠供應其有效需要，只願按普通率支給普通葡萄園生產物上市所必要的全部地租利潤與工資者，往往得不到供給。這全量，不免爲願支給較高價格的人買去，結果，美味葡萄酒價格，勢必漲到普通葡萄酒價格以上。這價格相差的大小，全視葡萄酒的流行性與稀少性，會怎樣激起購買者競爭而定。但無論相差多少，其差額，終有大部分屬於地主。像這類葡萄酒在栽培上，雖較其他葡萄酒，需有遠爲愼重的注意，但其較高的價格，卻不是愼重栽培的結果，倒可說是愼重栽培的原因。在生產此種高價產物的情況，由怠

慢而生的損失頗大，所以，就連最不小心的人亦不得不深深注意。因此，在高價中，以一小部分，已足支給生產上額外勞動的工資和額外資本的利潤。

歐洲諸國在西印度占有的蔗田，正可與這高價的葡萄園相比擬。蔗田的全產額，不夠滿足歐洲人的有效需要，從而，這產額全部，同樣，將為肯出高價的人買去。據熟習安南農事的波佛爾所述，安南最上等的白糖價格，通常每昆達（Quintel）值三佩斯脫（Piastre），合英幣十三先令六便士。一昆達實重為巴黎之一百五十磅至二百磅，平均相當於巴黎一百七十五磅。以英衡計，則又為每百磅八先令。這與西印度輸入的紅糖或粗砂糖比較，價格不及四分之一，與精白糖比較，價格也不及六分之一。安南大部分農地，是用來生產國民大多數所食的稻麥。那裡，稻麥砂糖各自的價格，相互間，也許保有一種自然比例，使各地主各農業家，對於原來改良土地所費及逐年耕作所費，取得各自的平均普通報酬。但我國蔗田殖民地的砂糖價格，對於歐美稻田、麥田的生產物價格，卻沒有保持這種比例。據一般人說，甘蔗栽培者，常常希望僅以糖酒及糖蜜兩項，補償所有的栽培費，而以砂糖全部，當作純利潤。就我來看，固不敢冒昧確認此為事實，設其如此，那裡穀物耕作者亦就可以希望僅以稻穀麥稈兩項，補償其耕作費，而以穀粒全部，作為純利潤。我常常看見倫敦及其他都市的商人團體，收買我國蔗田殖民地的荒地，託代辦人或代理人從事改良耕作，期獲利潤；雖其距離遼遠，其司法行政簡陋，不能保障他們的確定收入，他們亦在所不顧。反之，在蘇格蘭、愛爾蘭，或北美各穀物區域，即使司法行政完善，能確實保證他們

常規收入，卻沒人願意以這種方法，來改良或耕作最肥沃的土地。

在北美的維吉尼亞及馬里蘭州，因栽培菸草更爲有利，所以，一般人都不願意栽種穀物。歐洲大部分，也是宜於栽種菸草，而獲得利益。只不過現在歐洲各國，殆皆以菸草稅爲賦稅大宗。而且，國內栽培菸草，就各栽培地徵集賦稅，遠較課輸入菸草關稅爲繁難。由於這方面的原因，於是，大多數地方，竟在這理由下，以不合理的命令，禁止栽種菸草。結果，允許栽種菸草的國度，便取得了一種獨占。維吉尼亞及馬里蘭州的菸草生產量最大，所以，雖有若干競爭者，猶不難得這獨占的大利益。可是，栽種菸草究竟不若栽種甘蔗有利。我從來不曾聽過大不列顚商人投資改良菸草栽培地。以菸草致富由殖民地返母國者，其富裕亦不能與以砂糖致富者比。就殖民地居民樂於栽種菸草不願栽種穀物的事實看，歐洲對於菸草的有效需要，雖未全部得到供給，但大體上，菸草的供給，與砂糖的供給比較，是更接近於其有效需要的限度。現在，菸草的價格，按照穀田的普通標準，也許不僅足夠支付必要的全部地租利潤與工資，還有剩餘，但其餘額，絕不若砂糖價格餘額之大。因此，我國殖民地的菸草栽培者，就與舊時法國葡萄園所有者，同樣有生產過剩的疑懼。他們於是聯合決議，限年齡十六歲至六十歲黑奴一人，只許栽培菸草六千株，大約可出菸草一千磅。他們計算，每個黑奴，在生產此菸草量以外，還能耕作玉蜀黍耕地四畝。據道格拉博士（我疑其不正確）所述，他們爲防止市場供給過剩，往往當豐年時，焚去每個黑奴的生產量若干。這種辦法，正與荷蘭人對於香料所採的方策相同。維持今

日菸草價格，若竟有採此過激手段之必要，那麼，栽種菸草超過栽種穀物的利益，即使目前尚多少存在，恐怕今後亦不會長久繼續下去。

由此可知，以人類食品為生產物的已開墾的土地之地租，實支配其他大部分已開墾的土地之地租。任何生產物的地租，均不能長久低在此水準，因為這土地可立即改為他用；若竟長久高於此水準，那一定因為適於這生產物的土地過少，不能供應其有效需要。

在歐洲，直接充作人類食糧的土地生產物為穀類。所以，除了位置特殊的例子，歐洲一切耕地的地租，全都受穀田的地租支配。英國不必羨慕法國的葡萄園，也不必羨慕義大利的橄欖園。因為葡萄與橄欖，如非占有特殊位置，其價值終須由小麥價值規定，而在小麥生產上，英國土地的肥沃度，並不特別比這兩國土地的肥沃度差。

假設一國國民一般愛吃的植物，不是小麥，而是另一物，並假設在國內普通土地上，施以全然同一（與穀田耕作程度同一）或近似同一的耕作，所能產出的這種植物量，卻遠多於最肥沃土地所能產出的小麥量，則地主的地租（支給勞動工資並償付農業家資本及其普通利潤後的剩餘量），也必遠較為多。不論一國維持勞動的普通工資如何，這遠為龐大的剩餘，終必能支持較多量的勞動，從而，在地主方面，也就能購買或支配更多量的勞動。他的地租的真實價值，亦即，他對於他人勞動生產物（生活必需品、方便品）的支配權，必定會更大得多。

稻田所產食物，遠較穀田所產為多。據說，稻田每畝，普

通每年收穫二次，每次三十布奚至六十布奚。固然，在這種耕作上，通常皆需更多勞動，但除了維持勞動，實在還有頗多量的剩餘。因此，一國國民如以米爲普通愛好的食物，耕作者皆依米維持生活，則與產穀國比較，地主所得，必較大無疑。在卡羅萊納與英領其他殖民地同樣，耕作者概爲農業家兼地主，其地租與利潤常相混淆在一起。當地稻田雖每年只收穫一次，一般人來自歐洲，雖不以米爲普通愛好的食物，然耕種稻田，猶遠較耕種穀田爲有利。[1]

凡屬良好的稻田，全年皆爲溼地。至春季或夏季，則全水深沒脛，所以不宜於種穀，不宜於作牧場，不宜於作葡萄園，實則捨稻以外，不宜栽種任何極有用於人類的食物。同時，適於這類作物生產的土地，也不宜於作爲稻田。所以，即在產米國中，稻田的地租，也不能規定其他土地的地租，因其他土地不能轉爲稻田。

馬鈴薯耕地所產的食物，實不亞於稻田的產量，較麥地產量，則遠爲優越。以一畝地栽種馬鈴薯，可以產出一萬二千磅，以一畝地栽種小麥，所產卻不過二千磅。固然，馬鈴薯所含水分甚大，由此兩種植物所得的固體滋養料，不能與其重量成比例。但現在即使假定馬鈴薯的重量，有一半屬於水分，一畝地的馬鈴薯，仍有六千磅固體滋養料，仍三倍於一畝麥地的產額。況且，馬鈴薯的耕地一畝，比麥地一畝，耕作費用更少，單就麥地播種前必須休耕一項來說，所費就往往超過了栽

---

[1] 照歐洲習慣，所謂穀不包括稻。

種馬鈴薯時鋤草及其他特殊費用。所以，他日歐洲某地人民，若能以此種根莖作物作爲普通愛好的食物，一如一部分產米國人民以米爲普通愛好食物一樣，並使栽培馬鈴薯的土地面積在全耕地中所占比例，等於現今栽培小麥及其他人類食品的土地面積在全耕地中所占比例，則同一面積的耕地，必能養活更多的人民。而且，勞動者若概依馬鈴薯生活，則在生產物中，除了補償耕作費及維持勞動以外，定能有更多量的剩餘。此剩餘的大部分，亦皆屬於地主。人口因此增加，地租必遠高於今日。

　凡適於栽培馬鈴薯的土地，亦適於栽種其他一切有用植物。假若馬鈴薯耕地，在全耕地中所占比例，竟與今日穀田所占比例相同，馬鈴薯耕地的地租，必如今日穀田地租一樣，將牽引其他大部分耕地的地租。

　據我所聞，蘭克郡某地方的勞動階級人民，對小麥麵包的愛好，不如對燕麥麵包的愛好。而在蘇格蘭，亦常聞有同樣的情形。我對於此種傳聞，總覺有幾分疑問。常食燕麥的普通蘇格蘭人，無論就健康上說，就美觀上說，都不及常食小麥的同一階級的英格蘭人；其工作、其體型，均較英格蘭人爲劣。但這兩地上層人之間，卻沒有這種差異。從此看來，經驗將告訴我們：蘇格蘭普通人民的食物，沒有英格蘭普通人民的食物那樣適合人體。但關於馬鈴薯，情形卻完全兩樣。倫敦的轎夫、腳夫、石炭挑夫，以及賣淫爲生的最不幸婦人的大部分，也就是全英國中最強壯男子和最美麗女子的大部分，據說都出自一般以馬鈴薯爲日常食物的愛爾蘭最下層人民。果若如此，則一切食物中，就要以馬鈴薯爲最適於人類健康的營養物了。

不過，馬鈴薯難於長期保存。欲如穀物之保藏數年，絕不可能。不能在腐爛以前賣掉的恐懼，限制了馬鈴薯的耕作。這也妨害了馬鈴薯不能在任何大國，像麵包一樣成為各階級人民的日常食品。

第二節　論有時發生，有時不發生地租的土地生產物

在各種土地生產物中，只有人類食物，時常必然會提供地租；其他各種生產物，則須視當前情形如何，有時發生地租，有時不發生地租。

人類最需要的東西，除了食物，就是衣服及住宅。

在原始草昧狀態下，在衣服及住宅的材料方面，比在食物方面，土地所能供給的人數，通常是大得多。但在改良狀態下，在前一方面，比在後一方面，土地所能供給的人數，卻似乎更少。至少，在人們需要衣服住宅，亦願為衣服住宅而支付代價的情況，是如此。因在原始草昧狀態下，衣服住宅的材料常過剩，故其價值極小，甚或絕無。在改良狀態下，此等材料屢屢缺乏，而其價格亦因此而提高。在前一情況，衣住材料的大部分，皆因無用而拋棄；實際使用的部分，所以有價值，亦不過因為在改造它們，使適人用時，曾投下若干勞動與費用，而其價格亦僅與此勞動及費用相等。所以，對於地主，自無從提供地租。在後一情況，其材料全被使用；有時且供不應求。因此，一部分人，遂不惜對於此等材料，支給其上市所費以上的價格。故其價格，對於地主，常可提供若干地租。

昔時所謂衣服材料，不外是比較大的獸皮。所以，以動

物肉類爲主要食糧而從事狩獵牧畜的原始諸民族，在獲取食物時，也就獲得了他們自身穿不完的衣服。設無對外貿易，則此等多餘材料，便不免因無用而拋棄。如未被歐洲人發現以前的北美狩獵民族，就大抵如此。但彼等自與歐洲人接觸以後，其過剩獸皮，乃能用以交換文明國的毛布、鏡具、火酒等。而此前近於無用的獸皮，也就產生若干價值。我相信，在既知現世界的通商狀態下，即使在最不開化的國民間，亦只要土地所有制度確立了，就會多少施行此種對外貿易，而把國內生產的、但不能由國內加工或消費的衣服材料，在較富裕的鄰國中，找到銷路。富裕鄰國的需要，往往使此等材料的價格，高過其搬運費，於是，地主就依此價格，開始享受若干地租。當蘇格蘭高地大部分家畜，都被內部丘陵地帶消費時，獸皮是蘇格蘭對外貿易輸出的最主要商品，而與此獸皮交換的物品，亦略微增加了高地土地所有者的地租。又，往昔英格蘭不能在本國加工或消費的羊毛，亦在當時更富裕更勞動的伏蘭德地方，尋求銷路，而依此售得的價格，對於羊毛產地，亦提供地租。然而，耕作狀態不比當時英格蘭及今日蘇格蘭高地更進步又無對外貿易的諸國，衣服材料的過剩，明明有一大部分，不免因無用而拋棄，故不能提供地租。

　　建築材料，不能像衣服材料那樣容易向遠方輸送，因而，也不像衣服材料那樣容易成爲國外貿易的對象。哪怕在今日商業情況下，一國建築材料過剩，亦尚不能對於地主，提供什麼價值。倫敦附近的良好採石場，儘管發生高額地租，但蘇格蘭威爾斯多數地方的採石場，卻沒有地租。在人口稠密農耕進步的國度中，用作建材的無果樹木，價值甚高，其產地固可

提供多額地租，然在北美許多地方，樹木產地的所有者，卻不但不能得地租，如果有人願意代他採伐樹木，他還會非常感謝。蘇格蘭高地一帶，因道路阻滯，水運缺乏，所以能運到市場的，只有樹皮，木材則隨地丟棄，任其腐爛。建築材料既如此過剩，故其中實際被人使用的那部分，價值亦不過足夠償還其採伐及其搬運所費，對於地主，當無提供地租之可能。然當鄰近富裕國民，有建築材料之需要時，則又當別論。如，倫敦街路的鋪石，會使蘇格蘭海岸一部分不毛岩石的所有者，由向來全無用處的所有物，收得一種地租。又如挪威及波羅的海沿岸的森林，在前本無價值可言，之後，因在大不列顛各地發現了國內找不到的市場，於是，價值增加，地主遂進而要求地租。

一國人口的規模，不與其國衣住材料所能供給的人數成比例，只與其國食物所能供給的人數成比例。食物如得到供給，就不難找到必要的衣服及住宅。但有住宅衣服者，仍恐不易獲得食物。大不列顛許多地方，以一人一日的勞動，即能造成一棟稱為普通房屋的單純建築物。最單純的衣服如獸皮之類，亦不難以同樣多的勞動獲得。因而，在野蠻或未開化各民族間，為獲得衣服及住宅，所費不過占全年勞動百分之一。其餘百分之九十九的勞動，一齊用來獲取食物，有時還嫌不足。

但土地改良耕作發達的結果，一家的勞動，若能獲得供給兩家的食物，那麼，由人口半數的勞動，也許已可生產供給社會全體人的食物，而其餘半數，至少，在其餘半數中，有一大部分的勞動，是用來生產其他物品，以滿足人類其他欲望及嗜好。此等欲望及嗜好的主要對象物，便是衣服、住宅、家具，

以及所謂裝飾用具等。在食物消費的分量上，富者貧者原無多大差別，所不同的，不過在質的方面。富者的食物，在選擇及烹調上，需要更多的勞動與熟練。但是，我們且把富人堂皇的邸宅，巨大的衣櫥，和貧民的陋室敝衣比較一下吧！這兩者，不論在質的方面量的方面，都會令人感到極大的差異。食欲受限於狹隘的胃臟，盡人皆同。而對於住宅、衣服、家具、裝飾品等等的欲求，卻似無限境。所以，一己所支配的食物，若是自己消費不了，他就一定會拿其剩餘或剩餘的代價，來交換食物以外的其他諸般商品。有限的欲望滿足了，有餘則用以圖取無限欲望的滿足。同時在貧者方面，則常為求取食物而盡力勞作，以滿足富人此等嗜好；而且因為要使自己的食物供給較為確實起見，往往相互競爭，使其作品益臻完善，益趨低廉。勞動者人數，隨食物量增大而增加；換言之，隨土地改良及耕作進步而增加。求食者日多，分工日密，從而，他們所能製造的原料量，其增加逐遠速於勞動人數的增加。因之，對於建築物、衣服、奢侈品，或家具各種物品的原料，甚至地底的化石燃料、礦產、貴金屬、寶石等，都有了需要。

這樣看來，食物不但是地租的原始來源，而且，後來才發生地租的其他土地生產物，其價值中，相當於地租的部分，亦只是土地改良耕作發達，使生產食物的勞動生產力增進，從而派生出來的結果。

這往後才發生地租的土地生產物，並不一定常能提供地租。就連在改良的開墾的國度，對這類土地生產物的需要，亦不常常能夠使其價格，除了支付工資，償還資本及其普通利潤，尚有頗大部分。這類生產物是否有此大需要，還要看當前

的種種情形。

譬如，炭坑是否提供地租，一部分要看它的蘊藏量如何，又一部分要看它的位置如何。

礦山的開採價值，取決於一定量勞動可從這礦山取出的礦物量，是多於還是少於等量勞動可從其他大部分同類礦山取出的數量。

有些炭坑，位置很便利，但因蘊藏量過低，不能開採。其生產物，且不能償還所費及其普通利潤，更談不上地租。

有些炭坑的產出物，僅夠支付勞動工資，償還開礦資本及其普通利潤。企業家由這種炭坑，能期待若干利潤，地主卻不能由此得到地租。所以，像這類炭坑，除了地主自己開採，投下資本，可期望得普通利潤外，其餘任何人，都不能經營有利。蘇格蘭有許多炭坑，就由地主親自經營。因爲沒有地租，他不許任何人採掘，但任何人採掘，亦不能支付地租。

蘇格蘭還有些炭坑，蘊藏量雖大，然因位置不便，不能進行採掘。足夠支付開礦費用的礦山產量，有時雖可依普通或不及普通的勞動量採掘出來，但在人口稀薄，無良好道路，又無水運之內陸地方，此種礦產量，將無法賣出。

石炭比之薪木，是一種比較不適宜的燃料，據說，還是比較有害健康的燃料。在消費地點，石炭所費，大概亦多少較薪木所費爲小。

薪木價格，殆與家畜價格，同樣隨農業狀態而變動。而其變動的理由，亦與家畜價格的情況，全然一樣。在農業發展初期，各國大部分土地，皆爲樹木所掩遮。那樹木，在當時地主眼中，全是毫無價值的障礙物，設有人代他採伐，他定然是歡

喜不過的。之後農業進步，此等森林，一部分因耕作發達而砍去，一部分因家畜增加而歸於毀滅。固然，家畜頭數的增加比例，與全由人類勞動而獲得的穀物類的增加比例，並不相同。但在人類注意及保護下，家畜是更能繁殖的。因為，人類能在豐饒的季節，預先替家畜儲藏食物，備牠們不時之需，所以，家畜整年得到的食物量，就遠較人力未施，全憑自然供給時為多。況人類為家畜剷除敵害，更使它們能安然自由享受自然所給予的一切。但由人工促起增殖的這無數家畜群，既隨意放牧於森林中，森林中的老樹，即使無大虧損，一切幼苗的繁衍，卻不免受到妨害。其結果，不到幾世紀後，全部森林就歸於凋滅了。到這時薪木的不足，開始抬高薪木的價格。這價格，給了地主一個地租。地主有時覺得，即使以最良土地栽植無果樹木，其利潤之大，也足償其收入之遲延，而有餘。現今，大不列顛境內許多地方的情形，正是類此。植林的利潤，常與穀田或牧場的利潤相等。不過，地主由植林所得的利益，不論何處，至少在相當長期內，不能超過穀田或牧場的地租。而且，在耕作進步的內陸地方，其利益更常在此種地租的限度以下。在牧耕進步的海岸一帶，作為燃料的石炭，若容易得到供給，則建築木材，由耕作事業較落後的外國輸入，往往比在本國生產的，更為低廉。所以，愛丁堡最近數年建築的新街市，竟沒有一根木材是產自蘇格蘭本國。

姑且不問薪木的價格如何，設燒石炭的費用，竟與燒薪木的費用相等，石炭在當地的價格，就可說已達到極限。英格蘭內陸某區域，特別是牛津地方，其情形正是如此。牛津地方普通民家的火爐中，通常皆混用薪木與石炭。可見這種燃料的費

用，沒有多大出入。

石炭價格，在產炭國任何地方，都比這最高價格，更低得多。否則，石炭搬運遠方，不論由陸運或由水運，就無法負擔運輸的費用。在此情況，石炭能夠賣出的，不過是很少的分量。炭礦採掘者及所有者，為自己的利益計，一定會覺得，與其以最高價只賣出少量，倒不如以相當的廉價，賣出多量。加之，蘊藏量最大的炭坑，支配附近一切炭坑的石炭價格。這種高產炭坑的所有者及經營者，都發覺了石炭出售價格，若較低於附近各炭坑產炭的價格，定能增大其地租與利潤。從而，鄰近其他炭坑，雖生產較為困難，亦不得不立即以同樣的廉價出售。結果，有些炭坑的地租低落，有些炭坑的利潤削減，甚或兩者全然消滅。於是一部分炭坑，只好停止經營，還有一部分炭坑，惟所有者能經營。

像一切其他商品一樣，石炭能在相當長期內繼續售賣的最低價格，僅足補償它上市所必要的資本及其普通利潤。那些對於地主不提供地租，從而，非由地主自行經營，即須完全棄置的炭坑，其石炭價格，大都與此最低價格相近。

石炭即使在提供地租的情況，與其他大多數土地原生產物比較，其價格中相當於地租的部分，依然比較小。地面土地的地租，通例被假定等於總生產額三分之一。這份額，大概是確定的，不受收穫上意外事變的影響。然在炭坑方面，則以總生產額五分之一為最高地租，以總生產額十分之一為普通地租。而且，這地租額極不確定，常為生產額的意外事變所左右。而其變動之大，以致於如果置產者以三十倍年租的價格購買田產為中等價位，以十倍年租的價格收買炭坑就算是高等價位了。

　　對於所有者，炭坑的價值取決於其蘊藏量，也同樣取決於其位置。但金屬礦山的價值，則取決於蘊藏量者多，取決於其位置者少。因爲由礦石分離出來的金屬，尤其是貴金屬，在單位重量上，具有頗大價值，所以，不難擔負運往遠地的運費。其市場不局限於礦山鄰近諸國，而遠及於全世界。如日本之銅，得爲歐洲貿易品。西班牙之鐵，得爲智利及祕魯的貿易品。祕魯的銀，不僅在歐洲找到了銷路，且由歐洲運往中國。

　　反之，距離甚遠的炭坑產物，絕不能相互競爭。西摩蘭及士洛普細爾二地的石炭，殆與紐克薩的石炭，各自爲價，無大關涉。對於里奧拉地方的石炭價格，則更是毫無影響。但距離甚遠的金屬礦產物，卻往往有相互發生競爭的可能，而事實上，也常如此。因此，世界產金屬最豐的地方，金屬價格，尤其是貴金屬價格，就不免多少影響世界各地礦山的金屬價格。日本銅的價格，勢必會在歐洲銅的價格上，發生影響。祕魯銀在本地所能購買的勞動量或貨物量，不只可影響歐洲銀的價格，且會影響中國銀的價格。祕魯銀礦發現以後，歐洲銀礦，有大部分歸於廢棄。這原因，就是因爲銀價異常低落，甚至不能償其經營所費，或者說，不能償還作業上所消費的衣食住及其他必需品，且毫無利潤可圖。波托西銀礦發現後，古巴及聖多明哥的礦山，乃至祕魯礦山，亦會發生這種現象。

　　這樣看來，各礦山所產金屬的價格，實際均在某種限度，受世界當時產量最大的礦山的產物價格支配了。惟其如此，所以大部分礦山所產的金屬價格，只夠償還其採掘費，沒有多大剩餘，因而，對於地主，亦不能常有多額的地租。在大多數礦山所產的賤金屬價格中，地租已只占小部分。而在貴金

屬價格中，地租所占部分尤小。勞動與利潤，構成了貴賤金屬價格的大部。

以產額豐饒著稱於世界的康瓦爾錫礦，平均地租，據此礦區之副監督波勒斯牧師所述，計達總產額六分之一。他並說，有些礦山的地租，超過這比率，有些卻又不及這比率。蘇格蘭許多頗爲豐饒的鉛礦地租，亦占總產額六分之一。

據佛勒茲及烏羅亞兩氏稱述，祕魯的銀礦所有者，只規定從事經營銀礦的人，須在所有者自己設立的磨場中，磨碎礦石，而予以普通的代價。但一七三六年西班牙王所徵的礦稅率，計達標準銀產額五分之一。截至此時爲止，此種稅率，正可視爲大部分祕魯銀礦（當時世界最豐饒的銀礦）的眞實地租。設礦不徵稅，此五分之一，當然屬於地主，而當時因不能負擔此種稅率，致無從採掘的礦山，亦將有開採機會。康瓦爾公爵所徵錫稅，據說爲全價值百分之五以上，即二十分之一以上。姑且不論其稅率如何，設不課稅，則稅之全部，總必歸於礦山所有者。今假定以二十分之一，與前述錫礦地租六分取一相加，即可發現康瓦爾全部錫礦的平均地租，對於祕魯全部銀礦的平均地租，實持有十二對十三的比例[2]。然而，祕魯的銀礦，現今連這低微的地租，亦不能負擔。銀的賦稅，亦在一七三六年，由五分之一，低落至十分之一。銀稅雖輕微如此，但與二十分取一的錫稅比較，仍更能引誘人們走私。就走

---

② 康瓦爾公爵所課錫稅爲二十分之一，平均地租爲六分之一，相加爲六十分之十三。西班牙王所課銀稅爲五分之一，無地租，相當於六十分之十二。

私一層說，高價的物品，勢必較體積大的物品，更易實行得多。所以，有人說，西班牙王的稅收，繳納情況極其不佳，而康瓦爾公爵的稅收，則頗爲優良。依此觀察，地租在世界最豐錫礦所產的錫價中所占部分，比較在世界最豐銀礦所產的銀價中所占部分，怕要更大。即各種礦產物，在償還開礦資本及其普通利潤後，留歸礦山所有者的剩餘部分，在賤金屬的情況，比在貴金屬的情況，怕要更大。

祕魯銀礦開採者的利潤，通常亦不甚大。最熟悉當地情形、最受人敬佩的上述那兩位著者，又說，一個人如果企圖在祕魯採掘新的銀礦，好像就非破產不可一樣，被一切人所嫌忌迴避。可知開礦業在祕魯，好像在這裡一樣，被一般人視爲彩票，其獎金雖甚大，可誘惑許多冒險家，在這不利的企圖上失去他們的財產，但不能抵償全部開採者合計的損失。

在祕魯經營銀礦的利益雖如此渺茫，但因國王歲入大部，皆取自銀礦之故，祕魯法律，對於新礦的發現及採掘，會予以一切可能的獎勵。發現新礦山者，不論是誰，一律按照他看準的礦脈方向，分劃長二百四十六尺、寬一百二十三尺的礦區，歸他所有，得自行開採，不給地主任何報償。爲了康瓦爾公爵的利益，亦曾使公爵在他舊領地內，設有類似的規定。凡在荒野或未圈地內發現錫礦者，皆得在一定範圍內，區劃境界，而稱之爲礦山定界。這境界設定者，即爲該礦區實際所有者。他可以不經原地主許可，而自行開採，或租予他人開採。不過當採掘時，須略予地主以報償而已。在以上那兩種規定中，私有財產的神聖權利，竟然爲了一種擬設的公家收入，而全被犧牲了。

　　祕魯國這種獎勵，亦會施之於新金礦的發現與採掘上。國王的金稅，不過占標準金產量二十分之一。原來金稅與銀稅同為五分之一，此後低落至十分之一。然就採掘的實際情形言，就連十分之一的稅率，也覺太重。上述兩著者佛勒茲及烏羅亞曾言，由銀礦發財的，已屬稀罕，由金礦發財的，尤為稀罕。彷彿，智利、祕魯兩地大部分金礦所能支給的全地租，亦就是這二十分之一，但現今一概成了金稅。金之為物，較銀更易成為走私品。這不但由於在同單位重量上，金價較銀價為高，且由於金的產出方法，特別不同。銀的發現，通常並非純質，大抵摻有其他物品。銀，要由此礦化合物分解出來，勢須藉助於極困難極繁瑣的作業，而這種分解作業，又非特為設立工廠，並置於國王官吏監督之下，無從施行。反之，金的發現，殆常為純質，常為有相當重量的片塊。即或不時摻有幾乎難以分辨的砂泥，及其他附著物，但藉著極簡單的作業，就能使純金，從這些混雜物分解出來。不論何人，只要持有少量水銀，他就可在自己私宅中，完成這種作業。所以，在銀的情況，國王的稅收，如已不佳，在金的情況，必更不佳。因而，地租在銀價中，已經僅占頗小部分，在金價中，則所占部分尤小。

　　貴金屬能在市場出售的最低價格，換言之，貴金屬長期在市場上所能交換的其他貨物量，通常受支配其他一切貨物普通最低價格的原理支配。決定這種最低價格的，是貴金屬上市所必須投下的資本量；換言之，是貴金屬上市所必須消費掉的衣食住那三種物品。縱令價格再低，亦必須足夠償還所費的資本及其普通利潤。但貴金屬的最高價格，則似乎不取決於任何他物，而只取決於貴金屬本身的實際供給缺乏抑或是豐饒。這

與石炭不同。石炭的價格，通例由薪木的價格決定。所以，石炭不論如何缺乏，其價格終不會在薪木價格以上。但若金之稀少性，竟增加到某種限度，則最小一片，也將較金剛鑽價格為昂，並將比以往，能交換遠為多量的其他貨物。

貴金屬的需要，一半出於其效用，一半出於其美質。除鐵而外，貴金屬實較其他一切金屬為有用。貴金屬容易保持清潔，且不易生鏽，所以，食桌及廚房的用器，以金銀製品為最宜。銀製的煮器，較鉛製鋼製錫製的煮器為清潔。金製煮器，又較銀製煮器為清潔。不過，貴金屬之主要優點，乃由其美質而生。這美質，使貴金屬特宜於為衣物家具的裝飾。任何繪具或染料，也不能作成鍍金那樣出色的色彩。加之，貴金屬這種美質，又因稀少而增大不少。在大部分富人看來，富之娛悅，即存在於富之炫耀。在他們看來，這炫耀，在自己獨自持有一般人求之不得的富裕標誌時，就算達到了極點。在這般人眼中，有幾分用處，或有幾分美的物品，若再加以稀少性，加以獲取此物須費甚多勞動，非他人所可承擔，他們就會覺得，那真是一種了不起的物品。所以，這稀少的物品，就令不見十分優美，十分有用，但比較普通物品，他卻情願為它而支給更高的價格。效用、美質、稀少性，實是此等金屬成為高價的根本原因。貴金屬的高價值，並非生於用作貨幣以後，那在它未用作貨幣以前，就已存在了。並且，那又實際是使它宜於當作貨幣使用的性質。不過，即因其用作貨幣，其高價值，遂得由新需要的發生及其他用途上的供給量的減少，而永遠保持，且不時增加。

寶石的需要，全由美質而生。除裝飾物，更無其他效

用。其美質的優越，又常因稀少，因採掘困難，因費用浩繁，而益形加大。所以，在大多數情況，工資及利潤，殆占寶石高價格的全部。地租在寶石價格中，只占極小的份額，甚或全無。相當的地租，只有期之於最豐沃的礦山。寶石商塔斐爾尼，曾考察戈爾康達及維希頗爾兩地的金剛石礦山。據他所聞，當地諸礦山，雖爲其國君王之利益而開採，但國君卻命令除產額最大產物最美的礦山外，其餘所有礦山，一律鎖閉。即此可知，這些鎖閉的礦山，對於其所有者，一定沒有採掘的價值。

世界各地貴金屬及寶石的價格，同樣受世界最豐沃礦山的產物價格支配。任何礦山，對於其所有者所能提供的地租，不與其絕對蘊藏量成比例，只與其相對蘊藏量成比例；換言之，只按照它對同種類其他礦山所持的優越程度比例。波托西礦山與歐洲諸礦山比，誠然優越一等，但若有新礦發現，同樣較優於波托西礦山，則銀價將更見低落，就連波托西礦山，或亦將無經營價值。今日祕魯礦山，固能提供頗大的地租，但在西領西印度發現以前，歐洲最沃礦山，對於其所有者，亦能提供同樣大的地租。就銀量言，當時雖較今日遠爲稀少，但當時由此所能換得的其他貨物量，卻與今日相同。所有者當時所得銀量份額雖較少，但所能買得的勞動量或商品量，卻與今日相等。果其如此，則生產物價值及地租，換言之，由此而生的公眾眞實收入與礦主眞實收入，今昔便是完全一樣。

貴金屬或寶石最豐饒的礦山，對於世界之富，也不能有多大增加。因爲這類物品的原本價值，主要是存於其稀少性。設其豐饒，其價值且將因而下落，這時，食桌上的器具，及其他

衣服、家具之類的奢華裝飾物，就得以較此前爲少的勞動或較少量的商品買入。其實，世界能由金銀寶石豐饒而受到的唯一利益，亦即在此。

以上是就地下的產物而言。地面土地，情形卻不如此。地面土地生產物及其地租兩者的價值，均不按照其相對肥沃度比例，而按照其絕對肥沃度比例。生產一定量衣食住的物品的土地，常能供給一定人數的衣食住，而且，不論地主享有的比率如何，他總能由此獲得相當的勞動支配權，而支配該勞動所能提供的商品。最荒瘠土地的價值，不因近鄰有最豐沃的土地而減少。大體上，卻反而會因此增加。因爲，荒瘠地的生產物，有許多，在僅僅以本地產物即已足夠維持本地居民全體的地方，決不能尋得市場。這種市場，只能在人口眾多的地方尋得。但鄰近的沃地，就可供養眾多的人口。

生產食物的土地肥沃度增進，無論出自何種原因，都不但會使本身改良了的土地價值增加，同時，並由土地生產物的新需要發生，使許多其他土地的價值，也同樣增加。因爲，土地改良，許多人得持有自身消費不了的豐饒食物，因而，對於貴金屬寶石有了需要，對於衣服、住宅、家具，以及其他一切日常使用的方便品與裝飾品，亦有了需要。食物，不僅在世界上構成了富裕的主要部分；並且，對於其他各種財貨，附以主要價值的，亦是食物的豐饒。當古巴及聖多明哥初爲西班牙人發現時，一般窮苦居民，皆在頭髮及服裝各部分上，綴以小金塊，作爲裝飾。他們對此金塊的評價，和我們對於普通略有光澤的小石之評價相同，拾起來，固然不妨，拒絕不給別人，卻不值得。此等居民，對於新來外客第一次請贈金塊，無不立即

贈與。他們贈與時，似未想到贈品頗有價值。西班牙人獲得金塊的熱狂，卻不禁使他們看了驚倒。他們不會想到，世界上，竟有如此的國家與人民，占有著如此多量的（為他們所缺乏的）食物，竟願為一小塊放光的小玩具，而給他人許多足夠供養家族數年的食物。如果他們能夠理解此中理由，西班牙人的拜金熱，就不會使他們驚異了。

第三節　論常生地租的生產物與不常生地租的生產物兩者價值比例之變動

食物的豐饒程度，依治化改良及耕作之進步而增大。食物以外，其他一切能供實用及裝飾用的土地生產物，其需要又必因食物益加豐饒而增大。因此，在改良全行程中，這兩種生產物的比較價值，就只有一種變動了。即，不常生地租的生產物價值，與常生地租的生產物價值相對而言，是在不斷的提高。技術及產業進步了，對於衣服居住的材料，對於地底有用的化石礦物，對於貴金屬寶石等等，需要皆將漸次增高。它們所能換得的食物，亦將漸次增多。換言之，其價格將漸次增高。食物與其他土地生產物價格的關係，大抵如此。倘無特殊事故，使某類物品供給的增加，遠速於其需要的增加，那就全然如此。

譬如，砂石場的價值，就必隨其周圍地方之治化改良及人口增進而加大。設這砂石場為鄰近一帶之唯一砂石場，則其情形更屬如此。然而，就連假設周圍千哩以內，只有一個銀礦，其價值也並不一定會隨礦山所在國之治化改進而增加。因為，

砂石場出產物之市場，很少超越至周圍數哩以外，從而，其需要，就不得不和這小地域的改良與人口，保持比例。銀礦產物的市場，卻可擴大到既知的全世界。假若世界一般尚未改良，人口尚未增進，銀的需要，絕不會因銀礦附近某大國的改進而有所增加。而且，即使世界全般有了改進，而對於銀的需要，亦有所增加，但若在這改進的過程中，又發現了比較更為豐沃得多的新礦山，則供給超過需要的結果，其真實價格，仍不免趨於低落。一定量的銀，譬如說銀一磅所能支配或所能購買的勞動量，或者說銀一磅所能換得的勞動者主要生活資源（即穀物）量，就會逐漸減少下去。

銀的大市場，是世界上有商業有文明的地方。

假若銀市場的需要，由一般的治化改進而增加了，同時，供給又不會與需要按同一比例增加，那麼，銀的價值，與穀物價值相對而言，就會漸次提高。即一定量銀所能換得的穀物量，將漸次增加。穀物的平均貨幣價格，將漸次趨於低廉。

反之，設供給因某種偶發事件，在許多年之內，繼續以大於需要增加的比例增加，這金屬就必漸次趨於低廉。換言之，穀物的平均貨幣價格，無論在怎樣的改良中，亦會逐漸增高。

再反之，假若金屬供給的增加，與其需要增加，按照同一比例，則此金屬所能購買所能交換的穀物量，即可繼續不變。穀物的平均貨幣價格，也就無論在怎樣的改良中，幾乎保持原狀。

在改良進程中，以上三端，已可概括其中一切可能的變動。如果我們可以依法國及大不列顛發生的事實，加以判斷，則在前三、四世紀中，在歐洲市場上，這一切可能的變動，似

乎都曾經發生，而其發生之順序，亦有如我此處所述。

附論　最近四世紀銀價之變動

第一期

在一三五〇年及此前數年間，英格蘭小麥一夸特之平均價格爲臺衡銀四盎司，相當於現今英幣二十先令。以後，漸次低落至二盎司，合現今英幣十先令。我們發現這一夸特十先令的價格，是十六世紀初年至一五七〇年左右的小麥價格。

一三〇五年（愛德華三世第二十五年）制定了所謂《勞動法》。這法令的緒言，曾大大非難雇役的傲慢無禮，說他們不應要求雇主抬高工資。所以，本文上就有這樣的命令：一切雇役及勞動者，此後應以國王在位第二十年及此前四年所受得的工資及給償〔給償（Liveries）一詞，在當時含有衣物及食物兩者〕爲滿足，他們所得的小麥，無論何地，都不得超過每蒲式耳十便士以上，並且，這給償，以小麥交付或以貨幣交付，又須聽由雇主選擇。對於雇役等，給償食品之代價，竟須由特殊法令規定，可知每蒲式耳十便士，實爲當時的一般價格，且被認爲前十年（即國王在位第十六年）的合理價格。但愛德華三世第十六年，十便士約含有臺衡銀半盎司，相當於現今英幣半克郎（crown）。所以，與當時貨幣六先令八便士相當，又，與今日貨幣二十先令相當的臺衡銀四盎司，在當時，是被認爲小麥每夸特（八蒲式耳）的一般價格。

當我們考查當時穀物的一般價格時，與其引證歷史家及其他著述家關於特定年度的物價記錄，倒不如參證上述的法令。

因為諸著述家所記，一般皆側重異常高昂或異常低廉的價格。想依此判斷當時普通價格如何，實為不易。加之，我們還有別種理由相信，十四世紀初及此前數年間小麥的普通價格，確實不下於每夸特四盎司，其他各種穀物價格，亦皆依此為準。

　　一三〇九年，坎特伯里的聖奧古斯丁修道院院長剌夫・得・波恩就任時，曾大排筵席。關於這次筵席，威廉・托恩曾有如此的記錄，詳載全食單及各菜目的價格。計當時消費了，第一為小麥五十三夸特，價十九鎊，即每夸特六先令二便士，約換今幣二十一先令二便士；第二為麥芽五十六夸特，價十七鎊十先令，即每夸特六先令，約合今幣十八先令；第三為燕麥二十夸特，價四鎊，即每夸特四先令，約合今幣十二先令。這情況的麥芽及燕麥價格，與小麥比例而言，似高於通常的比例。

　　此等價格的記載，即非因其異常高昂，也非因其異常低廉。那不過，偶然對於這次大規模饗宴中消費掉的多量穀物，記下其實際付價而已。

　　亨利三世第五十一年（即一二六二年），恢復往時所謂《麵包啤酒價格法令》。此時，亨利國王曾在序文上，稱說此法令，是其祖先（即往時英格蘭王）所制定。由此推斷，此法令，至少是亨利二世的遺物，或者竟是諾曼第征服時代的遺物。該法令按照當時每夸特由一先令至二十先令的小麥價格，規定麵包價格。制定此項法令時，諒必曾同樣注意中位價格以上及以下的各種變動。果其如此，則含有臺衡銀六盎司而相當於今幣三十先令的當時十先令，在此法令制定之初，必被視為小麥一夸特的中位價格，而且，直到亨利三世第五十一年，依

舊如此。從而，我們如果推想中位價格，不下於法定最高麵包價格的三分之一；換言之，不下於當時含有臺衡銀四盎司的貨幣六先令八便士，總不致大錯。

由這諸種事實，我們可以有相當理由，得到這個結論：在十四世紀中葉及以前一個頗長的時期當中，小麥一夸特的平均價格或普通價格，大概不會在臺衡銀四盎司以下。

由十四世紀中葉至十六世紀初，小麥的合理中位價格，換言之，小麥的普通平均價格，似已漸次減低一半，最終降至臺衡銀二盎司，合今幣十先令。這價格，一直延續到一五七○年。

諾森柏蘭第五世伯爵亨利的家政簿中，關於一五一二年小麥，載有兩種價格：其一，小麥每夸特以六先令八便士計算；其二，每夸特僅以五先令八便士計算。這一年，六先令八便士，最多不過含有臺衡銀二盎司，合今幣十先令。

就許多法令考察，我們知道，由愛德華三世第二十五年至伊莉莎白治世初年這兩百餘年的長期中，表面上，雖似以每夸特六先令八便士為小麥的普通價格或平均價格（亦即所謂合理的中位價格），然其間銀幣逐次變革的結果，此名義金額所含的銀量，卻在不斷減少。不過，又一方面，這銀價的增加，很夠補償此銀量的減少。所以，在立法當局看來，這事情，並不值得注意。

一四三六年，立法當局規定小麥價格。如低落至每夸特六先令八便士，那就不經特許，亦可輸出。一四六三年，又規定小麥每夸特價格若未超過六先令八便士，即禁止輸入。據立法當局設想，麥價如果低於此種限度，任其輸出，亦無不便，若

高於此種限度，則允許輸入，乃爲愼重處置。因此，當時含有今幣十三先令四便士那麼多銀的六先令八便士（其中含有的銀量，較愛德華三世時代同一名稱金額所含的銀量，已減少三分之一），就是當時所謂適當而合理的小麥價格。

當菲利普國王第一年或瑪麗女王第二年（一五五四年），伊莉莎白女王第一年（一五五八年），更依同一方法，在小麥每夸特價格超過六先令八便士時，即禁止輸出。當時六先令八便士所含銀量，不過比現今同一名稱的金額，多二便士。但不久就發現，在價格如此低落時，始不限制穀物輸出，無異於永遠禁止小麥輸出。所以，在伊莉莎白第五年（一五六二年），又重新規定小麥價格若不超過十先令，即可隨時在指定的港口輸出。當時十先令，與現今同一名稱的金額比較，殆含有相等的銀量。據此看來，這六先令八便士的價格，就是當時所謂適當合理的小麥價格了，與前述亨利伯爵家政簿上所記價格相近。

法國的情形，亦與此相類似。該國穀物平均價格，在十五世紀末葉及十六世紀初年，遠較此前二世紀爲低廉。杜不黎・德・聖摩亞，及其他穀物政策論著者，均承認此爲事實。且不但法國爲然，同時期歐洲大部分國家的穀物價格，都在同樣趨於低落。

與穀物價值相對而言，銀的價值所以會如此騰貴，其原因不外乎二。一爲供給保持原狀，需要則伴隨治化改進及耕作進步而增加；一爲需要保持原狀，但當時世界上各既知銀礦，大都採掘過甚，致費用遞加，產量遞減，因而，銀之供給減少。銀價騰貴有時單由於前一原因，有時單由於後一原因，又有時

兼有兩種原因。十五世紀末葉及十六世紀初期，歐洲多數國家
的政局，皆遠較此前百數十年間爲安定。這安定性的增加，自
然，就增進了產業及改良程度，對於貴金屬及其他一切裝飾品
奢侈品的需要，亦自然隨財富增加而增加。年產物加多，則
爲流通此年產物起見，亦須有更多量的銀幣。富者人數增多，
則又須有更多量銀製器皿及其他裝飾品。加之，當時以銀提供
歐洲市場的銀礦，有大部分之開探，皆始於羅馬時代。採掘過
甚，需費必多。銀價增加，此亦不無關係。

　　論述往時商品價格之著述者，大部分皆認爲自諾曼第征
服時代起，或者，竟由凱撒的侵略時代起，至美洲諸礦山發現
時止，銀之價值，皆在持續減少。據我想，這種見解的發生，
一部分基於他們的觀察，即他們對於穀物及其他土地原生產物
所下的觀察，另一部分則基於一種通俗說法，說一切國家的銀
量，隨財富增加而自然增加，其價值則隨其量的增加而自然跌
落。

　　從來，由穀物價格考查各時代金銀價格者，似常有三種情
形，使他們流於錯誤：

　　第一，在往時，凡屬地租，殆皆付以實物，即一定量的
穀物牛馬雞鴨。然有時，逐年的地租，究竟以實物付，或以代
替實物之貨幣付，其裁奪權，往往屬於地主。像這樣以一定額
貨幣代替實物付納的價格，在蘇格蘭，稱爲換算價格。因爲在
這情況，選擇權常操於地主手中，所以，爲租地人的權益計，
其換算價格，與其在平均市價以上，倒毋寧在平均市價以下。
所以，許多地方的換算價格，尚未超過平均市價之半額太多。
此等風習，在今日蘇格蘭大部分地方，猶存續於以雞鴨諸禽付

納的情況。有些地方，在以牛羊付納的情況，亦相沿未改。由此看來，假若公定穀價制度不把這種習俗撲滅，恐怕今日在以穀物付納的情況，仍有此種風習存在。所謂公定殺價，就是穀價公定委員會，每年依照各地方實際市場價格，就各種類各品質的穀物平均價格，加以裁定的評價。照此制度行去，則當換算所謂穀物地租時，就可准照當年的公定價格，不必依據預先確定的價格。這在租地人方面，固然得到了充分保障，而地主方面，亦覺方便得多。但蒐集往時殺價的一般著述者，卻往往把蘇格蘭所謂換算價格，誤認爲實際市場價格。夫里渥德有個時候，曾自認犯了此種錯誤。然當他爲其特殊目的而從事著述時，他竟把這種換算價格用了十五回，才想到他應該承認錯誤。那時換算價格，爲小麥每夸特八先令。在他所研究的第一年即一四二三年間，這金額，與今幣十六先令，實含有等量的銀。但在他所研究的最後一年即一五六二年，這金額所含的銀量，則與現今同一名稱金額所含之銀量無異。

第二，價格公定的古代法令，有時，因書記怠惰潦草，有時因立法當局怠惰潦草，所以，本來就極不可靠。但上述諸著者，卻竟據此爲斷，故不免陷於錯誤。

往時價格公定的法令，初常就小麥及大麥的最低價格，來規定麵包及啤酒的普通價格，接著再按這兩種穀物最低價格上漲的程度，進而決定麵包及麥酒的價格標準。然而，此等法令之謄寫者，在謄寫此等規定時，往往爲節省自身勞動計，以爲只要謄寫開頭第三、四項最低價格，已可概括一切，用不著再寫較高的價格。

譬如，亨利三世第五十一年麵包啤酒價格公定法令，在規

定麵包價格時，所參照的小麥價格，乃由每夸特一先令至每夸特二十先令。然在拉佛黑刻印法令集以前，一切法令集所根據的寫本，都沒有寫到十二先令以上的價格。因此，為這不完全寫本所誤導的許多著者，就極自然的，把每夸特六先令（相當於今幣十八先令）的中間價格，當作當時小麥的普通價格或平均價格。

又，約在同時制定的「懲罰椅及頭手枷」的法令中，關於啤酒價格的規定，所參照的大麥價格，乃由每夸特二先令至每夸特四先令，而每提高六便士，即為一等級。但這四先令的價格，在當時，絕不是大麥屢屢達到的最高價格，並且，這裡說由二先令至四先令，最多也不過表示以上可以類推而已。由這法令最後的詞句：“et sic deinceps crescetur vel diminuetur per sex denarius”，即可推知我這話沒錯。這詞句，雖極簡略，但意義十分明瞭。即是說：「啤酒價格，當按此標準，隨大麥價格每六便士的漲跌，而或增或減」。總之，立法當局對於法令的制定、謄寫人對於這法令的抄寫，皆失之疏忽。

蘇格蘭古法律書（勒基喃‧馬傑特騰的古寫本），載有價格公定的法令。提到那裡公定麵包價格，所參照的小麥價格，乃由每波爾——蘇格蘭量器，約當英格蘭一夸特之半——十便士至每波爾三先令。當時——即推想中該法令制定的當時——蘇格蘭三便士，約當現今英幣九先令。魯迭曼似即由此斷定，三先令為當時小麥最高價格，十便士、一先令，至多二先令，則為其普通價格。但是，我們一參考此寫本，即知此等價格，亦不過表示以上可以類推而已。所以，這法令最後亦說：“reliqua judicabis secundum praescripta habendo respectum ad

pretium bladi"。意思是：「其餘，則應按照以上的這裡未曾
寫出的穀物價格，加以判斷」。

　　第三，在遠古時代，小麥有時以極低價格出售。許多著述
者因誤認當時的小麥最低價格，既遠較後代的小麥最低價格爲
低廉，就想像其普通價格，亦遠較後代爲低廉。但他們在另一
方面，卻又同樣發現了遠古時代的小麥最高價格，亦遠較後代
的小麥最高價格爲高昂的事實。譬如，夫里渥德曾記錄一二七
〇年關於小麥一夸特的價格兩種：其一，爲當時貨幣四鎊十六
先令，合今幣十四鎊八先令。其二，爲當時貨幣六鎊八先令，
合今幣十九鎊四先令。像這樣過大的價格，在十五世紀末十六
世紀初，都不會見到。從來，穀物的價格本多變動，但在商
業中斷，交通杜絕，以致國內甲地的豐饒，不能救濟乙地的貧
乏，且不時發生騷擾紊亂的社會中，其變動尤甚。由十二世紀
中葉至十五世紀末葉，蒲南臺日奈王治下英國的紊亂狀態，正
因當時有些地方特別豐饒，其他相距雖不很遠的地方，卻又常
被四季偶發的災變或鄰近豪族侵入，毀其收穫，而陷於饑饉。
在此貧富不均的兩地間，假設更介於抱有敵意的貴族領地，就
更不能互相援助。然在十五世紀末葉及十六世紀全期，都鐸王
朝的強力統治下，已經沒有一個貴族敢擾亂英國全社會的秩序
了，可想見當時穀物價格的變動，必不甚大。

　　讀者在本章末尾，將會見到夫里渥德所編的麥價表。他
把一二〇二年至一五九七年這個期間內各種小麥價格，蒐集起
來，換算爲現時貨幣，並按照年代順序，每十二年分作一期，
計共區分爲七期。各期的末尾，又記有該期十二年間的平均
價格。夫里渥德，因爲由這長時期只能蒐集八十年的價格，

以致最後一期，還缺四個年度。是我就伊頓中學的帳簿，補入
了一五九八年、一五九九年、一六〇〇年，以及一六〇一年的
價格。我所補入的，只此四年。由此等數字，讀者可以知道，
自十三世紀初年至十六世紀中葉之末，每十二年的平均價格，
都在漸次減低；及至十六世紀末期，始逐漸上漲。夫里渥德所
蒐集的價格，主要都不外是惹人注意的過高價格或過低價格，
所以，我實不敢斷定，由他這些價格，能否引出非常確當的結
論。但是，這諸般價格，如果可以證明一件事，那所證明的，
就是我們所要竭力闡明的那一件事了。然而，夫里渥德自己，
亦像其他若干作者，相信銀價在此期間，常因其豐饒程度增加
而不斷減低，但他所蒐集的穀物價格，實際上卻與此種意見不
相一致。比較起來，與杜不黎・聖・摩亞的見解及我們已經努
力說明的那種見解，倒還相去不遠。夫里渥德及聖摩亞兩位作
者，都曾以最大的勤勉與忠實，蒐集往時各種物價。他們兩人
的意見，雖如此不同，所蒐集的事實，至少，就穀物價格來
說，卻是如此一致，那不免令人感到幾分詫異。

　　然而，諸慎重作家所據以推斷諸極遠時代的銀價騰昂
的，與其說是穀物的廉價，倒不如說是其他許多土地原生產物
的廉價。因為，穀物被人稱為製造品。在未開化時代，據說，
穀物比之其他大部分商品，遠為高價。我想，這所謂大部分商
品，是指家畜獵獲品那一類非製造品。此等物品，在貧困而野
蠻的當時，無疑會較穀物低廉。但這低廉，不是銀價過高的結
果，只是這些商品低價的結果。即是說，那非因為在那時代，
比在富裕進步時代，銀能購入或代表較多的勞動，卻只因為在
那時代，此等商品只能購入或代表比較遠為少量的勞動。銀在

西領亞美利加，確實比在歐洲爲低廉。即，在產出的國度，確實不能不較輸入國爲低廉，因須耗去運費保險費，由水陸長途輸入。但烏羅維亞卻告訴我們，不久以前，倍諾斯愛勒地方，在四百頭牛中，任選一頭，價格僅爲二十一便士半。又據拜倫告訴我們，智利首都，良馬一匹的價格，值英幣十六先令。在土壤肥沃而大部分區域又全未開墾的國度，家畜及獵獲品，皆不難由極少量勞動而獲得。因之，它們所能購買的勞動，遂極爲有限。像此等商品，以低廉貨幣價格出售的事實，並不能證實銀的眞實價値過高，只能證實此等商品的眞實價値過低。

　　銀及其他一切商品的眞正尺度，不是任何特殊商品或特類商品，而是勞動。這一點，我們應當隨時牢記。

　　一國土地荒蕪，人口稀薄，自然生產之家畜野畜，必遠過於居民所須消費的數量。在這種狀態下，供給通常超過需要。所以，因社會狀態不同，改良階段不同故，此等商品所代表的或與此等商品等價的勞動量，亦極不相同。

　　無論在什麼社會狀態下，無論在什麼改良階段中，穀物終歸是人類勞動的產物。但一切由勞動而生產的物品，其平均生產，大致皆合於其平均消費。即，平均供給，合於其平均需要。並且，無論在什麼改良階段上，在同一土壤同一氣候中，等量穀物的生產，平均殆皆須投下等量勞動，或者說，殆皆須投下等量勞動的價格。因爲，耕作改良，在一方面固可繼續增進勞動的生產力，但同時，主要農具（即家畜）價格的不斷增加，卻又多少抵銷了這增進的生產力。我們根據這種事實，乃能確信：要在一切社會狀態下，在一切改良階段中，以等量穀物代表或交換等量勞動，比較可能，以等量其他土地原生產物

代表或交換等量勞動，則比較不可能。惟其如此，所以我們在前面已經講過，在財富發展治化改進各階段中，穀物比較其他商品，是更正確的價值尺度。從而，我們在各時代，以穀物與銀相比較，就比以其他任何商品與銀相比較，更能正確判定銀的真實價值了。

加之，穀物或其他為一般人民愛好的植物性食物，在任何文明國度，皆是勞動者生活資源的主要部分。農業進步的結果，各國土地所生產的植物性食物，比較其動物性食物，必多得多。並且，勞動者，到處都以最低廉最豐饒的衛生食物為主要生活資源。除了最繁榮的國家，除了勞動報酬非常昂貴的地方，在勞動者生活資源中，肉類不過占極小部分。雞鴨一類家禽所占的部分更小，獵獲品就全然沒有。在法國，甚而在勞動報酬較法國為優的蘇格蘭，勞動貧民，如非遇到佳節或其他特殊情況，就很少嘗到肉味。因此，勞動的貨幣價格，遂受肉類或其他土地原生產物支配者極少，而受其主要生活資源（即穀物）的平均貨幣價格支配者極大。從而，金銀的真實價值，換言之，金銀所能購入或所能支配的勞動量，就不取決於它們所能支配的肉類或其他土地原生產物之量了，那主要是取決於金銀所能購入的穀物量。

然而，諸聰明作家所以會如此陷入錯誤的，宜歸因於這方面的觀察錯誤者少，而歸因於俗見蒙蔽者多。此所謂俗見，即認一國銀量隨財富增加而自然增加，其價值則隨其量增加而自然減少。這種見解，毫無根據。

各國貴金屬數量增加的原因有二：其一，為供給貴金屬之礦山產額增加；其二，為人民財富增加，即勞動年產物增加。

前一原因，有關於貴金屬價值的減少，那是無疑的；但後一原因，卻與其價值的減少無關。

更豐饒礦山的發現，接著定有更多量的貴金屬提供市場。這時，所產較大量貴金屬所能交換的生活必需品、方便品，如果比較從前，沒有增減，則同一量的金屬，現今其實就只能換得較少量的商品。所以，一國貴金屬量的增加，若發因於諸礦山產額的增加，則其結果，必然會減少貴金屬的價值。

反之，在一國財富增加時，換言之，在該國勞動年產物漸次增大時，這更多量商品的流通，當然須有更多量的通貨。但人民有意願且有能力以多量商品交換金銀器皿，則人民所購入的金銀器皿，亦必因而加多。這樣看來，一國通貨的數量，既由必要而增加；金銀器皿的數量，又依虛榮心、愛美心而增加。關於後一種增加，與雕像繪畫及其他各種奢侈品、珍奇品的增加，同其理由。雕刻家畫家所獲報酬，在富裕繁榮時，既不較少於在貧乏困苦時，可知金銀在富裕繁榮時，亦不會價格較低。

金銀價格，在無更豐饒的新礦偶然發現，使其低落時，通常在任何國度，皆當隨各該國富裕程度之增進而自然提高。因此，礦山的狀態不論如何，金銀在富國的價格，終比在貧國的價格為高。就自然流向最佳價格的市場這一點而言，金銀與其他一切商品無異。而對於貨物，能提供最佳價格的國度，通常又只是財力能勝任最佳價格的富裕國家。但在此，我們必須牢記一件事：對於一切貨物，所支給的價格，結局皆不外是勞動。在勞動報酬同樣良好諸國中，勞動的貨幣價格，正與勞動者生活資源的貨幣價格成比例。然而，金銀在富國所能交換

的生活資源，自然較貧國爲多；換言之，在生活資源豐饒的國
度，比在生活資源普通的國家，金銀所能換得的生活資源，自
然較多。這貧富兩國相隔愈遠，則其差異亦愈大。因爲，金銀
由劣市場流入良市場的自然傾向，將因距離過遠，運輸困難而
減少，從而，運輸之量，不足使兩市場的價格，近於一個水
平。但這兩市場如相互接近，則因運輸容易，其差異當極有
限。中國的富裕程度，遠非歐洲各國所能及，從而，這兩地生
活資源的價格，就大相懸殊了。中國的米價，確較歐洲各地的
小麥價格低廉。又，英格蘭的富裕程度，固然遠過於蘇格蘭，
但此兩地穀物價格的差異卻頗小，或竟不能說有何等差異。就
數量說，蘇格蘭產的穀物價格，一般似較英格蘭所產爲廉，然
就品質說，則又確較英格蘭所產爲昂貴。蘇格蘭幾乎每年皆有
頗大量的供給，仰給於英格蘭。不論何種物品，其價格在輸入
國，總須多少比較在輸出國爲高昂。因此，英格蘭所產穀物，
在蘇格蘭售得的價格，自不能不較本地昂貴若干。可是，我們
如從品質方面，即從穀物所含精製麥粉或粗製麥粉的量和質，
加以較量，則英格蘭穀物在蘇格蘭市場上，就不一定能以比蘇
格蘭穀物爲高昂的價格，在同一市場出賣。

就生活資源的價格說，中國與歐洲，已有大差異，若就
勞動者的貨幣價格說，則尤有大差異。這原因，是歐洲大部分
尚在改良進步狀態中，中國狀態，則在停滯。所以，勞動的眞
實報酬，歐洲方面自不得不較中國爲高。英格蘭勞動的貨幣價
格，一般皆高於蘇格蘭。這原因，是由於後者雖在不斷進步，
但不若前者之速，所以，其勞動的眞實報酬，遂亦不得不遠爲
低廉。蘇格蘭的勞動貧民，多南徙，而英格蘭的勞動貧民，

少北遷。這種事實，正可明白證實這兩地的勞動需要，頗有差異。不同國度的真實勞動報酬不同，其間之比例，不受諸國實際的貧富程度支配，而受諸國實際的進退狀態支配。

金銀在極富裕國內，自然有最大價值，在極貧窮國內，也自然只有最小價值。在最貧乏未開化人間，金銀殆沒有價值。

穀物，在大都市常比在僻遠地方為昂貴。但這昂貴，不是銀價低廉的結果，而是穀物本身騰貴的結果。因為，銀運往大都市，所需勞動費用，並不比運往僻遠地方更少，而穀物運往大都市，即比較須有遠為多量的勞動。

在荷蘭及熱那亞那樣非常富裕的商業國中，其穀物的高價，與大都市穀物的高價，同一原因。此等國家，通常不能生產足夠維持本國居民的穀物。它們富有技術工人及製造工人的勤勉與熟練，富有節省勞動及增加生產力的機械，富有輸運的船舶，且富有一切便利商業的手段。然而，它們缺乏穀物。它們需要的穀物，即須由遠隔的地方輸入，其價格，遂不得不附加自遠地搬來的運費。把銀運往阿姆斯特丹，比運往但澤，固然不須費去較多勞動，但把穀物運往阿姆斯特丹，卻比較須有遠為多量的勞動。總之，銀的真實費用，在兩地殆無出入；穀物的真實費用，在兩地卻大相懸殊，現在，假定荷蘭或熱那亞的居民數目照舊，同時，卻減低它們的真實富裕程度，減少它們的力量，使更不能仰給於遠隔諸地，那麼，這情況的銀量，雖然一定會伴隨這種衰退（或為其原因，或為其結果）而減少，但穀物價格，卻不隨銀量減少而低落，反而會騰貴起來，有如饑年。我們對於必需品感到不足時，對於一切非必需品，只好放開。非必需品在富裕繁榮時期騰貴，在貧困窮迫時期低

落。但必需品的情形，與此兩樣。必需品的眞實價格（它所能支配所能購買的勞動量），在貧困窮迫時期騰貴，在富裕繁榮時期低落。因爲，富裕繁榮時，常是物資非常豐富的時期，否則，不能說是富裕繁榮。穀物是必需品，銀是非必需物。

因此，自十四世紀中葉至十五世紀中葉間，由財富增進治化改良而招致的貴金屬數量的增大，無論程度如何，都沒有在大不列顚乃至歐洲其他地方，發生減少貴金屬價值的傾向。所以，蒐集往時穀物價格之著者，由穀物或其他物品之價格，推論這期間銀價減低，固然沒有理由，但由想像上的財富增進治化改良，而推論這期間銀價減低，還更沒有理由。

第二期

關於第一期銀價的變動，諸博學家雖各有各的意見，但他們關於第二期銀價的變動，意見卻趨於一致。

由一五七〇年左右至一六四〇年左右，這七十年中，銀價對穀價的比例，全依相反的方向而變動。即，這期間，銀的眞實價值雖然低落；換言之，它所能換得的勞動量，雖較以前爲少，但穀物的名目價格，卻就騰貴了。原來是每夸特二盎司（約合今幣十先令），到這時，每卡德卻可賣得六盎司或八盎司，約合今幣三十先令或四十先令了。

美洲諸豐饒礦山的發現，似乎是這時銀價比之穀價下跌的唯一原因。對於此種變動，大家的觀察既然一致，所以，無論證諸事實或究其原因，都從未生過異議。這一時期，歐洲諸國產業及治化，皆顯著增進，對於銀的需要，無疑在增加。但因供給的增加，遠超過了需要的增加，所以，銀價終不免大

大低落。不過，我們在此應注意一件事，美洲諸銀礦的發現，在一五七〇年以前，實不曾在英格蘭物價上，發生何等顯著影響。波托西銀礦發現後，亦有二十年，不曾影響英國物價。

根據伊頓中學的帳簿，由一五九五年至一六一〇年間，溫莎市場上，最良小麥由九蒲式耳合成的一夸特，平均價格，約計二鎊一先令六便士又十三分之九。設捨去零數，再由全金額減去九分之一，即減去四先令七便士又三分之一，則由八蒲式耳合成的一夸特，價格就為一鎊十六先令十便士又三分之二。設同樣捨去零數，再由餘下的金額，減除九分之一，即四先令一便士又九分之一（最良小麥與中等小麥兩者價格之差），則中等小麥價格，約為一鎊十二先令八便士又九分之三，約合銀六盎司又三分之一。

又據同一帳簿，由一六二一年至一六三六年間，在同一市場上，等量最良小麥的平均價格，約為二鎊十先令。仿照上述的減除方法，則中等小麥，由八蒲式耳合成的一夸特，平均價格計為一鎊十九先令六便士，約合銀七盎司又三分之二。

第三期

美洲諸礦山發現所招致的銀價低落的結果，似乎到一六三〇年與一六四〇年間之一六三六年左右，已經停止，而銀價比之穀價的下落傾向，在當時，亦似已達到極限。現世紀銀價已多少趨於騰貴，但這騰貴的趨勢，恐怕是開始於前世紀末以前。

再據上述那個帳簿，由一六三七年至一七〇〇年，即前世紀最後六十四年間，溫莎市場上，最良小麥由九蒲式耳合成

的一夸特，平均價格似為二鎊十一先令又三分之一便士。這平均價格，比之十六年前的平均價格，僅高一先令又三分之一便士。但在這六十年間，發生了兩種事件，致當時穀物的缺乏，異乎尋常。我們單憑這兩種事件，就夠說明穀物價格這時小幅上漲的原因，不必設想銀價有何等跌落。

這兩種事件，第一是內亂。內亂妨礙耕作，也妨礙商業。其結果，穀物價格的騰貴，遂遠遠超過了通常的自然騰貴程度。由此而生的影響，曾普及於大不列顛一切市場；穀物須仰給於極僻遠地方的倫敦市場，則所受影響尤巨。所以，據同一帳簿所示：溫莎市場上，由九蒲式耳合成的最良小麥一夸特，價格在一六四八年為四鎊五先令，翌年為四鎊。這兩年穀物的價格，超過二鎊十先令（一六三七年前那十六年間的平均價格）的部分，總計已達三鎊五先令。若以此均攤於前世紀最後六十四年間，就很夠說明當時穀價為什麼會小幅上漲。此兩年度的價格，雖屬最高價格，但內亂引起的高價格，無疑，不只於這兩年。

第二件事，是一六八八年頒布的穀物輸出獎勵條令。據一般人設想，這種獎勵金，在長久歲月內，可促進耕作，使穀物生產事業，大為增進，結果，使國內市場上的穀價，亦大為低落。獎勵金究竟能怎樣增加穀物生產，減低穀物價格，我擬留在後面討論，現在所要說及的，單是一六八八年至一七〇〇年間，並不曾發生這個結果。在這個短期中，獎勵金的唯一結果是：因獎勵每年剩餘生產物輸出，曾使前一年度的豐收，不能彌補次一年度的歉收，所以，其實是抬高了國內市場上的穀物價格。由一六九三年至一六九九年間，英格蘭普遍感到穀物

缺乏，雖主要起因於當時天時不良，且亦非英格蘭所特有的現象，但我們應當知道，獎勵金的頒發，確曾在英格蘭增加穀物的缺乏程度。所以，一六九九年，又有九個月禁止穀物輸出。

又，在上述兩件事發生的時候，還發生了第三件事。這件事，雖不致引起穀物缺乏，也不會使一般人對於穀物，實際支給追加量的銀，但穀物價格的名義金額，卻必然會因此加多若干。這件事，即銀幣削剪磨毀，致銀幣價值大低落。此種弊端，始於查理二世時代，以後持續擴大，直至一六九五年。據羅德斯所述，當時通用銀幣的價值，平均約低於其標準價值百分之二十五。但是，代表一切商品市場價格的名義金額，與其說受按標準銀幣應含的銀量支配，毋寧說受銀幣實含的銀量支配。所以，這名義金額，在鑄幣因削剪磨毀而價值減低的情況，比較在鑄幣接近標準價值的情況，就非較大不可。

在現世紀過程中，銀幣減低至標準重量以下的程度，當以目下為最嚴重。不過，銀幣的磨損雖甚大，其價值卻因它能與金幣兌換，而為金幣價值所維持住了。在晚近金幣改鑄以前，金幣雖有不少磨損，然終究不若銀幣磨損之甚。然在一六九五年，銀幣的價值，卻非由金幣維持；金幣一幾尼，當時通常交換削損了的銀幣三十先令。晚近金幣改鑄以前，銀塊價格，每盎司能值五先令七便士以上（即超過造幣價格五便士以上）者，已屬稀罕，但一六九五年，普通銀塊價格，卻為每盎司六先令五便士，即超過造幣局價格十五便士。所以，即使在晚近金幣改鑄以前，以金銀兩種鑄幣與銀塊比較，其低於標準價值的程度，至多不過百分之八。反之，一六九五年的鑄幣，就有人說，低於標準價值百分之二十五。在現世紀當初；換言之，

在威廉在位時進行大改鑄之後，大部分通用的銀幣，一定比今日銀幣，更接近於其標準重量。現世紀中，沒有發生一種像內亂那樣妨礙耕作和商業的大災厄。數十年來採用的穀物輸出獎勵制度，雖然把穀物價格多少提高了，但因為這種獎勵金又在現世紀過程中，已有充分時間，產出一般人們所期待的好結果，即促進農耕，增加國內市場上的穀物量，所以，就我們後面將要說明的那種學理說來，它一方面雖產生了略微抬高物品價格的效果，同時在另一方面，卻也不見得不會生出略微減低物品價格的效果。並且，許多人還認為，減低的效果，比提高的效果大。所以，根據伊頓中學的帳簿，在現世紀最初六十四年間，溫莎市場上最良小麥由九蒲式耳合成的一夸特，平均價格計為二鎊六便士又三十二分之十九。比較前世紀最後六十四年間的平均價格，約低落十先令八便士，即百分之二十五以上。比較一六三六年以前十六年間（即美洲豐富礦山開採，銀塊大量流入歐洲市場的時期）的平均價格，約低落九先令六便士。比較一六二〇年以前二十六年間（此時，美洲礦山的發現，影響尚未達到極度）的平均價格，約低落一先令。據此，則在現世紀最初六十四年間，中等小麥的平均價格，約為每夸特（由八蒲式耳合成）三十二先令。

由此可知，在現世紀過程中，銀價略有騰貴，但這騰貴的趨勢，乃開始於前世紀終結以前。

一六八七年，溫莎市場上，最良小麥由九蒲式耳合成的一夸特，價格計為一鎊五先令二便士。這價格，是一五九五年以來的最低價格。

格列高里・欽格，是一位有名學者，通曉此種事實。

一六八八年，他推算的結果，以為在平常的豐年，小麥的平均生產者價格，為每蒲式耳三先令六便士，即每夸特二十八先令。我知道，所謂生產者價格，有時，又被稱為契約價格，即農業家，依契約，在一定年限內，供給商人一定量穀物，所定的價格。因為這契約，對於農業家，可以省去上市議價的費用和麻煩，所以，通常都認為契約價格須略低於平均市價。欽格氏判定當時平常豐年的普通契約價格為每夸特二十八先令。據我所知，在最近連年天時不良穀物歉收之時期以前，這種價格，確是平常年歲的普通契約價格。

一六八八年，議會曾設獎勵金，獎勵穀物的輸出。當時鄉紳在立法院中所占席數，較現今為多。他們已經感到穀物的貨幣價格在逐漸下落。獎勵金的設置，不外是想依人為的努力，使這價格抬高到查理一世及查理二世時代那種程度。獎勵金實施的結果，穀物價格，每夸特即漲到四十八先令。此種價格，與葛萊奇雷‧金推定的平常年歲的生產者價格相較，約高二十先令，即約高七分之五。假若葛萊奇雷‧金的計算，確有幾分值得世間讚賞，那麼，當時除了極歉收的年度，每夸特四十八先令的價格，就只有藉助於獎勵金那一類人為手段，否則，決無實現可能。不過，輸出獎勵法令，頒布於威廉即位之初。當時政府，因國庫空虛，正懇求鄉紳議定常年土地稅。政府方面既有所求於鄉紳，故對於鄉紳獎勵穀物輸出的建議，只好接受。

依此為斷，可知銀價在前世紀末以前，比之穀價，即已騰貴若干了。等到進入本世紀，其騰貴趨勢，雖為獎勵金之必然作用所阻礙，使不能按照當時的實際耕作情形而大大顯著起

來，但大體上，依舊在持續上升。

豐年，因有獎勵金之故，輸出特增，當然會使穀物價格特別昂貴，與豐年應有之現象相反。但獎金制度最顯明的宗旨，卻也就是在最豐收的年度，仍要設法使穀價提高，以獎勵耕作。

固然，在穀物嚴重歉收的年度，獎勵金大抵會中止。但從實際考察，則在這種年度內，仍有許多年的穀價，不免蒙受獎勵金制度的影響。豐年穀物，既由獎勵金誘起了異常的輸出，所以，以甲年豐收補救乙年不足的調劑作用，就無從施展了。

總之，獎勵金不論在豐年或在歉歲，都會使穀價抬高，使穀價超過實際耕作狀態下應有的價格。惟其如此，所以現世紀最初六十四年的穀物平均價格，如已較前世紀最後六十四年間的穀物平均價格為低，那麼，設在同一耕作狀態下，又無獎勵金作用，那就一定會更低了。

但是，也許有人說，沒有獎勵金的促進，耕作狀態或許不能保持原狀。獎勵金制度，對於一國農業，究竟有何種影響，我要在後面特別討論獎勵金的時候說明。在這裡，我只打算論述銀價比穀價的這種騰貴，並不單是英格蘭特有的現象。這現象，在同一時期且以同一比例，在法國發生；這事實，曾經過三位非常忠實，勤勉的穀價研究者杜不黎·德·聖摩亞先生、麥省斯先生和穀物政策論著者所承認③。但法國在一七六四年以前，一直由法律禁止穀物輸出。禁止穀物輸出的國家，竟與獎勵穀物輸出的英國，得到同樣穀價下跌的結果，那麼，如果

---

③ 此指黑巴脫，他著有《一般穀物政策論》。

說英國耕作發達，穀物豐盈，應歸因於輸出獎勵制度之防止穀價低落，那又當如何解釋法國的現象呢？

大概，穀物平均貨幣價格的這種變化，與其認為是穀物真實價值下跌的結果，倒不如說其原因是，歐洲市場上銀的真實價值漸趨騰貴。前面說過，穀物在相當長期內，比較銀或其他商品，為更正確的價值尺度。美洲諸豐饒礦山發現後，穀物的貨幣價格，較以前騰貴了三倍乃至四倍。當時這種變動的原因，一般人都以為不是穀物真實價值上漲，而是銀的真實價值下跌。所以，現世紀最初六十四年間的穀物平均價格，如較前世紀大部分年度的穀物平均價格為低廉，我們就可以同樣說，這變動的原因，不是穀物真實價值下跌，而是銀的真實價值上漲。

過去十年乃至十二年間，穀物的高價，實在會引起以下的疑問。即，銀在歐洲市場上的真實價值，迄今猶在繼續下跌嗎？但這種穀物的高價，明顯是天時異常不順的結果，是偶發的暫時的事故，不是恆久的事故。在最近十年乃至十二年間，歐洲大部分，都苦於天時不良。加以，波蘭發生擾亂，許多在穀物高價年度須仰賴波蘭供給的國家，乃更加陷於穀物缺乏的苦境。像這樣長期的天時不順，雖不是很普遍的事故，但亦絕不是特殊稀奇的事故。曾深入研究過去穀物價格的人，都不難舉出同種類的其他若干實例。又，異常歉收的十年度，比異常豐收的十年度，並不是更為稀奇的現象。一七四一年至一七五○年的穀物廉價，與最近八年乃至十年間的穀物高價，正好是一個對照。據伊頓中學的帳簿，一七四一年至一七五○年間，溫德莎市場上，最良小麥由九蒲式耳合成的一夸特，平均價格

僅爲一鎊十三先令九便士又五分之四。這較現世紀最初六十四年間的平均價格，約低廉六先令三便士。依此推斷，在這十年間，中等小麥由八蒲式耳合成的一夸特，平均價格就僅爲一鎊六先令八便士了。

但是，一七四一年與一七五〇年間的穀物價格，一定因爲有獎勵金阻礙，才不能在國內市場上，按自然的趨勢下跌。據海關帳簿所記，這十年間輸出各種穀物的數量，竟達到了八百零二萬九千一百五十六夸特一蒲式耳。對此支付的獎勵金，計爲一百五十一萬四千九百六十二鎊十七先令四便士半。一七四九年，首相柏蘭，在下院申述前三年穀物輸出獎勵金一項，支出了極巨的金額。他的申述，本有正當理由，但如在翌年，則更有充分理由。因爲單是這一年，獎勵金就在三十二萬四千一百七十六鎊十六先令六便士以上。至於此種強制的輸出，對於穀物價格，究竟會怎樣引起騰貴的傾向，就更不必講了。

在本章附錄的統計表之末，讀者可以見到那十年的價格記錄。並且，又可見到此前十年的價格記錄。這十年的平均數，雖同樣在現世紀最初六十四年的總平均數以下，但相差不多。然一七四〇年，實是異常歉收的年度。一七五〇年以前那二十年間，和一七七〇年以前那二十年，恰好是一個對照。前者雖夾有一、二昂貴年度，但大體上，顯然是在現世紀的總平均數以下，後者雖夾有一、二低廉年度（譬如，一七五九年），但大體上，顯然在總平均數以上。假若前者低於總平均數以下的程度，不若後者超過總平均數以上的程度，其原因，自應歸於獎勵金制度。況且，這兩者的變動，都頗爲急激，非緩慢漸進

的銀價變動所能解釋。結果的急激，只能由動作急激的原因說明，那就是天時的意外變動。

大不列顛的勞動貨幣價格，在現世紀過程中，確實是騰貴了。但這種騰貴，不是歐洲市場上銀價減低的結果，而是大不列顛普遍繁榮，勞動需要增加的結果。法國的繁榮程度，頗不及英國，自前世紀中葉以來，該國勞動的貨幣價格，即隨穀物的平均貨幣價格，日漸低落。在前世紀乃至現世紀中，法國普通勞動一日的工資，幾乎一律等於小麥一塞臺爾（septier）的平均價格的二十分之一。塞臺爾約爲溫賈斯特衡四蒲式耳。前面說過，大不列顛的勞動眞實報酬；換言之，付給勞動者的生活必需品、方便品的眞實量，在現世紀過程中，已在顯著增加。其貨物價格的騰貴，無關於歐洲一般市場上銀價的跌落，只因爲英國有特殊的好現象，致該特殊市場上勞動的眞實價格騰貴。

在美洲最初發現銀礦以後不久，銀在歐洲市場上，依舊是以原來的價格或不大低於原來的價格出售。因而，這一期間的礦業利潤，就顯著增大，以至大幅超越自然水準以上。但此後不久，以銀輸入歐洲的人，就漸漸發覺了，逐年輸入額的全部，已不能以此高價售出。銀所能交換的貨物量，是在逐漸減少。其價格，漸次落至自然價格的限度。換言之，銀的價格，僅夠按照自然率，支給其上市所須支給的勞動工資、資本利潤，以及土地地租了。前面講過，祕魯大部分銀礦，皆須付西班牙王賦稅，稅額等於總產額十分之一。於是，土地的地租，全無著落。此種課稅，最初爲總產額之半，未久，即減低至三分之一，接著又減至五分之一，最後爲十分之一，直到現今。

祕魯大部分銀礦，於償付開礦家資本及其普通利潤後，所剩下的全部，即須納為賦稅。開礦家的利潤，曾有一度非常高昂，但現今卻低落到僅足使他繼續開採了。這事實，是一般所承認的。

　　西班牙王對於各註冊祕魯銀礦所課之稅，在一五○四年，始減為五分之一。此後四十一年，即一五四五年，波托西銀礦，始被發現。再經過九十年，即一六三六年以前，仍須對西班牙王納稅的美洲諸礦山，乃得有充分時間，使歐洲市場上的銀價，低至無可再低的程度。這種非獨占的商品，只要經歷九十年歲月，就足使其價格，低至自然價格，或者說，低到在它付納特種賦稅的情況仍能長期間繼續售賣的最低價格。

　　不過，歐洲市場上的銀價，恐怕還會進一步跌落。那跌落的程度，不但會使課稅（像一七三六年那樣）減至十分之一，還會像金稅一樣，減低至二十分之一，甚至會使現今尚繼續開採的大部分美洲礦山，有停止開採之必要。但另一方面，銀之需要，亦在漸次增加，美洲銀礦出產物的市場，亦在漸次擴大；銀礦停止開採，所以不致發生，這恐怕就是一個原因。而這原因，又恐怕不僅維持住了歐洲市場上的銀價，並進而把銀價抬高到前世紀中葉以上若干。

　　自美洲第一次發現銀礦以來，一直到現今，其銀礦出產物的市場，都在漸次擴大。

　　第一，歐洲市場，已經漸次擴大。美洲發現銀礦後，歐洲大部分地區皆有頗大進步。英格蘭、荷蘭、法國、德意志、瑞典、丹麥，甚至俄羅斯，都在農業及製造業上，顯著向前發展。義大利亦似乎不曾退步。它的沒落，是在祕魯被征服以

前，此後，則漸有起色。西班牙及葡萄牙，據說是退步了。可是，葡萄牙只占有歐洲極小部分；西班牙的衰退，亦沒有達到一般想像的程度。在十六世紀初年，西班牙，就連與法國比較，也是一個極貧窮的國家。法國從那時以來，又復顯著改進。所以，屢屢巡遊這兩國的查理五世，曾有這樣有名的評語：法國一切物資都是豐富的，西班牙一切物資都是缺乏的。歐洲農業製造業的生產額，既然增大了，其流通所需的銀幣量，自須漸次增加；富翁的人數，既然加多了，所需銀製器具銀製飾物的數量，又必漸次增加。

第二，美洲本地，亦爲其銀礦產物的新市場。此地農業、工業，以及人口上的進步，比較歐洲最繁榮的國家，也遠爲迅速，因之，對於銀的需要，亦不得不遠爲急切。如英領殖民地，即全爲一新市場。其間，一向不需銀用。今則一部分爲鑄幣，一部分爲什器，而需求漸次增大。大部分西班牙領及葡萄牙領殖民地，亦全爲新市場。像新格拉納達、猶加敦、巴拉圭，以及巴西等地，在未被歐洲人發現以前，居民純爲不知何等工藝亦不知經營農業的野蠻人種。可是，他們到現在，就都有了相當的工藝與農業了。墨西哥與祕魯兩國，雖不能全然視爲新市場，但確實是比較過去擴大了的市場。記述這兩國古代壯麗狀態的奇異故事，不論如何掩飾誇張，只要我們細心讀讀它們的發現史及征服史，就會承認，當時住民，在農工商業上猶遠較今日烏克蘭的韃靼人爲劣。即如兩國中比較進步的祕魯人，也只知道以金銀作裝飾品，而不知鑄金銀爲貨幣。他們的商業，純以物物交換的方式進行，所以，幾乎沒有分工這回事。耕作土地者，同時不得不建築自己的住宅、製造自己的家

具、衣物、鞋，以及農具等。他們之間，雖有若干工匠，為君
王貴族僧侶服務，但實際恐怕只是這般人的僕役或奴隸。西班
牙的遠征軍隊，不過五百人，甚且往往不到二百五十人，卻就
幾乎到處覺得不易獲得食物。據這般軍人所述，他們足跡所
至，就連人口極稠密、耕作極發達的地方，也常常發生饑荒。
但這種事實，同時，就證實了他們所謂人口稠密、耕作發達，
大部分殆屬於虛構。西班牙領殖民地，在農業改良及人口增加
諸點上，雖比之英領殖民地所受統治，較為不利，但該殖民地
在這諸點上，卻較歐洲任何國家，有遠為迅速的進步。這原
因，就是土壤肥沃、氣候佳良，以及土地的豐饒低廉。這是一
切新殖民地共有的優越。有了這優越，就很夠補償其內部統治
上的許多缺點。佛勒茲一七一三年往訪祕魯，謂利馬市人口在
二萬五千至二萬八千人之間。但一七四〇年至一七四六年間，
居住此地的烏羅亞，卻說此市人口，超過了五萬。這兩位著
者，關於智利及祕魯許多其他主要都市人口的計算，亦有差
異，與此略同。他們兩人報告的正確，是無可置疑的。其計算
的差異，正可表示當地人口的增加，並不劣於英領殖民地。總
之，這一切，都表明了美洲即是該地銀礦產物的新市場，那裡
對於銀的需要大增了，其增加，更比歐洲各繁榮國，遠為迅
速。

　　第三，東印度為美洲銀礦產物之又一市場。自此等礦山開
採以來，該市場所吸收的銀量，日有增加。從這時起，依亞加
普爾科港船舶而進行的美洲及東印度間的直接貿易，已持續擴
大，而同時經由歐洲的間接交通而進行的貿易，則尤有進步。
十六世紀中，與東印度進行正規貿易的，只有葡萄牙人。但同

世紀末，荷蘭人即開始與之競爭。僅及數年，就把葡萄牙人趕
走了，使不能再於印度的主要殖民地上立足。前世紀之大部分
時間，東印度貿易之最大部分，即由這兩國分占。葡萄牙人貿
易即使日有衰退，荷蘭人的貿易，卻能以較此爲大的比例，
繼續增加。英國人法國人雖在前世紀，即與印度進行交易，但
到這一世紀，他們間的貿易，才大增其規模。瑞典人及丹麥人
的東印度貿易，乃始於最近數十年間。俄羅斯人，最近亦組織
所謂商隊，取道西伯利亞及韃靼，逕赴北京，與中國進行正規
的交易。總之，除法國東方貿易因晚近戰爭而被毀滅以外，其
餘各國對於東方的貿易，幾無不在繼續擴大。歐洲所消費的東
印度貨物，日益增大。其消費額之大，似乎曾使印度各種業
務，漸次增大。譬如，十六世紀中葉以前，歐洲用茶，極其有
限，不過把它用作藥品。然在現在，英國東印度公司爲本國國
民當作飲料而輸入的茶的價值，每年計達一百五十萬鎊。但這
還不夠滿足需要，遂又由荷蘭諸港及瑞典之哥德堡，不斷走私
進入。並且，當法國東印度公司繁榮時代，又常由法國海岸走
私進入。此外，對於中國的瓷器、摩鹿加的香料、孟加拉的布
匹，以及其他無數貨物，歐洲的消費額，亦在以近似同一的比
例增加。所以，用在東印度貿易上的船舶，現在是多得多了。
前世紀全歐洲所用的船舶，比最近航運銳減以前的英國東印度
公司一家所用的船舶，以噸數計，怕多不了許多。

　　然當歐亞初通貿易時，亞洲諸國，尤其是中國與印度的
金銀的價值，卻遠較歐洲爲高。迄今猶復如此。此種差異，蓋
因前者多爲產米國，其稻田大抵每年能收穫兩次三次，而每
次收穫的產量，又比小麥普通的收穫爲多。所以，產米國與產

麥國比較，即使面積相同，產米國的食物，仍必較爲豐饒。食
物愈豐饒，其人口即愈稠密。國內富人，乃持有自身消費不了
的大剩餘，用以出售，從而，持有購買他人遠爲多量的勞動的
手段。因此，徵之任何記載，中國及印度斯坦的高官巨豪，比
較歐洲最富裕的人民，都有遠爲多數的隸役。此等大官富豪，
因持有過剩食物，所以，爲了交換那些產額甚少的珍奇物品，
譬如，富翁競求的金銀寶石，他們亦能提供較多量的食物。所
以，供給印度市場的礦山，比於供給歐洲市場的礦山，即使同
樣豐饒，但其產物在印度所能換得的食物，自然較多。可是，
因爲供給印度市場貴金屬的礦山，遠較供給歐洲市場貴金屬的
礦山爲貧瘠，而同時供給印度市場寶石的礦山，卻遠較供給歐
洲市場寶石的礦山爲豐饒，所以，貴金屬在印度，自然比在歐
洲，能換得較多量的寶石，並能換得遠爲多量的食物。像金剛
石那樣的非必需品，其貨幣價格，在印度常較在歐洲，遠爲低
廉。但前面講過，印度勞動的眞實價格；換言之，印度勞動者
受得的生活必需品的眞實量，卻不如歐洲勞動者。印度勞動者
的工資，既只能購得較少量的食物，而食物在印度又較爲低
廉，所以，與歐洲比較，印度勞動的貨幣價格，就倍加低廉
了。在技術相同勞動相同的情況，各國製造品，必有大部分的
貨幣價格，與其勞動的貨幣價格成比例。中國及印度斯坦製造
業上的技術勞動，雖多少較歐洲各地爲劣，但必相差不遠。其
勞動的貨幣價格，既如此低廉，其製造品的貨幣價格，就相形
而較歐洲各國遠爲低廉了。加之，歐洲大部分地方輸送貨物，
多由陸運。先把原料由產地運往製造所，再由製造所搬往市
場，其間所消耗的勞動既多，製造品的眞實價格及名目價格，

遂因而增大。反之，在中國及印度斯坦方面，則因內地河港縱
橫，貨物例由水運。所需運費，既較歐洲爲少，其大部分製造
品的眞實價格與名目價格，就不得不較低。綜合這諸種理由，
貴金屬由歐洲運往印度，以前極有利，現今仍極有利。在印度
能夠獲得好價的物品，殆無一能與貴金屬比。貴金屬在歐洲所
費的勞動與商品如此，貴金屬在印度所能購得的勞動與商品又
如彼。兩相比較，實大有利於貴金屬之輸往印度。又，貴金屬
中，以金運往印度，又不若以銀運往印度，因在中國及其他大
部分印度市場上，純金與純銀的比率，通例爲十與一之比，至
多亦不過十二與一之比。而在歐洲，則爲十四或十五與一之
比。即在前者方面，雖能以銀十盎司，至多十二盎司購得金一
盎司，但在後者方面，則需銀十四盎司乃至十五盎司。因此，
航行印度的歐洲船舶，均以銀爲最高價的輸運品。向馬尼拉航
行的船舶，亦屬如此。新大陸的銀，實際就是依著這種種關
係，而成爲舊大陸兩端通商的主要商品之一。把世界遠隔各地
聯絡起來的，大體上，也以銀之賣買爲媒介。

　　因要供給如此廣大的市場，常年由諸礦山掘取的銀量，就
不但要足夠供應一切繁榮國家的繼續增加的鑄幣及什器需要，
且須足夠彌補一切用銀國繼續用銀的毀損消磨。

　　貴金屬使用的範圍，既如此廣泛，所以，單就其用作鑄
幣而繼續磨毀了的，用作什器而繼續磨毀了的消耗量而言，每
年已須有極大量的供給。特殊製造業上所消費的此等金屬，雖
然不比這漸次消費的總量，遠爲多量，但因其消費遠爲迅速，
所以，特別感到顯著。據說，伯明翰某種製造品上，爲鍍金包
金而使用的金銀量，每年計達英幣五萬鎊，而且，這五萬鎊一

經移作此種用途，就絕對無恢復原狀之可能。由此等事實，我們更可想到，世界各地，在與伯明翰這種製造品相類的製造品上，或在鑲邊、彩飾、金銀器、書邊鍍金，以及家具等物之上，每年皆不得不消費極大量的金銀。而且，金銀每年由一地搬往他地，在海陸途中失去的分量，也一定不在少數。加之，掘地埋藏寶物，是亞洲諸國一向已有的普遍風習。埋藏的場所，往往隨埋藏者的死亡而致不明。這種風習，必致增加金銀的損失量。

根據極可靠的記錄，由加底斯及里斯本輸入的金銀量（總計合法與非法），每年約計六百萬鎊。

據麥庚斯所述，一七四八年至一七五三年這六年間，西班牙每年輸入的平均量，和一七四七年至一七五三年這七年間，葡萄牙每年輸入的平均量，合計銀一百一十萬一千一百零七鎊，金四萬九千九百四十鎊。銀，每杜雷鎊，值六十二先令，計值三百四十一萬三千四百三十一鎊十先令。金每杜雷鎊，值四十四幾尼半，計值二百三十三萬三千四百四十六鎊十四先令[4]。兩者共值五百七十四萬六千八百七十八鎊四先令。這種計算，在麥庚斯，認為是正確的。輸出金銀諸地點及輸入金銀諸地點的金銀量，他皆根據登錄簿，詳為揭示。關於走私進入的金銀量，他亦會在推想上，加以相當斟酌。這位慎重商人的豐富經驗，使他的意見，顯得十分可信。

---

[4] 參照《一般商人論附錄》第十五至十六頁。這附錄，在一七五六年，即本論公開印行三年後，還未付印。本論未經再版，附錄亦多散逸。其中關於本論的脫誤，曾加以訂正。

著《歐洲人在兩印度立基的哲學及政治史》一書的人，以能辯而通達事理見稱於世。據他所述，自一七五四年至一七六四年這十一年間，輸入西班牙的金銀量，平均以十里爾（Real）爲一派斯托（Piastre）計算，計達一千三百九十八萬四千一百八十五派斯托又四分之三。但這尙只就登錄過的輸入量而言，若把走私的加入，每年全部輸入，恐不下一千七百萬派斯托。一派斯托值四先分六便士，全額即等於英幣三百八十二萬五千鎊。這位著者，詳記金銀輸出諸地，並參考登記錄，詳爲記載各地輸出的金銀量。依他的報告，逐年由巴西輸入里斯本的金量，若就葡萄牙王所課稅額判斷（稅金似爲標準金屬五分之一），其價當爲一千幾百萬克諾舍多（Cruzadoes），即法幣四千五百萬里維爾（Jivres），約合英幣二百萬鎊。再把無從避免的走私金量，作爲合法輸入的八分之一計算，又可附加二十五萬鎊，合共二百二十五萬鎊。依據此種計算，西班牙葡萄牙兩國逐年輸入的貴金屬，總額就達到了六百零七萬五千鎊。

此外，像若干其他根據正確的計算簿所示，其數字，時或稍多，時或略少，但關於每年平均總輸入爲六百萬鎊一點，我卻相信，他們幾乎是眾口一辭。

每年輸入加底斯及里斯本的貴金屬量，與美洲諸礦山全年產量，並非相同。全年產額中，有一部分常由亞加普爾科港船舶，運往馬尼拉；有一部分，在西班牙的殖民地對其他歐洲諸國的殖民地間，進行祕密交易；還有一部分，無疑是殘存於出產地。加之，美洲諸礦山，並非世界唯一的金銀礦山。固然，那可說是世界最豐饒的礦山。今日既知的其他各礦山產出

額，比之美洲諸礦山，是頗不足觀的。並且，美洲產出額的大部分，亦眞是逐年向加底斯及里斯本兩地輸入。但是，單在伯明罕一年消費的五萬鎊，已相當於這每年六百萬鎊輸入的一百二十分之一。從此點看，世界各地逐年消費的金銀總額，也許與其產出的總額相等。即有剩餘，亦不過足供一切繁榮國家繼續增加的需要。有時，甚或不夠滿足此需要，從而，使歐洲市場上的金銀價格，提高若干。

年年由礦山提供市場的銅鐵量，遠非金銀所可比較。但我們絕不能因此，就想像這些賤金屬的供給增大，有超過其需要的傾向，或者說，有使其價格漸次趨於低廉的傾向。賤金屬尚且如此，我們還可想像貴金屬有此傾向嗎？固然，賤金屬質賤而用粗，因價值較貴金屬輕微，保存者的注意，亦不若貴金屬保存者，但是，貴金屬並不常較賤金屬更能耐久。貴金屬亦常在各方面損失、消磨、耗費。

一切貴金屬價格，雖都有緩慢的逐漸的變動，但與其他土地原生產物比較，則年年的變動，確實是比較少。其中，貴金屬價格的變動，又常不若賤金屬之激烈。原來，金屬價格不易變動的原因，就在於它的耐久性。去年上市的穀物，在今年末以前，必須消費完，但兩、三百年前由礦山採取的鐵，現在還可使用，兩、三千年前由礦山採取的金，現在也還可使用。各年度被消費的穀物量，與各年度生產的穀物量，常常持有相當的比例。但甲年度與乙年度所使用的鐵量間的比例，不會大受這兩年度鐵礦產出額的偶然差異影響。所使用的金量間的比例，更不會受金礦出產額的變動影響。所以，大部分金屬礦山的生產額，比之於大部分穀田的生產額，一年一年看，雖有更

大的變動，但生產額的變動，對於這兩種不同生產物價格的影
響，也是不一樣的。

金銀價值比例的變動

　　美洲諸礦山發現以前，歐洲諸造幣局，規定純金對純銀的
價值比例，爲一比十，至一比十二。即純金一盎司，被認爲有
純銀十盎司乃至十二盎司的價值。然至前世紀中葉，其比例遂
規定爲一比十四乃至一比十五。即純金一盎司，被認爲有純銀
十四盎司乃至十五盎司的價值。這樣，金的名義價值，就騰貴
了。換言之，金所能交換的銀量加多了。金銀兩金屬的眞實價
值，換言之，它們所能購得的勞動量，雖一同下跌了，但銀比
金更爲低落。美洲金礦銀礦的蘊藏量，皆比以前任何已知礦山
爲優，不過金礦究竟不若銀礦豐饒。

　　常年由歐洲運往印度的銀量甚大，致英國一部分殖民地的
銀價，比之金價，漸趨低落。加爾各答的造幣局，與歐洲同樣
認純金一盎司，有純銀十五盎司的價值。可是，這評價，比之
金在孟加拉市場上所持的價值，似覺太高。中國金銀之比，依
然爲一比十，或一比十二，日本據說是一比八。

　　據麥庚斯的計算，每年輸入歐洲的金量銀量間的比例，將
近一比二十二。即金輸入一盎司，銀輸入二十二盎司。可是，
銀輸入歐洲後，又有一部分轉運東印度，結果，殘留在歐洲的
金量銀量間的比例，他以爲，約與其價值比例同，即一比十四
或十五。他似乎以爲這兩金屬價值間的比例，必然與其數量間
的比例一致。所以，在他想來，銀如沒有這麼多量的輸出，則

價值比例，當爲一比二十二。

　　但這兩種商品的普通價值比例，與其普通存量比例，不必然一致。一頭值十幾尼的牛的價格，約爲一頭值三先令六便士的羊的價格六十倍。假使我們依此推想，通常市場上有一頭牛，就會有六十頭羊，那豈不荒謬。只根據通常以金一盎司購銀十四乃至十五盎司的事實，就推論普通市場上有金一盎司，即有銀十四至十五盎司，也是同樣錯誤。

　　通常市場上銀與金之量間的比例，較一定量金與銀之價值間的比例，也許更大得多。市上廉價商品，與市上高價商品比較，就總量的價值言，前者往往更大。年年上市的麵包，不僅總量較肉類爲大，總量的價值，亦較肉類爲大。肉類的總量，大於家禽的總量，家禽的總量，更大於獵獲品的總量。廉價商品的顧客，通常是遠較高價商品的顧客爲多，從而，廉價商品就能在市上售去更大的數量而售得更大的價值。廉價商品總量對於高價商品總量的比例，通常就不得不較大於一定量高價商品價值對於等量廉價商品價值的比例。就貴金屬言，銀爲廉價商品，金爲高價商品。因之，通常市場上，銀的存量，就不僅在數量上較大於金，在價值上亦較大於金，這是我們可以斷言的。凡屬持有少量金銀飾器的人，只要把自己的銀器和金器一加比較，就會發覺銀器在量上、在價值上，都遠優於金器，並且，還有許多人，持有不少的銀器，卻毫無金器。即使有之，亦不過限於表殼，鼻菸盒及諸如此類的小玩意，其總額的價值，極爲有限。固然，就英國鑄幣而言，金占有大優勢，但在其他各國，並非如此。有些國家的鑄幣，其銀量之價值殆近於金量之價值。如造幣局記錄所示，蘇格蘭在未與英格蘭合

併以前，金幣雖多少占有優勢，但有限得很。其他許多國家的
鑄幣，則占優勢的，不是金而是銀。法國一切巨額的支付，通
常皆用銀幣。若金幣，則只限於隨身攜帶的小額，此外即不容
易得到。不論如何，一切國家的銀器價值，總必大於其金器價
值，但只有少數國家，是金幣占優勢，所以，以前一種優越，
抵償後一種優越，實足有餘裕。

　　在某種意義上，銀在過去，常較金遠爲低廉，在將來，也
恐不免仍然如此。但在另一種意義上，今日西班牙市場上，又
可說金廉於銀。一種商品，不但可以按照其通常價格之絕對的
大小，而說是高價或低價，同時，並可按照其價格究竟在如何
程度上，超過其長時期提供市場的可能最低價格，說它是高價
抑或是低價。而這所謂最低價格，乃只足償還商品上市所必要
的資本及其普通利潤，而對於地主，不能有何等報酬，那全由
工資及利潤兩者構成。在西班牙市場上，金比之銀，確多少更
接近於這最低價格。西班牙課加的金稅，雖不過標準金屬二十
分之一，或百分之五，而銀稅則爲十分之一或百分之十。前面
講過，西領亞美利加金銀礦山大部分的地租，全都當作賦稅，
供給國王。國王的收入狀態，在金的方面，較在銀的方面，更
爲不良。經營金礦發財者，也比經營銀礦發財者少。可見利潤
在金礦的情況，一定低於銀礦的情況。西班牙市場上之金的價
格，既只含有較少的地租和利潤，故與銀比較，就一定多少更
接近於這最低價格了。把一切費用都列入計算，在西班牙市場
上，出售全部的金，似乎不能像出售全部的銀那樣有利。但葡
萄牙在巴西所收的金稅，與西班牙往昔在墨西哥及祕魯所收的
銀稅，同爲標準金屬的五分之一。因此，亞美利加全部的金，

是否較全部的銀，以更接近這可能最低價格的價格提供歐洲一般市場，就很難說了。

至於金剛鑽石及其他寶石的價格，可能比金的價格要更與這可能最低價格相近。

銀稅不僅和奢侈品稅一樣，為最妥當的稅目，並且，在當時，又是政府收入的重要財源。所以，這種課稅，在有徵收可能的範圍內，是難以放棄的。但因繳稅者負擔不起，已在一七三六年使銀稅由五分之一減低至十分之一，將來亦難保不再減低。也許會像金稅跌至二十分之一，再往下跌。西領亞美利加的銀礦，亦像其他各礦山一樣，採掘較從前深入，而在更深處進行作業，則排出積水，供給新鮮空氣的費用，就不得不較從前加多。這種事實，凡曾調查這些礦山情況的人，都是承認的。

上述諸原因，都可增加銀的採掘費。這些原因，無異增大銀的稀少性（因為一種商品的獲得，如果更加困難，費用增加了，就不妨說它是益形稀少），結果，一定會生出以下三種現象之一。這種費用的增加，第一，由銀價按正比例增加而得補償。第二，由銀稅按正比例減少而得補償。第三，兼由這兩種方法而得補償。三者必居其一，但以第三現象最可能。金稅儘管大減，但和銀相比，金價仍會上升；同樣，銀稅儘管大減，但和勞動及其他諸商品相比，銀價仍會騰貴起來。

但是，銀稅的遞減，縱然不能全然防止歐洲市場上銀價的騰貴，至少，總會使其騰貴延遲。減稅的結果，以前因不堪重稅而中止開採的諸礦山，現在也許會再行採掘。因此，年年上市的銀量，一定會增加一些，而一定量銀的價值，也一定要跌

落一些。一七三六年西班牙王廷減低銀稅的結果，歐洲市場上的銀價，比較以前，雖不曾實際下跌，但與銀稅不減的情況比較，卻亦可說下跌了百分之十。

上述諸般事實和議論，使我相信，或者更切當的說，使我揣測，銀稅雖減，銀價卻在現世紀的歐洲市場上，騰貴了一些。至於我所以說是揣測，就因爲我對於這問題，雖竭盡了力量，我的意見，恐怕終究不應稱爲信念。我假定銀變貴一些，但那程度，迄今還很有限。因此，上面儘管有許多解說，最終銀價的騰貴現象，實際是否已經發生——不僅如此，我們還要問，相反的現象，實際是否依然持續，即銀價在今日歐洲市場上，是否仍舊向下跌的問題，恐怕也還有許多人，拿不定主意。

不過，以下的事件，是必須注意的。金銀每年的輸入量不論如何，其每年消費量，終歸有個時期，會與其每年輸入量一致。金銀供應的總量愈多，其消費量亦必增大，有時，或者竟以更大的比例而增大。總量增多，其價值固必因而減少，但又因用途增多，不被珍惜使用，結果，金銀的消費量，必比其總量的增加，以更大的比例增大。所以，經過一定時期後，金銀的每年消費量，在輸入沒有繼續增加下，一定會與其每年輸入量趨於一致。可是，今日的輸入，依舊在繼續增加。

在每年消費量與每年輸入量相等的情況，假若接下來每年輸入漸次減少，則每年消費量會有若干時期，超過每年輸入量，亦未可知。由此看來，金銀供應的總量，是漸次不知不覺的減少，因而，其價值亦漸次不知不覺的騰貴，一直到每年輸入量又達到不增不減之時爲止。此時，金銀每年的消費量，才

會漸次與其每年輸入所能支持的程度相符。

懷疑銀價今猶繼續跌落的根據

　　歐洲一向流行著一種俗見，以爲貴金屬量隨財富的增加而自然增加，其價值則隨其量的增加而減少。恰好，這時歐洲的財富是在日益增加，於是，有許多人相信歐洲市場上金銀價值迄今猶在跌落。而且，有許多土地原生產物迄今猶在漸次騰貴的事實，更使這班人確信這種見解。

　　我已在前面講過，一國隨財富增加而增加的貴金屬量，絕沒有減低其價值的傾向。一切種類的奢侈品、珍奇品，皆聚集於富國，同理，金銀也自然聚集於富國。不是因爲此等物品，在富國比在貧國低廉，卻是因爲比在貧國昂貴。富國出價，往往較高。價格的優越性，將吸引此等物品，這優越性一旦消滅，此等物品亦馬上不會向這方面聚集。

　　除了穀物及其他全由人類勞動而生的各種植物，一切種類的原生產物，如家畜、如獵獲品、如地中有用的化石礦物等，皆隨社會之財富增進、治化改良而自然趨於高價。這亦是我已經努力說明過的。因此，縱令此等商品較以前能換得更多量的銀，我們仍不能因此便說，銀價實際已較前低落；換言之，比起從前，只能購買較少量的勞動。能由此引出的結論，只是這般商品價格實際上已經提高；換言之，比起從前，已能購得較多量的勞動。伴著治化的改進，此等商品，不但名目價格騰貴了，其眞實價格亦騰貴了。名目價格的騰貴，並非銀價下落的結果，只是該商品自身眞實價值騰貴的結果。

社會進步對於三種初級產物之影響各異

初級產物，可以分為三類：第一類產物，幾乎全然不能由人類勞力增加；第二類產物，能應需要而增加；第三類產物，雖能由人力勞動而增加，但其實效頗有限制，且無定準。第一類產物的真實價格，可隨財富及治化的改進，而無限的高漲起來。第二類產物的真實價格，有時雖可大大騰貴，但經過相當長的期間，其真實價格絕不能逾越一定的界限。第三類產物的真實價格，在自然傾向上，雖依改良程度的增進而騰貴，不過在同一改良程度下，其價格有時下跌，有時繼續原狀，有時騰貴一些，那須視偶然的事變，使人類勞動之努力，在增加此等產物時，所收的實效如何而定。

第一類

隨社會治化改進而提高其價格的第一類產物，幾乎全然不能由人類勞動增加。其產額既不能超過自然生產的一定分量，其性質又非常容易腐敗，所以，想把各季節生產的這類產物，一起蓄積起來，勢不可能。大部分稀少特異的鳥類魚類、各種野獸野禽、各種候鳥，皆屬於此類。伴隨富裕程度的增進，及因富裕而生之奢侈性的增進，對於此等產物的需要，亦必增加。其需要增加，同時，其供給卻不能由人力增大。所以，這等商品的價格，就可隨購買者持續不斷的競爭加高，而無限制的上漲。例如：山鷸，即使成為時尚品，價格漲至二十幾尼一尾，人類也不能由勞動而使市上的山鷸，增加至現有額數以上。羅馬人最隆盛時代，對珍奇魚類鳥類而支給的極高價格，

正可依此事實說明。此種高價，確實不是當時銀價低落的結果，而是不能隨人意增加的這些稀有品、珍奇品本身價值騰貴的結果。在羅馬共和國沒落前後若干年，比在今日大部分的歐洲，銀的價值更高。共和政府對於西西里所課什一稅之小麥，每一摩提阿斯（Modius）或一培克（Peck）折價三席斯特爾（Sestertii），合今日英幣六便士。一培克售三席斯特爾，既然是西西里農民以小麥提供共和政府的價格，故必較平均市價爲低。所以，羅馬人若須從西西里輸入什一稅總量以上的穀物時，他們仍須依契約，對於超過量，每一培克，支給四席斯特爾，合英幣八便士。這價格，想必即是當時認爲適當而合理的價格，即當時所謂平均或普通的契約價格，換算起來，約當每夸特二十一先令。英國小麥，就品質言，較西西里小麥爲劣，在歐洲市場上的售價，亦較低。但在最近荒歉年度以前，其普通契約價格，卻爲每夸特二十八先令。因此，把往古時代的銀價，與現在的銀價相比，勢必成爲三對四之反比例，即當時銀三盎司，與現在銀四盎司比較，當能購得等量的勞動或商品。史家蒲林尼記載塞伊阿斯以值六千席斯特爾（合英幣五十鎊）一隻的白鶯，獻給女王阿肯利畢納；又阿省尼・舍勒曾以八千席斯特爾（合今日英幣六十六鎊十三先令四便士）的價格，購紅魚一尾。當我們讀到這種記載時，這奇貴的價格，是夠令我們驚絕的。雖然如此，其價格從我們看來，猶似折去了實價三分之一。其眞實價格；換言之，它所能交換的勞動及食品量，比較其名目價格在今日顯示給我們的數量，約多三分之一。這就是說，塞伊阿斯爲白鶯一隻而支出的勞動及食品的支配權，在現今，須由六十六鎊十三先令四便士購得；阿省尼・舍勒爲

紅魚一尾而支出的勞動及食品的支配權，在現今，須由八十八
鎊十七先令九便士又三分之一購得。誘起這種過分價格的原
因，與其說是銀量充斥，致銀價低廉，倒毋寧說是羅馬人的剩
餘勞動剩餘食品過於豐盈，致珍奇品爭購者多。當時羅馬人所
持有的銀量，比之今日等量勞動及食品的支配權所能獲得的銀
量，是更小得多。

第二類

　　第二類價格隨治化改進而騰貴的原生產物，其數量能應人
類需要而增加。那種有用的植物，當土地未闢時，自然生產饒
多，致無價值可言，迄耕作進步，乃不得不讓位給那些更為有
利的別種產物。治化愈增進，此類產物的數量即愈減少，而同
時，其需要卻繼續增加。從而，其真實價值，換言之，它所能
購入或支配的真實勞動量，亦漸次增加，使與他種生產物（由
人力在土壤最豐墾治最良的土地上產出的物品）相較，不致更
為不利。但一旦達到這高度，它就不能再騰貴了。設竟騰貴到
此限以上，那就馬上有更多土地和勞動，會用到這方面來生產
此等物品。

　　譬如，家畜價格的騰貴程度，如已使人們覺得生產家畜牧
草的土地和生產人類食物的土地，已有同等利益，那就不能再
進一步上漲了，不然，馬上就有更多的穀田轉化而為牧場。耕
地擴張的結果，一方面，野生牧草的數量減少了，致不必勞動
耕種而自然滋長的肉類產量減少；他方面，持有交換肉類之穀
物或穀物代價的人數又增加了，致肉類的需要增加。因此，肉
類價格，連帶的，家畜價格，逐漸次騰貴，最終使人覺得以最

肥沃而墾治最良的土地，生產家畜的牧草，比之生產人類的食物，有同等利益。但在耕作事業的擴張，尚未能使家畜價格抬高至此程度以前，治化的改進，往往是非常遲滯的。一國如在徐徐向前進步，則尚未達此極限的家畜價格，終會繼續騰貴。在今日歐洲，恐怕一部分地方，猶在此種狀態中。即合併以前的蘇格蘭某地方，亦屬如此。蘇格蘭的地方，宜於爲牧者多，宜於爲耕者少。所以，那裡的家畜，如只行銷於內地市場，則家畜價格，終無從達到極頂的限度。前面講過，英格蘭的家畜價格，在倫敦附近，雖似已於前世紀初期達到此極限，但較僻遠諸地，則遠爲落後，恐怕迄今猶有少數地方，仍在繼續騰貴。然而在第二類原生產物中，價格首先隨治化改進而漲至極限的，可能要算家畜。

在家畜價格尚未臻此極限以前，那就連最適於耕作事業的土地，亦必有大部分不能完全用於耕作。廣大國度中，常有大部分農地，位在僻遠地方，其肥料不易仰給於都會，因此，妥善利用的農地數量，勢須與該農地自產的肥料量成比例；而自產肥料量，又須與農地所維持的家畜數成比例。因爲土地敷施肥料，不外二途：其一，放畜於田，因以得糞；其二，飼畜於廄，出糞肥田。但家畜價格若不夠支付耕地的地租和利潤，農業家絕不願在土地上放牧家畜，更不願設廄飼養家畜。因爲，設廄飼養家畜，所需牧草，勢須仰給於肥沃而既經墾治的土地（因牧草由荒蕪未曾墾治的土地取得，所需勞動經費尤多）。在家畜放牧的情況，其價格已不夠補償栽草地、放牧地的費用，況設廄飼養，牧草的刈取搬運，尚須附加相當的勞動和經費呢！所以，其價格必定更形不足。在這情形下，想設廄

飼養耕作所必要的家畜，尚無所謂，若飼養更多，那是絕無利
潤可言的。但若只飼養耕作所必要的家畜，則所得肥料，絕不
能供給可耕土地全部，使不斷保持良好狀態。肥料既不夠供給
全部農地，農民自然會揀最有利方便，即最豐饒而位置靠近農
園的土地，最後全農地中，常能保持良好耕作狀態的，就單是
一部分土地，而其餘大部分土地，則唯有任其荒蕪，最多不過
任其生產數量有限的牧草，以苟延那些奄奄待斃家畜之殘生而
已。其所養之家畜，與土地完全加入耕作所需之數比較，雖嫌
太少，但與土地實際產出的牧草比較，卻又往往嫌其過多。這
荒蕪地的一部分，在繼續放牧六、七年後，再加以墾治，也許
可以產出一兩回粗惡的燕麥或其他粗惡的穀類。之後則地力消
耗淨盡，勢必回復以前的休耕放牧狀態。於是，又進而墾治其
他部分，其他新墾地，又產出一、兩回粗惡穀物，順序回復其
以前的原狀。蘇格蘭在未與英格蘭合併以前，其低地一帶的土
地，大都在這方式下經營。當時能夠不斷由肥料而維持良好狀
態的土地，常常僅占全農地三分之一、甚至四分之一，有時，
甚且不到五分之一、六分之一。其餘土地，則全無肥料可施；
不過，其中還有若干部分，是依上述方式，依次墾治、依次休
息。所以，在蘇格蘭，本可耕作良好的土地，亦因須依此種方
式經營，致其生產額，比較其生產力，很不相符。此種經營方
式，當然是不利的，然而，蘇格蘭在合併以前，即因家畜過於
低廉，其地遂不得不採取此種不利的經營方式。至於此後家畜
價格已大漲，而該國大部分地方，依然沿用舊法，在若干場
所，固屬由於愚昧和拘泥古習，而在大多數場所，卻仍基於事
理之自然，不容立刻急速採用優良的方法。其中障礙，可大別

為二：第一為租地人貧困，資力有限，家畜騰貴，固能使他們飼養更多家畜有利，卻亦使他們難於多養。其次，縱令租地人持有此等資力，而牧草地之關治調整，亦非一蹴可幾。總之，家畜增加和土地改良兩者，勢須同時進行，莫能先後。家畜沒有增加，土地即無從改進；土地如非大大改進，家畜又不會顯著增加。像這種革故圖新過程中的自然障礙，非有長時期的勞動節約，那是無法排除的。現今，舊方式雖在漸次衰落，但想讓國內各地全部廢除，恐不免還要經過半世紀或一世紀的歲月。蘇格蘭由合併所得的一切商業利益，家畜價格騰貴可能是最大利益。家畜的騰貴，不但提高了高地一帶的土地財產的價值，同時，又成了低地一帶改進的主要原因。

新殖民領域，一般皆有多量荒蕪地。此等荒蕪地除飼養家畜外，不能作其他用途。所以，以家畜放牧其間，不久，數量即可大增。又，凡物之特別廉價，不外即是特別多產的必然結果。美洲殖民地之家畜，原是歐洲人由故鄉攜來。但在極短期間內，這些家畜就增殖繁多了，幾致全無價值。即使馬投林野，所有者亦任其放置，不復追尋。在這情形下，闢地飼養家畜，必無利可圖。要闢地飼養家畜而有利，須待殖民地建立，經過長年歲月以後。那裡，肥料既形缺乏，投在耕作事業上的資財與被耕作的土地，又不成比例，故其農業經營方式，竟與今日猶通行於蘇格蘭大部分地方者，如出一轍。據瑞典旅行家加爾姆所述，他於一七四九年在北美英領殖民地某部分所聞見的農業狀況，確實難以找出英吉利民族的特性，因為英吉利民族在農業各方面，都以熟練聞名。他說，當地人民，很少在自己穀田中，施放肥料。一區土地，因數次收穫而地力耗盡

以後，他們就開墾其他新的土地。迨這一區土地的地力又耗盡後，他們再開闢第三區的土地。他們的家畜，全任其自由，放牧於林野或未開闢的荒地間。春生牧草，因囓取過早之故，往往不到開花結實，即毀滅淨盡。所以，家畜常陷於半饑餓狀態中。春生牧草，是北美地方的天然牧草。歐洲人開始定居於該地時，此種牧草異常繁盛，高達三、四英尺。據加爾姆所確聞，他遊美當時不能維持一頭母牛的一塊土地，往時可以維持四頭母牛。而且，以前每頭母牛，能夠產出現在每頭四倍的牛乳。他認為，同地的家畜，之所以一時代一時代漸趨退化，主要不外因牧草缺乏。此等家畜，恐與三、四十年前，在蘇格蘭各地所見的矮小家畜相同。今日蘇格蘭低地矮小家畜的大改良，與其說由於種的揀擇（雖然有些地方，也使用這種方法），毋寧說由於飼料的豐饒。

　　因此，在家畜價格不能使闢地飼養家畜成為有利事業以前，改良的增進，雖屬遲緩，但在這第二類原生產物中，最先達到這有利價格的，恐仍是家畜，因為家畜價格若未達到此限，則這類地方治化改進的程度，就連說已經接近今日歐洲許多地方的情況，也談不上。

　　第二類原生產物中，最初達到此價格的為家畜，最後達到此價格的，當為鹿肉。大不列顛的鹿肉價格，表面上雖似過高，但這高價還不夠償還鹿園費用的事實，凡有飼鹿經驗的，皆當熟知。設非如此，就會像古代羅馬人飼養杜鵑那種小鳥一樣，不久，就會成為普遍農家飼養的動物了。斐洛及科倫麥拿都曾說，飼養杜鵑，為最有利事業。蒿鳥至瘦，據說當其依季節飛往法國某地時，如飼之使成肥胖，亦為有利可圖的事業。

總之，鹿肉如續爲流行食品，大不列顛的財富與奢侈，又若像過去某時期一樣增進上去，則鹿肉價格，或將較今日更爲騰貴。

在改良進步的過程上，由必需品的家畜價格漲到極限，到奢侈品的鹿肉價格漲到極限，其間，實介有頗長的歲月。在這長期歲月中，許多其他種類的原生產物，乃各依其不同情形，而或遲或速的，漸次達到其極限的最高價格。

在一切農場中，穀倉廄舍的廢物，都常能飼養若干家禽。此等家禽的飼養，既是廢物利用，無須農家特別開支，所以，通常都以極廉價格發售。農家由此獲得的，殆全爲純利，價格雖再低賤，他們亦高興飼養。在耕作惡劣人口稀薄的國度，像這樣無需費用飼養的家禽，極易供應需要，從而，這種家禽，就常與肉類及其他一切動物性食物，同樣廉價。不過，由這方法飼養的家禽總量，勢必遠較農場飼養的肉類總量爲少。凡效用相同而數量較少的產物，常更受富裕奢華時代人民所愛好。因之，耕作改進，財富及奢侈性增加的結果，家禽價格，逐漸次超在肉類價格以上，終至闢地飼養家禽，成爲有利事業。但是，家禽價格一旦達此高度，即不復繼續上漲，否則，其他用途上的土地，亦必改養家禽。法國若干地方，家禽飼養，一向被視爲農村經濟上最重要的產業，其有利程度，足使農民願爲飼養家禽而廣種玉米、蕎麥之類。因此，中等農家，有時竟在宅內養雞四百餘隻。英格蘭對於家禽飼養，沒有像法國那樣加以重視。但因英格蘭逐年有多量家禽仰給於法國，所以，家禽在英格蘭的售價，確實比在法國爲高。在治化改進過程上，一切動物性食物達到最高價格的時代，必隨以土

地改變原生產物而爲此等動物生產食料的時代。在後一時代以前若干時期，此等動物的價格必因缺乏而騰貴，在後一時代以後若干時期，其價格又必因新飼養方法的發現，致同面積土地，能生產遠爲多量的產物，使其趨於低廉。因爲，產多則其價必廉，設不能廉，則產多必無從長此繼續。今日倫敦市上肉類的普通價格，曾因苜蓿、蕪青、胡蘿蔔、甘藍等物栽培，而較前世紀初期爲低廉。此等物品的栽培，所以能降低倫敦肉價，其理或即如此。

豬是貪食的動物，不但食糞，且食其他一切有用動物所嫌忌的髒東西。因此，豬之飼養，與家禽同，原不過爲了廢物利用。如此由廢物利用而飼養的家畜數量，若已能充分滿足需要，此種肉類市價，當然要較他種遠爲低廉。但是，需要如超過此數量所能滿足的程度以上；換言之，飼養豬，如果同飼養其他家畜一樣，有特爲生產飼料之必要，則其價格，必然會因而騰貴。在一國的自然狀態及農業狀態下，飼養豬隻，比之飼養其他家畜，所需費用若較多，則豬肉價較其他各種肉類價爲大，若較少，則豬肉價較其他各種肉類價爲小。據蒲豐所述，法國的豬肉價，與牛肉價相近。在大不列顛的許多地方，現今，豬肉仍較爲高價。

大不列顛的豬及家禽兩者價格昂貴，往往有人說，那是因爲佃農小農的人數減少。此等人數的減少，一方面，是歐洲各地改良及耕作進步的直接先驅事件，同時，又是使此等物品價格，比在沒有此事件發生時，更易騰貴且更速騰貴的原因。一個最貧窮的家庭，往往不用何等費用，即能養活一隻貓或犬。一個最貧窮的農家，也同樣能以極少的經費，養活幾隻家禽或

一頭母豬數頭小豬。他們把餐桌上些許殘物、乳漿、乳滓，作為此等動物食料的一部分，而其餘的食料，則任其自行在不明顯損害他人的限度內，在附近田野間尋求。像這樣無所費而生產的動物數量，勢必因小農人數減少而大大減少，同時，其價格，勢必比小農人數尚未減少時，較迅速的提高。總之，這種動物的價格，在改良過程中，遲早終會達到可能的最高限度；換言之，為提供此等動物食料而被使用的土地，終久要像其他大部分土地一樣，足夠償還其經營培植所需的勞動與費用。

製牛乳的業務，原也是為了廢物利用，與飼養豬及家畜同。農場上耕牛所產的牛乳，平常皆超過小牛哺育及農家消費的必要量以上，而在特定季節所產尤多。可是，一切原生產物中，以牛乳為最易腐敗。牛乳在溫度特高季節，有時竟不能保存二十四小時。於是，農家把一部分製為乳酪，保存一週；一部分製為鹽乳酪，保存一年；一大部分製為乾乳酪，保存至數年之久。這所製成的種種乳酪，通常以一部分留作家用，其餘則全數送往市場。市價雖再低賤，也不致賤到阻礙農家，使不願以這剩餘部分，向市上提供。農家由市上收得的愈少，他對於製酪的作業，即愈趨於不衛生，乃至不為這種作業另備房屋，而因陋就簡的，在充滿油煙、汙穢、不潔的廚房中進行。實際上，蘇格蘭在三、四十年前，一切農家製酪的作業，類皆如此，即使在今日，猶有許多農家，繼續此種狀態。然使肉類價格昂貴的需要的增加，及由廢物利用而飼養的家畜數量的減少，同樣會使製酪業的生產物價格，騰貴起來。製酪業生產物的價格，當然與肉類價格及飼養家畜的費用相關聯。其價格愈趨騰貴，即愈能喚起農家對於製酪的注意和清潔，生產物的品

質，遂日益改良。最後其價格之高，雖以最良土地爲製酪而飼養家畜，亦可獲利。可是，價格一達此限，即不能進一步上漲，否則馬上便有更多土地移作此種用途。英格蘭大部分地方的乳酪價格，似已達到此最高限度，所以，有許多良好土地，即爲製酪而飼養家畜。蘇格蘭除大都市附近若干地方外，其餘各地，都似未達到此最高限度，所以，普通農家很少爲了製酪，而以良好土地飼養家畜。在最近數年間，乳酪的價格，確實漸趨昂貴，但若爲此目的而使用良好土地，卻仍不上算。蘇格蘭之乳酪品質，一般皆較英格蘭爲劣。實際上，這品質上的劣等，雖可充分抵償其價格上的低下，可是，品質劣等並不是價值低的原因，卻寧可說是價值低的結果。蘇格蘭乳酪的品質，即使遠較今日爲優，但在蘇格蘭現狀下，我想，市上大部分乳酪，仍不能以遠較今日爲高的價格發售。品質優良的牛乳，生產上必須有較多土地、勞動，以及費用。像今日這種價格，恐不夠報償。英格蘭許多地方的乳酪價格，無疑較爲昂貴，但製酪業，比之生產穀物和飼養家畜（這是兩大宗農產物），仍不能視爲更有利的土地用途。製酪業在英格蘭是如此，在蘇格蘭就更可想見了。

　　不論任何國度，須依人力生產的一切土地生產物價格，若尚不足償還土地的改良費及耕作費，該國的土地，絕不會完全用於耕作，完全得到改良。各種特定生產物的價格，因要補償此費用，第一要足夠支付良好穀田的地租，因爲其他大部分耕地的地租，都視穀田地租爲轉移；第二，要足夠在通常（良好穀田通常的補償）程度上，對農業家，補償他耕作的勞動和費用。換言之，農業家必須由此價格，取回其資本，並獲得資本

的普通利潤。各種特定生產物價格的騰貴，勢必先於生產這各種生產物的土地的改良。獲利是一切改良的目標，改良的必然結果如為損失，即不得稱為改良。然若由改良而生產的物品價格，尚不足補償改良的費用，則改良的結果，又必然是損失。因此，一國完全的改良與耕作，如確為一切公共利益中之最大利益，則這一類原生產物的價格騰貴，就不得視為公共災禍。那種現象，是一切最大公共利益所必有的前兆，亦必然會伴隨一切最大公共利益而起。

上述一切原生產物之名目價格或貨幣價格的騰貴，亦非銀價下跌的結果，而是這諸般產物自身真實價格騰貴的結果。即，這諸般生產物不但可以交換更多量的銀，且可交換較以前為多量的勞動和食品。它上市既須費去更多量的勞動和食品，故一旦上市，它所代表的，它所等價的，亦是更多量的勞動和食品。

第三類

最後第三類原生產物的價格，在自然傾向上，雖依改良程度的增進而上漲，但人類勞動增加此等產物所收的實效，卻有限制，或不確定。這類原生產物的真實價格，大體上，雖有隨改良的進步而騰貴的傾向，但當前的偶發事變，可使人類勞動，在該產物的生產上，所收實效，極不一致，從而，其價格有時甚或下跌，有時在極相異各時代，繼續同一狀態，有時又在同一時代，略微上漲。

自然生產此類產物，常使其附在他種產物上。因之，一國所能提供的前一類產物量，必然受它所能提供的後一類產物量

支配。譬如，一國的牛羊毛革量，必受該國所維持的牛羊頭數支配；它所能維持的牛羊頭數，又必然受該國改良狀態及農業性質支配。

也許有人說，在改良的進步中，使牛羊肉價漸次提高的原因，也同樣會使毛革的價格，依近似同一的比例而提高。就原始改進之初，毛革市場和肉類市場，同樣局限於窄狹範圍而言，此說或爲事實。可是，現在這兩者的市場範圍，是頗不相同的。

肉類的銷路，幾乎到處都局限於本國境內。英領亞美利加某地方及愛爾蘭，雖盛行醃肉貿易，但據我所知，今日商業世界中，進行此種貿易的；換言之，以自國大部分肉類輸往遠國異域的，只有這兩個地方。

反之，毛革市場，即在原始改良之初，亦鮮局限於本國境內。羊毛不經何等調製，生皮略加調製，就很容易可送往遠道諸國。又因此等產物多爲製造物之原料故，所以，即使其出產國的產業，對之並無何等需要，其他國的產業，仍會對此發生需要。

在耕作惡劣、人口稀薄的國家，比起在耕作優良、人口稠密的國家，一頭動物的全價格，實有較大部分爲毛皮的價格。據休謨指出，撒克遜時代的羊毛價格，約值羊一頭價格五分之二。他認爲，此種比例，與目前的比例比較，未免太高估了。但依我所確聞，西班牙某地方，往往單因採取羊脂羊毛而殺羊，其死肉則任其委地腐爛，或充肉食鳥獸之食物。像此種事實，就連在西班牙亦能偶一發生，那在智利、在培諾斯愛勒、在其他西領亞美和加許多部分，就是智見的現象了。這些

地方，往往單爲利用獸皮獸脂，而不斷撲殺有角動物。當斯帕諾勒島爲布卡尼賊侵入，法屬殖民地人口增殖，對於此島西班牙人（他們不僅占有東部海岸，且占有此島之內陸）的家畜，又尚不能給予價值以前，那裡亦不斷專爲獸皮獸脂，而撲殺牲畜。

土地改良及人口增殖的結果，一頭動物的全價格，乃因而騰貴。不過，此種騰貴影響獸肉價格者，比其影響於獸毛獸皮價格者爲大。前面講過，獸肉市場，在社會原始狀態下，常局限於其產出國境內。迨社會進步、人口增殖，乃漸次隨之擴大。但獸毛獸皮兩者，縱令爲野蠻國產物，亦往往行銷於全商業世界，故其市場，罕能因一國治化改進，即以同一比例，擴大起來。全世界商業的狀態，既不會因一國改良而受到顯著影響，所以這種商品的市場，在社會改進、人口增加之前及後，殆無任何變更。不過，在事物的自然推移上，社會如果改進，其市場一定也有一些擴展。況一國以此等商品爲原料的製造業，如日臻繁盛，則以前須運銷於國外者，現今可行銷於國內，結果，此等原料的價格，至少必按運費節省的程度而提高。在此情況，獸毛獸皮價格，縱不能與獸肉價格，依同一比例提高，大體上，終必略微上漲，而斷不致於下跌。

不過，英格蘭的情形，卻比較不同。英格蘭的毛織物製造業，雖頗稱繁盛，但羊毛價格，自愛德華三世以來，已大有跌落。據許多可資信賴的記錄，在愛德華三世治世中（十四世紀中葉或一三三九年左右），英格蘭羊毛一拓德（即二十八磅）的普通合理價格，不下於當時貨幣十先令。當時貨幣十先令，含有臺衡銀六盎司，以每盎司二十便士算，約當今幣三十先

令。現在英國最優良羊毛的良好價格，卻不過每拓德二十一先令。這樣，愛德華三世時代的羊毛貨幣價格，對於現在羊毛貨幣價格之比例，為十比七。至於在眞實價格方面，則前者之優越尤大。即舊時每夸特麥價六先令八便士，昔幣十先令，當可購小麥十二蒲式耳；現今麥價每夸特二十八先令，今幣二十一先令，只能購得小麥六蒲式耳。因此，往時羊毛眞實價格，對於現在羊毛眞實價格的比例，當為十二比六，即二比一。這就是說，當時羊毛一拓德所可購得的食品量，兩倍於現在羊毛一拓德所可購得的食品量。設這兩時代的勞動眞實報酬相等，則昔時可購得的勞動量，亦兩倍於今日。

羊毛在眞實價格及名目價格兩方面的跌落，絕不是自然的結果，而是暴力和人爲的結果。第一，英格蘭羊毛輸出的絕對禁止，第二，西班牙羊毛無稅輸入的許可，第三，愛爾蘭羊毛只許輸入英格蘭，不得行銷他國。此三種規定的結果，英格蘭羊毛市場，就局限於國內，而不能隨治化改進，有任何擴張了。其他若干國的羊毛，既得從容與英格蘭內地羊毛競爭，愛爾蘭羊毛，又被強迫與英格蘭內地羊毛競爭，所以英格蘭內地羊毛，乃不得不趨於跌落。加之，愛爾蘭毛織物製造業，因爲不能有公正允當的處理，以完成其自然發展，所用羊毛遂愈少，而強迫輸入英格蘭之羊毛遂愈多，其結果，英格蘭羊毛價格，乃愈益低落。

關於往時的生皮價格，我們不能發現何等可靠的記錄。羊毛，通常制定爲輸納國王的物品，當輸納時，其評價至少必爲當時普通價格。至於生皮則無此等事實可查。不過，夫里渥德曾根據鄂斯福巴設斯特寺院一四二五年的記錄，以那特殊情

況的生皮價格，指示我們。即，公牛皮五張，價十二先令，母牛皮五張，價七先令三便士，二歲羊皮三十六張，價九先令，小牛皮十六張，價二先令。當時十二先令所含之銀，約等於今日英幣二十四先令。那麼，按這記錄，公牛皮每張價格，折回銀量，就等於今幣四先令又五分之四了。就名目價格言，那固然遠較現今為低，但當時十二先令，能購買常價每夸特六先令八便士之小麥十八蒲式耳又五分之四。而等量小麥，在現今以常價每蒲式耳三先令六便士計，卻要值三十一先令四便士。因此，當時公牛皮一張，所能購得之小麥量，現在已需十先令三便士購買。即其真實價值，等於今幣十先令三便士。又，當時家畜一入冬令，即不免陷於半餓狀態，其體軀之非龐然肥大，殆可想見。重量四斯噸（Stone——每斯噸為常衡十六磅）一張的公牛皮，在今日視為中等牛皮，在往時恐要視為上等牛皮。據我所見，每斯噸半克朗，實為今日（一七七三年二月）牛皮的普通價格，則這重四斯噸的牛皮一張，不過值今幣十先令。因此，就名目價格言，今日較當時為高價；就真實價格，即以各自所能購買或支配的食品之真實量言，今日又略微低價。如以上記錄所示，母牛皮價格對公牛皮價格，殆常保有普通比例。羊毛價格，則遠遠超過於（對公牛皮價格的）普通比例。原來，在家畜價格非常低廉的國度中，非為延續畜種而飼養的小牛，通常皆於幼時撲殺。二、三十年前的蘇格蘭，尚猶如此。小牛價格，通常不夠償還牠所消費的牛乳價格。所以，撲殺小牛，即可節省牛乳，而當時小牛皮又無多大用處，其價格自不得不甚低微。

　　生皮價格，現在較數年前遠為低廉。此中原因，大約不外

海豹皮的關稅撤廢了，一七六九年又許愛爾蘭及其他殖民地的
生皮，得於一定年限內，無稅輸入。不過，就現世紀全體平均
看去，生皮的眞實價格，恐較往時略微上漲。原來，此種商品
的性質，比較羊毛，就更不宜於輸送遠方。其保存所易受到的
損害，亦較羊毛爲大。若以鹽醃漬，則以品質不若新鮮生皮，
其價格將更爲低落。這種情形，曾使生皮價格，在自國精製的
國度提高，在自國不精製，須向外國輸出的國度減低。在野蠻
國度減低，在進步的工業國提高。在現代提高，在往昔低落。
加之，英國製革業者，並不能像毛織業者那樣使人相信自己這
種製造業的繁榮，爲一國社會安全所繫，從而，前者也不能像
後者那樣受到國人的愛護。固然，生皮輸出，是被禁止了，且
被宣告爲一種有害行爲，但由海外輸入的生皮，卻又課有關
稅。由愛爾蘭及諸殖民地輸入的生皮關稅，雖經一度廢除（僅
五年），可是，愛爾蘭剩餘的生皮，即不在國內精製的生皮，
卻不一定在大不列顚境內銷售。至於諸殖民地普通家畜生皮，
不過數年以前，才列入只許在本國販賣，不得向他處販賣的商
品項目中。況且，愛爾蘭在這一方面，又並不會像羊毛那樣，
爲了要維持大不列顚的製造業，而受到壓迫。

　　不論何種規定，若立意在減低獸毛價格、獸皮價格，就必
在進步及發達的國度中，有提高獸肉價格的傾向。農業家既關
治良好土地，飼養家畜，其家畜價格，勢須足夠支給地主合理
地租，和自己應得的普通利潤。此兩者不取償於家畜的皮毛，
即當取償於家畜的肌肉。所取於皮毛者愈少，則所取於肌肉者
必愈多。地主只要獲取地租，農業家只要獲取利潤，至若毛皮
肌肉價格，各在一畜全價格中所占比例如何，那是他們不暇計

及的。由此看來，在改良及耕作發達國度中，地主及農業家，絕不會因此等規定受到大的影響，最多不過是肉價因此騰貴，在消費者立場上，會蒙其不利罷了。然而在治化未進、田野未闢的國度中，則情形完全兩樣。此等國家，大部分土地皆從事畜牧，畜牧而外，更無其他用途。而家畜價格的主要部分，又全由毛皮構成，肌肉不過占有極少的部分。在此種情況，以地主農業家的資格說，就將大受上述諸規定影響。但以消費者資格說，則所受影響，極為有限。因為在此種情況，毛皮價格的跌落，並不會招致肌肉價格的提高。因為，該國大部分土地，既除飼養家畜，即無其他用途，所以，即使毛皮跌落，也只好繼續飼養同數家畜。家畜的屠肉，既以同一分量提供市場，其需要卻不會較前加大，從而，其價格也不會較前加大。肉價保持原狀，毛價比較跌落，於是，全家畜的價格下跌，接著，以家畜為主要產物的一切土地（即該國大部分土地）的地租利潤，亦因而下跌。因此，永久禁止羊毛輸出的規定（這種規定，通常說是愛德華三世制定的，實則不然），在當時的情形下，實為最有妨害之規定。其實行，不惟使國家大部分土地的真實價值低落，且使最重要的小家畜價格跌落，從而格外延滯土地以後的改進。

蘇格蘭自與英格蘭合併後，其羊毛價格即顯著下跌。因為蘇格蘭羊毛自合併時起，即與歐洲大市場絕緣，而局限於英格蘭小市場。設肉類價格的騰貴，不夠充分補償羊毛價格的下跌，則蘇格蘭南部諸郡以牧羊為主的大部分土地的價格，就不免要深受這次合併影響了。

人類雖努力增加羊毛量、生皮量，然以努力之效果，須受

限於該國之生產物，故其實效有限，又以須受限於外國之生產物，故其實效頗少把握。就後一層說，與其說受限於他國產出的數量，倒不如說，受限於他國不自行製造的數量。同時，他國對於此等原生產物輸出，是否加以限制，亦對其努力之實效頗有影響。凡此等等，均非本國操業者所能自主，所以，人類勞動在這方面所得的實效，不但受有限制，並且最不確實。

人類勞動增加羊毛、生皮所收的效果如此，人類勞動增加魚獲量（極重要的一種原生產物）所收的效果，亦復如此。這方面的努力，勢必受限於當地的地理位置。距離海洋遠嗎？內地河流多嗎？此等海洋江河湖沼產出量豐富嗎？這都很有關係。原來，人口加多，該國土地勞動年產物加多，魚的購買者亦加多。並且，此等購買者，為了買魚，還持有更多量的其他貨物或更多量其他貨物的代價。但是，為供應此擴大市場而投下的勞動量，若不加多，那是沒有滿足此擴大需要之可能的。譬如，年年原來只需要一千噸魚的市場，如擴大至需要一萬噸魚，那麼，為供給此市場而須投下的勞動量，亦就非增加十倍，不能滿足此需要。因為在此情況，魚類大都要取自較遠地方，使用的漁船，一定要較大，用以捕魚的器具，一定較為高價。因此，這種商品的真實價格，自然會隨改良增進而騰貴，並且，我相信，各國的實際情形，正是如此。

捕魚一日，所得究竟有多少，雖難確定，然若通觀一年或數年，則在設定的地理位置上，我們就不妨說，人類努力捕魚，普通所得，可有定量。實際，亦復如是。然而其實效如何，取決於一國財富及勞動狀態者少，取決於地理位置者多。所以，縱令改良進步的程度非常不同，在漁業上，人類勞動的

效果，卻可能相同；改良進步在同一程度，又可能差異極大。其效果與改良狀態之關係，很不確實。這種不確實，也是我在這裡所要討論的。

人類要增加由地底採出的各種礦物金屬（特別是更昂貴的金石）量，其勞動實效，雖似沒有限制，但全不確實。

一國所有貴金屬量之多寡，無關於該國之地理位置（即礦山之肥瘠有無），乃取決於以下兩種情形。第一，取決於該國的購買力，於其產業狀態，於其土地勞動年產物。購買力有大有小，則用以採掘（自本國礦山）購買（由他國礦山）金銀那一類非必需品的勞動與食品量，亦多少不齊。第二，取決於在一定期間內，以金銀供給世界商場之礦山的肥瘠程度。因金銀輸送容易，運費低廉，且因其體積小而價值大，所以，就連離礦山頗遠的國家，其金銀量，也要多少受這種礦山之肥瘠影響。中國、印度的金銀量，曾多少受美洲諸礦山的豐饒影響。

一國金銀量因須取決於前一情形（購買力），金銀真實價格，將與其他一切奢侈品、非必需品的真實價格，同樣隨該國財富及改良的增進而騰貴，隨該國的貧困與不振而下跌。因為，持有多量剩餘勞動與食品的國度，比之只持有少量剩餘勞動與食品的國度，在購買一定量金銀時，一定能提供較多量的勞動與食品。

又，一國的金銀量，因須取決於後一情形（以金銀供給世界商場的諸礦山的肥瘠情形），故其真實價格，換言之，它所能購買所能交換的勞動量、食品量，必按照那礦山的豐饒性比例而多少下跌，按照那礦山的貧瘠性比例而多少上漲。

在一定時期內以金銀供給世界的礦山，究竟是豐饒，還

是貧瘠，明顯與特定國的產業狀態沒有任何關係。換言之，與世界全部的產業狀態，也沒有任何必然的關係。固然，工商事業，漸次向世界更廣的地面擴充，諸礦山的探索，亦隨而向更廣的地面擴大，新礦山發現的機會，必較前加多，但新礦山發現和舊礦山漸次掘盡，都是極不確實的事，都非人類技巧勞動所能保證的事。一切徵候，均屬疑團。新礦山的存在，非實際發現，無從確定；新礦山的價值，非採掘成功，無從預測。在探索新礦山的時候，人類勞動成功與不成功，是同樣可能的。今後一、二世紀，也許能發現較以前更為豐饒的新礦山；也許那時最多產的礦山，比較美洲諸礦山發現以前的任何礦山還要貧瘠。總之，無論這兩者哪一方面實現，對於世界之真實的富和繁榮，換言之，對於土地勞動年產物的真實價值，是沒有多大意義的。就名目價值說；換言之，就表明或代表此年產物的金銀量而言，無疑有極大的差異，可是，其真實價值，換言之，其所能購買所能支配的真實勞動量，卻完全一樣。即在前一情況，一先令不過只代表今日一便士所能代表的等量勞動。而在另一情況，一便士又或可代表今日一先令所代表的等量勞動。可是，在前一情況，持有一先令的人，不見得比今日持有一便士的人富，在後一情況，持有一便士的人，也並不比今日持有一先令的人窮。人類從前一情況所享得的唯一利益，是金銀什器的低廉與豐饒；人類從後一情況蒙受的唯一不利，只是這類無關重要的非必需的昂貴與稀少。

附論　銀價變化的結論

蒐集往時諸商品貨幣價格的著者，大抵皆以穀物及一般物品之貨幣價格低廉，換言之，大抵皆以金銀價值昂貴的事實，不僅是此等金屬不足的證據，同時，並且是當時一般國家貧乏野蠻的證據。這是一種主張，一國富裕由於金銀豐饒，一國貧乏由於金銀不足的經濟學體系。關於此種經濟學體系，我將於第四篇加以充分的說明，在此僅論及以下的事實，即，金銀價值的昂貴，僅可證實以此類金屬供給世界商場諸礦山之貧瘠，絕難證實金銀昂貴國之貧窮與野蠻。貧國不能較富國購買更多量的金銀，也同樣不能對於金銀支給較高的價格。從而，此等金屬的價值，在貧國斷乎不會比在富國昂貴。中國之富，甲於歐洲，貴金屬價值在中國，亦遠較歐洲各地為高。固然，歐洲的財富，自美洲諸礦發現以來，大有增加，同時金銀價值亦漸次低落。但這種價值的下跌，並非起因於歐洲真實財富的增加，或其土地勞動年產物的增加，乃基於曠古未有的豐饒礦山的偶然發現。歐洲金銀量的增加與製造業及農業的發達，雖然是起於近似同一的時期，但其原因卻非常相異。兩者相互間幾乎沒有何等自然關係。金銀量的增加，事出偶然，與任何計畫，任何政策無關，並且，計畫政策，亦無能為力。製造業及農業的發達，則是起於封建制度崩壞，與新政府興起。後者對於產業，給予了它所要求的唯一獎勵，即保證每個人得享受各自的勞動結果。封建制度至今依舊殘存的波蘭，其貧乏狀況幾乎無異於美洲發現以前。然而在波蘭，也像在歐洲其他各地一樣，穀物的貨幣價格騰貴了，金銀的真實價值，亦下跌了。可

知在波蘭，也像在他國一樣，貴金屬增加了；其增加，對於其國之土地勞動年產物，所持比例，亦幾乎和他國一樣。可是，這種貴金屬的增加，並不曾增加該國的年產物，不曾增進其製造業及農業，也不曾改善其居民的境遇。西班牙及葡萄牙兩國，擁有美洲許多礦山，但在歐洲諸國中，恐怕它們是次於波蘭的兩個最窮國家了。貴金屬由這兩國運往歐洲各地，勢須附加運費、保險費、走私費（這兩國禁止金銀輸出或課以高稅），從而其價值在這兩國，就不得不較其他諸國為低廉。所以，與土地勞動年產物比例言，在這兩國，貴金屬量也一定要比歐洲其他各國為多。然而，它們終究比歐洲其他各國貧困。封建制度雖已廢除了，但取代的，不是更好的制度。

　　由此看來，金銀價值低落，並不能證實一國的富裕繁榮，同時，金銀價值騰貴；換言之，穀物及一般物品的貨幣價格低落，也不能證實一國的貧困野蠻。

　　不過，一國的貧困野蠻，雖不能取證於低賤的穀物，卻可十之八九取證於那較穀物的貨幣價格尤為低賤的家畜及野生鳥獸。因為後者明白指示了以下兩種事實。第一，指示了此等產物對穀物而言，猶覺豐饒，可知畜牧荒地所占面積，亦較穀物耕地遠為遼闊。第二，指示了畜牧荒地，必較穀物耕地低廉，可知該國大部分土地，猶未加以耕作改良。據此兩者，更指示這種國家的餘財、人口，對於其廣袤領地所持比例，並非與普通文明國一樣；從而指示了其社會狀態，尚屬草莽階段。總之，我們由一般貨物（特別是穀物）的貨幣價格的高低，所能推知的，只是以金銀供給世界商場的諸礦山的肥瘠，絕無從推知該國的貧富。但是，我們以家畜這一類貨物的貨幣價格，

與其他貨物的貨幣價格比，從而察知其高低，卻可在一定程度
上，甚或明確推知該國是富裕，還是貧困，其大部分土地，是
否改良，其社會狀態，是接近野蠻，還是接近文明。

　　物品貨幣價格騰貴的原因，如全由銀價跌落，則一切貨物
所受影響一定是相同的。即，銀價若較前減少三分之一、四分
之一，或五分之一，所有一切貨物價格，亦必相應而普遍的抬
高三分之一、四分之一、五分之一。但是，世間議論紛紜的各
種食品價格的上漲，其漲幅卻頗不一致。就現世紀平均看去，
穀物漲幅至小，而其他食品價格的漲幅則頗大。由此可知後者
價格的漲幅，絕不能完全歸因於銀價跌落。而且，以上所述各
節，已可解說此中原因，並無待於銀價跌落之假設。

　　穀物在現世紀最初六十四年間，及最近異常不良氣候以
前，其價格尚較前世紀最後六十四年間略低。此種事實，不但
徵之英國溫莎市場記錄爲然，即徵之蘇格蘭各郡公定穀價調查
表，以及法國麥省斯和杜不黎・德・聖摩亞二氏精勤蒐集的許
多市場帳簿，亦頗相吻合。此種實證，原極繁瑣難稽，目前所
得，已算異常完備。

　　至於最近十年或十二年的穀物高價，即使不假定銀價有何
等跌落，亦得以氣候不良，充分說明。

　　因此，銀價仍在不斷跌落的見解，實無何等確鑿的根
據。只要細心考察一下穀物或其他食品的價格，即知此說不
確。

　　或許有人會說，即使由前述諸計算推測，等量銀在今日所
能購得的某種食品量，亦遠較前世紀所能購得的該種食品量爲
少。他們還說，確定此變化，究竟是基於該貨物價值的騰貴，

還是基於銀價的下落，即使區別確定了，亦何益於攜一定量銀入市或有一定量貨幣收入的人。在我，亦不敢主張，知此區別者，即可以較廉價格購買貨物。但這種區別，絕不能因爲這點，便說是全無用處。

　　一國繁榮狀態，可由此區別，而得一平易的佐證。故此區別的確定，當於大眾，不無助益。某種食品價格的騰貴，如全基於銀價下落，則我們能由此推得的，單是美洲礦山的豐饒。其眞實財富，即其土地勞動年產物，可能如葡萄牙、波蘭之日漸衰微，亦可能如歐洲其他大部分地方之日漸前進。但是，食品價格的騰貴，如基於生產該物品的土地的眞實價值騰貴，換言之，基於其肥沃度增加或基於其耕作改善，土地更適於穀物生產，那我們就可以堅決的斷定，該國是在繁榮進步。土地在一切大國的國家財富中，是最大的、最重要的、最持久的部分。此種區別，對於此最大最重要、最持久部分的價值增加，既能予以明確的證據，那就不能說對公眾毫無助益，至少，它能予公眾以些許安慰。

　　不只如此，在規定一部分下層傭役的報酬時，此區別亦於公眾有若干助益。如果某種食品價格騰貴，是基於銀價下跌，則此等傭役的金銀報酬（假定以前並未失之過高），便應依此下跌程度而增加。否則其眞實報酬，將依同一比例而減少。但是食物價格的騰貴，如是基於生產該食物的土地因肥沃度改良而價值增加，則究竟須依何種比例抬高他們的金錢報酬，或者是否需要抬高，其判定，就成了一個極微妙的問題。我相信，改良及耕作的擴張，一切動物性食物，比之穀物，其價格必多少提高，同時，一切植物性食物，比之穀物，其價格必然多

少下跌。動物性食物價格騰貴的原因，在於生產此食物的大部土地，皆已改良而適於穀物生產，其價格必須對於地主農業家提供穀田那樣的地租利潤。植物性食物下落的原因，在於該食物的豐饒程度，可依土地的增加而增加。且農業改良，許多能以更廉（比穀物更廉，因所需土地與勞動較少）價格上市的植物性食物，又相繼著手栽培。如馬鈴薯、如玉米（即所謂印地安穀物），皆屬於此類。此兩者，為歐洲農業，或者說歐洲本身，由通商及航海大發展而招致的兩大改良。加之，在農業初始狀態下，許多植物性食物，其栽培僅局限於菜園中，其栽培器具為鋤。等到農業改進，那些作物始導入普通農場，並以耕犁從事栽植。如蕪菁、胡蘿蔔、甘藍等，皆屬於此類。因此，社會改良進步，某種食品的真實價格必因而騰貴，同時，其他食品的真實價格，又必因而跌落。在此情況，要制定前者騰貴，究竟須在何種程度，始能由後者跌落而抵償，那是更其微妙的問題。肉類價格一旦達到相當高度（豬肉除外，一切肉類在英格蘭大部分地方，似已於一世紀前，達此極限），此後，其他各種動物性食物價格，無論如何騰貴，在一般下層階級人民的生活上，不會有多大的影響。英國大部分貧民生活，由馬鈴薯跌落而受到的實惠，確能補償其因家禽、魚類、野禽，或鹿肉價格騰貴而蒙受的不利。

當食物缺乏時，穀物高價，無疑會嚴重傷害一般貧民。但當普通豐年，穀物以普通價格或平均價格發售，故貧民所感到痛苦的，不是其他原生產物價格上自然的騰貴，而是食鹽、肥皂、皮革、麥芽、啤酒等價格，因課稅而起之人為的騰貴。

社會進步對各種製造品實質價格的影響

　　至於一切製造品之實質價格漸次減少，卻又是改良的自然結果。一切製造業的費用，幾乎都逐漸減少。機械的改善，技巧的進步，作業上更妥當的分工，無一非改良所致，亦無一不使特殊作業所需勞動量大減。固然，社會狀態，日臻繁榮，勞動的實質價格，必顯著騰貴。但必要勞動量的大量減少，一般足夠補償勞動的大幅騰貴而有餘。

　　自然，有一部分製造品，因原料實質價格騰貴，其作業上，因改良所得的一切利益，尚不足以相抵。在許多木器製作上，雖因機械改良、技巧增進，以及分工改善，可以獲得許多利益，但這一切利益，仍不足補償木材實質價格因土地改良而騰貴的程度。

　　但在原料的實質價格尚未騰貴或騰貴有限的情況，製造品的眞實價格，卻不免要大大跌落。

　　近兩世紀，物價跌落最顯著的，才數那些以賤金屬為原料的製造品了。前世紀中葉需二十餘英鎊始能購得一只普通的手錶，現在恐怕只花二十先令，就可購得一只走得更準的錶。銅匠鐵匠的製造品，各種銅鐵玩具，以及以伯明罕出品、雪菲爾德出品著稱的一切貨物價格，其跌落程度，比起手錶雖稍有遜色，但實際上也足令歐洲大陸各地的工人驚倒。他們在許多情況承認，即使以兩倍，甚至三倍的價格，猶不能製出同樣優良的產品。原來，以賤金屬為材料的這種種製造業，比一切其他製造業，都更宜於進一步的分工，其所用機械，都更易於改良。其製造品價格之特別低廉，當無足怪。

　　在近兩世紀中，毛織業製造品，不見有何等顯著的跌落。最上等毛織物價格，在這二十五年乃至三十年間，反而騰貴了一些。據說，這是因為來自西班牙的羊毛原料價格，是在顯著騰貴。又有人說，由英格蘭羊毛製成的約克郡毛織物價格，就其品質而言，在現世紀中，是大大跌落了。但是品質一語，至為含糊，所以這各種報告，我都難十分置信。毛織業上的分工狀況，今日殆與百年前所見略同。而其使用的機械，亦無大變動。然而大體上，這兩方面都有小小改良。其產品價格，亦必因而有若干跌落。

　　但是，我們試把此種製造品的現在的價格和更遠的十五世紀末葉的價格，兩相比較，其跌落趨勢，乃遠為顯著明確。由此可知當時分工程度，遠較今日為低，而當時在該業上使用的機械，亦遠較今日為劣。

　　一四八七年（即亨利七世第四年）曾頒布以下的法令：「最上等赤呢或最上等花呢一碼，零售不得過十六先令，違者每碼科罰金四十先令。」依此推斷，含有今幣二十四先令等量銀之十六先令，當然不能視為當時上等呢一碼之不合理價格。當時頒布此法令，意在取締奢侈，可知普通售價，必在十六先令以上。每碼一幾尼（二十一先令）為今日此等織物最高價格。就品質而言，今日確較當時優良。即使假定品質相等，上等織物的貨幣價格，自十五世紀末葉以來，亦顯有跌落。而其真實價格，則跌落更大。以穀物計，六先令八便士，為當時及此後許久小麥每夸特的平均價格，從而十六先令，就約為小麥二夸特二蒲式耳的價格。現在小麥一夸特如評價為二十八先令，則當時最上等毛織物一碼的真實價格，至少必等於現在英

幣三鎊六先令六便士。即購此毛織物一碼者所須支付的代價，實爲今日三鎊六先令六便士所能支配的勞動量與食品量。粗賤製品的眞實價格，雖亦顯有跌落，但其跌落程度，究竟不及精貴製品之大。

一四六三年（即愛德華四世第三年）制定法令，限定「農業僱役，普通勞動者，市外或郊外居住的一切工匠所僱用的雇工，皆不得穿著每碼二先令以上的織物」。當時二先令，約含有今幣四先令等量之銀。但是，現在每碼值四先令之約克毛織物，恐怕比當時最貧乏僱役穿著的任何織物，還要遠爲優良。所以，就這階層的人所著衣物的貨幣價格，與品質相比，現在亦較往時低廉。至於眞實價格，那更是較往時低廉。小麥每蒲式耳十便土，正當時所謂適中的合理價格。從而，二先令，就是小麥約二蒲式耳二培克的合理價格。以現在每蒲式耳三先令六便士計，二蒲式耳二培克，當值八先令九便士。當時貧困雜役，每購毛織物一碼，所須支付的購買力，實爲今日八先令九便士所能購得的食品量。但是，這法令之設，乃爲了要取締貧民之奢侈與浪費。可知當時貧民通常購買的織物價格，必遠超過此額以上。

這法令，又禁這階級人民，不得穿著每雙價格超過十四便士（即今幣二十便士）的長襪。當時十四便士，約爲小麥一蒲式耳二培克的價格，以現在每蒲式耳三先令六便士計，一蒲式耳二培克值五先令三便士。長襪一雙值五先令三便士，在我們今日看來，已是極高價格。然而，當時下級僱役，必有以此價購買長襪者，否則絕不會頒爲禁令。

當愛德華四世時代，歐洲各地皆不知織襪技術，當時所著

長襪，一般由普通布匹製成。此或爲其高價原因之一。英格蘭最初著襪者，據說始於女王伊莉莎白，她的襪，是由西班牙大使奉贈的。

往時精粗毛織業機械，皆遠不及今日完備。近數百年來，此種機械改良次數繁多，不勝枚舉。就其中最主要的改良言之，約有三端：第一，有紡條、紡錘代替紡輪，其結果，等量勞動，乃能完成兩倍以上的工作。第二，對於經緯線上機前之配置，有許多精妙機械可用，可以省去許多勞動（經緯線的配置，在這些機械未發明前，至爲累贅困難）。第三，布脫機後，以往一般須入水踩踏，使成堅實緊緻，今則有漂布機可用，工大省而效益著。然在十六世紀初期，英格蘭各地尚不知水車風車，即使阿爾卑斯山以北之歐洲諸國，亦是如此。當時採用此等機械的，唯有義大利一國。

根據這些考察，我們對於從前的精粗毛織品，何以較現在昂貴的事實，乃可說明。從前，這些貨物上市，勢須費去多量勞動，所以上市後，必須交換多量勞動價格。

英格蘭從前的粗品製造，與今日工業尚處於萌芽階段的國家所用方法相同。製品的各部分，幾乎由家人分途擔當；他們通常以此爲副業，每當主要業務完結時，即在各自家內進行。由此可知，彼等大部分生活資源並非取給於此。勞動者當作副業製成的物品，常較其提供生計的專業製品遠爲低廉，那是我們在前面已經講過的。至於精品製造，原爲英格蘭所無。這些製品，英格蘭以往是仰給於伏蘭德。該地商務繁盛，人民多以此爲提供生計的專業，故其製品之價，不能過廉。又，當時伏蘭德製品，在英格蘭尚爲一種外國貨。對國王，照例須付納若

干賦稅，至少，亦得付納從前通行之噸稅、鎊稅。雖當時歐洲政策，不再設高率關稅，以限制外國製品輸入，卻寧願獎勵商人，使能廉價輸入豪紳顯貴所希求的奢華外國貨，但那既須納稅，其價格自不免增加一些。以之與粗製品成於國內，無須此項費用比，其間顯然有別。

根據此等考察，粗製品的真實價格，與精製品真實價格相比，何以昔時遠較今日低廉，就可在某種限度內，予以說明了。

本章的結論

我在此將以以下的議論，結束這冗長的一章。即，一切社會狀況的改良，都有一種傾向，直接或間接，使土地的真實地租騰貴，使地主的真實財富增大，使地主對於他人之勞動或勞動生產物，有更大的購買力。

改良及耕作的擴張，即可直接抬高土地的真實地租，使地主所得那一份生產物，必然隨全產物增加而加大。

土地原生產中，有一部分的真實價格的騰貴，最初為土地改良耕作擴張的結果，接著，又成為促進土地改良耕作擴張的原因。像這種騰貴（譬如，土地上飼養的家畜價格的騰貴），勢必更直接，而且以更大比例，提高土地地租。地主所得部分的真實價值；換言之，他對於他人勞動之支配權，固然會隨土地生產物之真實價值抬高而增大，他在全生產物中所占的比例，亦必因此而增大。這種生產物之真實價值雖然增大了，其所需勞費，卻不必比以前加多。因此，在土地全生產物中，只

須以一較小部分，已夠補償僱用勞動的資本及其普通利潤。而
其餘一大部分，遂爲地主所有。

　　勞動生產力的改良，如果能直接使製造眞實價格低落，亦
必能間接使土地眞實地租騰貴。地主，通常把他消費不了的原
生產物或剩餘原生產物的代價，去交換製造品。製造品的眞實
價格下落，就無異原生產物價格騰貴。其結果，同一量的原生
產物，便可交換更大量的製造品。因此，地主便能購買更大量
他所需要的方便品、裝飾品和奢侈品了。

　　社會眞實財富的增加，社會所僱用的有用勞動量的增
加，皆有間接抬高土地眞實地租的傾向。此勞動量，自然有一
定部分歸於土地。土地上將有更多的人和家畜，從事耕作。其
生產物，將隨所投資本的增加而增加，地租又將隨生產物的增
加而增加。

　　至於與上述諸端相反的種種情形，譬如，耕作及改良的忽
視，某種土地原生產物的眞實價格低落，由製造技術退步和產
業凋敝而起的製造品眞實價格騰貴，以及社會的實際財富衰落
等等，皆有一種傾向，會減低土地的眞實地租，減少地主的實
際財富，使地主對於他人的勞動或勞動生產物，只有更小的購
買力。

　　一國土地勞動年產物的全部，或者說，年產物的全價
格，自然分解爲土地地租、勞動工資，以及資本利潤三部分。
這三部分，構成三個階級人民的收入，一由地租生活，一由工
資生活，一由利潤生活。此三階級，是構成文明社會的三大主
要基礎階級。一切其他階級的收入，終歸是這三大階級收入的
派生。

　　這三大階級中，第一階級即地主階級的利益，與社會一般利益，密切相關，不可分離。促進社會一般利益之事，亦必促進地主利益，妨害社會一般利益之事，亦必妨害地主利益。地主在商業及政治的主張上，為本階級利益的打算，絕不會貽誤國家。至少，在他們對本階級利益，持有相當認識的情況是如此。但實際上，他們往往過於缺乏這種認識。他們在上述三階級中，算是一個特殊階級。他們不用勞力、不用注意，更用不著任何計畫與打算，就自然可以取得收入。這一階級所處地位安樂穩定，自不免流於懶惰。懶惰，不但使他們無知，並使他們對於一切國家政策的結果，不能用思想來預料或理解。

　　第二階級即由工資生活的階級的利益，也同樣與社會利益密切相關。如前所述，勞動工資最高的時候，就是勞動需要不斷增加，所僱勞動量逐年顯著增加的時候。當社會實際財富進入停止狀態時，勞動者的工資，馬上就會低落，只夠他們扶養家族，維持本階級的人數。當社會衰落時，其工資甚且要減低至此限度以下。勞動者在繁榮社會不能享得地主階級那樣大的利益，在衰微社會卻要蒙受任何階級所經驗不到的痛苦。勞動者的利益，雖與社會一般利益密切相關，但他們沒有瞭解一般社會利益的能力，更沒有能力理解本身利益與社會利益的關係。他們的生活狀態，不能讓他有接受各方必要資訊的時間，即使有此時間，他的教育和習慣，也不能使他對於任何資訊作適當的判斷。因此，當國家有任何公共主張時，勞動者能發言的，已不多見。其議論受人尊敬的，幾乎全然沒有。可是，在某特殊情況，即在勞動者喧囂起來，不是為自己的目的，而是為雇主的特殊目的，且為雇主所煽動、所激勵、所援助的情

況，則又當別論。

　　勞動者的雇主即賴利潤生活的人，構成第三個階級。社會大部分有用勞動之所以產生，得力於這種為利潤而使用資本者。資本使用者的規劃和設計，對於勞動各種重要作用，加以控制指導，但他們這一切規劃設計，卻只以利潤為目標。利潤率，不像地租和工資那樣，隨社會繁榮而騰貴，隨社會衰微而低落。反之，它在富國，自然低落，在貧國，自然騰貴，而在急速趨於頹廢的諸國，常達到極高限度。依此為斷，這一階級與一般社會的利害關系，就和其他兩階級不同。商業家、製造家在這一階級中所使用之資本最大，因他們最富裕，故大為社會所尊敬。他們終日在從事規劃與設計，自然比一般鄉紳，持有遠為敏銳的理解力。可是因為他們通常勤於為自己的特殊事業的利益打算，而疏於為社會全體的利益打算，所以，他們的判斷，即使在最為公平（一向並非如此）的情況，也是關於前者方面的，要比關於後者方面的，遠為可靠。他們優於鄉紳的，與其說他們更理解公眾利益，倒毋寧說他們更理解自身的特殊利益。藉由這種更深的理解，他們往往利用鄉紳的寬宏，使鄉紳老老實實的相信他自身的利益，不是公眾利益，唯有商人的利益，才是公眾利益。並使鄉紳僅僅憑了這單純而誠篤的信念，而捨棄自己的利益，捨棄公眾的利益，去遷就他們，為他們所愚弄。其實，不論在哪一種商業上、製造業上，商人的利益，常在若干方面，和公眾利益相異，有時甚或相反。擴張市場、縮小競爭，無疑是一般商家的利益。可是前者對於公眾雖十分有利，後者卻與公眾利益相反。縮小競爭，商家的利潤，固可提高到自然的程度以上，而其餘同胞市民，卻不得不

連累負擔不合理的賦稅。因此，這一階級所提議的新商業法規，是應當小心聽察的。未經最謹慎的注意、最猜疑的斟酌，總之，未經過長期的詳細檢討，絕不應隨便採用。因為他們這階級的利益，永不能與公眾利益完全一致。他們大都以欺騙公眾，壓迫公眾為利益。事實上，公眾亦常為他們所欺騙所壓迫。

年度	各年度小麥每夸特的價格			同一年度各種價格的平均			換算爲今幣後的各年度的平均價格		
	鎊	先令	便士	鎊	先令	便士	鎊	先令	便士
1202	－	12	－	－	－	－	1	16	－
1205	$\left\{\begin{array}{l} - \\ - \\ - \end{array}\right.$	12 13 15	$\left.\begin{array}{l} - \\ 4 \\ - \end{array}\right\}$	－	13	5	2	－	3
1223	－	12	－	－	－	－	1	16	－
1237	－	3	4	－	－	－	－	10	－
1243	－	2	－	－	－	－	－	6	－
1244	－	2	－	－	－	－	－	6	－
1246	－	16	－	－	－	－	2	8	－
1247	－	13	5	－	－	－	2	－	－
1257	1	4	－	－	－	－	3	12	－
1258	$\left\{\begin{array}{l} 1 \\ - \\ - \end{array}\right.$	－ 15 16	$\left.\begin{array}{l} - \\ - \\ - \end{array}\right\}$	－	17	－	2	11	－
1270	$\left\{\begin{array}{l} 4 \\ 6 \end{array}\right.$	16 8	$\left.\begin{array}{l} - \\ - \end{array}\right\}$	5	12	－	16	16	－
1286	$\left\{\begin{array}{l} - \\ - \end{array}\right.$	2 16	$\left.\begin{array}{l} 8 \\ - \end{array}\right\}$	－	9	4	1	8	－
合　計							35	9	3
平均價格							2	19	1¼

年度	各年度小麥每夸特的價格			同一年度各種價格的平均			換算爲今幣後的各年度的平均價格		
	鎊	先令	便士	鎊	先令	便士	鎊	先令	便士
1287	–	3	4	–	–	–	–	10	–
1288	– – – – – – – –	– 1 1 1 1 2 3 9	8 – 4 6 8 4 4	–	3	¼	–	9	¾
1289	– – – – 1	12 6 2 10 –	– – – 8 –	–	10	1½	1	10	4¾
1290	–	16	–	–	–	–	2	8	–
1294	–	16	–	–	–	–	2	8	–
1302	–	4	–	–	–	–	–	12	–
1309	–	7	2	–	–	–	1	1	6
1315	1	–	–	–	–	–	3	–	–
1316	1 1 1 2	– 10 12 –	– – – –	1	10	6	4	11	6
1317	2 – 2 4 –	4 14 13 – 6	– – – – 8	1	19	6	5	18	6
1336	–	2	–	–	–	–	–	6	–
1338	–	3	4	–	–	–	–	10	–
合　計							23	4	11¼
平均價格							1	18	8

年度	各年度小麥每夸特的價格			同一年度各種價格的平均			換算為今幣後的各年度的平均價格		
	鎊	先令	便士	鎊	先令	便士	鎊	先令	便士
1339	－	9	－	－	－	－	1	－7	－
1349	－	2	－				－	5	2
1359	1	6	8	－	－	－	3	2	2
1361	－	2	－	－	－	－	－	4	8
1363	－	15	－	－	－	－	1	5	－
1369	{1 / 1	－ / 4	－ / －}	1	2	－	2	9	4
1379	－	4	－	－	－	－	－	9	4
1387	－	2	－	－	－	－	－	4	8
1390	{－ / － / －	13 / 14 / 16	4 / － / －}	－	14	5	1	13	7
1401	－	16	－	－	－	－	1	17	4
1407	{－ / －	4 / 3	4¼ / 4}	－	3	10	－	8	11
1416	－	16	－				1	12	－
合　計							15	9	4
平均價格							1	5	9⅓

年度	各年度小麥每夸特的價格			同一年度各種價格的平均			換算爲今幣後的各年度的平均價格		
	鎊	先令	便士	鎊	先令	便士	鎊	先令	便士
1423	－	8	－	－	－	－	－	16	－
1425	－	4	－	－	－	－	－	8	－
1434	1	6	8	－	－	－	2	13	4
1435	－	5	4	－	－	－	－	10	8
1439	$\left\{\begin{matrix} 1 & － & － \\ 1 & 6 & 8 \end{matrix}\right\}$			1	3	4	2	6	8
1440	1	4	－	－	－	－	2	8	－
1444	$\left\{\begin{matrix} － & 4 & 4 \\ － & 4 & － \end{matrix}\right\}$			－	4	2	－	8	4
1445	－	4	6	－	－	－	－	9	－
1447	－	8	－	－	－	－	－	16	－
1448	－	6	8	－	－	－	－	13	4
1449	－	5	－	－	－	－	－	10	－
1451	－	8	－	－	－	－	－	16	－
合　計							12	15	4
平均價格							1		3½

年度	各年度小麥每夸特的價格			同一年度各種價格的平均			換算爲今幣後的各年度的平均價格		
	鎊	先令	便士	鎊	先令	便士	鎊	先令	便士
1453	－	5	4	－	－	－	－	10	8
1455	－	1	2	－	－	－	－	2	4
1457	－	7	8	－	－	－	－	15	4
1459	－	5	－	－	－	－	－	10	－
1460	－	8	－	－	－	－	－	16	－
1463	{－ 2 － / － 1 8}			－	1	10	－	3	8
1464	－	6	8	－	－	－	－	10	－
1486	1	4	－	－	－	－	1	17	－
1491	－	14	8	－	－	－	1	2	－
1494	－	4	－	－	－	－	－	6	8
1495	－	3	4	－	－	－	－	5	－
1497	1	－	－	－	－	－	1	11	－
合　　計							8	9	－
平均價格							－	14	1

年度	各年度小麥每夸特的價格			同一年度各種價格的平均			換算為今幣後的各年度的平均價格		
	鎊	先令	便士	鎊	先令	便士	鎊	先令	便士
1499	—	4	—	—	—	—	—	6	—
1504	—	5	8	—	—	—	—	8	6
1521	1	—	—	—	—	—	1	10	—
1551	—	8	—	—	—	—	—	2	—
1553	—	8	—	—	—	—	—	8	—
1554	—	8	—	—	—	—	—	8	—
1555	—	8	—	—	—	—	—	8	—
1556	—	8	—	—	—	—	—	8	—
1557	$\begin{cases} — & 4 & — \\ — & 5 & — \\ — & 8 & — \\ 2 & 13 & 4 \end{cases}$			—	17	8½	—	17	8½
1558	—	8	—	—	—	—	—	8	—
1559	—	8	—	—	—	—	—	8	—
1560	—	8	—	—	—	—	—	8	—
合 計							6	—	2½
平均價格							—	10	5⁄12

年度	各年度小麥每夸特的價格			同一年度各種價格的平均			換算爲今幣後的各年度的平均價格		
	鎊	先令	便士	鎊	先令	便士	鎊	先令	便士
1561	−	8	−	−	−	−	−	8	−
1562	−	8	−	−	−	−	−	8	−
1574	2	16	−	2	−	−	2	−	−
	1	4	−						
1587	3	4	−	−	−	−	3	4	−
1594	2	16	−	−	−	−	2	16	−
1595	2	13	−	−	−	−	2	13	−
1596	4	−	−	−	−	−	4	−	−
1597	{5	4	−}	4	12	−	4	12	−
	{4	−	−}						
1598	2	16	8	−	−	−	2	16	8
1599	1	19	2	−	−	−	1	19	2
1600	1	17	8	−	−	−	1	17	8
1601	1	14	10	−	−	−	1	14	10
合　計							28	9	4
平均價格							2	7	5⅓

　　下列各表是溫莎市場上，由一五九五年至一七六四年間，最精良或最高價小麥每夸特的價格。但這各年度的價格，是依據該市場通告節（Lady——三月二十五日）及秋節（Michaelmas——九月二十九日）兩開市日最高價格的平均數。

年　度	鎊	先令	便士	年　度	鎊	先令	便士
1595–	2	0	0	1608–	2	16	8
1596–	2	8	0	1609–	2	10	0
1597–	3	9	6	1610–	1	15	10
1598–	2	16	8	1611–	1	18	8
1599–	1	19	2	1612–	2	2	4
1600–	1	17	8	1613–	2	8	8
1601–	1	14	10	1614–	2	1	8½
1602–	1	9	4	1615–	1	18	8
1603–	1	15	4	1616–	2	0	4
1604–	1	10	8	1617–	2	8	8
1605–	1	15	10	1618–	2	6	8
1606–	1	13	0	1619–	1	15	4
1607–	1	16	8	1620–	1	10	4
合　計					54	0	6½
平均價格					2	1	6⁹⁄₁₃

年　度	鎊	先令	便士	年　度	鎊	先令	便士
1621–	1	10	4	1629–	2	2	0
1622–	1	18	8	1630–	2	15	8
1623–	2	12	0	1631–	3	8	0
1624–	2	8	0	1632–	2	13	4
1625–	2	12	0	1633–	2	18	0
1626–	2	9	4	1634–	2	16	0
1627–	1	16	0	1635–	2	16	0
1628–	1	8	0	1636–	2	16	8
合　計					40	0	0
平均價格					2	10	0

年　度	小麥一夸特的價格			年　度	小麥一夸特的價格		
	鎊	先令	便士		鎊	先令	便士
1637–	2	13	0	1669–	2	4	4
1638–	2	17	4	1670–	2	1	8
1639–	2	4	10	1671–	2	2	0
1640–	2	4	8	1672–	2	1	0
1641–	2	8	0	1673–	2	6	8
1642–	0	0	0	1674–	3	8	8
1643–	0	0	0	1675–	3	4	8
1644–	0	0	0	1676–	1	18	0
1645–	0	0	0	1677–	2	2	0
1646–	2	8	0	1678–	2	19	0
1647–	3	13	8	1679–	3	0	0
1648–	4	5	0	1680–	2	5	0
1649–	4	0	0	1681–	2	6	8
1650–	3	16	8	1682–	2	4	0
1651–	3	13	4	1683–	2	0	0
1652–	2	9	6	1684–	2	4	0
1653–	1	15	6	1685–	2	6	8
1654–	1	6	0	1686–	1	14	0
1655–	1	13	4	1687–	1	5	2
1656–	2	3	0	1688–	2	6	0
1657–	2	6	8	1689–	1	10	0
1658–	3	5	0	1690–	1	14	8
1659–	3	6	0	1691–	1	14	0
1660–	2	16	6	1692–	2	6	8
1661–	3	10	0	1693–	3	7	8
1662–	3	14	0	1694–	3	4	0
1663–	2	17	0	1695–	2	13	0
1664–	2	0	6	1696–	3	11	0
1665–	2	9	4	1697–	3	0	0
1666–	1	16	0	1698–	3	8	4
1667–	1	16	0	1699–	3	4	0
1668–	2	0	0	1700–	2	0	0
60年合計					153	1	8
平均價格					2	11	⅓

年　度	小麥一夸特的價格			年　度	小麥一夸特的價格		
	鎊	先令	便士		鎊	先令	便士
1701–	1	17	8	1733–	1	8	4
1702–	1	9	6	1734–	1	18	10
1703–	1	16	0	1735–	2	3	0
1704–	2	6	6	1736–	2	0	4
1705–	1	10	0	1737–	1	18	0
1706–	1	6	0	1738–	1	15	6
1707–	1	8	6	1739–	1	18	6
1708–	2	1	6	1740–	2	10	8
1709–	3	18	6	1741–	2	6	8
1710–	3	18	0	1742–	1	14	0
1711–	2	14	0	1743–	1	4	10
1712–	2	6	4	1744–	1	4	10
1713–	2	11	0	1745–	1	7	6
1714–	2	10	4	1746–	1	19	0
1715–	2	3	0	1747–	1	14	10
1716–	2	8	0	1748–	1	17	0
1717–	2	5	8	1749–	1	17	0
1718–	1	18	10	1750–	1	12	6
1719–	1	15	0	1751–	1	18	6
1720–	1	17	0	1752–	2	1	10
1721–	1	17	6	1753–	2	4	8
1722–	1	16	0	1754–	1	14	8
1723–	1	14	8	1755–	1	13	10
1724–	1	17	0	1756–	2	5	3
1725–	2	8	6	1757–	3	0	0
1726–	2	6	0	1758–	2	10	0
1727–	2	2	0	1759–	1	19	10
1728–	2	14	6	1760–	1	16	6
1729–	2	6	10	1761–	1	10	3
1730–	1	16	6	1762–	1	19	0
1731–	1	12	10	1763–	2	0	9
1732–	1	6	8	1764–	2	6	9
64年合計					129	13	6
平均價格					2	0	$6\frac{19}{32}$

年　度	小麥一夸特的價格			年　度	小麥一夸特的價格		
	鎊	先令	便士		鎊	先令	便士
1731–	1	12	10	1736–	2	0	4
1732–	1	6	8	1737–	1	18	0
1733–	1	8	4	1738–	1	15	6
1734–	1	18	10	1739–	1	18	6
1735–	2	3	0	1740–	2	10	8
10年合計					18	12	8
平均價格					1	17	3⅕

年　度	小麥一夸特的價格			年　度	小麥一夸特的價格		
	鎊	先令	便士		鎊	先令	便士
1741–	2	6	8	1746–	1	19	0
1742–	1	14	0	1747–	1	14	10
1743–	1	4	10	1748–	1	17	0
1744–	1	4	10	1749–	1	17	0
1745–	1	7	6	1750–	1	12	6
10年合計					16	18	2
平均價格					1	13	9⅘

第二篇

論資財之性質、蓄積與使用

序　論

　　在無分工、少交換，己所需要的一切物件，均由自己供給的原始社會狀態下，要經營一己之生活，無須預儲資財。人各由勞動以滿足自身隨時發生的欲望。餓了，便到森林打獵去；衣服毀了，便把禽獸殺死，剝到皮革來穿；房屋破了，便就近伐取樹枝茅草，盡其所能，加以修葺。

　　分工之事興，一己之勞動生產物，遂僅能滿足自身隨時發生的欲望的極小部分。而其他大部分欲望，就不能不仰賴他人勞動生產物的供給了。這種生產物，必由購買而得。購買的手段，即是他自己的生產物，或其生產物之價格。但在購買以前，不僅自己的勞動生產物，要已經作成，還要已經賣掉，所以至少在這兩種事件能夠實行以前，必須先在某個地方，儲有各色各樣的物資，足以維持他的身體，並以材料工具，供他使用。譬如，織匠在織物尚未作成，尚未賣掉以前，倘非在自己手上或他人手上有所蓄積，足以維持他生活，並供他材料工具，他就織不出一點東西。他認定一種特殊職業，作下去，不是一時三刻的事，在他從事這職業以前，必須先有這種蓄積。

　　按照事物的本性，財之蓄積，必在分工以前。預蓄之財愈豐足，分工亦按比例愈細密。分工愈是細密，每個工人所能加工的材料，定然愈是增加；每個工人所擔任的作業，既漸趨簡單，便有各種新機械發明，使作業更為簡便而迅速。所以，分工進步了，要常僱用同等數目的工人，必須預先儲有的食物，固無異於原始狀態，但必須預先儲蓄的材料工具，卻必較多於

原始狀態所需。況且，一種職業的分工愈是細密，這一職業的工人數，亦往往愈是增加；不如這樣說吧，使他們分工能夠愈是細密的，就是他們人數的增加。

要這樣大幅度改進勞動生產力，勞動生產力的預蓄資財，乃是絕對必要的。但這種蓄積，亦自然會導出勞動生產力的改進。投資僱用勞動者，必然都希望投資的方法，可以盡量產出最大量的出品。所以，工人職務的分配，必努力以期最適當；在能夠發明或購買的限度內，他所備辦的機械，又必努力期其最精良。但在這兩點，他的能力怎樣，往往要看他能有多少資財，看他能僱多少工人。所以，一國舉辦產業的資財增加了，這國的產業固然會增加起來，但資財增加的結果，等量產業所能生產的出品，亦會大增。蓄積增加，對於產業及其生產力，一般就有這樣的影響。

本篇，我所要說明的，是資財的性質怎樣？資財蓄積及於各種資本的影響怎樣？資本用途不同，其影響又是怎樣？本篇共分五章。我們知道，一個人或一個大社會的資財，自然會分成幾個部門，所以第一章我要說明什麼是這些部門。我們視貨幣爲社會總資財的一個特殊部門，從而第二章我要討論它的性質和作用。積爲資本的資財，或由所有者使用，或貸與他人使用，所以第三章、第四章我要就這兩個情形，加以討論。第五章所要討論的，就是資本的用途不同，對於國民產業量及土地勞動年產物量，直接會發生什麼不同的影響。①

---

① 「資財」由Stock譯轉，「資本」由Capital譯轉。此二字，在李嘉圖《經濟學及賦稅之原理》中，常爲同義之字，但在亞當・史密斯此書，其意卻屢屢頗不相同。

第一章

論資財的劃分

　　一人所有的資財，若僅足支度數日或數週，他自然不大會想從此取得收入。他消費，自然慎之又慎，並且希望在用完現有的資財以前，能依自身勞動，取得一些東西來補充。在這情況，他的收入，僅出自勞動。各國貧窮勞動者，大部分就是過這種生活。

　　他們所有的資財，若足供他數月數年之久，他自然希望在這資財中，有大部分可以提供收入；他僅保留適當一部分，作為收入未曾取得以前的開支①，以維持他自身。他的全部資財，於是分成了兩部分。他希望可以提供收入的部分，稱作資本。別部分，就供目前消費，其中，包含三項東西：（一）原為這目的而保留的那部分資財；（二）逐漸進來的收入，來源不問；（三）由上兩種款項，以前買進來了，但至今尚未用完的物品，如被服、家具等等。為目前消費而保留的資財，或包含三項之一，或三項之二，或三項全有。

　　對於投資家，提供收入或利潤的資本，有兩種使用方法。

　　一、投下資本，把物品開採出來、製造出來，或購買進來，再賣出去而兼得利潤。這樣使用的資本，若留在所有者手中保持原狀，對於投資家，就不能提供任何收入或利潤。商人貨物，在未賣出而換得貨幣以前，絕不能提供收入或利潤；貨幣在未付出而換得貨物以前，亦是一樣。他的資本，不斷在這

---

① 「開支」由A Stock for immediate Consumption譯轉，直譯應為「目前消費的資財」，為簡便計，意譯為開支。

一形態用出，在別一形態收進；亦就靠了這種流通，靠了這種繼續的交換，才有利潤可圖。這樣的資本，宜稱爲流動資本。

二、資本又可用來改良土地，購置有用的職業上的機械工具，總之，用來設置那一類無待交換、無待流通，已可提供利潤的東西。這樣的資本，宜稱爲固定資本。

職業不同，所必須投下的固定資本流動資本間的比例，可以極不相等。

譬如，商人資本，便全然是流動資本。除非把商店倉庫視作機械和工具，他簡直無須乎職業上的機械和工具。

手工師傅和製造家的資本，一部分就須固著在職業的工具上。不過，這部分的大小，很是不齊。在這一行業極小，那一行業可以極大。裁縫師傅除了一包針，便不需別種用器。鞋匠師傅的工具，比較值錢些，但多得有限。織布師傅與鞋匠師傅比較，工具就貴多了。但是，這一類手工師傅的資本，大部分都是流動的，起初，用來支付工人的工資或材料的價格，然後再以產品售價，連本帶利把它收回來。

在別種事業，就需要更大得多的固定資本了。譬如，一個大鐵廠，要設熔鐵爐、鍛冶場、截鐵廠，就非有極大經費不可。至若開採炭礦所需的抽水機以及其他各種機械，所費還要更多。

就農業說，購買農具的資本部分，是固定的；僱用工人支付工資的資本部分，就是流動的。前者，必須自身保有，始有利潤可圖；後者，卻須捨給。代勞牲畜的價格或價值，可稱爲固定資本，與農具同；飼養牲畜的費用，可稱爲流動資本，與維持工人的費用同。農業家獲取利潤的方法，一爲保有代勞的

牲畜，一爲捨給飼養牲畜的費用。但以售賣爲目的，非以代勞
爲目的的牲畜，其購買費、飼養費，卻都當歸在流動資本內。
對於爲售賣而飼養的牲畜，不捨給，即不能生利潤。產畜的國
度，購買牲畜的，既非爲代勞，又非爲售賣，但要剪其毛、
取其乳、繁其種，以求利潤。所以，這牲畜本身，就應當稱爲
固定資本。這時，取利潤的方法，在於保有牠們。牠們的維持
費，卻是流動資本；這種資本生利的方法，在於捨給。維持費
償還的時候，維持費的利潤及牲畜全價格的利潤，都會在羊毛
價格、產乳價格、繁種價格上，提供出來。種子的全部價值，
亦宜稱爲固定資本。那雖一往一返於土地與穀倉之間，但未更
換主人，不宜稱爲流動資本。農業家獲取利潤，非由於種子的
售賣，乃由於種子的孳生。

　　一個國家一個社會的總資財，即是住民全體的資財，所
以，亦自然分作這三個部分，各有各的作用。

　　第一部分爲開支，留供目前消費，其特性，爲不提供收
入或利潤。已由眞正消費者購買，但尙未完全消費掉的食品衣
服家具等物，屬於這一類。國內房屋，僅供居住者，亦是這
個部分中的一個部分。投在屋主自家住屋上的資財，已失資本
作用，那對於屋主已不能提供任何收入。這樣的居屋，雖然像
衣服家具一樣，極有用於他，但不能供他以收入，亦如衣服家
具。那只是費用的一部分，不是資本的一部分。租屋予人，可
以取租，但屋之本身不能有所生產，租所從出，仍爲勞動，資
本，或土地，所以，對於屋主私人，那雖有收入提供，因而有
資本作用，但對於社會公眾，則不能提供收入，不能有資本作
用。這種屋租，不能絲毫增加人民全體的收入。同樣，衣服、

家具有時亦可提供收入，從而對於特殊個人，有資本作用。化裝舞會盛行的地方，就有人以出租扮裝衣為業，租期，一夜罷了。家具商人出租家具的時期，以月計或以年計；葬儀店出租葬儀品，往往以日計星期計。還有許多人是出租房屋兼家具，來換取租金。總之，這種租借事件，隨地都有。但由出租此種物品而得來的收入，最終總是出自別種收入的資源。此外，尚有一事須注意的，即無論就個人說，或就社會說，在留供目前消費的各種資財中，消費最緩的，都是投在房屋上的那一部分。衣服可經用數年，家具可經用五十年、一百年，但建築堅固、保護周全的房屋，卻可經用好幾百年。不過，即使消費遲緩，住宅仍是一種開支，它是供目前消費的，與衣服家具同。

社會總資財分成三個部分，第二部分，就是固定資本。其特性為不流通，不更換主人，已可提供收入或利潤。其中，主要包含四項：

第一，職業上一切便利勞動縮減的有用的機械與工具。第二，一切有利潤可取的建築物，如商店、倉庫、工廠、農屋、廐舍、穀倉等。這類建築物，對於出租房屋的屋主，固有收入提供，然對於納租住屋的房客，亦是獲取收入的手段。這和住屋大不相同。這是職業上的工具，亦應視為職業上的工具。第三，由開墾、排水、圍牆、施肥等有利方法投下的使土地最適於耕作的土地改良費。改良的農場，使投資家投下等量流動或循環資本，能提供更大得多的收入。那好像有用的機械，可以便利勞動、縮減勞動。它們是一樣有利的，但機械較易消磨，改良的土地，卻比較耐久。農業家除了按照最有利的方法，投下耕作所必須投下的資本以外，對於土地簡直用不著什麼修

繕。第四，社會上一切人民習得的有用才能。學習一種才能，須受教育，須進學校，須做學徒。這種才能的學習，所費不少。這樣費去的資本，好像已經實現並且固著在他的人格上。這對於他個人，固然是財產的一部分，對於他所屬的社會亦然。這種優越的技能，可以和職業上縮減勞動的機械工具，同等看待，說是社會上的固定資本。學習的時候，固然要一筆費用，但這種費用，可以連本帶利回收。

社會總資財，自然分成三個部分，第三部分就是循環資本。其特性，爲只經由循環流通，只經由更換主人，而提供收入。亦包含四項：

第一，貨幣。藉著貨幣媒介，下述三項循環資本，始得流通而分配給最終消費者。第二，屠戶、牧畜家、農業家、穀商、釀酒家等人所有的食物，這種食物的出售，可以希圖利潤。第三，製作各種衣物、家具和建築物等等的原材料積蓄，不論是完全未經加工，或略爲經過加工，但尙未製造成形，並且仍掌握在栽種者、製造業者、布商、木材商、木匠與細木工、磚瓦匠等等手中。第四，已經造成，但仍在製造家商人手中，未曾分配給眞正消費者的物品，譬如，鍛冶店、木匠店、金匠店、寶石店、瓷器店，以及其他各種店鋪櫃檯上陳列著的成品。所以，在流動資本中，本包含各種職業家手裡的食物、材料、成品，再加以貨幣。食物、材料、成品的分配周轉，都須有貨幣。用者賴之，得有所消費。

這四項中，有三項——食物、材料、成品——照例每年（或較一年爲長或短的期間）會由循環資本，變成固定資本或目前消費的開支。

固定資本，莫不由流動資本變成；要長久維持，亦要流動資本來補充。職業上一切有用的機械工具，都出自流動資本。無材料，則機械無從建；無食物，則工人無從養。迨機械既成，又常須有流動資本，為之修繕葺治。無流動資本，固定資本不能提供任何收入。工作所憑藉的材料，工人生存所賴的食物，都出自流動資本。沒有流動資本，那雖有職業上最有用的機械工具，亦不能生產一點東西。土地無論怎樣改良，沒有流動資本，亦不能提供收入。耕作和收穫的工人，不吃飯，是不能做事的。

固定資本流動資本，有一個目的，亦只有一個目的，那就是，求目前消費的開支，不致匱乏，且能增加。吾民所食、所衣、所住，均仰給開支這個資財。人民貧富，亦即取決於這兩個資本所能提供的開支，究竟是豐饒，還是貧乏。

為補充社會上固定資本和開支起見，既須繼續把大部分流動資本變化出來，所以流動資本，亦須有不斷的補充。沒有這種補充，流動資本，不久就會枯竭。這種增補，有三個主要來源，即地產物、礦產物、漁產物。這三個資源，不斷供給食物和材料。那其中，有一部分加以製造，自然會成為成品。但亦就靠了這種供給，成固定資本和開支的流動資本，換言之，從流動資本變化出來的食物、材料、成品，才有了新的補充。此外，貨幣是金屬造成的，這種金屬的供給和增加，又是由於礦產。在普通情形下，貨幣雖則不必從流動資本變成固定資本或開支，但終難免有些消磨損失，難免輸往外國，所以，仍須繼續補充，只是小得多罷了。

土地、礦山、漁業，都須固定資本流動資本來經營；其產

物，不僅要償還如此投下的資本，益以利潤，還要償還社會上
一切其他的資本，而益以利潤。製造家每年消費的食物材料，
須農業家年年爲之補充；農業家每年消費的成品，亦須製造家
年年爲之補充。在這兩階級間，雖少有直接的物物交換，但這
兩階級年年交換製造品、農產物的實情，卻就是如此（我們知
道，農業家有的是穀物、牲畜、亞麻、羊毛，他要的是衣服、
家具、工具。買穀物、牲畜、亞麻、羊毛的人，不見得就是賣
衣服、家具、工具的人。農業家出賣原生產物，是先換取貨
幣；有了貨幣，他就可隨意購買他所需要的製造品）。並且，
漁業、礦業的資本，亦至少有一部分，須由土地補充。從水裡
捕起魚來，從地裡掘起礦來，都少不了地面上的地產物。在自
然豐富程度相等的情況，土地、礦山，和漁場的產額，和投資
的數量和用法成比例。在資本數量相等，投資方法又同樣適當
的情況，那當然就按照它們的自然豐富程度的比例了。

國事安定，一般人莫不願用可供他使用的資財，以求目前
享樂，或求未來利潤。若是求目前享樂，那就把它來滿足目前
消費的開支。若是用來追求未來的利潤，那求利潤的方法，不
是把資財保有，就是把資財暫時釋出。前一情況，是把它作爲
固定資本；後一情況，是把它作爲流動資本。國泰民安、家有
蓄積、鄰可通財，如竟全不採行這三種方式，說他不是瘋狂，
我是不能相信的。

若不幸，國家專制、君主暴虐，人民財產隨時有受侵害的
危險，則人民爲求財產安全，每以資財之大部，掩埋地下。據
說，在土耳其、在印度，並且，我相信，在亞洲其他各國，常
有這種情事。在封建暴虐時代，我國亦似乎有過這種情事。發

掘的寶物，當時被視爲歐洲各大國君主的一項大收入。凡埋地下，無從證實誰屬的物品，概視爲王有，非得國王特令恩准，那就既不屬於發現者，亦不屬於地主。此事，在當時甚爲重視。當時的金銀礦產，亦復如此。倘非明令特許，金銀礦產，並不包含在普通土地所有權內。隨意開採，是不行的。但鉛、銅、錫、炭各種礦山，因比較不甚重要，故可聽民自取。

第二章

視貨幣為社會總資財之一支而論述之，並論國民資本之維持費

第一篇，我們說，因為商品的生產搬運上市，曾經使用勞動、資本與土地，所以大部分商品的價格，都分解成三個部分，其一為勞動工資，其二為資本利潤，其三為土地地租。固然，事實上，有些商品的價格，僅分成兩部分，即勞動工資和資本利潤，甚而有極少數商品的價格，僅包含一部，即勞動工資。但無論如何，商品價格，終不外還原成上述那三個部分。不為地租，不為工資，必為利潤。

就特殊商品分別論述，情形已如上述，就全國土地勞動年產物而總括論述，情形亦必如此。我們在第一篇講過，一國年產物的總價格或總交換價值，亦必分解成三個部分，而分配於國內各居民，也就是勞動工資、資本利潤，以及土地地租。

一國土地勞動年產物的全價值，雖如此分歸各居民，而成為各居民的收入，但是，好像個人的地租可以分為總地租和純地租一樣，國內全居民的收入，亦可分為總收入與純收入。

個人私有土地的總地租，包含農業家付出的一切；在總地租中，減去管理上、修繕上各種必要費用，其餘留給地主支配的部分，始得稱為純地租。換言之，所謂純地租，乃以不傷害所有財產為條件，而留供地主使用的資財，那是他的開支，可用來購置桌椅家具，修飾衣服宮室，供他私人享樂的。地主的實際財富，不按照其總地租的比例，但按照其純地租的比例。

大國居民全體的總收入，包含他們土地勞動年產物的全部。在總收入中減去固定資本、流動資本的維持費，其餘留供居民自由使用的，便是純收入。換言之，所謂純收入，乃以不侵蝕資本為條件，留供居民享用的資財。那是用來購置生活品、方便品、娛樂品的。國民的實際財富，不按照其總收入的

比例，但按照他們的純收入的比例。

　　固定資本，必須補充。固定資本的補充費，絕不能算在社會純收入內。有用的機械，必待修繕而後有用；職業上的工具，必待修補而後能工作；有利可圖的房屋，必待修葺而後有利可圖。這種修葺所必要的材料，既然不是社會純收入的部分，整飭這種種材料所必要的勞動的生產物，亦不能算作社會上的純收入。這種必要勞動的價格，固然可說是社會純收入的一部分（因為如此僱用的工人，可以把工資的全部價值，歸為目前消費的開支），但其生產物，卻不宜稱為純收入。若就別種勞動說，情形就不同了。不僅勞動價格，可以歸作開支，勞動的生產物，亦可歸作開支。勞動價格，將歸作工人的開支，勞動生產物，則將成為別人的開支。所以，別人的生活品、方便品、娛樂品，可由他們勞動而增加。

　　固定資本的目標，在於增加勞動生產力；換言之，在於使同人數的工人，能夠完成更多得多的作業。設備完全，有必要建築物、圍牆、水溝、道路等等的農場，和沒有這些設備的農場比較，即使廣狹相等、肥瘠相等、勞動人數相等、代勞牲畜的數目相等，所獲產物，亦定然更多得多。有最精良機械幫助的製造廠，和工具不完美的製造廠比較，雖雇工人數相等，出產量亦一定會更大得多。固定資本的使用方法若能得當，那無論怎樣，它的償還，都能帶回很大的利潤，並且相對來說，這類改良物所必要的維持費，將甚微小，年產物價值由此而生的增加，將甚巨大。不過這種維持，總需年產物的一部分。所以原來可直接用以增加食品、衣料、住所各種必需品方便品的材料和人工，就有一部分，須改作他用。這用途，當然是很有

利的，但與原來的用途不同。即因此故，我們說，機械學的改良，使同人數的工人，得以較低廉、較簡單的機械，完成等量的作業，委實是社會的福利。昂貴複雜的原機械，其修補常須費去一定量的材料和人工。現在機械改良了，這一定量的材料人工，已可節省下來，再憑藉某種機械的力量，被利用來增加產品的數量。譬如，大製造廠主，原來每年須以一千鎊，作為機械的修葺費，現在，倘使能夠把修葺費減為五百鎊，其餘五百鎊，自可用以購買追加量的材料，僱用追加數的工人。因此，機械出品的數量，自然會增加起來。產品增加了，由此種產品而生的社會的福利，亦跟著增加。

　　大國固定資本的維持費，宜與私有土地的修理費相比。土地收穫的保持，從而，地主總收穫純收穫的保持，都常須有修理費。然若措施得宜，則修理費減少，也可以不減少收穫。總地租，至少也必依舊；純地租，則一定會增加起來。不過，固定資本的維持費，固然不能列在社會純收入內，流動資本的維持費，卻不能與此並論。流動資本，包含四部分，即貨幣、食物、材料、成品。我們講過，後三部分，照例會由流動資本，變作社會上的固定資本或目前消費的開支。不變為固定資本的消費可能品，就會變作開支，而成為社會純收入的一部。所以，維持固定資本所必要的部分除外，我們無論抽出多少年產物來維持這三部分流動資本，亦不致減少社會純收入。

　　就這點看，社會流動資本，便與個人流動資本不同。個人流動資本，絕不能算作個人的純收入；個人純收入，全由他的利潤構成。社會流動資本，雖由社會內每個人的流動資本合成，但不能藉此緣由，便說社會流動資本，絕對不是社會純收

入的部分。商店內存的貨物，固然不是商人自己目前消費的開支，但可以是別人目前消費的開支。由別種財源取得收入的他人，照例可以償還他貨物的價值，以及利潤。商人的資本不會減損，享用者的資本亦不會減損。

社會流動資本，只有一部分的維持，會導致減少社會純收入。這一部分，就是貨幣。

貨幣雖為流動資本的一部分，但就影響社會收入的那一層說，它和固定資本，是很相像的。

第一，職業上機械工具的建立與維持，需要一項費用。這項費用，雖然是社會總收入的部分，卻不包含在社會純收入中。貨幣亦然。貨幣的蒐集與彌補，亦需要一項費用，這種費用雖然是社會總收入的部分，但亦不包含在社會純收入中。貨幣是商業上的大工具，亦最昂貴。有了它，社會上的生活品、方便品、娛樂品，才能以適當的比例，經常分配於社會上每個人。但這昂貴工具的維持，必須費去社會上極有價值的材料如金銀和一定量極其精巧的勞動，使這些材料和勞動不能用來增加目前消費的開支，即不能用來增加人民的生活品、方便品和娛樂品。

第二，無論就個人說、社會說，職業上的機械工具，都是構成固定資本的要素，所以都不是構成社會總收入、純收入的部分。貨幣亦然。社會的全部收入，雖賴貨幣，能經常分配於社會各員，但貨幣不是社會收入的部分。貨幣只是流通的載具，大異於所流通的貨物。構成社會收入的，只是所流通的貨物，無關於流通的載具。計算社會總收入或純收入的，既然合計了每年流通的貨幣與貨物的全部，便須在這個合計額中，減

去貨幣的全部價值，一個銅板，也不能算在裡面。

我說這句話，世俗的人們，或不免驚訝疑問。這種疑問，當歸罪於文字曖昧。若解釋適當，道理卻幾乎是自明的。

我們說一定量貨幣，有時指的單是貨幣內含的金塊，有時又兼帶暗指這一定量貨幣所能換得的貨物，換言之，指的是因占有這一定量貨幣而取得的購買力。譬如，我們說英格蘭的流通貨幣，計一千八百萬，我們言下之意不過說，據某著作家計算或者設想，英國現今，流通著這樣多的金塊。但若說某甲年入五十鎊，或一百鎊，我們所指的，卻大都不僅是他每年可賺得的金塊的量，並且是他每年可以購買可以消費的貨物價值。我們大都用這句話，來表示他是怎樣生活，或者說，他應該怎樣生活；換言之，他所能享受的生活上必需品、方便品，就數量說，就品質說，該是怎樣？

我們說一定量貨幣，意思即不僅指這一定量貨幣內含的金塊，內中還暗指這一定量貨幣所換得的貨物，所以，在這情況，這一定量貨幣所指示的財富或收入，絕不能同時等於這兩個價值，卻只能等於兩者之一。但與其說等於前者，毋寧說等於後者；與其說等於貨幣，毋寧說等於貨幣所值。設某甲每星期恩俸一幾尼，一星期內，他可用這幾尼，購買一定量的生活品、方便品、娛樂品。他每星期的真實收入；換言之，他的實際財富，即和這量之大小成比例。他每星期的收入，當然不能同時與幾尼相等，又與這幾尼所能購買的貨物相等。那只等於兩者之一。事實上，與其說等於前者，毋寧說等於後者；與其說等於這幾尼，毋寧說等於這幾尼所值。

如果這人的恩俸，不以金付給，卻每星期付以一幾尼的支

票一紙，很明顯的，他的收入，與其說是這一片紙，毋寧說是這一片紙所能換得的物品。一個幾尼，亦可以看作一張支票，有了這張支票，他不過可以向鄰近各個商人，支取一定量必需品、方便品而已。構成他的收入的，與其說是金塊，毋寧說是因他占有這個幾尼而能換得的貨物。銀行倒閉了，支票固然毫無所用，但是，如果這個幾尼，竟然不能換得什麼物品，那它的價值，和廢紙亦就相差不多。

國內全體居民每星期或每年的收入，雖然都可以是，而且實際也是由貨幣支付，但無論如何，他們的實際財富，他們全體每星期或每年的真實收入的大小，卻和他們全體用貨幣所能購買的消費品量成比例。如此，他們全體收入的全部，當然不等於貨幣和消費品的總和；那只等於兩者之一，與其說等於前一價值，毋寧說等於後一價值。

我們常用一個人每年領受的金額，來表示這個人的收入。但所以如此，只因這個金額，可以支配他的購買力；換言之，可以支配他每年所能取得的消費品的價值。

我們覺得，構成每個人收入的，是他所有的購買力或消費力，不是交付這權力的金塊。

就個人說，情形已經十分明白，就社會說，情形還更明白。一個人每年領受的金額，往往恰好等於他的收入；亦即因此故，他所領受的金額，最能簡明表示他收入的價值。但流通在社會間的金額，絕不能等於社會全體人員的收入。同一幾尼，今日付甲，作為甲的恩俸，明日付乙，作為乙的恩俸。再明日付丙，又可作為丙的恩俸，所以在任何國家，年年流通著的金額，和年年付出的俸錢比較，價值都要更小得多。但購買

力；換言之，由陸續付出的全部俸錢而陸續買進的全部貨物，和這全部俸錢比較，卻常須有同樣的價值；因爲這種購買力，才是他們全體的收入。構成社會收入的，絕不是金塊；社會上所有的金塊，未免價值太小。構成社會收入的，實在是購買力，是用流通貨幣陸續買去的貨物。貨幣是流通的大載具，是商業上的大工具。像一切其他職業上的工具一樣，那是資本的一部分，並且是極有價值的一部分，但不是社會收入的一部分。分配收入於應得收入的人，固然是靠了鑄幣內含金塊的流通，但那金塊，絕不是社會收入的部分。

還有第三個相似之點，構成固定資本的職業上的機械工具，還有一點類似於貨幣那一部分流動資本。機械建立費、修繕費的節省，若不致減損勞動生產力，就無異是社會純收入的增進。同樣，貨幣鼓鑄費、彌補費的節省，亦是社會純收入的增進。

固定資本、修繕費的節省，何以無異於社會純收入的增進呢？關於這問題，我們曾加以局部的解釋，那是夠明白了。職業家的全部資本，必然會分作固定資本和流動資本。在資本總額不變的情況，兩者互相消長，乃勢所必然。這部分愈是小，那部分就愈是大。但提供材料、支給工資、推動產業的，是流動資本。所以，固定資本維持費的節省，若不致減損勞動生產力，就一定會增加推動產業的基金，從而增加土地勞動的年產物，增加社會的眞實收入。

以紙代金銀幣，即以比較更低廉得多的通商器具，代替昂貴的，但其便利，有時卻幾乎相等。有了紙幣，流通界無異有了一個新載具，它的建立費、維持費，比較舊載具，都更輕微

得多。但它怎樣可以作流通的載具，怎樣可以增加社會的總收入、純收入呢？箇中理由，卻尚不甚明瞭，所以，可以進一步說明。紙幣有好幾種；銀行的流通券，是最普通、最合用的。一國人民若相信某銀行家的資產雄厚，行止誠實，處事謹慎，換言之，相信他有隨時履行約定，兌換現金的能力和意思，那銀行發行的鈔票，便可在社會上通用，無異於金幣、銀幣。

　　假設某銀行家，以十萬鎊本票，借給他的顧客，這種本票，既然和貨幣有同等作用，所以，債務人自當照樣支付利息。這利息，便是他利得的來源。發出去的本票，固然有一部分，會不斷回流來兌現，但總有一部分是經年累月不斷地在社會上流通。所以，他發出去的本票，雖然是十萬鎊，但有二萬鎊金銀幣，已夠應付不時的需要。這種本票的發行，使二萬鎊金銀幣，可收十萬鎊金銀幣的功用。要行同樣的交換，要周轉分配等量的消費品，通行十萬鎊本票，已無異通用十萬鎊金銀。因之，國內流通界，已可省下八萬鎊的金銀。設國內銀行林立，都依這法則，發行本票，那麼，這時流通國內貨物所需的金銀，就不過等於無本票時代所需的五分之一了。讓我們假設某個國家，某個時代的流通貨幣，總共一百萬鎊吧，讓我們假設，這個數目，已夠流通國內全部年產物了吧，再讓我們假定，後來因為銀行林立，發行兌現的本票一百萬鎊，而在金庫內保留二十萬鎊，以應不時之需要吧。那明顯的，在流通界就有了八十萬鎊金銀幣，和一百萬鎊本票，總共一百八十萬鎊了。但國內土地勞動年產物的流通周轉和分配，原來只需要一百萬鎊；現在，銀行本票的作用，又不能馬上增加國內年產物的額數。所以，在有銀行本票的作用以後，流通國內年產

物，一百萬鎊仍是足夠的。待售待買的貨品量照舊，用來售買的貨幣量，亦自然可以照舊。流通的水道 —— 如果這名稱適當 —— 自必照舊一樣。一百萬鎊，已足充滿水道了。逾這限度，灌注下去，勢必溢而旁流。現在，我們灌注下了一百八十萬了。有八十萬鎊，定然會旁流出來，那是國內流通界所不能容納的。國內不能容納的數目，置之不用，又未免太過損失。那一定會送到外國去尋求在本國尋求不到的有利用途。不過，外國既然隔銀行甚遠，兌不兌現，卻又不能受法律制裁，所以，紙幣在外國不能通用，不能送到外國去。送到外國去的，一定是八十萬鎊金銀。國內流通的水道，昔由一百萬鎊金銀充滿，現在，卻將充以紙幣一百萬鎊了。

這巨量金銀送往外國，絕不是無所爲的，送給外國的禮物。它的外流，定然會換進一些外國貨來，供本國人消費，或轉賣給別國人民消費。

假使他是甲國的人民，他現今用這巨量的金銀，購乙國貨物，供丙國人民消費。他所經營的，就是所謂販運貿易。由此獲得的利潤，當然是甲國純收入的增進。所以，這巨量的金銀，就像新創的基金一樣，可以供他開辦新的事業。國內事業，已由紙幣經營，金銀就可移轉過來，作爲這種新事業的基金。

如果他用這巨量的金銀，購外國貨物，來供本國消費，那買進來的貨物，不是（一）遊惰階級消費的貨品，如外國葡萄酒，外國絲等等，就定一是（二）勞動工人（勞動工人每年消費的價值，可以再生產出來，兼提供利潤）生活所賴的材料、食物和工具。

　　由前一方法，無異鼓勵奢侈，不增加生產、不增加維持消費的固定基金，徒增加消費。那於社會，無論就哪一點說，都是有害的。

　　由後一方法，卻可鼓勵勞動，那雖然會增加社會上的消費，但也會增加維持消費的固定基金。消費者會把每年消費的價值，全都再生產出來，兼提供利潤。社會上的總收入；換言之，社會上土地勞動的年產物，勢將增加起來。因為工人勞動的結果，被造作的材料，一定能夠取得追加的價值。在這個追加的價值中，減去工具機械所必要的維持費，其餘就是社會的純收入了，所以，社會的純收入亦將因而增加。

　　由銀行本票的作用而被排往外國的金銀，假如是用來購買本國消費的外國貨品，就有大部是，而且一定是用來購買第二類貨品。這不僅是可能的，而且幾乎是必然的現象：固然，有特種人侈靡消費，不會增加收入，但我相信，世界上，絕沒有一個階級，全是這麼辦。謹慎從事，固然不能望於人人，但至少，一個階級，總有大多數人不侈靡，不亂耗財，這大多數人的行為，總能奉行謹慎的原則。至於那般遊惰者，他們的收入，既不能由銀行本票的作用而增加毫末，所以，除了少數實際的例外，他們這一階級的費用，亦不能由銀行本票的作用而增加。遊惰階級對外國貨品的需要，是照舊的，或者大概照舊。由銀行本票的作用而排往外國，購買外國貨品，以供本國消費的貨幣，亦只有一極小部分，是用來購買這般人需用的物品。其中，大部分，當然是用來振興實業，不是用來獎勵遊惰。

　　我們要計算社會流動資本所能推動的勞動數量，常須記著

一件事情，那就是，在社會流動資本中，常須減去貨幣，僅僅計算食物、材料、成品三項。這三項的流通，固然有賴貨幣，但振興實業，只有這三項才是必要的。材料是工作的對象；工具是工作的手段；工資是工人做工的目的。貨幣既不是工作的材料，亦不是工作的工具；工資雖普通貨支付，但工人的眞實收入，並非由貨幣或金塊構成。工人的眞實收入，是貨幣的所值，或者說，是金塊所能換得的貨物。

僱用工人者，定然會看工人的作業，給他以相當的材料工具和食物。一定量資本所能提供的這三項物品，究竟能夠供多少工人呢？它能供給多少工人，亦就能夠推動多少勞動。至於貨幣，固然是購買這三項物品所不可少的，但全資本所能推動的勞動數量，卻也不能同時等於用以購買的貨幣和被購買的材料、工具、食物。那只等於兩者之一，與其說等於前者，毋寧說等於後者。

以紙幣代金銀幣，則流動資本所能提供的材料、食物、工具，必按所代金銀的全價值而增加。向來充作流通載具的全部價值，可一變而爲被流通的貨物。這件事，有些像某個大工廠廠主的處境。他採用新機械，捨棄舊器具的結果，把節約的費用（新舊機械價值之差），加入流動資本，作爲購置材料，支付工資的基金。

一國年產物，依貨幣而流通。流通的貨幣，對於被流通的貨物價值，究竟保持著什麼比例，也許沒有確定的可能。有人說是一比五，又有人說是一比十、一比二十、一比三十。但是，貨幣對年產物全部價值所持的比例，無論怎樣微小，但在年產物中，因爲只有一部分，常常是一小部分，是指定用作維

持產業的基金，所以，貨幣對這一部分年產物所持的比例，總
該不小。如果能以紙幣代替，那流通所必要的金銀量，也許會
減而等於原先五分之一，其餘那五分之四，若有大部分是加在
維持產業的基金內，那當然會大大增加產業的數量，因之，會
大大增加土地勞動年產物的價值。

　　晚近二、三十年來，蘇格蘭各大都市，已有銀行林立，
甚至窮鄉僻壤，亦偶有之。這種銀行本票的作用的結果，正如
上述。國內事業，幾乎完全用紙幣周轉；一切種類的購買和
支付，亦都憑藉紙幣。除了兌換二十先令的鈔票，銀幣是少見
了，金幣尤其少見。銀行林立，雖未免良莠不齊，導致議院有
立法制裁之必要，但國家曾因銀行設立而得莫大利益，卻無可
諱言。我聽說格拉斯哥自銀行設立以來，十五年間，商業竟
已加倍。蘇格蘭的商業，自兩公共銀行（一名蘇格蘭銀行，
一六九三年國會議決創立；一名皇家銀行，一七二七年由蘇格
蘭皇室特許成立）創立於愛丁堡以來，就不只增加了四倍。在
這個短期內，蘇格蘭一般的商業，格拉斯哥的商業，是否這樣
增進，我不敢自作聰明、妄加論斷。若果如此，則如此大的效
果，似不盡由於銀行設立，或許還有別種原因。不過，說蘇格
蘭這個時期的工商業大有增進，並且說銀行設立，就是它們增
進的一個大原因，總不見得錯誤。

　　一七〇七年，英蘇（格蘭）始合併。合併後不久，蘇格
蘭通用的銀幣，概須輸入蘇格蘭銀行再鑄。根據帳冊，合併前
蘇格蘭流通的銀幣價值，實為四十一萬一千一百一十七鎊十
先令九便士。關於金幣，則無可稽考。但據蘇格蘭造幣局舊籍

所錄，似乎每年鑄造的金價，且略多於銀①。當時尚有許多人民，恐銀一入局，即不能復爲己有，所以有許多銀幣，始終沒有拿到蘇格蘭銀行去；此外，英格蘭鑄幣流通於蘇格蘭，亦有許多未曾繳進去。所以，未統一前，蘇格蘭通用的金銀價值，合計，當不下於一百萬鎊。當時，蘇格蘭銀行，還是唯一的銀行，它的鈔券流通，雖已令人注意，但爲數不多，在全數通貨中，尚僅占極小部分。當時蘇格蘭的貨幣，幾乎全用金幣、銀幣。現在卻不然了。現在蘇格蘭是錢鈔並行，合計當不下兩百萬，其金銀至多不過五十萬罷了。但是，蘇格蘭的金銀幣雖是大減了，它的實際財富，卻絲毫未受損害。農工商各業的發達，土地勞動年產物的增加，都是很明顯的。

銀行發行信用券的主要方法，是折扣期票，換言之，是墊付貨幣，收買未滿期的期票。期票不待期滿，即可持票往銀行預貸現金。銀行方面，就計算到期應收的利息，在全貸額中扣除。到期後，期票的兌付，既可償還銀行預貸出去的價值，並帶有利息的純利潤。兼之，銀行折扣期票，是付以本銀行發行的信用券，並不是付以金銀。銀行家可以根據經驗，在可能範圍內，盡量把信用券墊付出去，所以，他所能折扣的期票金額，可以加多，他在利息方面所能獲得的純利益，亦自然加多了。

蘇格蘭的商業，今猶不甚繁盛，在兩銀行創立時，尤不足道。設銀行設立，專爲折扣期票，銀行營業，必定有限。所

① 見魯迭曼著《蘇格蘭外交史序》。

以，有別一方法發明來發行信用券，即所謂現金結演算法。其法，隨便哪個人，只要他找得到兩個有確實信用，並有確實地產的保證人擔保，並允在銀行要求償還時即如數還清所借金額及其法定利息，就可向銀行商借一定額的款項如二、三千鎊。我相信，這種借債方法，世界各處都有。但蘇格蘭各銀行索回的條件，特別簡易。據我所知，這也許是他們銀行營業興旺，國家得益深厚的主要原因。

　　在蘇格蘭，可以向銀行按照這個方法借錢的（比方說，向銀行借一千鎊吧），還債時，可以隨時分納，有二、三十鎊，就可付納一次。銀行方面就從每次收到的日期起，至全數償清的日期止，計算每次所收數額的利息，而在全金額的利息中，扣除相當的數目。各種商民，各種實業家，都覺得這種方法的便利，都願接受銀行本票，並鼓勵人向銀行貸借，於是銀行營業，因此助長不少。在顧客商借貨幣時，銀行大都以本銀行的本票付給。商人以本票購買製造家的貨物，製造家以本票購買農業家的食物材料，農業家以本票付給地主作為地租，地主以本票付給商人，購買各種方便品、奢侈品，商人最後把本票還給銀行，來抵銷借款。因之，全國銀錢來往，幾乎都用本票。銀行營業，自然就旺盛了。

　　有了這種現金結演算法，商人得推廣營業，不致有冒險逐利的危險。設有二商人，一在倫敦，一在愛丁堡，所經營的職業相同，所投下的資本相等。愛丁堡因有現金結演算法，故其地商人營業的推廣，所僱人員的增加，都不致有冒險逐利之虞。倫敦則因無現金結演算法，故其地商人常須在自己金櫃內或在銀行金櫃內（那自然沒有利息）保有巨額的貨幣，以應

後續的需要，備還清購貨賒欠的數目，設常須保有五百鎊吧。因之，和不需常常保有閒置現金五百鎊滯財的情況比較，在這情況，倉庫內貨物的價值，就會更少五百鎊了。假設商人保有的存貨，普通每年脫售一次，這時候，與無須保有閒置資金的情況比較，他就因為常須保有五百鎊閒置資金，所得而脫售的貨物，必然會少五百鎊的價值。在這情況，他每年的利潤額，他所能僱用的生產工人數，均必少於毫無閒置資金的情況。反之，愛丁堡的商人，卻無須保有閒置資金來應付急需。萬一遇有急需，他可由現金結演算法，向銀行借錢來應付，嗣後，續有售賣，即以所得貨幣或紙幣，逐漸償還銀行的借款。與倫敦商人比較，他可用等量資本，囤積多量貨物，而無冒險逐利的危險。因之，他自己獲得的利潤更大了，勞動工人就業的機會又更多了，國家因此得利很是不小。固然，英格蘭銀行的折扣期票，亦有利於英格蘭商人，但蘇格蘭銀行並非不折扣期票。他們折扣期票的辦法，一樣簡單。但除了折扣期票，蘇格蘭銀行還有現金結演算法，故於商人，尤為便利。

在沒有紙幣的情況，國內流通，全以金銀，但金銀在國內商業依舊時所得而流通的價值，原是有限的。代替金銀的紙幣，要其流通無疑，當然不可超過這個限度。蘇格蘭通用的紙幣，比方，假設最賤的，是二十先令的紙票吧，那通行國內，要其流暢，總額無論如何，亦不可超過國內每年交易二十先令及二十先令以上的價值的交易通常所需的總和。如果不幸超過了這個總額，那過剩的部分，既不能行於國內，又不能輸往國外，結果，會馬上回到銀行去，兌換金銀。得鈔票的人民，將立刻察覺他們所有的鈔票，已超過國內交易所需。他們既然

不能把紙幣送往外國，當然，馬上會持向銀行，要求兌現。因爲，過剩的鈔票，一經換作金銀，輸往國外，很容易就有用處；在鈔票還是鈔票的時候，卻一點用處也沒有。總之，過剩的額數，將全數回到銀行去，如果銀行略示困難，回到銀行去的鈔票，還會更多。由此而起的驚疑，必然會使兌現要求，更會緊張起來。

　　各種職業的經營，都少不了經費。房租、僕役書記帳房的工資，在各種職業都是不可少的。除了這各項，銀行特有的費用，可分爲兩類：第一，金庫內，常須儲存無利益可得的巨額貨幣，以應付持票兌現的不時要求。第二，因應付不時要求而即將枯竭的金庫，須時時補充。銀行發行紙幣過多，不能流通的過剩的額數，既然會不斷轉來兌現，銀行的金庫，就非按紙幣過剩的比例，儲存追加量的金銀不可。且不僅如此，和紙幣量的過剩比較，紙幣的歸來，更快得多。因此，銀行第一項特別費用的增加，不僅要按照超額發行的比例，而且要遠大於此。

　　銀行如此，那雖有較充實的金庫，金庫的枯竭，仍必較速於謹慎進行的銀行。金庫的補充，常須有不斷的加緊努力。但這樣巨額的繼續由金庫流出來的鑄幣，又不能在國內流通。這種鑄幣，爲兌換流通限度以上的紙幣而流出，故亦在流通限度以上。按照常理，鑄幣是不能廢置無用的，它在國內沒有用處，就會在某種形態上輸往外國，以尋求有利用途。但金銀的不斷輸出，又適足助長銀行兌取金銀補充金庫的困難，從而增加銀行的費用。所以，像這樣的銀行，又必致因兌現事件的無止境增加，增加它第二項特別費用。與第一項比較，這項怕還

更多。

　　按照國內情況，假設某銀行所得而發行的紙幣，恰爲四萬鎊。爲應付不時需要起見，銀行金庫，也只須常常儲有一萬鎊金銀。假如銀行發行四萬四千鎊，那追加的四千鎊，將爲社會所不易容受，隨時發出，會隨時歸來。爲應付不時需要起見，銀行金庫應該儲存的款項，當不只一萬一千鎊，而爲一萬四千鎊。四千鎊過剩流通貨幣的利息，就毫無利益可得了，不僅無利，而且有損。這四千鎊金銀一經蒐集進來，馬上又要散發出去。不斷收進，不斷散出，所費該要多少。

　　銀行如果理解了而且注意了它本身的利益，各種流通管道，就不致於紙幣過剩。不幸，理解本身利益的銀行，現在很罕見。各種流通管道紙幣過剩的現象，就常常發生了。

　　因發行紙幣量過大，而過剩的部分又不斷的湧回來要求兌換金幣和銀幣，許多年來，英格蘭銀行每年都須鑄造金幣，自八十萬鎊至一百萬鎊不等，平均計算，每年也大約要八十五萬鎊。數年前，因金幣磨損不堪、低劣不堪，銀行大鑄金幣，常須以每盎司四鎊的高價格，購買金塊，迄其鑄成，每盎司卻僅值三鎊十七先令十又二分之一便士。損失在百分之二點五至百分之三。鑄造的數額既甚大，所以損失甚是不小。政府方面總算寬宏大度了，造幣一切費用，全由政府負擔，但銀行方面，仍是所費甚大。

　　蘇格蘭銀行，亦因紙幣過剩之故，不得不常常委託倫敦代理人，代他們蒐集貨幣，因之，費用亦不在百分之一點五或百分之二以下。這樣蒐集的貨幣，通常由馬車送來，保險費每百鎊抽十五先令，即百分之〇點七五。但代理人所蒐集的貨幣，

猶往往不足補充本銀行的金庫。金庫的枯竭太快了。在這情況，蘇格蘭銀行，只有和倫敦向有來往的諸銀行訂立期票，來取得所需數目。迄至期滿，倫敦銀行索款的書函迫至，它所應該付出的借款利息、手續費，都完全沒有著落。因紙幣過剩的緣故，蘇格蘭銀行每每無法如期償給，迫於無法可想，又不得不向原債權人或倫敦別家銀行，再行訂立期票，而以期票償還期票。有時，同一金額，不，不如說同一金額的期票，會在倫敦、愛丁堡間，往返兩三次以上。這樣累積的全金額的利息手續費，都須由債務銀行付給。在蘇格蘭，就連一向不會太過於冒險逐利的銀行，亦難免被迫而使用這種自取滅亡的方法。

　　因兌換過剩紙幣而由英格蘭銀行或蘇格蘭銀行付出的金幣，亦必成為過剩，而為各種流通管道界所不容。結果，這種金幣，或在鑄幣形式上輸往外國，或熔成金塊，輸往外國，又或熔成金塊，以每盎司四鎊的高價格，售於英格蘭銀行。然被輸往外國的或熔成金塊的，在金幣中，一定是最新的、最重的、最好的。因為留在國內保持鑄幣形態的鑄幣，並不分別輕重。輕的重的，幣值都是一樣。但在外國，或者在金塊形態上，重幣的價值，就更高昂。所以，英格蘭銀行儘管每年鑄造大批新幣，年終仍不免訝然失驚，嘆息今年鑄幣的缺乏，和去年原來沒有不同。並且，英格蘭銀行儘管每年發出許多新而且好的鑄幣，鑄幣的成色，總不見一天一天好起來，卻只見一天一天壞下去。今年鑄了這樣多新幣，明年又覺有再鑄這麼多新幣的必要。又因鑄幣常常磨損削剪，金塊價格，遂不斷提高，因而，每年造幣的費用，也是一年大過一年。據觀察所得，英格蘭銀行因須以鑄幣直接供給本銀行的金庫，竟須以鑄幣間接

供給全國。英格蘭銀行金庫內的鑄幣，會在各式各樣的方法下，不斷流了出來。英格蘭、蘇格蘭因紙幣過剩而生的需要，無一不仰賴英格蘭銀行供給。無疑，蘇格蘭諸銀行，因為自己不小心，太過輕率，吃虧是不小的。不過，英格蘭銀行所吃的虧，還要更大。它自己不小心，使自己吃虧；蘇格蘭諸銀行更不小心，還更使它吃虧。

英國大膽的投機者，往往不度量自己的資力，經營過分的營業。英國紙幣會如此過剩，當初亦即肇因於此。

商人或企業家營業的資本，既不宜全部向銀行貸借，亦不宜大部向銀行貸借。商人或企業家固然可以向銀行借錢來應付不時的需要，省得儲下現錢來留著不用，但他的資本，亦只有這個部分，宜向銀行借貸。企業家向銀行借錢，應該限於這個部分。如果銀行投借出去的紙幣，不超過這個限度的價值，那發行出去的紙幣額，亦絕不會超過國內無紙幣時流通所需的金銀額，絕不致數量過剩，決不致有一部分為國內流通界所不能容納。

假設銀行據以貼現給商人的期票，乃是有真實債務人到期即付現，而由真實債權人取得的真實期票，銀行墊付的，亦就只是價值的一部分，那不過使商人無須在現錢形式上保留著一種閒置資金，以待不時的需求而已。這種期票，一經到期，既然就會付現，所以，銀行墊付出去的價值及其利息，也一定可以取回。在這情況，銀行只和這類顧客來往，銀行的金庫，亦就像一個水池，雖有出口，亦有入口，而出入相敵，無需乎顧慮維持，積水已可常常一樣充滿。它的金庫的補充，並不要多少費用，甚而完全不要。

　　一個營業不會過度的商人，就連在沒有期票可供貼現的情況，亦常有現金的要求。如果銀行方面代他貼現期票，還尤其在簡單的銀行條件上，用現金結演算法，在他需要金錢的時候，貸以貨幣，而在他存貨續有售賣的時候，陸續零星償還，那於商人當然極其便利。賴有這個方法，他無須常常儲有閒置資金，以應不時的急需。遇有不時的急需，他就可憑現金結演算法來應付。不過，為銀行計，對於做這種貸借的顧客，是不應該十分隨便的。它應該注意短期間內（比方說，四個月、五個月、六個月，或者八個月吧），從他那裡收入的總額，是否等於貸給他的總額。在這短期間內，如果收入大都能夠等於貸出，就可放心大膽，繼續和這個顧客來往。像這樣的來往，金庫的流出，固然很大，幸而流入亦巨大；所以，無需乎顧慮維持，金庫已可始終一樣充滿，補充這樣的金庫，實在用不著多大的費用。反之，如果其顧客償還的額數，常常不及他貸出的額數，繼續和他來往，至少，繼續在這情形下和他來往，就一定不大穩當。在這情況，金庫的流出，必遠大於流入。設使沒有巨額的繼續補償費，金庫就很容易趨於枯竭。

　　因之，蘇格蘭諸銀行，往往長期間注意著要求一切顧客的借貸，都須有持續的償還。設使他不能有持續的償還，那無論他有怎樣大的家產、怎樣好的信用，亦不要想向銀行貸得一文。這種注意，不僅使銀行方面，不必特別破費來補充金庫，此外還有兩種頗大的利益。

　　第一，有了這種注意，銀行方面，不必在簿據上蒐集別種證據，已有機會相當程度審查債務人經營情況的盛衰。債務人是否持續償還，大都取決於自身情況的好壞。私人放債，少的

數家，多亦不過數十家，所以，要察知債務人的行為情況，委託一個經理人就行了，甚而經理人亦不必要。但銀行放債，動輒數百家，那除了參看簿據，就簡直不能知道債務人的情況行為。蘇格蘭諸銀行，所以要求債務人必須持續償款，也許因為看見了這點。

第二，有了這種注意，銀行方面乃不致於發行過剩的，為社會所不能容用的紙幣。在相當期間內，顧客償還的數額，若大都等於貸出的額數，那就可證明銀行貸給他的紙幣額，並沒有超過他（在無銀行貸借的情況）為應付不時的急需而必須保留的金銀量。從而，可以證明銀行發出去的紙幣額，也未曾超過國內（在無紙幣的情況）應有流通的金銀量。償還次數的頻繁、償還時間的穩定、償還款項的數額，在在足以表明銀行方面貸出去的數額，並沒有超過顧客在無借貸時所必須在現錢形式上保留，以應不時之需的那一部分資本，不過，使其不必為一部分資本的不斷使用，而保有別一部分資本不用。顧客的這一部分資本，本來要常常在相當期間內，在貨幣、鑄幣、紙幣形態上，時而收進，時而付出。銀行借貸，如果超過這一部分，那在相當期間內，顧客償還的數額，一定不能等於貸出的額數。就銀行的金庫說，這種來往的流入，定然抵不住這種來往的流出。紙幣的發行，因為超過了在無紙幣發行時，他所須保有以應急需的金銀量，遂亦馬上超過了在無紙幣發行時，國內各流通管道所會有的（在國內商業活動依舊的情況）金銀量，從而，馬上就會超過國內各流通管道所易容納的數量。紙幣過剩了，這種過剩的紙幣，馬上會回銀行來兌換現金。這當然於銀行不利。為避免這不利，這種注意，於銀行是頗有利益

的；與第一種利益比較，應該是同樣實在。不過，對於這種利益，蘇格蘭諸銀行，也許比較更不瞭解。

銀行既以貼現期票法，又以現金結演算法，使國內有信用的商人，無需儲有閒置資金，以待不時的急需，那就算盡了全力了，國內商人就不可再有所望於銀行了。為銀行本身的利益與安全計，它只能做到這個地步，不能再做什麼了。為銀行本身利益計，商人的流動資本，不能全部貸自銀行，大部分亦不行。因為商人的流動資本，雖繼續由貨幣的形式，一出一入，但全部的入，所費時間必遠久於全部的出。商人的流動資本，如果大部分貸自銀行，那要在短期間內配合銀行利益，使償還的數額，等於貸出的數額，無論如何，亦是辦不到的。至若固定資本，就更不應該大部分貸自銀行了。比方說，製鐵家建立鐵廠、鐵爐、工廠、倉庫、工人住宅等等的資本，又比方說開礦家開坑掘井、排除積水、建築道路車軌的資本，改良土地家開墾荒地、排水、築籬、建農舍、廄舍、倉穀等必要建築物的資本，那都不宜大部分貸自銀行。固定資本的償還，遠緩於流動資本。固定資本一經投下，即使投下的方法非常適當，亦要經過許多年數，方能有所償還。這樣長的期間，當然不利於銀行。固然，為企業家計，企業家的營業資本，能大部由貸借得來，當然很好。但要使債權人不吃虧，債務人務必要持有一種資本，足夠保證（如果我可以這樣說）債權人的資本。債務人營業計畫縱令失敗，亦不致使債權人蒙受損失的借貸方法，才可以說是得當。然而，即使如此，非數年不能償清的借款，仍以不向銀行借貸為上策。最好提出抵押品，向那些專賴利息為生的私人借貸，因為他們不想投資營業，但願把錢供給有信用

的人，數年不還，亦未嘗不可。不取抵押品，無需印花費、律師費，就以貨幣貸人，而償還條件又很簡單的銀行，對於這樣的商人企業家，當然可說是最方便的債權人。不過，像這樣的商人，對於這樣的銀行，卻就是最不方便的債務人了。

　　二十五年來，蘇格蘭諸銀行所發行的紙幣，至少，也十足的等於國內各流通管道所易容納的額數了。對於蘇格蘭各種事業，諸銀行的幫助，已經是盡了全力了，爲銀行本身利益計，它只能辦到這樣。而且事實上，它們的營業，已有些微過度的地方。因爲這種過度，銀行方面已經吃虧了，至少，利潤是減少了。因爲在這一種營業上，只要略微過度，便不免有此結果。不幸，逐利常情，得隴望蜀，商人、企業家，還以爲未足。他們以爲，銀行信用事業的推廣，除了添少數紙張費以外，是用不著添什麼費用的。銀行信用事業，本可任意推廣。對於銀行理事先生的眼光狹小、態度畏縮，他們表示非常不滿。他們說，銀行信用事業的擴充，宜與國內各種事業的推廣成比例。然而，他們所謂事業推廣，很明白，只是他們計畫中缺乏可行性的推廣。他們自己的資本有限，他們可以用抵押品向私人借得的資本，亦是有限。他們以爲，對於他們這種有限，銀行有代爲解決的義務。他們覺得，他們營業所需的全部資本，銀行在道義上應當供給。但銀行方面的意見，終究不同於此。於是，在銀行拒絕推廣信用的時候，有些企業家，卻又想出了一個法門。這個法門，雖所費更大得多，但其有效性，卻與任意推廣銀行信用事業無異。這法門就是大家知道的循環劃匯。大凡，不幸商人，在瀕於破產時，往往利用這個辦法。由這辦法取得資金，在英格蘭是行之已久了。據說，前次戰爭

期中，因營業利潤甚大，商人往往不考慮已有的資本，過分推廣事業，所以，結果就是這種循環劃匯的辦法，大為流行。後來，這辦法又由英格蘭傳入蘇格蘭。在蘇格蘭，商業是有限多了，資本亦有限多了，所以這種辦法傳入蘇格蘭後，比較起來，愈見流行。這種循環劃匯辦法，在一般營業家心裡，當然很是明白，似乎沒有我解說的必要。但本書讀者，不必盡是營業家，而且，這種辦法對於銀行的影響，就連一般營業家，亦似乎不大瞭解，所以，我的解說，就當盡我所能使其明瞭了。

　　歐洲野蠻法律，不要求人民履行契約，但商民間自成風氣，對於期票一事，特別謹慎，到期的票據，尤其是定期甚短，不過三、四月的票據，比任何他種債務，都更容易兌到現錢。期票到期，認受人若竟不能立即照付，他馬上就算破了產。期票一經聲明無效，就可持向出票人，如果出票人又不能立即照付，亦就算破了產。又假設未滿期以前，期票流轉，購貨取材，迭經數人之手，且各在票背簽署名號，作為簽保，那對於期票，亦就要負完全責任，如果期票到了自己面前，自己不能立時照付，亦會馬上被宣告破產。這種風氣，晚近兩百年來，已為歐洲各國法律所採納了。出票人、認受人、簽保人，即使信用不足，但時期的短促，亦多少是期票的保障，所以，他們雖然都有破產的危險，但因時期短促，也尚有人樂於執掌。「房子已經傾斜了，不能持久了，今晚就會倒塌嗎？不見得吧，我姑且冒險住一晚」──這是疲倦旅人的心聲，正好比喻期票持票人的心理。

　　假令愛丁堡商人甲，出票向倫敦商人乙，限期兩月，要乙付銀若干。事實上，倫敦商人乙，並無所負於愛丁堡商人

甲。他所以願認受甲的期票，因為兩方協商的條件，是在付款期間未屆以前，乙亦可向甲出一張期票，數額（外加利息手續費）相等，兌期亦為兩月。所以，在兩個月期限未滿以前，乙定然會向甲出一張期票，甲又會在第二次期滿以前，再向乙出第二次期票。在第二次期限未滿以前，乙再照樣向甲出期票，都以兩個月為期。這樣循環下去，可連續至於數月，甚而至於數年，不過，在期票轉到甲手上的時候，累積下來的利息手續費，都要算在裡面的。那既須加上利息每年百分之五，又須加上手續費，每次至少百分之〇點五。如果每年來往六次，手續費亦就要加六倍，所以靠這種辦法取錢的甲，每年費用就至少也在百分之八以上。如果手續費高漲，利上加利，費用就要更大。但這就是所謂循環取錢的辦法。

近來，國內大部分商業上的投資，據說，普通利潤是在百分之六至十之間。投機者用這樣的方法借得貨幣營業的結果，如果除了償還借錢的一切費用，仍能提供很好的剩餘利潤，那當然是一種很幸運的投機。並且近來，亦就有許多投機者，是這樣野心勃勃，有了大的計畫，就數年間，單靠這個方法，不惜厚費，來取得營業的基金。無疑的，他們的黃金夢，仍是未曾覺醒，他們夢想中，大利潤的幻想，還是非常顯著。但是，有一天，他們醒了，我相信，在他們營業結束，或不能再繼續營業的時候，會沒有幾個，有好造化能夠實現自己的夢想。②

---

② 這書描寫的循環取錢方法，並不是最普通最費錢的。像下面那樣的事，確是屢見不鮮。愛丁堡的甲，往往在第一張期票滿期前幾天，向倫敦的乙，出第二張期票，以三個月為期，因而使乙能夠兌付第一張

　　甲乙兩方出的期票，照例，都會拿到銀行去貼現。但銀行貼現這循環期票所付出的，又大都是紙票。在愛丁堡，是付蘇格蘭銀行的紙票；在倫敦，是付英格蘭銀行的紙票。固然被貼現的期票，到期了都有償還，不過，為貼現第一張期票而實際付出去了的價值，卻永遠不會實際歸還銀行。因為，在第一張

期票。第二張由甲請求，即可兌付的期票，便由甲按照面額價格，在愛丁堡售賣出去，卻用售賣所得，買些在倫敦兌付的期票，規定是見票就要付錢給乙，而由郵寄送往倫敦。我們曉得，前次戰爭將要結束的時候，對倫敦的匯兌，愛丁堡已常要貼水百分之三。購買那種見票即付的期票，當然要有同樣的賠償，那都要由甲擔負。這種來往，每年至少四次，每次手續費，又至少百分之〇點五，所以，這時候，甲每年所費，至少也等於百分之十四。有的時候，情形又稍微兩樣。甲在第一張期票滿期前幾天，是向倫敦的丙（不是乙），出第二張期票，以兩月為期，因而使乙能夠兌付第一張期票。丙認受的那張期票，由乙請求，本來可以兌付的，現在，就由乙拿到倫敦銀行裡去貼現。於是，甲又在第二張期票滿期前幾天，向乙、或向丁、或向戊出第三張期票，亦以兩月為期，因而使丙能夠兌付第二張期票。丙收到了第三張期票，本來由他請求・亦可以兌付的，所以，亦就把它拿到倫敦銀行裡去貼現。這種手續，每年至少可以重複六次，每次手續費百分之〇點五，利息百分之五計算，所以，這種取錢方法，亦像書上所講的那樣，至少要破費甲百分之八以上。這個方法，因為可以節省愛丁堡倫敦間的匯費，比註解內講的第一種方法，也許費用少些，但要這樣辦，甲的信用，一定要非常好。如果倫敦市內單只一家相信他，肯和他來往，就不行了。但是，像這樣逐利的冒險家，又哪裡去找這種信用呢？

期票將到期的時候，第二張期票又出了，數額還比較大。沒有這第二張期票，第一張期票根本就沒有兌付的可能。所以，第一張期票的兌付，全然是個名義。這種循環期票的來往，銀行金庫實際上只有流出，沒有流入。

銀行用紙幣折扣期票，本來可以使營業家無需儲有閒置資金不用，以應不時的急需，所以利益是很大的。但銀行借款，事實上亦只能做到這步，這是我們講過了的。現今，卻不然了。農業上、商業上、工業上，有些大計畫的營業基金，就是全部由這種循環期票向銀行取得。於是，銀行發出的紙幣過剩了，已有大部分，爲社會所不能容納了，那是超過了國內（在無紙幣時）各流通管道應有的金銀價值了。過剩的部分，馬上會回到銀行，要求兌換金銀。銀行方面的損失，就可想見了。不幸這班投機者弄取資本的辦法，甚爲詭點巧妙，不獨爲銀行家所不深辨，且有一個時候爲銀行家所不稍疑。

今使甲、乙兩人，狼狽相倚，互出循環期票，而折扣於同一銀行。銀行方面，當然不久就能發覺他們的行徑。他不久就會覺悟，他們營業，自己並沒有資本。他不久就會曉得，他們的資本，全然是他借出去的。但是，假若折扣不常在一家，時而就此，時而就彼，並且出票認受，亦不只限於兩人；換言之，假若買空賣空的陰謀家成群結黨，互相倚賴，藉由此法以獵取貨幣，那麼，孰眞孰僞，就頗不易辨識了。是有眞實債務人、眞實債權人的眞實期票呢？還是除了貼現期票的銀行，就沒有眞實債權人，除了獵取貨幣的投機者，就沒有眞實債務人的循環期票呢？那就難於知道了。有時，銀行對於這事的發覺，已經太晚，貼現的這樣的期票，也許已經不少。這時，拒

絕他們，不再貼現，固然會使他們一齊破產，但他們破產，間
接亦會使銀行破產。為顧念自身利益與安全計，在這危險境況
中，銀行方面只好再冒險進行一些時候，慢慢把貸款收回，或
者加重條件，使他們自己覺得困難，退了下去，再從別方面或
者別個銀行設法，等機會一到，便從這個圈套，自拔了出來。
然而就在銀行（宏大如英格蘭銀行，慎重如蘇格蘭諸銀行）陷
入過深，折扣為難的時候，這班投機者不僅大驚起來，而且大
怒了。他們自己的苦難，本來直接起因於銀行方面的不得已的
慎重。但在他們投機者口裡，卻簡直是全國的苦難；他們說，
這種苦難的肇因，純然是銀行方面的識見卑陋，舉措失當；他
們想努力使國家至於繁庶富裕的境地，銀行家卻吝於幫助。他
們以為，照他們的志願，如此長期借他們以如此巨額的錢財，
乃是銀行的義務。然而就事實說，值此借貸已過限度的情況，
要救濟銀行自身的信用，兼救濟國家的信用，不再借貸，已經
是唯一可能的辦法。

　　在這次喧擾窘迫期中，蘇格蘭有一新銀行③出世，聲言以
救國難為職志。計畫是很寬大的，但舉措失當了，而且似乎未
甚明瞭這次苦難的性質和原因。這銀行的貸借，無論就現金結
演算法說，就貼現期票法說，與其他銀行比較，都要更為寬
大。就後一法說，那就幾乎不辨期票虛實，一律加以貼現。這
銀行曾明白宣布宗旨，只要有相當的保證，就連像改良土地那

---

③ 此銀行名篤格拉斯侯倫公司，一七六九年，設於蘇格蘭之愛爾地方。
　一七七二年歇業，終虧四十萬鎊。

樣的資本（那要非常長的期間，才能償還），亦全部可以向銀
行借取。促進這樣的土地改良，據說，還是銀行設立的一個公
開目標。現金結算、期票貼現，竟然寬大到這個地步，當然會
使銀行紙票過剩，過剩的部分，既然爲社會所不易容納，當然
隨發隨人來兌換金銀。銀行金庫，本來就不甚充實。銀行資本
總額號稱十六萬鎊，實入不過百分之八十，而且是分期付納。
有一部分納資人每於第一次納資後，即親向銀行，用現金結演
算法借貸；銀行理事先生，又以爲納資人借款，當受同樣寬大
的待遇，所以，有大部分納資人，繳了第一期資金以後，其餘
各期納入的，幾乎全在現金結演算法下，被他們自己借了出
去。他們後來納進來的資本，名爲續收，實則先取。所以，銀
行金庫，即使原本充滿，但過度的流通，亦必使銀行無法補充
金庫的虧耗，沒有辦法，又只好走上失敗的途徑，而向倫敦銀
行，造立期票，迄至期滿，無法兌付，又計惟再立期票，但已
須加付利息手續費了。據說，這銀行的金庫，原來就不很充
實，所以營業不過數月，就不得不陷於這種困境。幸而，納資
人的田產，指定作銀行擔保品的，達數百萬鎊，拿去押借，亦
頗可支援，所以，借貸雖如此寬大，銀行營業，仍得賡續兩年
有餘。迄至非停不可時，發出的紙幣額，已近二十萬鎊了。這
種紙幣，隨發隨入，因要支援這些紙幣的流通，它不得不屢與
倫敦諸銀行造立期票。累積下去，到了銀行不得不倒閉的時候
止，期票價值，已在六十萬鎊以上。但在這兩年餘，銀行借出
去的，亦在八十萬鎊以上，取息百分之五。對於那二十萬鎊用
紙幣付出去的債務，取息百分之五，也許可被視爲純利，因爲
除了管理費，就不必再有什麼費用，但那六十多萬鎊，向倫敦

出期票借來的，計算利息手續費，費用卻在百分之八以上，所以，兩方對較，銀行借出的金額，損失在百分之三以上的，居然不止四分之三。

銀行營運的結果，正與創辦諸人的本意相反。他們覺得，國內人民鼓舞精神，經營事業，缺少的，資本罷了。在他們以為，這正待他們起來支持。他們攻擊蘇格蘭諸銀行，尤其是攻擊設在愛丁堡的各家銀行的退縮態度。他們想把這樣的銀行推翻，而集銀行事務於一身。無疑的，這對於投機者，也曾給以暫時的救濟，使他們在無可如何的處境，多拖延了大概兩年。但事到盡頭，仍不過使他們陷入愈深，迄至沒落，他們的負擔加重了，他們債權人的負擔亦加重了。投機者的投機，陷他們自身並陷國家於困難之境，然而，以救國難為職志的這銀行，最後不但沒有救濟，事實上，反而把困難加重了。為他們本身計，為債權人計，為國家計，投機者的營業，都不如早兩年停下來好。這銀行失敗了，這銀行的失敗，告訴了我們，蘇格蘭諸銀行應該注意什麼事情。暫時救濟的無效，指明了實際的永續的救濟方法。蘇格蘭其他銀行的退縮態度，畢竟是正確的。在它們不肯貼現循環期票的時候，一切出循環期票的人，都來依賴這個新銀行。它是無所不容的。賴有它，其他諸銀行，很容易就脫離了厄境，不致大受損失，稍失信任。結果，它原想救濟的國難，因有它，反而益加厲害了；它原想推翻的對手銀行，因有它，反而得了最切實的救濟。

這銀行初立的時候，有些人說，銀行金庫雖易乾枯，但來貸借紙幣的，不都提出了擔保品嗎？他們以為，拿這種擔保品作擔保，要取得錢補充金庫，絕不是件難事。但我相信，

不久，經驗就告訴了他們，這個取錢方法，未免遠水救不得近火。這樣不充實而又易枯竭的金庫，除了走上沒落的途徑，向倫敦諸銀行出了一次期票，期滿時再出一次期票，一次次下去，而累積虧損更多的利息手續費，就簡直沒有第二個辦法，可以補充。向倫敦諸銀行一次次提出期票，固然可以應急取錢，但結果不僅無利可得，且將屢行屢損，最後跟在循環劃匯的商店後面，雖略微遲點，終究是要同樣沒落。社會不易容納的過剩紙幣，雖有利息，但於銀行毫無利益。過剩的紙幣，既然隨發隨入來換取金銀，所以爲了兌換，銀行方面常須繼續借債，借債各種費用（探聽誰有錢借、和有錢的人接洽、寫債券、立契約，在在都需費用），卻全須銀行負擔。雙方比較，於銀行，自然有損無益，且大損了。用這方法補充金庫，簡直有些像僱人持水桶，持續汲水於遠井，以期補充有持續流出無持續流入的水池。那是一定失敗的。

這種辦法的不適用，是很明白的。對於經商謀利的銀行，它的不利，亦很明白。然尚不只此。對於國家，它一無所利。不僅無利，且有大害。這辦法，絲毫不能增加國內貸借的貨幣量，卻不過把全國的貸借事項，集中在它一身，而成爲全國總貸借機關罷了。要借錢的，將不向有錢出借的私人貸借，都來請求這個銀行。私家貸借，本不過數人十數人，債務人的行爲謹慎與否、誠實與否，都爲債權人所熟習，盡有選擇甄別的餘地。和銀行來往的，動輒數百家，其中有大多數的情況，往往爲理事先生所不深悉，選擇甄別，當然無從下手，因之，比較起來，銀行借貸，當然不如私家審慎。事實上，和這樣一個銀行來往的，本來就大部分是買空賣空的投機者，他們一出

再出循環期票，都只有個名義。他們的過分的營業，即使得有一切可能的幫助，亦必難以成功。即使可成，亦絕不能償還所費。他們由經營事業而取得的基金，絕不夠照原先投資時所費的資金僱用等量的勞動。私家借貸，就沒有這種現象。誠實儉樸的私家債務人，往往會考量自己的資本，而經營可靠的事業。其所經營的，也許沒有那樣宏大可觀，但更穩當，更有利。經營事業，定可償還他投下的資本，兼供以大的利潤。因此，他所取得的基金，使他可以比原先僱用更多得多的勞動。所以，比較看來，在這點上，私家借貸，實優於銀行借貸。所以，即使新銀行的計畫成功，結果也不能增加任何國內資本，那不過使大部分資本，不再投在謹慎有利的事業上去，而改投到不謹慎無利益的事業上去罷了。

有名的洛君（John Law），以為蘇格蘭產業不振的原因，就是營業貨幣的缺少。他提議設立一個特別銀行，使銀行所發紙幣，等於全國土地的總價值。他覺得，這才是救濟貨幣缺少的辦法。在他初倡此議的時候，蘇格蘭議會亦覺得不宜採納。後來奧林斯公爵任法國攝政王，卻就他的原議，略加改正，竟然採行了。可任意增加紙幣數額的觀念，即是所謂密西西比計畫的實在根據。這個計畫，宏大無比，它所擬立的銀行業，合股公司業，在世界上，真是空前。杜浮納批評杜篤商業上財政上的政治觀察，曾詳細說明這個計畫的內容，這裡不贅述了。這計畫所根據的原理，在洛氏所著關於貨幣與貿易的論文（那在他初倡議時，就在蘇格蘭發表了）中，亦有說明。這個宏偉而空幻的理論，至今猶在許多人腦中，留有甚深刻的印象。今日蘇格蘭及其他各處銀行發行紙幣的毫無節制，恐怕亦

多少受了這個理論的影響。

英格蘭銀行，在歐洲是最大的，是一六九四年七月二十七日，由國會議決，以王命冊立的。當時它借給政府的數目，共計一百二十萬鎊，每年可向政府支取十萬鎊，其中，九萬六千鎊作為利息（年利百分之八），四千鎊作為手續費。新政府革命初創，信用尚輕，所以有這樣高的利息。

一六九七年，銀行資本增加了一百萬一千一百七十一鎊十先令。全資本有二百二十萬一千一百七十一鎊十先令了。銀行信用，亦益見穩固。所以，一六九六年，政府債券，尚須四折，五折或六折，銀行券卻僅須二折。但後來，因銀幣大加改鑄，銀行改變方針，停止兌現，銀行信用，遂一落千丈。

安妮女王第七年第七號法令，規定銀行須以四十萬鎊貸付國庫，加上原貸的一百二十萬鎊，合計已為一百六十萬鎊。一七○八年，政府信用，已等於私人，政府借貸利率，遂亦減為百分之六，和當時市場上的普通利率，沒有兩樣了。但就按照這個法令，銀行又須購買利息六分的財政部證券，達一百七十七萬五千零二十七鎊十七先令十又二分之一便士。銀行資本，亦允許倍加。所以，在一七○八年，銀行資本，就等於四百四十萬二千三百四十三鎊；貸給政府的總額，就等於三百三十七萬五千零二十七鎊十七先分十又二分之一便士了。

一七○九年，按照百分之十五的比例集股，集得了六十五萬六千二百零四鎊一先令九便士。一七一○年，又按照百分之十的比例集股，集得了五十萬一千四百四十八鎊十二先令十一便士。兩次集股的結果，銀行資本，等於五百五十五萬九千九百九十五鎊十四先令八便士了。

　　喬治一世第三年，依第八號法令，銀行又購買了財政部證券二百萬鎊。就這時計算，銀行貸給政府的金額，已有五百三十七萬五千零二十七鎊十七先令十便士。喬治一世第八年，再依第二十一號法令，銀行又購買南海公司股票四百萬鎊，因要購買這項股票，銀行不得不增募資本三百四十萬鎊。這時總算下來，銀行貸給政府的金額為九百三十七萬五千零二十七鎊十七先令十又二分之一便士。其資本總額卻為八百九十五萬九千九百九十五鎊十四先令八便士。兩相比較，貸出的金額，已多於母本；貸出金額所收入的利息，已不須全數分配於股東了。銀行已有不分紅利的資本了。這情況，一直持續至今。一七四六年，銀行陸續貸給政府的金額，已達一千一百六十八萬六千八百鎊，銀行陸續募集的分利資本，亦達一千零七十八萬鎊。自此以往，直至今日，都沒有改變。喬治三世第四年，依第二十五號法令，政府延長銀行營業執照，銀行方面雖繳納了十一萬鎊，但政府無須付息，亦無須償還，所以，不會增加銀行貸出額，亦不會增加銀行資本額。

　　銀行紅利，時有高下。那須隨國債利息高下，及其他事件而發生變動。國債利率，已漸由百分之八，減至百分之三了。過去幾年間，銀行紅利，常為百分之五點五。

　　英政府安定，英格蘭銀行亦隨之安定。這銀行的債權人，已經有了政府保障。貸給政府的金額不喪失，銀行債權人亦不致有所損失。英格蘭不能有第二個銀行，由國會議決冊立，而股東在六員以上。所以倫敦銀行，已非普通銀行可比，它是國家一個大機關了。國債年利的大部分，是由它出入聚散；財政部證券，是由它流通；土地稅、麥芽稅的預徵收額，

是由它墊付。在這情況下，即使主事者明察，亦不能防阻紙幣流通額的過剩。它亦貼現商人期票。有時，不僅英格蘭，就連漢堡荷蘭的巨賈，亦求它借貸。據說，一七六三年，有一次，英格蘭銀行，在一星期內，貸出了將近一百六十萬鎊，還大部分是金塊。事實是否如此，期間是否如此短促，數額是否如此巨大，我不敢妄斷。但英格蘭銀行，卻真有時迫不得已，竟以六便士的銀幣來應付各種大借款。

　　慎重的銀行活動，可增進一國產業。但增進產業的方法，不是增加一國資本，卻不過使本無所用的資本有用，本不生利的資本生利。商人不得不儲存以應急需的閒置資金，全然是死的資財，無所利於商人自己，亦無所利於他的國家。慎重的銀行活動，卻可使這種死資財變成活資財；換言之，變成工作所需的材料工具食品，既有利於己，亦有利於國。在國內流通的金幣、銀幣，固然是國內土地勞動生產物年年流通、年年配分於真正消費者的手段，但它尚留在商人手上，依然是現錢的時候，亦就依然是死的資財。這種死資財，在一國資本中，雖是極有價值的一部分，但不能為國家生產任何物品。慎重的銀行活動，以紙幣代替大部分的這項金銀，當然可以使這個國家，把大部分的這項死資財，變作具生產力有利於國的活資財。流通國內的金幣、銀幣，宜與通商運貨的通衢大道相比。通衢大道，不能生產稻麥，但運稻麥，卻須有大道可通。慎重的銀行活動，以紙幣代金銀，比喻得過火一點，簡直有些像高架道路，使昔日的通衢大道，多化為栽種畜牧的田地，從而，大大增加土地勞動的年產物。但是，我們又必須承認，有了這種設施，國內工商業，固然略有增進，但與單用金銀而腳踏實

地的時候比較，用這樣的紙幣飛在空中，卻是比較危險的。管理紙幣若不甚熟練，不用說了，即使熟練慎重，恐仍難免會發生無法制止的災禍。

比方，戰爭失敗，敵軍占領首都，維持紙幣信用的庫藏，亦墜敵手。國內紙幣，就會成為廢紙。處在這情況下，國內各流通管道全用紙幣的情況，比大部分使用金銀的情況，當然會更困難得多。平常的通商手段，全無價值，所以除了物物交換，除了賒欠，就不能更有交換。一切賦稅，既常由紙幣付納，所以，君主亦無法支付軍餉，充實武庫。處在這情況下，全用紙幣的國家，與不全用紙幣的國家比較，會更難恢復原狀。因之，有國之君，如果想使領地易保，想使地失而易復，就不僅要防止那種破壞銀行的紙幣過剩現象，還要設法使銀行所發紙幣，不在國內各流通管道比例太高。

國內各流通管道，總可分作兩途：（一）商人彼此間的流通；（二）商人與消費者間的流通。一批貨幣（無論紙幣現金），固然不是固定要用在哪一途，但這兩途，是同時不斷進行的，所以，各需一定量的貨幣來經營。商人彼此間流通的貨物價值，絕不能超過商人和消費者間流通的貨幣價值。商人所買的一切，終須賣歸消費者。但商人彼此間的交易，往往是批發，所以每次，總須有巨量貨幣。商人和消費者間的交易，往往是零售，所以每次，有小量貨幣（如一先令半便士）已足。小幣流通，遠速於大幣。一先令較速於一幾尼，半便士又較速於一先令。以年計算，消費者所購買的價值，雖應等於商人所購買的價值，但消費者每年購買所需的貨幣量，卻更小得多。同是貨幣，但以其流愈速，其用亦愈大，即可以進行更多次數

的購買。

各政府管制紙幣，有的使其僅通於商人彼此間，有的推廣之，使商人與消費者間的交易，亦有大部分使用紙幣。倫敦鈔票，每張值五鎊以上，那作法就是管制紙幣，使其僅通於商人彼此間。消費者手中，若持有五鎊鈔票，那他在第一次購買的時候，即使所購僅值五先令，亦須出鈔折換。所以在消費者把這張鈔票用完以前，鈔票早已回到商人手上了。蘇格蘭諸銀行所發的鈔票，卻有小至二十先令的，那作法就是推廣紙幣，使商人與消費者間的交易，亦有大部分使用紙幣。在國會議決禁止通用十先令和五先令鈔票以前，消費者購物，常用小額紙幣。北美洲則尤甚。那裡發出的紙幣，竟有小至一先令的，結果，消費者購物，幾乎都用鈔票。至於約克郡，有些紙幣，僅值六便士，結果如何，更不用講了。

准許這樣小額的紙幣普遍發行，無異獎勵平常人去開銀行。平常人發出去的五鎊、一鎊的本票，大家會拒絕不用；他發出去的六便士的本票，大家卻不會拒絕。乞丐般的銀行家，當然很容易破產，最終對於一般接受他們鈔票的可憐人，也是極不方便，甚而極有妨害。

要免此弊，銀行發劵，宜限五鎊為最低額。像今日倫敦一樣，英王國各地銀行所發的鈔票，應限制流通於商人彼此間。在倫敦，鈔票不得在十鎊以下。五鎊所能購得之貨物，雖僅等於十鎊之半，但在英王國其他各地，五鎊已像似繁華倫敦的十鎊，不是一次花得掉的。

紙幣發行，如果仿效倫敦，限制通行於商人彼此間，市面上的金銀，便可常不匱乏。紙幣發行，如果仿效蘇格蘭或北

美洲的辦法，使通用於商人消費者間交易之大部分，市面上的金銀，就會全被驅逐。國內商業，會全由紙幣流通。蘇格蘭禁發十先令五先令的鈔票，曾稍救濟市面上金銀缺乏的困難；若再禁發二十先令的鈔票，當更有救濟的功效吧。聽說，美洲自從禁廢若干紙幣以來，金銀已更豐饒了。但在紙幣未曾發行以前，聽說美洲的金銀遠更豐足。

銀行發行紙幣，寧可限制通行於商人彼此間。似此，國內流通，雖非全由紙幣，但對於國內工商業，銀行家的幫助，卻是幾乎一樣。因為商人為應付不時急需而須儲存的閒置資金，本來就只流通於商人彼此間。在商人與消費者的交易上，商人沒有儲存閒置資金之必要。在這種交易上，商人只有錢進，沒有錢出。所以，銀行鈔票雖限制行於商人彼此間，但若銀行能貼現真實期票，再用現金結演算法借貸，銀行就已經很救濟了商人，使他們大部分不必儲有那麼多的現金不用，專門用來對付不時之需。銀行家依然有力，對各種商人提供他所宜提供的大貢獻。

有人認為，銀行本票無論面額大小，只要私人願受，就應在許可之列。政府禁止其領受，取締其發行，實在是侵犯天賦的自由，不是法律所應為。因為法律不應妨害天賦的自由，只應扶助。從某觀點說，這限制誠然是侵犯天賦的自由。但於少數人為天賦的自由，而於全體社會則為安全的危害，卻該受而且應受法律制裁。這樣絕對的自由，無異於極端的專制。法律強迫人民建防火牆，乃為預防火災蔓延起見。我們這裡提議法律限制銀行活動，用意亦正類此。

由銀行券構成的紙幣，若由信用確實的人發行，無條件

的，只要拿來，隨時都能兌現，那就無論從哪方面說，它的價值，都等於金幣銀幣，因爲它隨時可以換得金銀。所以，就物價貴賤那一層說，用紙幣買賣，必無異於用金銀買賣。有人說，紙幣增加，因將增加流通貨幣總量，從而減低流通貨幣價值，所以，不免會提高商品的貨幣價格。這話，不見得可靠。因爲有多少紙幣加進來，就有多少金銀會改作他用，所以，流通貨幣的總量，不一定會增加。一世紀以來，蘇格蘭食品價格，以一七五九年爲最廉。但那時因有十先令五先令的銀行券發行，紙幣之多，實非今日可比。再者，現在蘇格蘭銀行業的增加，總算已極普及，但現在蘇格蘭食品價格和英格蘭食品價格的比例，卻和先前沒有兩樣。英格蘭的紙幣，可算多了，法國的紙幣，可算少了，但兩國穀物價格的貴賤，卻多是相等。

休謨出版《政治論集》的一七五一年～一七五二年間，適在蘇格蘭增發紙幣之後，食品價格極顯明的漲了起來，但其原因，與其說是紙幣增加，毋寧說是天時不適。

如果構成紙幣的本票，是否能夠立即兌現，還須取決於發行人之有無善意；或者，兌現的條件，非執券人常可履行，甚或期限悠久，不計利息，那情形就不同了。這樣的紙幣，當然要按照立即兌現之困難的大小、不確性的大小，或者按照兌現期間的遠近，而多少跌在金銀價值之下。

數年前，蘇格蘭諸銀行，每於所發鈔票，別加標識。依此標識，凡持券求兌者，或見票即支，或見票六月後始支，但添付六個月的法定利息。有時，有些銀行的理事先生，就利用這個標識，或威脅持大批鈔券求兌者，使不敢要求全數求兌，若能有一部分兌現，亦就不得不已覺滿足。因之，愈發愈濫，

直到後來，蘇格蘭金融界，幾乎大部分是銀行的本票，能否兌現，大是疑問，其價值當然會低落在金銀之下。在這期間（尤其是一七六二年、一七六三年、一七六四年），卡里虛對倫敦行平價匯兌，登福里斯（距卡里虛不及三十英里）對倫敦的匯兌，卻常須貼水百分之四。這很明顯的，是因爲卡里虛以金銀兌付匯票，登福里斯則以蘇格蘭銀行鈔票兌付匯票。這鈔票要兌換現金，既然不一定有把握，所以比較鑄幣，價值就跌了百分之四。後來，國會禁止發行五先令十先令鈔票的命令，又規定鈔票不得附加標識，因此，英格蘭對蘇格蘭的匯兌，才再恢復自然的標準，而順應於貿易和匯兌的情況。

　　約克郡紙幣，竟有小至六便士的，但持劵人規定要存票至一幾尼，始可要求兌現。這個條件，在持劵人方面，頗難辦到。故其價值亦低於金銀價值。後來，國會議決，廢止這種規定，認爲不合法，並且像蘇格蘭一樣，禁止發行二十先令以下的紙幣。

　　北美洲紙幣，非由銀行發行，亦不能隨時兌現。那是由政府發行的，非輕數年，不能兌現。殖民地政府雖不付持劵人任何利息，但曾宣告紙幣爲法幣，須按面額價值流通。但是，即使殖民地政府穩固不傾，十五年後支付的一百鎊，和年利六分的現金四十鎊比較，所值也差不了多少。立時支付的一百鎊，絕不等於十五年後支付的一百鎊。所以，強迫債權人收納紙幣，未免太不公平吧，以自由自許的政府，大概未曾試行過。這顯然像道格拉斯博士所說，是債務人欺騙債權人的詐術。一七七二年，賓夕法尼亞政府，第一次發行紙幣，佯言紙幣價值與金銀相等，嚴禁歧視或低價使用紙幣等情事。這個法

令，言專橫，則與其本意所要支持的現象無異；言無效，則又過之。規定一先令，按法可以償清一幾尼的債務，不是法律不可辦到，因爲法庭可以按法律解除債務人的義務。不過，售貨與否，賣者各有自由。強賣者視一先令爲一幾尼，卻是法律所辦不到。所以，英國對這一些殖民地的匯兌，有時一百鎊，可以等於一百三十鎊，對別一些殖民地，一百鎊卻簡直可以等於一千一百鎊。雖有法令，亦無可奈何。但試一研究其中原因，就知道價值懸殊，乃是因爲各殖民地發出去的紙幣額，極不相等。而且，紙幣兌現期間，既長短不一，是否確有把握，亦不能一律。

這樣看，國會議決殖民地以後發行的紙幣，皆不得爲法幣，就很適當了。爲什麼殖民地都不贊成這個議決案呢？

與我國其他殖民地比較，賓夕法尼亞發行紙幣，又似乎比較持重。那裡的紙幣，據說，自來沒有低於未發紙幣以前的金銀價值以下。但在紙幣第一次發行以前，賓夕法尼亞已提高殖民地鑄幣的單位名稱，且由議會通令，英國五先令的鑄幣，在殖民地境內流通，可以當作六先令三便士，後來提至六先令八便士。所以，殖民地鑄幣一鎊，和英國鑄幣一鎊比較，價值已較低百分之三十以上。因此，轉鑄幣爲鈔票，價值很少高過一鎊英幣的百分之三十。主其事者，以爲這樣提高單位名稱，使等量金銀，在殖民地當作更大的數目用，即可防制金銀輸出。卻不知道殖民地鑄幣的單位名稱提高了，由母國運來的貨物價格，亦必按比例提高，金銀輸出，還是一樣迅速。

殖民地紙幣，若許人民用以完納本州各種賦稅，不折價，那麼，即使兌現期間眞的甚長，或被認爲甚長，其價值亦

定可多少增加一些。不過，這種附加價值的大小，當視本州發行的紙幣額超過本州付納賦稅所能使用的紙幣額的程度而定。據我們考察所得，各州紙幣額，都超過本州付納賦稅所能使用的紙幣額甚大。

一國君主，如果規定賦稅，有一定比例必須用紙幣付納，那麼，即使紙幣兌現的期限，定於國王意志，亦定能多少提高紙幣價格。發行紙幣的銀行，若評估納稅所需，使所發紙幣額，常常不夠應付納稅人的需求，那紙幣價值，即將高於金銀貨幣之上。但有些人就根據這點，說明阿姆斯特丹銀行亞驕（agio意謂銀行紙幣，優於通貨）的理由。他們說，大部分外國匯票，須由銀行轉付；換言之，大部分外國匯票須由銀行紙幣兌付；慎重的銀行理事先生，卻故意使銀行紙幣額，常常不夠應付這用途的需要。他們說，這是阿姆斯特丹銀行紙幣常須亞驕百分之四，甚至百分之五的理由。但後來的事實，證明了，這種說明是很不確實的。

紙幣價值，雖可落在金銀紙幣價值之下，但金銀價值，不能因紙幣價值下跌而下跌。金銀所能換得的他種貨品量，不能因而減少。金銀價值對其他貨物價值的比例，無論在什麼情況，都不取決於國內通用紙幣的性質與數量，那只取決於當時礦產，究竟可在如何程度上（富厚呢？貧瘠呢？）以金銀供給商業世界上的大市場。換言之，那只取決於一定量金銀上市所必要的勞動量，對一定量他種貨物上市所必要的勞動量，究竟成什麼比例。

銀行發行鈔票，若有限制且可隨時兌現，即可不致妨礙社會安全，他的營業，亦就可任其自由。英蘇兩地，近年來，

銀行林立，爲衆人所驚。但其設立，不僅無害於社會；社會安全，反從而增進了。銀行林立，競爭者多，乃使各自營業，非愼重不可，所發紙幣，亦非對現金數額，按照適當比例不可。因此，銀行事業，乃不致越出常軌。銀行紙幣，又因此限在較狹範圍內流通；銀行紙幣額，遂因此減少。全國各流通管道既然分成了更多得多的區域，所以，一個銀行的失敗（這是必有的事），對於公衆，影響較小。同時，這種自由競爭，又使銀行對於顧客的營業條件，必須更爲寬大，否則將爲同業所排擠。總之，一種事業如果於社會有益，就應當任其自由，廣其競爭。競爭愈自由、愈普遍，那事業亦就愈有利於社會。

第三章

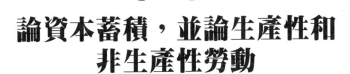

論資本蓄積，並論生產性和非生產性勞動

　　有一種勞動，加在物上，能增加物的價值；別一種勞動，卻不能夠。前者因可生產價值，可稱爲生產性的；後者可稱爲非生產性的。①製造業工人的勞動，通常，會把自身生活所需和雇主利潤上應有的價值，加在製造的原料價值上。反之，家僕的勞動，卻不能增加什麼價值。製造業工人的工資，雖由雇主墊付，但事實上，雇主是毫無所費。勞動投在物上，物的價值必增加。這樣增加的價值，通常，可以補還工資的價值，兼供利潤。家僕的維持費，卻是不能復還的。僱用許多工人，是致富的方法，維持許多家僕，是致貧的途徑。但奴僕的勞動，亦有它本身的價值，那應得報酬，如製造業工人。不過，製造業工人的勞動，可以附加並且實現在特殊的可賣的商品上，可以持續一些時候，不會隨生隨滅。那似乎是，把一部分勞動儲存起來，在必要時，再提出來用。那物品，或者說，那物品的價格，在必要時，日後尚可用以僱用勞動。其量，至少，也可等於原爲生產這物品而投下的勞動量。反之，家僕的勞動，卻無法附加，亦不實現在特殊物品，或可賣商品之上。家僕的勞動，隨起隨滅，要把價值保存起來，供日後僱用等量勞動之用，是萬難的。

　　社會上等階級人士的勞動，和家僕的勞動，一樣不能生產價值，那既不能附加而且實現在固定物或可賣品上，亦不能保存起來，備日後僱用等量勞動之用。上自王公，下至官吏、

---

① 法國有些博學多能的作家，在另一意義上。使用這個字。第四篇最末一章，我將要指示他們的錯誤。

兵役，都是非生產性工人。他們是公僕，其生計由他人勞動年產物的一部分而維持。他們的職務，無論是怎樣高貴，怎樣有用，怎樣必要，但終究是隨生隨滅不能保留起來，供日後獲得等量職務之用。他們治理社會，捍衛國家，功勞當然不小，但今年的治平，買不到明年的治平；今年的安全，買不到明年的安全。在這一類中，當然包含著各種職業，有些是很尊貴很重要的，有些卻可說是最下流。前者如牧師、律師、醫師、文人；後者如伶人、歌妓、舞女。在這一類勞動中，最下流的，亦有若干價值，支配這種勞動價值的原則，就是支配一般勞動價值的原則。但這一類勞動中，就連最尊貴的，亦不能生產什麼東西，供日後購買等量勞動之用。像伶人的對白、雄辯家的演說、音樂家的韻律一樣，他們這一般人的工作，都是隨生隨滅。

生產性勞動者、非生產性勞動者、非勞動者，同樣仰食於土地勞動的年產物。這生產物的量雖甚大，但絕不能無窮，它是有限的。用以維持不生產工人的部分愈大，用以維持生產工人的部分，必按比例愈小，從而，次年生產物，亦必按比例愈小；用以維持不生產工人的部分愈小，用以維持生產工人的部分，必按比例愈大，從而，次年生產物，亦必按比例愈大。除了土地上天然生產的物品，一切年產物，都是生產的勞動之結果。

固然，無論在哪一國，土地勞動年產物，到底都不過供國內居民消費，給國內居民以收入，但其收穫，無論出自土地，或出自生產勞動者之手，都是一出來就自然會分成兩個部分。一部分（往往是最大的一部分）是用來換回資本，補充從資本

取出了的食物材料和成品；別一部分，則以利潤形式，作爲資本所有者的收入，或以地租形式，作爲地主的收入。就土地生產物說，一部分是用來換還農業家的資本，別一部分，就用來支付利潤，作爲資本所有者的收入，或支付地租，作爲地主的收入。就大製造廠的生產物說，一部分（往往是最大的一部分）換回營業家的資本，別一部分則支付利潤，作爲資本所有者的收入。

用來換回資本那一部分年產物，只能直接僱用生產勞動者，那只能支付生產的勞動之工資。別一部分，既然作爲利潤或地租的收入，所以，用來維持生產勞動者，固然可以，但要用來維持不生產的人員，亦未嘗不可。

把資財一部分當作資本而投下的人，莫不望資本償還，兼取利潤。他投資，只僱用生產勞動者。對於所有者有資本作用的資財，對於生產的工人，始能充爲收入。用來維持不生產工人的資財，不是資本，只能算作目前享樂的開支。

不生產勞動者、不能勞動者，都須仰給於收入。這裡所謂收入，可分爲兩項。（一）在年產物中，原有一部分，須在地租或資本利潤上，歸作這類人的收入；（二）在年產物中，又有一部分，原想用來換回資本，只僱用生產工人，但一經歸到這類人手上，他們除去維持生產工人所必要的部分，就會把剩餘部分，不問究竟，拿出來用了，就算了，所維持的是生產工人，或是不生產工人，就不一定。大地主、富商，不用說了。就連普通工人，在工資豐厚的情況，僱個把家僕，看回把戲，亦算不了回事。這樣，他就拿了一部分收入，來維持不生產的工人了。並且，他納一些稅，亦不是不可能的。這時，他所

維持的工人，雖然尊貴得多，但不生產，卻是一樣的。不過，按照常情，原想用來換回資本，只僱用生產工人的那部分年產物，大概，在尚未充分僱用生產工人以前，絕不致移作不生產工人的維持費。工人非事先做工獲得工資，要他用一部分工資來維持不生產的工人，是絕不可能的。並且，那部分工資，往往不多。這是他節省下來的收入，就生產工人的情況說，無論怎樣，也節省不了許多。但他們總有一些。就賦稅一層說，因爲他們這一階級的人數，是很多很多的，所以，他們各各所納，雖甚有限，他們這一些階級所納，卻也可觀。無論如何，不生產者生活所賴的主要資源，總歸是地租和利潤。這兩種收入，最容易節省。他們可以用來僱用生產者，亦同樣可以用來僱用不生產者，但大體上，似乎特別喜歡用在後一方面。大領主更喜歡供養遊惰階級，而不大願意供養勞動階級。富商的資本，雖只用來僱用勞動階級，但他隨在大領主後面，他的收入，卻大都用來豢養不生產的遊民。

我們講過，從土地，從生產勞動者手裡生出來的年產物，一出來，就有一部分，被派定作換回資本的基金，還有一部分，作爲地租或利潤的收入。我們現在又知道，隨便在哪一國，生產者對不生產者的比例，即取決於這兩個部分的比例。並且，這比例，在貧國又與富國極不相同。

今日歐洲各富國，固然往往以土地生產物的極大部分，用來換回獨立富農的資本，而以其餘支付利潤與地租。但在昔日，封建政府繁立，年產物的極小部分，已經足夠換回耕作的資本。因爲那時候耕作所須的資本，不過是幾頭老牛馬，牠們的食物，就是荒地上的天然草。荒地在那時，又大都屬於地

主，而由地主借給土地耕作者。所以地內所出，有餘，幾乎悉
歸地主，那可說是荒地的地租，亦可說是這個無價資本的利
潤。耕者大都是地主的奴僕，他們的身家財產，都同樣是地主
的財產。即使不是奴隸，是無自由佃農，他所付納的地租，亦
每每很少超過免役租，但事實上，他所納的，依然等於全土地
生產物。並且，在和平的時候，雇主可隨時徵取他們的勞役；
在戰爭的時候，他們又須出去征戰。所以，家奴固然是領主的
隸屬，住得遠些的他們，一樣是領主的隸屬。他們的勞役既然
都須聽他支配，土地生產物，不用說，是全部屬於他。但現在
的歐洲，卻大不同了。在全土地生產物中，地主所占比例，不
常在三分之一、四分之一以上了。但以量計，改良有成效的國
家土地的地租，卻大都已三倍、四倍於往日；現今在年生產物
中取出三分之一或四分之一來，和往日年產物的全部比較，亦
似乎已經三倍、四倍了。當此農功日進時代，就數量說，地租
雖是日增，對土地生產物比例而言，卻是日減。

今日歐洲各富國的資本，大部分投在商業製造業上。古
代貿易稀疏，製造業簡陋，所需資本極少，但所供利潤，卻是
很大。古時利率，罕有在百分之十以下——這可證明他們的
利潤，至少也足夠提供這麼大的利息。現在，歐洲各進步國的
利率，已罕在百分之六以上；最進步國的利率，且有時低至百
分之四、百分之三、百分之二。固然，因為富國的資本，比貧
國多得多，所以，富國居民由資本利潤而得的收入，比貧國亦
是大得多。但若就利潤相對於資本的比例來說，那通常是少得
多。

與貧國比較，富國用來換回資本的土地勞動年產物的部

分，當然要大得多。但不僅如此，與直接爲地租利潤的部分比較，它在年產物中所占比例，亦必大得多。與貧國比較，富國僱用生產勞動的基金，當然要大得多。但亦不僅如此。我們講過，一國年產物，除了一部分必定作僱用生產勞動的基金，其餘是用來僱用生產勞動，還是用來僱用不生產勞動，雖不一定，但通常是用在後一用途。現今，我們又知道了，與這一部分年產物比較而言，富國僱用生產勞動的基金，在年產物中所占比例，也是大得多。

這兩個基金的比例，在任何國家，都必然會決定一國人民的性格，是勞動抑是遊惰。和我們祖宗比較，我們是更勞動；和兩三百年前比較，我們用來維持勞動的基金，與維持遊惰的基金，就比例而言，已經大得多。我們祖宗，因爲沒有讓他們勞動的充分獎勵，所以遊惰了。俗話說：「勞而無功，不如戲而無益。」工商業都市的下層居民，大都仰給於資本的僱用，他們大都是勞動的、眞摯的、興旺的。英吉利荷蘭的大都市，便是很好的例子。建都的地方，王侯貴族集居，下層人民的生計，大都仰給於這些王侯貴族收入的支出；他們大都是遊惰的、墮落的、貧窮的。羅馬、凡賽爾、康本尼、楓丹白露，是很好的例子。講到法國，除了魯昂波都二市，其他各省會的工商業，毫不足道。一般下層人民，大都吃衙門飯，吃訴訟飯，所以，大都是遊惰的、貧窮的。魯昂、波都二市，則因地理位置關係，商業頗爲發達。魯昂爲巴黎門戶。舉凡巴黎所需物品，由外國或沿海各省輸入的，都須經過魯昂。波都則爲葡萄酒出口的門戶。街羅流域所產的葡萄酒，世界聞名，外國人都喜歡，所以輸出特多。這樣好的地理位置，當然會吸引資

本，投到這方面來。因為這樣，這兩個都市的工業，才蒸蒸日上。其他各省會的情形，便不同了。他們投下資本，都只為了要維持本市的消費；換言之，投下的資本，實甚有限，絕不能超出本市所能使用的限度。巴黎、馬德里、維也納的情形，都是如此。在這三城中，巴黎要算最勞動的了，但巴黎就是巴黎本市製造品的主要銷售場；巴黎本城的消費，就是一切營業的主要對象。既為王公駐節之所，又同時為工商輻輳之地，既為本市消費而營業，又同時為外市及外國消費而營業的都市，在歐洲，要算倫敦、里斯本、哥本哈根了。這三個城市所處的地理位置，都很便利，有一大部分遠方消費的物品，都把它們當作一個轉運站。但我們知道，在王公所在的收入消費市場，下層人民並不渴望資本的投下。那不比工商大市，人民生計，單靠投資家的僱用。所以，不僅僅為了供給本市消費而投資於王公所在地，也許比較難於有利。那裡，人民遊惰慣了，他們不愁沒有飯吃，王公的給養，使一般人民腐化，就連一般應該勤勉作事的人，亦不免同化。投資情況如此，當然更少利益。英蘇未合併前，愛丁堡工商業很不發達。後來，蘇格蘭議會遷移了，王公貴族，不一定要住在那裡，那裡的工商業，才慢慢振興起來。但蘇格蘭的各級法院、關稅部等機關，不會遷移，所以仍有不少收入，是在那裡消費。就工商業而言，愛丁堡實遠不及格拉斯哥。格拉斯哥居民的生計，大都靠資本的僱用。再者，我們有時看到，製造業很進步的鄉村居民，每因公侯貴族起宅定居其間，而日趨於遊惰貧困。

無論在什麼地方，資本與收入的比例，都支配勞動與遊惰的比例。資本占優勢的地方，多勞動；收入占優勢的地方，多

遊惰。資本的增減，自然會增減眞實的勞動量，增減生產的工人數，因而，增減一國土地勞動年產物的交換價值，增減一國人民的眞實財富與收入。

資本增加，由於節儉；資本減少，由於奢侈與妄爲。節省了多少收入，就增加了多少資本。這個追加的資本，他可以親自投下來僱用追加的生產工人，亦可以借給別人投下，而分其利潤，得利息爲酬。個人的資本，既然只能由節省每年收入或每年利得而增加，由個人構成的社會的資本，亦只能由這個方法增加。

資本增加的直接原因，是節儉，不是勞動。當然，未有節儉以前，須先有勞動。節儉所積蓄之物，均由勞動而得。但是若只有勞動，無節儉，有所得而無所儲，資本儲不能加大。節儉，可以增加維持生產勞動者的基金，從而，增加生產勞動者的人數。他們的勞動，既然可以增加工作對象的價值，所以，節儉，又有增加一國土地勞動年產物交換價值的**趨勢**。節儉，可以推動較大量的勞動；較大量的勞動，可以增加年產物的價值。

每年節省的東西，像每年用掉的東西一樣，照例是要被消費的，而且，幾乎是同時被人消費。但消費者不同。富家每年用掉的收入部分，大都由遊惰的客人和家用的婢僕消費，那是消費完了就算了，一無報酬。至於，因要追求利潤而直接轉爲資本的每年節省下來的部分，當然會同時被人消費，但消費的人，是勞動者、製造者、手工匠。他們可以再生產他們每年消費的價值，並供利潤。現在，假定他的收入都是貨幣吧。如果他把全部花掉，他由全部收入購得的食品、衣服、住所，就是

分配給前一種人。如果節省一部分，爲追求利潤而直接轉作資本，親自投下，或借給別人投下，那他由這節省部分購得的食品、衣料、住所，就將分配給後一種人。消費是一樣的，消費者不同。

節儉之家，以每年所省，固可在今年、明年供養追加的生產工人，然不僅此。好像建立工廠一樣，那是一種永續的基金，將來隨便什麼時候，都可依照原樣，用來僱用追加的生產工人。這種基金之永續的劃定，雖無法律保證，更無盟約強制，不過，所有者個人的利害關係，是很明白、很顯著的——這是一個強而有力的原理。誰都不能違抗。如果你侵蝕了這個基金，你就非吃虧不可。一經這樣劃定的基金，永遠都要這樣用法。他們用來維持生產勞動者的基金，永遠會用來維持生產勞動者。

在奢侈之家，侵蝕資本的事情，是常有的。他的用度，不限於他的收入，結果，當然是蠶食資本。他將收入從正當用途移到不正當用途，往往不顧恤父兄節省下來打算作點事業的錢，豢養著許多遊手好閒的人。工資是付了，事業卻沒有做。僱用生產勞動的基金減少了，所僱用的能增加物品價值的勞動量亦減少了，結果，全國的土地勞動年生產物價值減少了，全國居民的眞實財富和收入，亦減少了。奢侈者奪勞動者的麵包，來豢養遊惰者。如果別一部分人的節儉，不足抵償這一部分人的奢侈，奢侈者所爲，不但要陷他自身於貧窮，且將陷全國於匱乏。

奢侈之家，縱令所費全是國產商品，不用一點外國貨，結果亦將同樣影響社會的生產基金。每年總有一定量的食品、

衣服，本應該用來維持生產工人的，將移用來維持不生產者。
一國生產物的價值，總不免年有減損。這種浪費，誠然不是用
來購買外國貨，金銀確實不會往外輸出，國內貨幣確實不會減
少，但是，假若這一定量的食品、衣服，不被不生產者消費，
反過來，分配給生產的工人，他們就不僅可以再生產他們消費
的全部價值，而且可以兼供利潤了。這等量的貨幣依然留在國
內，卻又再生產了一個等價值的消費物品。不只一個價值，是
兩個價值。

　　而且，年生產物價值日趨減少的國家，絕不能保留這等量
的貨幣。貨幣的唯一功用，是周轉消費品。賴有貨幣，食物、
材料與成品，才可實行買賣，而分配給眞正的消費人。一國每
年所能流通使用的貨幣量，受每年在國內流通的消費品價值決
定。每年在國內流通的消費品，不是本國土地的直接勞動生產
物，就是用本國生產物購買進來的物品。國內生產物的價值減
少了，每年在國內流通的消費品價值亦必減少，因而，國內每
年所能流通使用的貨幣量，亦必減少。因生產物年年減少而被
逐出國內各流通管道的貨幣，絕不能棄無所用。貨幣所有者爲
了自身利益，絕不願自己的貨幣閒置。國內沒有用途，它就會
不顧法律、不顧禁止，送往外國，用來購買國內有用的各種消
費物品。貨幣每年的輸出，使國內人民每年的消費額，超過他
們本國年產物的價值。繁榮時代積下來的一點東西或可拿出來
購買金銀，而在這逆境中支持他們一些時候。但在這情況，金
銀輸出，不是民生凋敝的原因，只是民生凋敝的結果。實際說
來，這種輸出，還暫時減輕了民生凋敝的痛苦咧！

　　反過來說，一國年產物的價值增加了，貨幣量亦自然會

增加。每年在國內流通的消費品價值追加了，當然需要追加貨幣量來流通。有一部分追加生產物，當然會四散出去，在有金銀的地方，購買必要追加量的金銀。但在這情況，金銀增加，只是社會繁榮的結果，不是原因。購買金銀的條件，是到處一樣的。在英格蘭購買金銀，出價同於在祕魯購買金銀。從礦山掘出，再搬到市上來，總需要一定量的勞動或資本。為這事業而勞動而投資的人，總需要衣食住的供給與收入。這一定量的供給和收入，就是購買金銀的價格。需要金銀的國家，只要出得起這個價格，用不著擔心所需的金銀，會長此缺乏。反過來說，不被需要的金銀，亦不能長此勉強留於國境之內。

所以，無論我們根據明白合理的說法，說構成一國真實財富與收入的，是一國勞動土地的年產物價值，還是依隨通俗偏見的說法，說構成一國真實財富與收入的，是國內流通的貴金屬量——總之，無論就哪一個觀點說，奢侈都是公眾的敵人，節儉都是社會的恩人。

再講妄為。妄為的結果，同於奢侈。農業上、礦業上、漁業上、商業上、製造業上，一切不謹慎的無成功希望的企圖，對於僱用生產勞動的基金，都有減損的趨勢。固然，投在這種企謀上的資本，亦只由生產的工人消費，但因為不謹慎，所以，他們消費的價值，必不能充分再生產出來；與投資謹慎的情況比較，似不免減少社會上的生產基金。

幸而就大國的情形說，個人的奢侈妄為，不能有多大影響。別一部分人的儉樸慎重，不難賠補這一部分人的奢侈妄為而有餘。

講到奢侈，一個人所以會浪費，當然因為他有現實享樂的

欲望。這種欲望的熱烈，有時，簡直難以抑制，但一般說來，那總是暫時的偶然的。再講節儉，一個人所以會節儉，當然因為他有改良自身狀況的希望。這希望，雖然平淡，但我們從出生，一直到死，不會放棄它一刻。我們一生到死，對於自身地位，總有一種不滿足的感覺，總想進步，總想改良。但是怎樣改良呢？一般人都覺得，有增加財產之必要。這手段，最通俗，最明顯；但增加財產的最明白的方法，就是在常年的收入或特殊的收入中，節省一部分，儲蓄起來。所以，雖然每個人都不免有時有浪費的欲望，並且，有一種人，是隨時都有，但一般平均說來，在我們人類生命的長途中，節儉的心理，不僅常占優勢，而且大占優勢。

再講妄為。無論哪裡，成功事業總占極多數。不慎重、不成功的事業，總占極少數。我們雖然常常看見破產的運氣不佳的失意者，但在無數的經商營業家中，失敗的總是全數中的極小部分。一千個中，沒有一個吧。破產的災禍，對於一個清白的人，實在是極大的、極難堪的災禍。不留意避免它的人，實在不多。當然哪，不知道避免它的人，也並非沒有。

地大物博之國，固然不會因私人奢侈妄為而貧窮；政府的奢侈妄為，卻有時可致大國於窮困。隨便哪個國家公眾的收入，都是全部，或幾乎全部用來維持不生產者。朝廷上的王公大臣，教會中的牧師神父，就是這一類人，再如海陸軍，他們在平時既一無生產，在戰時，又不能有所獲取，來償付戰時的軍費。然而，亦就因為他們一無生產，才不得不仰給於別人勞動的產物。如果是冗員雜役的話，所費當更不少。因此，能在次年有所再生產的生產勞動者，反有難於生活的危險。下一年

的再生產，一定不及上一年。如果情形繼續糟下去，第三年的再生產，又一定不及第二年。我們只應拿人民的剩餘收入，來維持這一類不生產者的生存，現在，在人民收入中，他們消費了這樣大的部分，結果，當然是人民的資本受蠶食。維持生產勞動的基金，必受損失。這樣的蠶食，太厲害了。個人的節儉慎重，絕不能補償這樣大的浪費。

然而，就經驗所得，在大多數情況，個人的節儉慎重，又似乎不僅可以補償個人的奢侈妄為，而且可以補償政府的浪費。像個人的富裕一樣，社會富裕，國民富裕，亦賴每個人民有不斷改良自身境況的努力。這不斷的努力，可以戰勝政府的浪費，可以挽救行政的大錯誤，使事情日趨改良。譬如，人間雖有疾病，有庸醫，但人身上總似有一種莫名其妙的力，可以突破一切難關，恢復原來的健康。

增加國民土地勞動年產物的方法有二，一為增加生產工人的數目，一為增進受僱工人的生產力。但要增加生產工人的數目，必先增加資本，增加維持生產勞動的基金。要增加同數受僱工人的生產力，又唯有增加那便利勞動，縮減勞動的機械工具，或者把它們改良。不然，就是使工作的分配，更為適當。但無論怎樣，都有追加資本的必要。要改良機械，少不了追加資本；要改良工作的分配，亦少不了追加資本。把工作分成許多部分，比較由一個人兼任各種工作，定須追加不少資本。試比較同一國民的前代和後代。我們如果發覺那裡的土地勞動年產物，後代比前代大多了，其土地耕作狀況進步了，製造業增加了，繁盛了，商業推廣了，我們就可斷言，在這兩個時代間，這國的資本，委實增加了不少。那裡一部分人民的節儉慎

重，足可補償別一部分人民的妄為和政府的浪費而有餘。講到這裡，我應該聲明一句，只要國泰民安，即使政府不是節省慎重的，國家情況，也可以有這種進步。不過，我們要正確判定這種進步，不宜比較兩個相離太近的時代。進步是如此逐漸的，時代太近了，不但看不出它的改良，有時，即使國家平均狀況改良了，但我們往往因見某種產業的凋零，某一地方的衰落，便懷疑它全國的富裕與產業，都在退步。

比較一百年前查理二世復辟時，現在英格蘭土地勞動的年產物，當然是多得多了。現在懷疑英國年產物增加的人，固然不多，但五年前，仍有幾本小書的發行，說英格蘭的財富是在迅速減少，人口也在減少，並且農業退步，製造業凋零，商業衰落。這類書籍的作者，不見得全是黨派的宣傳品，全是騙人的賊種。我曉得，他們裡面有許多是極誠實、極聰明的作家，他們相信什麼，就敘述什麼。他們著述，只因為他們相信。

再者，比較兩百年前的伊莉莎白時代，查理二世復辟時代的英格蘭的土地勞動年產物，又多得多了。比較三百年前約克與蘭克斯特爭勝時代，伊莉莎白時代英格蘭的年產物，又多得多了。再推上去，約克與蘭克斯特時代，當然較勝於諾曼征服的時代；諾曼征服的時代，當然較勝於薩克森七人政治的時代。薩克森七人政治的時代，英國當然不能說是一個進步的國家，但與凱撒侵略時代（這時，英格蘭居民的狀況，和北美野蠻人相差不遠）比較，又算大進步了。

然而，在這各時期中，私人很多浪費，政府亦很多浪費，而且發生了許多次數費用頗多的不必要的戰爭，原用來維持生產者的年產物，竟有許多移用來維持不生產者。有時，在

內訌激烈的時候，浪費的浩繁，資本的破壞，據任何人想來，亦不但會妨礙財富的自然蓄積（這是眞的），而且，最終會在這時期之末，陷國家於更爲貧困的地位。查理二世復辟以來，英國境況是最幸福最富裕的了，但那時又有多少紊亂與不幸事件發生呢？如果我們是生在那時，我們一定會擔心英格蘭的前途，說其僅要陷於貧困，怕還會全然破滅吧。你想想看，倫敦大火以後，繼以大疫，又加英荷兩次戰後的革命騷擾，對愛爾蘭戰後，又有一六八八年、一七〇二年、一七四二年、一七五六年四次大戰，再有一七一五年、一七四五年兩次叛變。不說別的，單拿這四次英法大戰的結果來說，英國欠下來的債務，就在一億四千五百萬鎊以上！加以前後籌防善後的特殊經費，總共不下兩億鎊吧。自革命以來，我國年產物，就常有這樣大一個部分，用來維持數目龐大的不生產者。假令當時沒有戰爭，則當時當作那樣費用的資本，其中定然有一大部分，會改變用途，來僱用生產的工人。生產工人既能再生產他消費的全價值，兼提供利潤。那我國土地勞動年產物價值每年的增加，就可想見了，而且每一年的增加，又必能更增加下一年的增加。如果當時沒有戰爭，建起來的房屋，一定加多了；改良的土地，一定更廣了；耕作的事業，一定進步了；製造業一定增加了，已有的製造業，又一定規模更大了；至於國民眞實財富與收入，將要怎樣增加起來，我們也許難以想像。

政府的浪費，無疑會阻礙英格蘭在財富方面、在改良方面的自然進步，但不是停止。與復辟時代比較，現在英格蘭土地勞動的年生產物，是增加多了；與革命時代比較，更是增加多了。英格蘭每年用以耕作土地，維持農業勞動的資本，確

實是大得多了。一方面雖有政府的各種苛捐雜稅，但別方面，卻有無數個人在那裡持續不斷的努力節省愼重，改進自己的境況，他們是不作聲色的，一步一步的，把資本蓄積了起來。這種努力，因爲受著法律保障，得在最有利情況下自由發展，英格蘭因此，幾乎在過去一切時代，都能日趨富裕，日趨改良。並且，將來永遠照樣進行下去，亦不是不可能。實在說，英格蘭不僅無福享有節儉的政府，就連居民亦沒有節儉的特性。因此，英格蘭王公大臣，竟有時不自反省，頒布節儉法令，甚而禁止外國奢侈品輸入，倡言要監督私人經濟。他們不知道，他們自己就常常是社會上最浪費的階級。他們好好注意自己的費用就行了，人民的費用，可以任憑人民自己去管。如果他們的浪費，不會使國家滅亡，人民的浪費，哪裡談得上呢！

節儉可以增加社會資本，奢侈可以減少社會資本。所以，花費等於收入的人，不能蓄積資本，亦不能蠶食資本；不能增加資本，亦不能減少資本。不過，我們應該知道，在各種花費方法中，有些是更可以促進國富增長的。

個人的收入，或用來購買立時享用的物品，即享即用，無補於來日。又或用來購買比較耐久的可以蓄積起來的物品，今日享用了，就可以減輕或支援明日的費用，或增進來日享用的效果。譬如，有些富翁簡直是室滿奴婢，廄滿犬馬，大吃大喝的花；有些寧願粗茶淡飯，奴婢減少，卻修飾莊園，整飭別墅，頻興建築，廣置家具、書籍、圖畫等等，至於有用無用，卻是向不過問；有些，卻珠寶玩物，灼爍滿前；等而下之，還有些，則有如前數年逝世的某大王的寵臣，願衣裳滿箱，錦繡滿床。設有甲、乙二富翁，財產相等，甲則用其大部分收

入，來購買比較耐久的商品，乙則用其大部分收入，來購買即享即用的物品。到後來，甲的境況，就必能日漸改進，今日的費用，尚多少可以增進明日費用的效果。乙的境況，決不會比原先更好。最終，甲必較富於乙。甲所有的貨物，雖已價值不如當時所費，但總有多少價值。乙的費用，就連痕跡也留不下來，十年、二十年浪費的結果，眞是一無餘物。

較有益於個人富的消費法，亦較有益於國民財富。富家的房屋、家具、衣服，轉瞬可一變而於中下層人民有用。在上層階級玩厭了的時候，中下階級的人民，可以把它們買來，所以，在富人一般都是這樣使用錢財的時候，全體人民的一般生活狀況就逐漸改進了。在一個富裕已久的國家，下層人民雖不能自建大廈，但往往占有大廈；雖不能自製上等家具，但往往占有上等家具。色莫爾的邸宅，現今已經成了巴斯道上的客寓；詹姆士第一的婚床（那是皇后從丹麥運來的嫁妝，作爲鄰國通婚的禮物），幾年前，已經陳列在東浮林的酒店。古城內的大廈，都易了主了，如果你進裡面去，還可見到許多精美的適用的老式家具。但是，它們原來的主人哪裡去了？誰知道。並且，王宮別墅、書籍圖像，以及各種珍奇物品，不僅是當地的，並且是全國的，值得感到光榮的裝飾。凡爾賽宮是法國的名勝；斯托威和威爾登，是英格蘭的勝跡。義大利創造名勝古跡的財富，雖然是沒落了，創造名勝古跡的大天才（也許因爲沒有用處），雖然似乎是消失了，那裡的名勝古蹟，卻仍然是義大利的光榮。

把收入花費在比較耐久的物品上，那不僅較便於國之蓄積，且又較易於養成儉樸的風尙。設有人在耐久的物品上花費

過度，便可幡然改計，不致爲社會人士所譏評。如果原來是
婢僕成群，驟然撤減，如果原來是華筵廣設，驟然減省，如果
原來是陳設豐麗，驟然節用，就不免爲鄰人共見，或竟爲鄰人
竊笑，疑己自覺往昔之行爲錯誤，始肯做出如此改變。像這樣
過度浪費的人，若非陷於破產，恐不能有改變習慣的勇氣。反
之，如果我原愛用錢添置房屋、家具、書籍、圖畫，以後如果
自覺財力不濟，我就可以幡然改習，人亦不疑。實以此類物
品，既有前設，雖無後繼，亦無不可。在別人看來，我改變習
性的原因，似乎不是財力不濟，只是意興已闌珊。

何況，費財於可久之物，所養之人常多；費財於賓客待遇
之事，所惠之人實少。一夕之宴，所費爲二、三百斤之食糧，
然傾於糞堆者，或近半數，所耗不可謂不大。設以宴會所費，
轉用泥木之工，改聘機巧之士，則所費食糧之價值雖相等，所
養之人數必加大。工人零星所購，必毫無消耗毀棄。至於，一
則用以維持生產者，能增加一國土地勞動年產物的交換價值，
一則用以維持不生產者，不能增加一國土地勞動年產物的交換
價值，又不必我多費唇舌了。

讀者不要以爲，費財於耐久之物，即爲善行，費財於賓客
待遇之事，全爲惡行。我知道，以收入招待賓客，即以收入之
大部，分濟友伴，費財於耐久之物，利卻僅及於一身，非有代
價，即不許他人分享。我更知道，購珠寶，添衣飾，不僅是一
種無足輕重的勾當，而且是一種卑下的自私自利的性向。我不
過說，費財於可久之物，因可助長有價商品的蓄積，更可獎勵
私人的節儉習慣，故較有利於社會資本的增進；因所養爲生產
者非不生產者，故較有利於國家財富的增長。

第四章

論借放利息的資財

　　貸人取息的資財，常常說是出借人的資本。出借人必望借貸期滿，資財復歸於己；同時求借人因會使用這種資財，亦須支付年租若干。這種資財，在求借人手內，可用作資本，亦可用作目前消費的開支。如果用作資本，就用來維持生產勞動者，可以再生產價值，並提供利潤。在這情況，一切收入的資源都無須割讓減損，資本及其利息，卻已可支還。如果用作目前消費的開支，他就成了浪費者，他奪去了維持勞動階級的基金，來維持遊惰階級。在這情況，非某種收入的資源（如所有權或土地地租）受損，就無法償還資本，支付利息。

　　借放利息的資財，雖有時兼用在這兩種用途上，但用在前一用途者較普遍，用在後一用途者較少見。借錢揮霍的人，勢難持久，出借者受愚，常致後悔。除了重利盤剝者，我覺得像這樣的借貸，於雙方都毫無利益。社會上固然難免有這樣借貸的事件發生，但因人各自利，所以，我們差不多可以肯定說，它不能像我們所想像的那樣常有。比較謹慎的富人，願以大部分資財貸給追求利潤的人，還是浪費的人？如果真把這問題提出，他聽了，怕只會發笑。這其實是不成問題的問題。求借人雖然不是世上很有名的節儉家，但在他們之中，節儉終必遠多於奢侈，勞動終必遠多於遊惰。

　　鄉紳借資，通常有財產為抵押，其所借資，常非用於追求利潤的用途。但借資徒供揮霍者，亦只有鄉紳。並且，就連鄉紳，亦並非全是借錢浪費。有人說，他們用錢，常在借錢之先。他們日常享用的東西，多向商店老闆賒欠，為還清帳目，他才有支息借錢的必要。鄉紳因為沒有足夠地租來償還商店老闆的資本，所以向別人借資來償還。這時他借錢並不是為了要

花費，只爲了要補償先前已經花掉了的資本。

　　借貸的是鈔票，還是金銀，並不重要，總之，取息貸借之事，大都是貨幣來往。但求借人所求，出借人所供，實際上，又不是貨幣，乃是貨幣所值；換言之，是貨幣所能購買的貨品。如果我所要求的，是即享即用的開支，所貸借的，便是能夠即享即用的貨品。如果我所要求的是振興產業的資本，所貸借的，便是勞動者工作所必需的工具、材料，與食品。貸借的事情，似乎是出借人把自己一定部分土地勞動年產物的使用權，讓與求借人，聽他隨意使用。

　　無論是鈔票或是貨幣，貨幣總是國內各種貸借的手段。一國能有多少資財，在行放利息的方式下出借，或者像一般人所說，能有多少貨幣在行放利息的方式下出借，並不受貨幣的價值支配，只受特定部分年產物的價值支配。這特定部分年產物從土地生出或由生產的工人做出後，即被指定了做資本用，同時所有者又無意親自使用，因而借給別人。因爲這種資本的貸與還，均由貨幣來往，故被稱爲金融利害關係。這不僅不同於農業利害關係，且不同於親自投資的工商業利害關係。但我們應該知道，爲貨幣利息而出貸的貨幣，不過像一張讓與的契約一樣，把甲無意親自投下的資本，由甲轉讓給乙。這樣轉讓的資本量，比較轉讓所使用的貨幣量，不知要大多少。同一批貨幣，可以做許多次的購買，亦可以連續做許多次數的貸借。譬如，以一千鎊借乙，乙立即用來向丙購貨一千鎊。丙因不需貨幣，就把這一千鎊借丁，丁又立即用來向戊購貨一千鎊。同一理由，戊又把這一千鎊借己，己再立即向庚購貨一千鎊。所以貨幣還是原樣，但不消幾天工夫，貸借就已三次，購買亦已

三次了。每一次，在價值上，都與這貨幣總額相等。甲丙戊是有錢出借的人，乙丁己是要借錢的人。他們貸借的，其實只是購買力。貸借的價值與效用，都包含在這購買力上。這三個有錢人所貸出的資財，等於這數額貨幣所能購買的貨品價值，所以，這三次貸借所借出的資財，實三倍於購買所使用的貨幣價值。假使債務人所購的貨品，應用適當，能在相當期間償還原借的價值及其利息，這種貸借，就十分可靠。並且，原借的貨幣，既可用作貸借三倍其價值的手段，或貸借三十倍其價值的手段，（爲同一理由），所以，同樣，又可連續用作償還債務的手段。

照這樣看，以資本貸人取息，實無異由出借人，以一定頗大部分的年產物，讓與求借人。但爲報答這種讓與，求借人須在借期內，年年以較小部分的年生產物，讓與出借人，稱作付息；在借期滿後，又按照原借額，以相等較大部分的年產物，讓與出借人，稱作還本。在轉讓這較小部分和較大部分的情況，貨幣雖然都是讓與的證明，但所讓與的，與讓與的證明絕不相類。

一國年產物，一定有一部分，一從土地生出或生產工人做出，即被指定作換回資本用。那一部分年產物，如果加大了，則按照這一部分比例的加大，金融利害關係，亦自然隨而加大。資本普遍增加了，所有者無意親自投用，但望從此得一收入的資本。亦必增加。換言之，資財增加了，借放利息的資財，亦必逐漸增加。

借放利息的資財增加了，利息（使用這名詞稱資財所必須支付的價格）必致低落。數量增加可以減低物品市場價格的

事實，固然是這時利息低落的一個原因，但除了這個原因，我們還可尋出幾個特殊的原因。第一，一國的資本增加了，投資的利潤必減少。要在國內為新資本尋得有利的投資方法，將日見困難。資本的競爭，於是發生，資本所有者常互相傾軋，努力把原投資人排擠出去。但要排擠原投資人，只有把自己的營業條件，放得更為寬鬆。他不僅要賤賣，而且，有時因為要賤賣，尚不得不貴買。第二，維持生產勞動的基金增加了，對生產勞動的需要，亦必日益加大。因此，勞動者不愁無人僱用，資本家反而愁無人可用。資本家的競爭，把勞動的工資提高，把資本的利潤減低。使用資本的利潤，既然減低了，使用資本所能支付的價格；換言之，利率，非一同減低不可。

洛克、約翰・羅、孟德斯鳩，還有許多別的作家，都以為因為西領西印度的發現，金銀量增加了，這增加，就是大部分歐洲利率低落的真實原因。他們說，這兩種金屬本身的價值減低了，所以，它們特定部分的使用，亦只有更小的價值，因而使用它們所能支付的價格亦更小。這個觀念，一看，似乎很可稱讚，但實際是錯誤的。這錯誤，已為休謨充分暴露，我們也許沒有再講之必要。但下面這種極簡明的議論，或可進一步說明迷惑這幾位先生的謬見。

在西領西印度尚未發現以前，大部分歐洲的普通利率，似為百分之十。從那時起，各國的普通利率，似已降為百分之六、百分之五、百分之四，甚至百分之三。且假設某國銀價低落的比例，恰等於利率低落的比例。比方說，在利率由百分之十減至百分之五的地方，等量的銀，今日所能購買的貨品量，亦僅半於昔日。這種假設，真與事實符合嗎？我相信，事實絕

不如此。但這種假設，對於我現今待要檢驗的那種學說，卻很合脾味。現在，我即使退一步，承認這假設合乎眞理，我們亦絕不能說，銀價低落，有一點點減低利率的趨勢。因爲，假若現今一百鎊的價值，僅等於昔日五十鎊的價值，那現今十鎊的價值，亦就只等於昔日五鎊的價值。減低母本價值的原因，亦必恰按同一比例，減低利息價值。母本價值與利息價值的比例必依舊，所以，利率並未改變。如果利率眞是改變了，這兩個價值的比例，就非改變不可。如果現今一百鎊所值，不較多於昔日五十鎊所值，現今五鎊所值，亦不較多於昔日二鎊十先令所值。在母本價值折半的時候，我說利率由百分之十減至百分之五，即是說，現在利息的價值，已等於昔時利息的價值四分之一。

在流通的商品量未曾增加的情況，銀量增加，只會減低銀的價值。這時，各種貨品的名義價值，都會加大，但他們的眞實價值，卻必依舊不變。它們可以換得較大量的銀；但它們所能支配的勞動量，所能僱用的勞動人數，必依舊不變。周轉等量資本所必要的銀量，雖是增加了，資本卻沒有增加。讓與的證明，是累贅多了，所讓與的物品，卻仍舊一樣，只能產生同樣的效果。維持生產勞動的基金依舊，對生產勞動的需要亦依舊。生產勞動的價格或工資，名義上雖是加大了，實際上卻是不變。以所付的銀量計，工資雖是加大了，以所能購買的貨品量計，工資卻是依舊。資本利潤，卻無論就名義說，就實際說，都無變動。勞動的工資，因爲常以所付銀量計算，所以在所付銀量增加時，工資雖毫無增加，外表上卻似乎已經增加。資本的利潤，卻不是這樣。資本利潤，不由所得銀量的多寡計

算。計算利潤的時候，我們只計算所得銀量與所投資本之比例。比方，我們說到工資，常常說這個國家的普通工資，是每星期五先令；我們說到利潤，常常說這個國家的普通利潤，是百分之十。國內所有的資本，既無改於昔，分有這全部資本的國內每個人的資本的競爭，亦必無改於昔。他們的便利如昔，他們的困難亦如昔。資本對利潤的普通比例不變，所以，貨幣的普通利息，亦不變。使用貨幣一般所能支付的利息，必須受使用貨幣一般所能取得的利潤支配。

在國內各流通管道貨幣量不變的情況，國內年年流通的商品量的增加，卻除了發生貨幣價值提高的結果，還會引出許多別的重要結果。這時，一國資本，名義上雖是依舊，實際上卻已增加。那雖繼續由等量貨幣表示，但已能支配較大量的勞動。它所能維持的生產勞動量增加了，從而，對勞動的需要亦增加。工資實際已經隨勞動需要的增加而提高了，表面上，卻又似乎已經跌落。因為這時，勞動者所領受的貨幣量，也許已經減少，但現今這較小量貨幣所能購得的貨品量，比較從前較大量貨幣所能購買的貨品量，卻也許已經加大。但無論在實際上，名義上，資本的利潤，都會減少。國內所有的資本總量已增加，資本間的競爭，當然會隨而增進。資本家各自投資的結果，即使所獲，在各自資本所僱的勞動的生產物中，所占比例已經較小，亦只有自認晦氣。貨幣的利息，既然與資本的利潤共進退，所以，貨幣的價值雖然大增了；換言之，一定量貨幣所能購買的貨品量雖然大增了，但貨幣的利息大減，仍然是可能的事情。

有些國家的法律，禁止貨幣的利息。不過，使用資本，

既然能取利潤，其使用亦就應有利息為酬。經驗告訴我們，這種法律，不但沒有防止重利盤剝的罪惡，反而將其加劇了；因此，債務人不但要支付使用貨幣的報酬，還要支付一個保險費。因放債取利，有重利盤剝的嫌疑，因而有受處罰的危險。換言之，重利盤剝的刑罰，使債務人必須對債權人提出保障。

在放債取利不被禁止，重利盤剝卻受嚴禁的國家，往往規定合法的最高利率。這個最高利率，常應略高於最低市場利率（即在擔保品極可靠時，使用貨幣一般應出的價格）。這個法定利率若不及最低市場利率，結果將無異全然禁止放債取利。沒有相當的報酬，債權人不肯借錢出去，但按照適當標準，領受十足價值，又有受處罰的危險。這種危險，非債務人出錢擔保不可。如果法定利率適等於最低市場利率，結果，遵守國法的誠實人，固將受其迫害；一般沒有穩當擔保品的人，亦無計可施，只好任重利盤剝者盤剝。現在英國，以貨幣貸政府，年息百分之三，貸私人，若有穩當擔保品，則年息百分之四或百分之四點五，所以，像英國這樣的國家，規定百分之五為法定利率，也許是再適當不過了。

法定利率，應略略高於最低市場利率，我們已經講過了，但亦不應過高。比方說，如果英國法定利率，規定為百分之八或百分之十，那麼，就有大部分借貸的貨幣，會借到浪費者投機者手裡去；因為只有他們這一類人，願意出這樣高的利息。誠實人只能以使用貨幣所獲的利潤的一部分，作為使用貨幣的報酬，所以，不敢和他們競爭。一國資本，因之有大部分會離開誠實的人，而擲在浪費者手上，不用在有利的用途上，卻用在浪費資本破壞資本的用途上。在法定利率僅略高於最低

市場利率的情況，有錢出借的，都寧願借錢給誠實人，不願借錢給浪費者、投機者。因爲借給誠實人所實得之利息，雖不多於借給浪費者所取得之利息，但錢在誠實人手上，穩當得多。一國資本，因此，得以大部分持於誠實人手中，使經營有利的職業。

　　普通利率，絕不能因法律規定而較低於當時最低普通市場利率。一七六六年法國國王，規定利率須由百分之五減至百分之四，但結果，法律等於虛設，民間借貸，利率仍爲百分之五。

　　據觀察所得，土地的普通市場價格，取決於普通市場利率。對於有資本不願親自投下，但願從此得一收入的人，究竟是購買土地上算，還是借錢取息上算，是一個煞費躊躇的問題。土地財產是極穩當可靠的，除此以外，並大都還有其他幾種利益。所以，比較起來，把錢貸給別人收取利息，所得雖更多，但他猶願購買土地而得較小收入。這諸種利益，可以補償收入上一定的差額，但亦只能補償收入上一定的差額。如果土地地租遠遜於貨幣利息，那就誰也不願購買土地，土地普通價格必致跌落。反之，如果這諸種利益，可補償這差額而大有餘，那就誰也願購買土地，土地普通價格即將提高。在利率爲百分之十時，土地售價，常爲年租之十倍或十二倍。利率減至百分之六、百分之五、百分之四時，土地售價騰貴，常爲年租二十倍、二十五倍，甚至三十倍。法國市場利率高於英格蘭；法國土地的普通價格，即較低於英格蘭。英格蘭土地售價，常爲年租之三十倍；法國土地售價，則常爲年租之二十倍。

第五章

論各種資本用途

　　一切資本，雖均用以維持生產的勞動，但等量資本，因用途不同故，所能推動的生產勞動量，極不相等；從而，對於一國土地勞動年產物，它所附加的價值，亦極不一致。

　　資本用途有四種。第一，用以獲取社會上每年所須使用所須消費的原生產物；第二，用以製造原生產物，使適於使用消費；第三，用以運輸原生產物或製造品，從有餘的地方，運往缺乏的地方；第四，用以分散原生產物或製造品，使成為小的部分，適於需要者的臨時需要。第一種用法，是農業家、礦業家、漁業家的用法；第二種用法，是製造家的用法；第三種用法，是批發商人的用法；第四種用法，是零售商人的用法。我以為，這四種用法，已經包括了一切投資的方法。

　　這四種投資方法，有相互密切的關係，少了一種，其他不能獨存，即使獨存，亦不能發達。為全社會的福利計，亦是缺一不可。為什麼呢？

　　（一）假設沒有資本，用來提供相當豐饒程度的原生產物，製造業商業，怕都不能存在。（二）原生產物，有一部分在適合於使用或消費以前，往往要加以製造。假設沒有資本投在製造業上把它製造，則因無人需要故，也就沒有誰願培植；那也許竟像是天然生長的，不能有交換價值，不能增加社會的財富。（三）原生產物及製造品富饒的地方，必以所餘運往缺乏的地方，假設沒有資本投在運輸業上，這種運輸，便不可能。社會將成為自足的社會，生產量不能超過本地消費所需。批發商人的資本，卻可通有無，使這個地方的剩餘生產物，交換別個地方的剩餘生產物，所以，那既可以獎勵產業，又可以增進這兩個地方的享用。（四）假設沒有資本投在零售商業

上，把大批的原生產物製造品，分成小的部分，來適應需要者的臨時需要，結果，一切人對於所需的貨品，都要大批買進來，超過目前的必需。假設社會上沒有屠戶，我們大家都非一次購買一頭牛或一頭羊不可。這於富人固然不便，但最感不便的還是貧民。貧窮勞動者如果要勉強一次購買一個月或半年的糧食，那他就定然有一大部分資本，不得不改作目前消費的開支，定然有一部分能提供收入的資財，不得不變作不能提供收入的資財。職業上的工具，店鋪內的家具，都非減少不可。爲這種人，最方便的辦法，是在需要生活品的時候，能夠逐日購買，逐時購買亦好。這樣，他可以把全部資財，用作資本。零售商人的售賣，固然少不了利潤，這利潤的出處，又固然是零售品的價格追加，但這種人因爲有了零售品，他們使用資本所能提供的製品價值，亦必增加，那盡可補償價格追加的損失而有餘。這顯然是一種利益。有些成見在心的政論家，常常反對店老闆和小商人。這種論調，其實毫無根據。小商賈群立，固然有害於他們自身，但於社會，毫無妨害。所以，課他們的賦稅，已經沒必要，以制他們的人數，更沒必要。比方說，都市及其鄰近地帶對於雜貨的需要，就限制這市場上可以售出的雜貨量。能投在雜貨商業上的資本，絕不能超過足夠購買這量雜貨所須有的數量。這種有限量的資本，如果分歸兩個雜貨商人經營，那只於民眾有利，因爲他們彼此間的競爭，有減低貨品價格的趨勢。如果分歸二十個雜貨商人經營，還更有減低貨品價格的趨勢。反過來說，他們的合併，只於民眾有害，因爲那可以提高貨品的價格。總之，他們的競爭，只有害於他們自己，在他們中間，運氣不佳的，也許會弄到破產。但這種事

情，我們不必過問，當事人應該自己小心。那既不會妨害消費者，亦不會妨害生產者。和只有一兩個人獨占的時候比較，那只能使零售商人貴買而賤賣。零售商人多了，其中當然不免有壞分子，誘騙軟弱顧客購買自己全不需要的貨品。不過，這種小弊害，不值得社會注意，更用不著社會干涉，出來限制他們的人數。說個最奇怪的例子，不是因為市場上有許多酒店，我們社會上才有飲酒的風尚；但是社會上由他種原因而生的好飲酒的風尚，必然會使市場上有許多酒店。

把資本投在這四種用途上的人，都是生產勞動者，他們的勞動，如果投用得當，就可附加而且實現在對象物或可賣品上，至少，也可把他們自身消費掉的價值，加在對象物的價格上。農業家、製造家、批發商人、零售商人的利潤，都在貨品價格上取出。農業家、製造家生產貨品；批發商人、零售商人就買賣貨品，這是他們的區別。除了這種區別以外，還有一種區別，即：投下去的資本雖相等，但因用途不同故，所能直接推動的生產勞動量，極不相等，所以，對於所屬社會土地勞動年產物，它們附加價值的比例，亦極不一致。

向批發商人購買貨物的零售商人的資本，須換還批發商人的資本及其利潤，使其營業得以繼續。但他的資本，只直接僱用了他自己，他自己就是受僱的唯一的生產勞動者。對於社會土地勞動年產物，他只附加了一個價值，那就是他自己的利潤。

向農業家購買原生產物，向製造家購買製造品的批發商人的資本，須換還農業家製造家的資本及其利潤，使其營業得以繼續。他間接維持社會上生產勞動，增加社會年生產物價值的

主要方法，就是這種事務。他的資本，又僱用了運輸貨物的水手和搬夫。所以對於這種貨物的價格，他附加的價值，不僅是他自己的利潤，而且是水手和搬夫的工資。但他所直接僱用的生產勞動，只有如此；對於年產物，他所直接附加的價值，亦只有如此。但與零售商人比較，他的貢獻，在這兩方面，卻就大了許多。

製造家的資本，有一部分用作固定資本，投在職業的工具上，須換還其他工匠（賣工具給製造家的工匠）的資本及其利潤。其餘，就是流動資本。在流動資本中，有一部分是用來購買材料，須換還農業家、礦業家（他們賣材料給他）的資本及其利潤。還有較大的部分，是年年（或者不只年年）分配給他所僱用的工人。所以，對於他所製造的材料，他所附加的價值，包括有雇工的工資，和雇主投資支付工資購買材料工具應得的利潤。所以，與任何批發商人的等量資本比較，他的資本所直接推動的生產勞動量大多了，對於社會土地勞動年產物，他所附加的價值，亦大多了。

農業家資本所能推動的生產勞動量最大。他的勞役工人，固然是生產勞動者，他的代勞牲畜，亦是生產勞動者。在農業上，自然與人同勞動；自然的勞動，雖無須代價；它的生產物，卻和最昂貴的工人的生產物一樣，有它的價值。農業家最重要的任務，與其說是增加自然的生產力，毋寧說是導致自然的生產力，使植物之生產，最有利於人類。與最精心耕種的葡萄園穀田比較，自然的田疇，亦未嘗無蓬蒿荊棘，叢生其間，所產植物，當亦不少。耕耘之事，與其說是增益自然的生產力，毋寧說是支配自然的生產力。人工以外，尚有大部分工

作，非賴自然之力不可。所以，農業上僱用的勞役工人與牲畜，不僅像製造業工人一樣，要再生產他們消費掉的價值（或者說，再生產僱用他們的資本）及資本家利潤，且遠甚於此。他們除了再生產農業家資本及其利潤，照例還要再生產地主的地租。這種地租，可以說是自然力的產物。地主既然把這種自然力借給農業家用了，農業家就把這種產物，作為地主的報酬。地租的大小，取決於對自然力大小的想像；換言之，取決於土地自然生產力及人造生產力的想像。除了人工的報酬，其餘的，便是自然的作業。那在全生產物中，常不在四分之一以下，而常在三分之一以上。用在製造業上的生產勞動，不能引出這樣大的再生產。在製造業上，自然沒有作業，人做了一切；但再生產的大小，卻常和促進生產所付出的努力程度成比例。和投在製造業上的等量資本比較，投在農業上的資本，不僅可以推動較大量的生產勞動，而且，按照它所僱用的生產勞動量比例，它對於一國土地勞動年產物所附加的價值，既更大得多，對於國內居民的實質財富與收入，所增加的價值，亦是更大得多。在各種資本用途中，農業投資，最有利於社會。

投在農業上零售業上的資本，常保留在本社會內。它們的使用，有一定地點。在農業，是農場；在零售業，是商店。並且，它們的所有者，又大都是本社會內的住民。固然，例外亦是不免。

批發商人的資本，卻似乎沒有留在確定地點之必要。因要賤買貴賣，他們的資本，往往周遊各地。

製造家的資本，當然要停留在製造的場所。但在什麼地方製造，卻似乎沒有確定的必要。有時，製造的場所，不僅離

材料出產地點甚遠，離成品銷售地點亦甚遠。里昂製造業的材料，從很遠的地方運來，但那裡的出品，亦要運到遠地，才有人消費。西西里時髦人的衣料，是別國製造的絲；絲的材料，卻又是西西里的產物。西班牙的羊毛，有一部分在英國製造，但英國織成的毛織物，卻有一部分，後來又送還西班牙。

投資輸出我國剩餘生產物的人，無論是我們本國人，還是外國人，絲毫不關重要。如果是外國人，我國受僱的生產勞動者數，當然比較少，但只少一個；我國的年產物價值，亦當然比較少，但亦只少這一個人的利潤。至若所僱用的水手腳夫是否是本國人，那與他是否本國人無關，他是本國人，也可以僱用外國的水手和搬夫。輸出人雖有國籍上的差別，但以資本輸出國內剩餘生產物而交換國內需要的物品，那就無論是外國人的抑是本國人的資本，對於這剩餘生產物所附予的價值，總是一樣的。批發商人是本國人也好，不是本國人也好，生產這剩餘生產物的人的資本，一樣可賴而實際償還，營業一樣可賴而實際繼續。批發商人的資本，所維持的，主要是我們本國的生產勞動；所增加的，亦主要是我們本國的生產物價值。

製造家資本應留在國內，似乎更屬緊要。因為有這種資本留在國內，這國所能推動的生產勞動量必較大，對本國土地勞動年產物所能附加的價值，亦必較大。但不在本國境內的製造家資本，亦於本國極有效用。譬如，英國麻紗製造家年年投資從波羅的海沿岸各地，輸入亞麻和大麻原料而製造之。此等資本，雖非原料原產國所有，但對這些國家有利，則甚明瞭。這種原料，只是這些國家的剩餘生產物，設不年年輸出，以交換其地所需各物，即無價值可言，其生產將立即停止。輸出這些

原料的商人，可以替補了原料生產人的資本，從而鼓勵他們繼續生產；而英國的製造家則替補這些商人的資本，使他們繼續運輸。

要改良一切土地，耕作一切土地，又要把全部原生產物製造，使適於直接的消費及使用，又要把剩餘的原生產物及製造品，運往遠方的市場，來交換國內需要的物品，事情未免太繁雜了。一個人的資本，也許不夠經營這一切事業；同樣，一個國家的資本，也許亦不夠經營。英帝國的幅員，不可謂不大，居民不可謂不多，但要使國內土地，全部耕作得好，怕還沒有那麼多資本吧。蘇格蘭南部的羊毛，就大部分因為當地缺乏資本，不得不經過極不平坦的道路，用陸車運到約克郡去製造。英國有許多小工業都市的人民，雖要把產業的出品，運到需要其物的遠方去售賣，但常苦於資本缺少。他們中縱使有個批發的商人，亦只好說是大富商的經理人。這種大富商，往往住在比較大的商業都會中。

一國資本，既不夠兼營這三事，那麼，我們就可以說，投在農業上的部分愈大，所推動的國內的生產勞動量也愈大，同時，對社會土地勞動年產物所附加的價值也愈大。除了農業，當推製造業。投在輸出貿易上的資本，在三者中，效果最小。

所有資本尚不足兼營這三事的國家，就其富裕之程度說，實未達到自然所許達到的最高點。無論就個人說，就社會說，以不充足的資本，實施未成熟的兼營三業的計畫，都不是取得充足資本之最捷徑。個人的資本有限，國內全體人民的資本亦有限，要兼營三事，實在是不可能。要增加個人資本，須從收入額節省而繼續蓄積；要增加國民資本，亦須從收入額節

省而繼續蓄積。資本的用途，若能提供最大的收入於國內全體
居民，從而使全體居民都能有最大的節省，國民資本的增加，
當然非常迅速。但國內全體居民的收入如何，卻又常常按照國
民土地勞動年產物價值的比例。

英領美洲殖民地，幾乎把所有的資本，投在農業上。那
裡，亦就主要為了這個原因，才很迅速的日趨於富強。那裡，
除了家庭製造業、粗糙製造業（這種製造業，一定會伴農業進
步而生，每個家庭的婦女兒童，都會經營這種工作），就沒有
製造業。至於輸出業航運業，卻又大部分由住在英國的商人投
資經營。甚而，有些地方零售貨物（維吉尼亞和馬里蘭兩地尤
其如此）的商店，亦為居住在母國的商人所有。零售業不由本
地商人資本經營的事例，本來不多，在這裡，卻居然提出了一
個例子。假使美洲人竟聯合起來，用激烈的舉動，阻止歐洲製
造品輸入，給本地人一個獨占權，使他們有製造同種貨品的機
會，因而使本地大部分資本，轉投到製造業上來，結果，不但
不能加速他們年產物價值的增進，怕還會加以阻礙，不但不能
使其國漸臻於富強，怕還會加以妨害。同樣，如果他們要設法
壟斷全部輸出業，結果，也許更會如此。

人類繁榮的進步，似乎從來未曾達到令人滿足的程度。進
步期間似乎太短了，無論哪個國家的資本，都還不夠兼營這三
種事業。關於中國、古埃及、古印度的境況，各種記載，都令
人驚駭。據說，那裡是很富有的，那裡的成功，是很進步的。
然而，就連像這樣世界首屈一指的富國，不亦只擅長於農業製
造業嗎？他們的國外貿易，並不繁盛。古埃及人對於海洋，有
一種迷信的畏懼心；印度人亦常有這種迷信；至於中國的對外

通商，向來就不發達。這三個國家的剩餘生產物，有大部分由外國人運到外國去，換回來的，亦常常只是他們所需要的金銀。總之，同是一個資本，但在國內為什麼所推動的勞動量有多寡，所附加的土地勞動年產物價值有大小呢？那只因為它是按照不同的比例，投在農業上、製造業上、批發商業上啊。並且，同是批發商業，投資結果，亦將因所營批發商業的種類不同，而極不相同。

一切批發貿易，都是大批買進來，再大批賣出去，但亦可分作三類。即國內貿易、消費品的國外貿易，以及海外販運貿易。國內貿易，是從國內這個地方，買國產貨物進來，再於國內那個地方，把它售賣出去，那包括內陸貿易和沿海貿易。消費品的國外貿易是購買外國貨物，供本國消費。海外販運貿易，則用以處理諸外國間的兩業，即以甲國之剩餘產物，運往乙國。

投資在國內貿易上，購買國內甲地產物，運往乙地售賣，往返一次，常可換還兩個原都投在本國農業製造業上的資本，使本國的農業製造業不致中斷。我們曉得，從商人店裡，送一定價值的商品出去，結果，大都至少可以換還一個等價值的別種商品。所以，假若交換的兩方，全是本國產業的產物，結果當然可以換還本國兩個用來維持生產勞動的資本，使能繼續用來維持生產的勞動。譬如，送蘇格蘭製造品到倫敦，再送英格蘭穀物或製造品到愛丁堡來的資本，往返一次，無疑，可以換還兩個投在英國製造業農業上的資本，那都是英國的。

消費品的國外貿易的一方，既然是本國產業的產物，所以，往返一次，投在對外貿易上的資本，雖能換還兩個資本，

但只有一個是用來維持本國產業。譬如，送英國貨物至葡萄牙，再運葡萄牙貨物至英國的資本，往返一次，只補還英國一個資本。另一個卻是葡萄牙的。即使此種貿易往返的速度與國內貿易等，投在此種貿易上的資本，亦比較起來，只能鼓勵半數的本國產業，鼓勵半數的本國生產勞動。

　而且，此種貿易往返的速度，絕不能與國內貿易相等。國內貿易，大都每年往返一次，甚而每年三、四次。國外貿易，每年往返一次，已屬難能，兩、三年往返一次，亦非僅見。往往，投在國內貿易上的資本，已經往返了十二次，投在此種貿易上的資本，僅往返一次。所以同是一個資本，與投在對外貿易上的資本比較，投在國內貿易上的資本，對於本國產業，往往可以提供二十四倍的鼓勵與扶持。

　國內消費的外國貨物，有時，不用本國產物換購，卻用第二外國的貨品。但這第二外國貨品，非直接由本國產品換購，即須間接由本國產品換購（即以本國產物，購買第三外國貨品，再用以購買第二外國貨品）。因為除了戰爭征服的情況，外國貨品，就只有直接、間接，或再間接用國產物品換購。像這樣迂迴的消費品的國外貿易，和最直接的消費品的國外貿易比較，除了往返一次，須經過數次外國貿易，所需時間格外加多那一點外，無論就哪一點說，都有相同的效果。設令商人以英國製造品，換購維吉尼亞的菸草，再用維吉尼亞的菸草，換購里加的亞麻和大麻，那麼，非經過兩次對外貿易，資本就難以返到商人手上，再被用來購買等量的英國製造品。再假設用以購買維吉尼亞菸草的，不是英國製造品，卻是牙買加的砂糖，牙買加的砂糖，才由英國製造品購換，那就非經過三次對

外貿易不可。再假設經營這兩次或三次對外貿易的，是兩三個
不同的商人。第一個商人輸入的貨品，由第二個買去輸出，第
二個輸入的貨品，又由第三個買去輸出，那就各個商人說，各
自資本的歸還，確實是比較迅速；但投在貿易上全部資本的最
後歸還，卻是一樣遲緩。再者，投在這種迂迴貿易上的全部資
本，究爲一人所有，或爲三人所有，於個別商人，雖有計較的
必要，但於國家，卻用不著關心。無論爲一人所有，或爲三人
所有，間接用一定價值的英國製造品來交換一定量的亞麻和大
麻，與直接互相交換的情況比較，所需全部的資本，總必較大
三倍。所以，和更直接的消費品國外貿易比較，投在迂迴的消
費品國外貿易上的資本，雖是相等，但對於本國生產勞動，它
所提供的鼓勵與扶持，卻大都更少。

　　用以購買國內消費的外國貨品的，無論是什麼外國商
品，都不能改變貿易的性質，不能增減它對本國生產勞動所能
提供的鼓勵與扶持。如果用的是巴西的金、祕魯的銀，這金銀
的購買，當然少不了要用某種本國產業的產物，或由本國產物
換購的某種物品。此中手續，無異先購買維吉尼亞菸草，再用
維吉尼亞菸草，購買本國需要的物品。如果我們的論點，只著
眼在本國的生產勞動，那麼，無論就利的方面說，就害的方面
說，就換還原資本（直接用來維持生產勞動的資本）的遲速
說，以金銀爲手段的消費品的國外貿易，都和那同樣迂迴的消
費品的國外貿易一樣。比較起來，說以金銀爲手段的消費品的
國外貿易，還比較有利，也未嘗不可。金銀器物，可在小容積
中，包含大價值，故與等價值的其他貨品比較，運輸費是比較
的小，保險費卻又不必更大。此外，金銀放置車上，異常穩

當，別種貨品，就有損破的危險。所以，用金銀作爲媒介，比較用別種貨物作爲媒介，我們往往可用較小量本國貨物，購得等量的外國貨品。所以，比較起來，用別種貨物作爲媒介，尙不如用金銀作爲媒介，因可更充分的供給國內需要，所費又比較少。至於不斷輸出金銀以購買本國需要的外國貨物，是否會陷國家於貧困，這問題我們以後要從長討論。

　　投在販運貿易上的資本，全從本國抽撤出來，不用來扶持本國的生產勞動，卻轉用來扶持外國的生產勞動。經營一次，雖償還兩個資本，但全非本國所有。從波蘭運穀物到葡萄牙，再運葡萄牙水果、葡萄酒到波蘭的荷蘭商人資本，確乎換還了兩個資本，但全非用來扶持荷蘭的生產勞動。其中，一個是用在波蘭，一個是用在葡萄牙。照例會歸到荷蘭去的，只是荷蘭商人的利潤。有了這種貿易，荷蘭土地勞動的年產物，並不是沒有增加，但所增加的，只限於此。固然，在經營販運貿易時搬運所需的船舶與水手，大都爲本國所有；爲支付運費而使用的那一部分資本，又大都用來推動本國的生產勞動而僱用本國的生產勞動者。事實上，販運貿易頗爲旺盛的國家，幾乎都是這樣進行。販運貿易的名詞，也許是從此取得，因爲這種國家的人民，常常是外國人的販運者。但搬運所需的船舶與水手，不一定要爲本國所有。比方說，經營波蘭、葡萄牙間販運貿易的荷蘭商人，不一定要用荷蘭船舶，用英國船，也未始不可。至少，可以說，在特殊情況下，這是實有的現象。在這情況，說販運貿易，特有利英國，亦未嘗不可，因爲一國的國防與安全，取決於船舶與水手的數目。並且，即使所僱用的船舶與水手，是本國的生產勞動者，而有利於本國，但亦不能說

是販運貿易的特別優點。消費品的國外貿易的資本，可以照樣僱用那麼多的船舶與水手。甚而國內貿易的資本（設由海船搬運）亦可照樣僱用。一定量資本，究竟能僱用多少船舶與水手，不取決於貿易的性質。那一部分取決於貨物容積與貨物價值的比例，一部分取決於運輸海港間的距離。在這兩條件中，前者尤為重要。牛凱薩、倫敦間的煤炭貿易，海港距離甚近，但所僱用的船舶與水手，比英格蘭任何販運貿易，都要更大。以異常獎勵，強迫一國資本，使不按照自然趨勢，而以過大部分，投在海外販運貿易上，是否能夠增進一國航業，大是疑問。

與投在消費品的國外貿易上的等量資本比較，投在國內貿易上的資本，所扶持所獎勵的本國生產勞動量更大，所附加的本國年生產物價值，亦更大。與投在海外販運貿易上的等量資本比較，投在消費品的國外貿易上的資本，在這兩方面，亦能提供更大的利益。在有錢即有勢的今日，一國的富強，必須按照其年產物價值的比例。因為，一切賦稅，終歸是出於這個基金。政治經濟學的大目標，既是增進本國的富強，所以，為本國計，與其更獎勵消費品的國外貿易，實毋寧更獎勵國內貿易，與其更獎勵販運貿易，又毋寧更獎勵消費品的國外貿易。為本國計，不應強制亦不應誘致資本，使違反自然趨勢，而以過大部分，流到這兩個通路上來。

在不受限制，一任自然的情況，這三種貿易，都不僅有利而且是必需的，不可避免的。

在特定工業部門的產品，超過本國的需要之情況，剩餘部分，必送往國外，以交換國內需要之物。沒有這種輸出，國內

生產的勞動，一定有一部分會停頓，因而會減少國內年產物的
價值。英國出產的穀物、羊毛、金屬製品，常多於國內市場所
需。剩餘部分，必送往國外，以交換英國需要的物品。沒有這
種輸出，這個剩餘部分，將不能取得充足的價格，來補償生產
所費的勞動與費用。沿大海沿通航河流的各地，只因剩餘產物
易於輸出，易於換得本地需要的物品，故宜於興辦產業。

　　用本國剩餘產物購得的外國貨品，若多於國內市場所
需，剩餘部分，必再送往外國，以交換國內需要的別種貨品。
英國輸出本國剩餘產物的一部分，每年在維吉尼亞、馬里蘭兩
地購買菸草，大約九萬六千桶。但英國每年所需，也許不過一
萬四千桶。其餘八萬兩千桶，若不能送往國外，以交換國內需
要品，這八萬兩千桶的輸入，就會立刻停頓。每年為購買這八
萬兩千桶而製造的貨品，原來不為本國所需，現今輸出的路又
塞了，當然會停止生產，為製造這種貨品而被僱的那一部分英
國人，亦將無工可做。所以，最迂迴的消費品的國外貿易，有
時和最直接的消費品的國外貿易，一樣是扶持本國生產勞動、
維持本國年產物價值所必要的手段。

　　如果一國的資本蓄積，已不能全數用來供給本國消費，
全數用來維持本國的生產勞動，剩餘部分，自然會滿出來，投
在販運貿易上，供給他國消費，維持他國的生產勞動。販運
貿易，是國民高度富裕的自然結果與象徵，但不是國民高度富
裕的自然原因。特別贊成這種貿易的政治家，似誤認結果與象
徵為原因。就土地面積和居民數目比例而言，荷蘭是歐洲最富
之國，所以，荷蘭占有了歐洲販運貿易的最大部分。英格蘭的
富裕，在歐洲是列第二位，亦有不少販運貿易。不過，在多數

情況，英格蘭的販運貿易，都尚不如稱爲間接的消費品的國外貿易。因爲那種貿易，固然販運東方的、西印度的、亞美利加的貨物，到歐洲各市場去，但購買這種貨物的手段，即使不是英國的產物，亦是由英國產物購來的物品，並且，由於這種貿易，最後帶回的物品，又大都在英國消費，或在英國使用。只有地中海各港間（由英國船裝運）和印度沿海各港間的貿易（由英國商人經營），才是眞正的主要的販運貿易。

國內各地，因有相互交換剩餘生產物的必要，故有國內貿易，所以，國內貿易的範圍如何，投在國內貿易上的資本量如何，都須受限制於國內各地剩餘生產物的價值。消費品的國外貿易範圍如何，須受限制於本國全體剩餘生產物的價值，及能由此購得的物品的價值。販運貿易所交換的，是全世界各國的剩餘生產物。所以，範圍如何，乃受限制於全世界各國剩餘生產物的價值。與上兩種貿易比較，它的可能範圍，簡直沒有窮境，所能吸引的資本亦最大。

私人利潤的打算，是決定資本用途的唯一動機。投在農業上呢？投在製造業上呢？投在批發商業上呢？還是投在零售商業上呢？那須看什麼用途的利潤最大。至於什麼用途所能推動的生產勞動量最大，什麼用途所能附加的社會土地勞動年產物價值最多，他自來不會想到。在農業最有利潤，耕作最易致富的國家，個人的資本，自然會投在農業上來。於是，於個人最有利，於社會亦最有利。不過，在歐洲，投資農業所獲利潤，並不見得比別種事業更爲優越。歐洲各地，雖然都不免有人盛稱農耕的利潤，但不必仔細討論，只略一觀察，就知道這個結論，完全是假的。在社會上，我們常常看見一種白手成家

的人，他們小小的資本，甚而沒有資本，只要經營數十年製造業、商業，便成了一個富翁。一世紀來，用少量資本經營農業而致大富的事例，在歐洲簡直沒有。歐洲諸大國，仍有許多無人耕作的優良土地；已有人耕作的土地，亦尚未改良盡致。現今，隨便什麼地方的農業，都還可以容納許多資本。歐洲各國的政策，使都市產業的利益，遠過於農村產業，從而，往往使私人願投資於遠方（如亞洲、美洲）的販運貿易，不願投資耕墾本國最豐沃的土地。關於這點，在下一篇，我再詳細討論吧。

第三篇

諸國民之富的進步

第一章

論富之自然的進步

　　文明社會的重要商業，就是都市居民與農村居民通商。這種商業，有的是以原生產物與製造品直接交換，有的是以貨幣或紙幣作媒介交換。農村供都市以生活資源及製造材料，都市則回報農村居民以一部分製造品。有種不再生產，亦不能再生產的都市，其全部財富，全部生活品，都可說是得自農村。但我們不要根據這點，就說都市的利得，即是農村的損失。他們有相互的利害關係。分工的結果，於兩方從事各種職業的居民，全有利益。農村居民，與其親自勞動來製造他們需要的製造品，毋寧有這種交換，因為由這種交換，他們可用較小量自身勞動生產物，購得較大量的製造品。都市是農村剩餘產物的市場，農民用不了的東西，就拿到都市去交換他們需要的物品。都市的居民愈多，其居民的收入愈大，農村剩餘產物由此而得的市場，亦愈闊大。這種市場愈闊大，則所造福的人數愈多，所造福的程度亦愈大。生產穀物的地方，雖有遠近，有的離都市一哩，有的離都市二十哩，但穀物在市上的售價，不能有兩個。穀物出售的價格，總得補還穀物上市的費用，而且要對農業家，提供農業的普通利潤。遠地穀物，從遠地運來，需不少費用，都市附近的穀物，卻不致有那樣的轉輸的麻煩。它們在市場上的售價，既然一樣，所以，如果遠地穀物的售價，已非有普通利潤不可，近地穀物的售價，就一定能夠提供普通利潤以上的利潤。試一比較都市附近各農村及遠隔都市各農村的耕作事業，你就知道都市商業，是怎樣有利於農村。就連在貿易差額謬說盛行的時候，似乎亦尚不致有人倡言，城鄉通商，於城或鄉有損。

　　按照事物的本性，生活資源既必先於方便品、奢侈品，

所以，獲取前者的產業，亦必先於獲取後者的產業。提供生活資源的農村耕種改良事業，必先於只提供奢侈品、方便品的都市的增設。鄉村居民須先維持住自身，才以剩餘產物，維持都市的居民。所以，要先增加農村產物的剩餘，才談得上增加都市。但因都市生活資源，不一定要仰給於附近的農村，甚而不一定要仰給於國內的農村，而可以從遠方運來，所以，這雖然不是一般原則怎樣的例外，但各時代、各國進入繁榮的順序，總不免因而顯有差異。

農村進步先於都市進步的一般順序，雖不必能實現於各特殊社會，但在各特殊社會內，都有人類天性為之促進。人為制度若不壓抑人類天性，則在境內土地尚未完全開墾改良以前，都市的增進，絕不能超過農村改良所能支持的限度。在同等的利潤或幾乎同等的利潤上，人類按照天性所趨，多願投資以改良土地開墾土地，不願投資於製造業及國外貿易。投在土地上的資本，常常受著投資人自身的監察；與商人資本比較，他的財產，不易受到意外。商人的資本，常須迎風逐浪，隨時有發生意外之可能。將資本託付給非我族類、風俗情況都不很熟悉的遠邦人手裡，也實在很靠不住。反之，地主的資本，卻可附加在土地改良物上，其安全殆算盡了人力之本性所能及。而且，鄉村的美，鄉村生活的愉快，鄉村心理的恬靜，設若受不到人為法律的迫害，則其真實之獨立性，當多少有吸引人類的優點在。耕作土地，既為人所夙愛，那在有人類存在的一切階段上，這個原始的職業將為人類所永遠喜愛吧。

沒有工匠的幫助，農耕之事，即使不致停頓，亦必大感不便，而時作時輟。鍛工、木匠、輪匠、犁匠、泥水匠、磚

匠、皮革匠、鞋匠、縫匠的職務，常爲農家所不可缺少。這類
工匠，一方面因爲要互相幫助，另方面又因爲不必要像農家那
樣各有固定地點，所以，自然相鄰而同居一地，結果，就形成
了一種小市鎮、小村落。後來，又有屠戶、酒家、餅師，以及
許多其他就供給臨時需要那一點而言，亦於他們必要而有用的
手工匠及零售商人加入，市鎮才益加大了起來。結果，鄉民市
民，遂互相服務。鄉民因要以原生產物交換製造品，繼續視市
鎮爲市場。然亦就依著這種交換，都市居民，才取得了工作材
料和生活資源的供給。他們售給鄉村居民的成品量，支配他們
所購得的材料及食物的數量。他們的材料及食物的增加，只能
按照鄉民對成品的需要增進的比例。但這種需要的增進，又只
能按照耕作及改良事業進展的比例。假若人爲制度不擾亂自然
傾向，那就無論在什麼政治社會，都市的富裕與發達，都是鄉
村耕作改良事業進步的結果，且須按照鄉村耕作改良事業進步
的比例。

　　北美殖民地未曾墾殖的土地，極易購得，但爲銷售遠方而
興辦的製造業，在那裡任何市鎮上，卻都還不曾有過。工匠營
業，以供給鄰近鄉村爲職志，所有資本，即使足夠經營此事業
有餘，亦不會在北美洲，爲了銷售遠方，而興辦一種製造業。
他寧願用有餘的資財，來購買或改良未開墾的土地。他願由手
工匠，一變而爲農業家。即使鄉村以高昂工資和豐裕食物來賄
賂他，使他長爲工匠，他亦不能改變他的志願。他情願爲自己
工作，不願爲他人代勞。他覺得，工匠是顧客的僕役，而仰給
生活資源於其顧客。自耕農民卻是自家勞力，自家享受，配稱
作主人，而獨立於世界。

　　反之，在土地全已開墾，或不易購得的國家，工匠所獲資本，如果已經不能全數投在鄰近時時需要的事業上，有餘部分，就會用來擴張營業，準備銷售遠方。鍛工將建立鐵廠，織匠將建立麻織廠、毛織廠。跟著時間的推進，這各種製造業，慢慢地推行精密的分工，在各式各樣的方法下改良進步，那是大家容易想得到的，用不著細講了。

　　在利潤相等或幾乎相等的條件下，製造業自然不如農業，國外貿易又自然不如製造業。與製造家的資本比較，地主或農業家的資本，更為穩當，與國外貿易的資本比較，製造家的資本又更受自己監察，所以更為穩當。誠然，隨便什麼時代，什麼社會的剩餘原生產物及製造品，均將因國內無人需要，而送往外國，以交換國內需要的其他物品。但輸運剩餘產物到外國去的資本，為本國所有，或為外國所有，卻是無關重要的。如果本國的資本，不夠我們同時耕作一切土地，並完完全全的製造一切原生產物，那麼，即使輸運本國剩餘原生產物到外國去的資本，不為本國所有，亦於本國有頗大的利益。因為，賴有這種資本，本國的資本，便可全部投在更有利的用途上。中國、印度、埃及的富裕，充分證明了一種事實，即是，縱使本國輸出業，有大部分為外國人經營，這國國民的富裕，仍可達到極高的程度。北美殖民地、西印度殖民地，設若除了本地所有的資本，即沒有外國資本替他們輸出剩餘產物，他們的進步，會更慢得多吧。

　　按照自然的順序，進步社會的資本，首先是大部分投在農業上，次之，投在製造業上，最後，投在外國貿易上。這種順序是極自然的；我相信，在各個有領土的社會上，都可以多少

看見。在大都市成立以前，一定先開墾了一些土地；在有人願
投身於外國貿易以前，都市上，一定先有了些粗糙的製造業。

　　不過，這個自然的順序，雖然在各個這樣的社會，都不免
在相當程度上發生，但就今日歐洲各國的情況說，這個順序，
卻是就許多方面說，似乎完全相反。精緻製造業或適於遠地販
賣的製造業，多由國外貿易引出。農業大改良，又是製造業及
國外貿易生出的結果。這種反自然的退化的順序，乃是他們政
府迫成的。他們原來的政府，使他們的風俗習慣，變成了這個
模樣。後來，這種政府大大變革了，他們的風俗習慣，卻仍沒
有多大改變。

第二章

論羅馬帝國崩潰後，歐洲舊狀態下農業的衰微

自日耳曼民族、西徐亞民族侵擾羅馬帝國西部以來，歐洲起了一個大變革，跟著這個大變革，歐洲擾攘了好幾百年。野蠻民族對原居民的迫害，中斷了城鄉間的貿易。城市都成了荒墟，鄉村亦無人耕作。曾爲羅馬帝國支配的以前的西歐，遂由富庶一變而爲極貧乏、極野蠻。在繼續的騷擾中，各國酋豪，日以篡奪土地爲事。因之，有人耕作的土地雖然不多，但要找一塊沒有所有主的土地，卻已不能。一切土地都被吞併了；有大部分土地，爲少數大地主所吞併。

最初吞併荒地的惡害雖甚大，但爲時甚暫。因爲繼承或分封的原故，大土地未嘗不可拆小。但長男繼承法，終於使大土地不能因繼承而拆小；限嗣繼承法又使大土地不能因分封而拆小。

如果我們把土地看作只是謀生求樂的手段，和動產一樣，那按照自然繼承法，當然，會把土地分給家內所有的兒女。因爲每一個兒女的生計，都爲老父所同樣關心。羅馬人的繼承法，就是這樣。他們不分別長幼，不分別男女，只要是自己養的，就可以繼承自己的土地。他們處分土地的方法，和我們現在處分動產的方法一樣。不過，後來，土地已經不單是謀生的手段，且爲權力強弱所繫。所以，似以不分割而專歸於一人，比較來得適當。在這個不安靖的時候，大地主，同時卻又是小貴族。他的佃戶，便是他的隸屬。他是他們的裁判官，是他們和平時節的立法者，亦是他們戰爭時節的領導人。他戰爭，對鄰國戰，有時對國王戰，簡直由他自己高興。在這種混戰中，土地財產是否安全，境內居民有無保障，都取決於土地財產的大小。把土地財產分拆，無異把土地財產破壞；換言

之，無異把土地拆開來，使各部分都容易受強鄰的侵蝕吞併。所以，適應著當時這種情況，長男繼承法才慢慢（不是立即）盛行起來。爲了同一理由，王國領土遂亦慢慢（最初亦不如此）由長男一人續承。爲君主國的安全與權力計，土地財產，寧可不要分裂，寧可在諸兒女中，選擇一個人來單獨繼承。但選擇誰呢？那樣重要的一件事，當然要鄭重規定一個普遍規則，使選擇不受個人的好惡支配，而受某種明白的、無可爭論的標準支配。在同一家庭諸兒女中，除了性別與年齡，就沒有什麼區別，是無可爭論的了。根據一般經驗，是男性較宜於女性，而在其他一切條件相等的情況，年長又較宜於年幼。長男繼承權，就這樣成立了。嫡系的名稱，亦就從此發生了。

一種法律在初成立時，都有環境上的需要，並且，使其合理的，亦只是這種環境。但事實上，往往產生這法律的環境，已生變化，這法律卻仍繼續有效。今日歐洲，僅領有一畝的小地主，其安全已無異擁有千萬畝的大地主。產生長男繼承權的環境大變了，長男繼承權卻依然存在。原來在各種制度中，這法律是最宜於保持貴族尊嚴的，所以，今後會再行幾百年，也說不定。但事實上，除了這一點，長男繼承權也就完全違反大家庭的眞實利益了。這權利，因爲要使一個兒子富裕，別的兒子就非乞食不可。

限嗣繼承法是長男繼承法施行的自然結果。以財產傳嫡長，原爲長男繼承法的本意。不過，子孫不肖，或遭逢不幸，仍有將遺產分裂，在分封或割讓名義下旁落的危險，故有限嗣繼承法設立，爲之預防。這種法律，羅馬人是全不知道的。法國有幾個法律家，雖然喜歡以今制附會羅馬古制，實則，羅

馬人所謂代理相續法（Substitutions）、囑託遺贈法（Fidei-Commisses），皆與限嗣繼承法大異其趣。

在大土地財產仍爲諸侯領地時，限嗣繼承法的設立，固甚適宜。像某帝國的根本法律一樣，那種法律，可以使一國百姓，不致因一人輕舉妄動而受災殃。但今日歐洲各國，大地產小地產，已一樣受國法保護，所以，這種法律顯得無比荒唐。這種法律的訂立，根據於一種根本錯誤的假定，即：對於所有土地及其他一切所有物，人類每一代的後裔，沒有同等的權利。近代人的所有權，竟受限制於五百年前祖宗的幻想。在今日歐洲，實行限嗣繼承法的地方，還很不少。在貴族血統，尙爲充任民事長官軍事長官必要資格的地方，限嗣繼承法尤牢不可破。限嗣繼承法，被貴族認爲是保持充任大官爵的排外特權必要的手段。那時的制度，即使這一階級對一般民眾奪得了一種不正當的利益，卻又擔心他們貧乏，貽人譏笑，以爲應當再給他們另一種不正當的利益。英國普通法律，雖然厭惡世業世祿的制度，因而，比歐洲其他各君主國，世業世祿的制度更受限制。但就連在英格蘭，世業世祿的制度，亦還未曾消滅呀。在蘇格蘭，就簡直有五分之一以上（也許是三分之一以上）的土地，於今，仍受著嚴格的限嗣繼承法律支配。

在這情況下，不僅有大面積的荒地，爲少數豪族兼併，且永無再行分散的可能。事實上，大地主又不常是大改良家。引起這種制度的混亂時節，大地主的精力，幾乎全部用來保護已有的領土，擴大自身對鄰國的管轄權、支配權。他們實在沒有餘暇來開墾土地、改良土地。後來和平了，法制的確立、秩序的安定，雖然使他們有餘暇，但他們既然沒有心思耕墾土地，

亦常常沒有必要的才能。一身一家的費用，如已超過或恰好相等於他的收入（這是極常有的現象），他亦就沒有資本，可以投在這用途上。如果他是一個經濟家，則為一己利益，他與其用一年的節省，來改良舊的地產，就毋寧用來購買新的地產。改良土地，像各種商業計畫一樣，要獲利潤，不斤斤計較於小節省、小盈利，是絕對不行的。但生在豪富人家的人，即使天生是好儉樸的，亦不大能夠做到這樣。這種人的境遇，使他更注意於悅己的裝飾，更不注意於自己沒有多大需要的利潤。他自幼，就養成喜好豪華的衣裳、車馬、居室、陳設的嗜好。他已經養成了這種習慣。即使想改良土地，但這種習慣所涵養的心理，亦還不能改變。他會在住宅的旁邊，四周留著四、五百畝的空地；他會不顧得當與否，用十倍於改良一般土地的費用改良這些土地。他真這樣辦下去，那就即使毫無其他嗜好，亦恐怕會在他的土地尚未開墾十分之一以前，就耗盡他所有的財產。現在，英蘇兩境，自封建制度紊亂以來，有些大地產，繼續在少數人手裡，自始就沒有改動。試與一鄰近小地產比較，你就會相信大地產怎樣不利於改良了。

這樣的大地主，對於改良土地，尚沒有多大的希望，他支配下的佃戶，就更無希望了。歐洲舊狀態下，耕入全無自由。他們雖然是奴隸，或近似奴隸，但他們的待遇，比古希臘羅馬，甚而西印度殖民地的奴隸制度，卻較和緩。他們，與其說隸屬於主人，毋寧說是隸屬於土地。他們可以和土地一同出賣，但不能單獨出賣。得到了主人的同意，他們還可以結婚。並且，出賣他們的時候，他們夫婦，還要同賣給一個人，主人沒有權利，拆散他們的姻緣。主人謀殺了奴隸，還有處罰，小

處罰罷了。不過，奴隸無法蓄積財產。他們所獲得的一切，都是主人的，主人可以隨時取去。所以，由奴隸進行的耕墾，實際都由主人進行。改良的費用，當然由主人負擔。種子、牲畜、耕具，全是主人的。改良的利益，亦是主人的。這種奴隸，除了日常維持生活的東西，什麼也不能獲得。所以，在這情況，土地仍由地主占有，不過由田奴代耕罷了。這種奴隸制度，在俄羅斯、在波蘭、在匈牙利、在波希米亞、在摩拉維亞、在德意志其他部分，都尚未消滅。這種制度逐漸完全廢除的地方，僅歐洲西部及西南部而已（編註：蘇格蘭一七九五年廢除這種奴隸制度）。

希望大地主大改良，已經很難，在他們使用奴隸來耕作的時候，要他們大改良，就更是無望了。我相信，一切時代，一切國民的經驗，都表明了一件事，即：奴隸勞動雖則只需維持生活的費用，但徹底通盤計算，代價總是再高沒有。一個不能獲得一點財產的人，除了盡量多吃少作外，不會有其他興趣。他的工作，夠他維持生活就行了，你要從他身上多榨出一些來，那只有出以強迫，他自己絕不會願意的。蒲林納和科倫麥拿的著作，都講古義大利的穀物耕種事業，非常衰微，在奴隸制度下，主人真是不利啊。亞里斯多德時代，與古希臘時代比較，沒有多大進步。所以，當他論及柏拉圖理想國時，會說要有一個無窮大、無窮豐沃的土地，像巴比倫的平原一樣，才可以維持五千遊惰人（衛護那理想國必要的戰士）及其妻僕。

人類好勝的心理，多以統治下等人為榮，而以遷就下等人為恥。所以，如果法律允許，工作的性質又能夠供給，那在奴隸與自由人之間，他一定願意選用奴隸。比方蔗糖與菸草的

栽種，尙能夠提供奴隸耕作事業的費用；穀物的栽種，現今就不能夠。主要產物爲穀物的英國殖民地，大部分工作都由自由人做。賓夕法尼亞人，晚近，議決釋放黑奴。那種事實，使我們相信他們所有的黑奴不多。如果奴隸是他們財產的大部分，他們絕不會贊成釋放。但以蔗糖爲主要產物的英屬殖民地，全部工作均由奴隸擔任；以菸草爲主要產物的英屬殖民地，亦有大部分工作由奴隸來作。西印度栽種蔗糖的利潤特別大，在歐美兩洲，簡直沒有什麼耕種事業比得上。栽種菸草的利潤，雖比不上栽種蔗糖，但與栽種穀物比較，卻仍然更大。這兩種耕種事業都能提供奴隸耕作的費用，但栽種蔗糖，又勝於栽種菸草。所以，黑奴相對於白種人的比例，在蔗糖區域，比較在菸草區域是大得多。

古代奴隸耕作制之後，逐漸出現了法國今日所稱的麥太耶制（Metayers）。這種制度，在拉丁文，叫作科羅尼・拔細里（Coloni Partiarii，意即對分佃農）。在英格蘭，這制度早已消失，所以，在英文中，我現在不知道它叫作什麼。在這制度下，種子、牲畜、農具，總之，耕作所需的全部資本，都由地主供給。農人停耕時，這種資本，就須歸還地主。出產物除了被認爲保持原資本必要的部分，其餘，就由地主與農人均分。

在麥太耶制下，耕作土地的費用，亦是出自地主。這和奴隸耕作制，沒有差別。但其中，有一個根本不同之點。麥太耶制下的農人，是自由人，他們能夠占得財產，可以享有土地生產物的一定比例。生產總額愈大，他所占有的部分亦愈大。所以，他們只要能力所及，總想多生產。反之，一個沒有占得財產希望只能維持自己生活的奴隸，就會圖自己舒服，考量著自

己的需要，不願土地生產物，多於自身所需。也許一部分就因爲麥太耶制於地主有利，一部分因爲君主嫉恨大地主的兼併過甚，從而鼓勵賤奴解放，所以，最終大家都覺得奴隸耕作制不利。大部分歐洲的奴隸耕作制度，才逐漸消滅。這樣一次大的變革，是什麼時候發生的，是怎樣發生的，在近代歷史中，卻竟難稽考。羅馬教會，常自誇其廢除奴隸功績。當然，我們亦知道，早在十二世紀亞力山大第三時代，羅馬教會已有特詔，命教徒釋放奴隸。但這不比法律，不謹遵命令的人，並不受處罰。奴隸制度依然保持了數百年。最後，因爲上述那兩種利害關係（地主利益與君主利益），共同作用起來，才逐漸把它廢除。一個已被釋放，又許繼續使用土地，但自己沒有資本的賤奴，只有向地主移借資本，才有耕作土地的可能，所以，沒有別種辦法，非成爲法國今日所稱的麥太耶不可。

不過，在麥太耶制下，土地仍不能有大改良。地主既可不費分文，而享受土地生產物的一半，留歸麥太耶享有的，已經不多。在這不多的部分中，所能節省的，更是有限。麥太耶絕不願用這有限的節省，來改良土地。教會十一稅，不過抽去生產物十分之一，已經是土地改良極大的障礙。抽去生產物的半數，當然會切實妨礙土地的改良。用地主供給的資本，從土地盡量取得最大量的生產物，固然爲麥太耶所願望，但若以己有資本與地主資本混合，卻絕非麥太耶所願。在法國，據說，有六分之五的土地，仍由麥太耶耕作。地主常常指摘農人，不用主人的牲畜耕田，而用來拖車。因爲，拖車的利潤，全部歸於農人，耕田的利潤，卻須與地主平分。在蘇格蘭，亦有些地方，殘留著這種佃戶，叫作「鋼弓佃戶」（Steel-bow tenants）。大主教基爾柏特和柏賴克斯登博士，說英格蘭古代的佃戶，與其稱爲農業家，還不如稱爲地主的屬役。這種佃戶，大概與此屬於同一種類。

　　慢慢的，繼麥太耶而起的農業家，才是眞正的農業家。他們耕田的資本是自己的，他們不過要對地主，支付一定量的地租。這種農業家租田，都有一定的租期。所以，他們有時覺得投下一部分資本改良土地，亦未必於己無利。他們有時希望，在租期未滿以前，投下的資本，可以在收回的時候，提供很大的利潤。不過，就連這種農業家的借地權，亦有一個長時期，極不可靠。今日歐洲，尙有許多地方，土地換了新主，即使租期未滿，農人被逐，亦不算是犯法。在英格蘭，亦得依虛構的普通退租法，取回租地。即使地主違法驅逐農人，農人亦不能藉故反抗。固然，農人投下的財產，常須估值補償，但所償絕不能等於實損。在歐洲，英格蘭也許是頂尊重耕農的一個國家。但那裡，亦遲至亨利七世之十四年，始立改佃訴訟法。規定改佃之時，農人得要求賠償損失，並得要求恢復借地權。且此種要求，如一審敗訴，尙有上訴二審的機會。這個訴訟法，頗施行有效，所以，近來，地主若要爲退租而起訴，他所引證的理由，常常不是自己是地主，有登記爲憑，卻常常用農人名義，說有退租證爲憑。因此，在英格蘭，佃戶的安全，已等於地主。此外，英格蘭又規定，歲納租四十先令以上的終身租地權，即被視爲終身保有的不動產，有選舉國會議員的權利，耕農既大部分有這種終身不動產，所以政治上的勢力，頗爲不小，地主因此，更加不敢輕視他們。但歐洲除了英格蘭，我相信，就沒有一個地方的佃戶，未立租約，便出資財來建築

倉庫，不疑地主見奪的了。這種贊助農民的法律風俗，確實是使現代英格蘭偉大光榮的地方。爲商業而訂立的各種誇大的條例，比較起來，其實算不得什麼。

保障最長租期的法律，使不爲各種繼承人所妨害，據我所知，乃爲大不列顛所特有。早在一四四九年，這種法律，就由詹姆士二世傳到蘇格蘭去了。但當時，限嗣繼承法尚未消滅，限嗣繼承財產的繼承人，往往不許以一年以上的期間，出租田地，所以，這法律的恩澤，未能廣被。最近，國會雖設法補救，但束縛之牢，猶堪浩嘆。此外，在蘇格蘭，又因佃戶例不得選舉議員入院，故與英格蘭的佃戶比較，他們遂更不爲地主所重視。

在歐洲別個地方，雖亦保障佃戶，使不致受害於土地繼承人和購買人，但這種權利的保證期限，仍甚短促。譬如，法國就定租期爲九年，晚近，才延長至二十七年。但二十七年爲期，仍不足鼓勵佃戶進行各種最重要的改良，依然嫌太短了。我們知道，古代歐洲各地的地主，即是立法家。土地法，都爲地主擬設的利益打算。據他們自己擬設，似乎爲他們打算，祖先不應以土地出租，致妨礙他們，使他們長期間不能充分享受土地的價值。貪而不公，當然不能遠謀。他們再不會想到，這種規定，一定會妨害改良，結果，一定會妨害他們自己的眞實利益。

古代，農人對於地主，除了納租，尚須提供各種勞役。那種勞役，既不明定於租約內，又不受任何規定支配，只要莊主諸侯高興，就須隨傳隨到。這種全無規定的勞役，使佃戶不知受了多少痛苦。蘇格蘭，晚近把一切全無規定的勞役廢止，不

到幾年，國內農民的境況，就改良了許多。

　　農民的私役已如此，公役又復同樣橫暴。大道的建築修補（這種勞役，我相信，各處尚未廢除，惟橫暴的程度不等），不過是一個例子罷了。在王軍或王官過境時，當地農民，又有提供車馬糧食的義務，那雖有代價，然代價定於供應吏。我相信，在歐洲各君主國中，只英國一國，曾完全撲滅供應吏的壓迫。在法國、德國，那都未曾消滅。

　　農民所負擔的勞役義務，既如上述。農民所負擔的納稅義務，其不規則、其橫暴，當不下此。古代貴族，雖不願在金錢方面，給君王以任何幫助，但君王苛徵（tallage）佃戶賦稅，卻不爲貴族所深惡。他們不知道，這種苛稅，終不免影響他們自身的收入。在法國，現今仍有泰理稅（taille）未除，那就是古代君王苛稅的一個例子。泰理稅的對象，是農民的擬設的利潤，但所謂擬設的利潤，其估計又按照農民投在土地上的資本。因此，爲自身利益計，農民所有的資本是愈少愈好，耕作所用的資本亦是愈少愈好。至於改良土地的資本，那就以全然不要爲宜。即使在法國農民手中積蓄了一點資本，亦因有泰理稅，不願投到土地上來。泰理稅，事實上，幾乎等於投資土地的障礙。向他人租借土地者不免要納此種賦稅，但納這種稅的人，常認此爲恥辱，會貶低自己的身分，使不僅不能與紳士平行，且不能與市民並列。紳士，甚而有產的市民，都不願受這種恥辱。所以，施行這種賦稅的結果，不僅使蓄積在土地上的資本，不能用來改良土地，且將使一切資本，無蓄積在土地上的可能。往者，英格蘭會有十分之一稅、十五分之一稅，就它們對土地的影響說，和泰理稅的性質，完全一樣，不過已在革

命期中廢止了。

　　在這一切害農政策之下，耕者改良土地的希望甚少。這一階級的人民，即使受法律保障，得保其自由之身，改良土地亦有一大不利。以佃農與地主比較，殆類於以借錢經商者與有資親自經商者比較。固然，無論是借資經商，還是有資親自經商，只要他們的行爲一樣愼重，他們的資財，就都可以增進，但因借錢經商的利潤，須有大部分歸作借錢的利息，所以借錢經商者資財的增進，定要遲緩得多。同樣，與地主比較，即使行爲一樣愼重，佃農耕地的改良，亦要比較遲緩得多；因爲，在佃農的情況，生產物的大部分，須歸作地租，在地主的情況，這一部分卻仍可用來作進一步的改良。此外，按照事物的本性，農民的地位，就較低於地主。不僅如此，歐洲有大部分地方的佃農地位，甚而趕不上比較好些的商人技師。佃農地位低於大商人製造家，就是全歐洲共有的現象了。世上有幾個人願意捨棄大財產與高地位，而與下層階級的人民爲伍呢？直到現今，歐洲人的資本，亦不常願捨棄他業，轉到農業上來改良土地。英國的農業資本，雖然大都在農業（比較一切其他職業，農業上的資財蓄積，最爲遲緩）上獲得，但與歐洲其他各國比較，英國的資本，轉到農業上來改良土地的，畢竟比較多些。但我們應該知道，除了小地主，最能改良土地的，無論如何，亦當首推富農大農。在歐洲君主國中，英格蘭，也許格外有這種情形。荷蘭、瑞士的伯恩，其農民地位，雖亦不下於英格蘭的農民，但這兩個國家，都已經是民主國了。

　　但除上述各端以外，歐洲古代的政策，尚有不分地主或是農民，而妨礙土地之改良與墾作者。（一）到處都規定，未經

特許，穀物輸出即一律禁止；（二）限制穀物的、甚至於各種農產物的內地貿易，實行禁壟斷、禁投機、禁囤積種種謬法，並確立市場的特權。我講過，古義大利土地之自然肥沃度甚大，且又爲大帝國所在地，然其農耕的進展，亦不免因禁止穀物輸出，獎勵外穀輸入，而蒙受許多阻礙。至於，土地更不肥沃，位置更不適宜的國家，其耕作事業將如何因限制穀物的內地貿易，禁止穀物的輸出，而蒙受惡影響，卻就難於想像了。

第三章

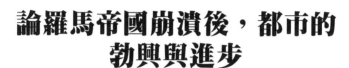

論羅馬帝國崩潰後，都市的勃興與進步

羅馬帝國崩潰後，都市居民的境況，並未優於農村居民。不過，那時候都市的居民，已與古代希臘共和國義大利共和國內的居民不大相同了。在這等古代共和國內，地主實占居民中的多數，他們分占公地，彼此感到和鄰居共築圍牆以禦敵侵的方便。但在羅馬帝國崩潰後，地主大都散居於各自領地的城寨內，不與各自的佃農及屬民分離。市鎮上的居民，大都是商人、工匠。他們的處境無異隸役，或甚類於隸役。歐洲各重要都市居民古時所得的特權證書，充分指示了他們在未取得特權證書以前的生活情況。這種特權證書，給了都市人民，第一，他可以自由嫁女，不必領主許可；第二，在他死後，他的貨物，即可由兒孫繼承，非由領主取得；第三，自身遺產，可由遺囑處分。這種特權證書的頒發，充分說明了證書未頒發前，他們和農村耕作者幾乎一樣，或竟全然一樣在賤奴狀況下。

這種人，無疑是很貧困很下層的，他們肩挑著貨物，過市赴墟，從這裡跑到那裡，與今日拉車荷擔之人比較，殆極相類。那時歐洲各國，像現在亞洲的韃靼政府一樣，又慣於在他們經過境界，經過橋樑，過市赴墟，設攤售貨的時候，把賦稅加在這種旅行人的人身與貨物上。於是，在英格蘭，有所謂過界稅、過橋稅、落地稅、攤稅。但有權課取這類賦稅的國王或大領主，亦有特許境內特殊商人全然免納各稅的權力。因此，他們的地位，在其他各點，雖與隸役無異或極相類似，但仍被稱為自由商人。不過，他們為報答君主保護起見，每年卻須納人頭稅若干。當時這種保護，甚不易得。君主甚不願捨棄那各種稅收，若竟捨之，自非有厚酬不可。這種交換條件的施行，

當初只限於個人，故其期限，或限於其人之身，或全隨領主好惡。關於英格蘭幾個都市，英國土地測量書所載，已極不周詳了。但其中仍常有某民納稅若干於其國王或領主而懇求這種保護的記錄，有時，又只記錄這一切賦稅的總和。

　　都市居民的情況，無論當初是怎樣卑賤，但與鄉村耕作者比較，他們取得自由與獨立，為期總算更早得多。都市居民的人頭稅，是國王收入的一部分，這一部分收入，每由國王委託經收人或別種人經收，制為定額，在一定年限內包辦。但市民自己亦往往可以取得這樣的信用，來經收他們本市的這種稅收，他們遂對於這全部稅收，聯合負起責任來經理。這種經收賦稅的辦法，對於歐洲各國國王的一般經濟，是十分適宜的，因為他們本來常慣把莊園全部的稅收，由莊園全體的個人包辦，使對於這全部稅收，負起連帶的責任。但這種辦法，於佃戶亦極有利。他們自己聘員直接蒐集這種稅收而納於國庫，不必再受國王派出吏役的橫暴了。這一件事，曾在當時，被視為極重大的一件事。①

　　當初，市民包辦市租，殆類於農民承租土地，是有年限的。後來，跟著時代的推進，那已經變成永久的，稅額一定，以後永遠不能再加。稅額既成為永續的，以納此稅為條件的其他各種賦稅的豁免，便亦成為永續的。因此，其他各稅的豁免，便不止於一人之身，不再屬於某特定之個人，而屬於特殊

_____

① 麥馬克斯・浮爾馬・白赤著第一版《國庫史》第十章第五節第二二三頁。

城市內的一切市民了。這個城市，因之成了所謂自由市，就跟市民終於成了所謂自由市民或自由商人，同其理由。

伴著這種權利的賜與，又有前面講過的那種種重要特權（即嫁女自由權，兒女繼承權與遺囑權），以君主的命令賜給特殊市的一般市民。那種種特權，是否慣常伴著貿易自由權的賜與，而賜給特殊的個人市民，我不知道。也許真是如此，可惜我提不出什麼直接的證據。不過，無論如何，賤奴制度及奴隸制度的主要屬性，就這樣從他們身上解除了，至少，從這個時候起，他們是自由了，像現代人所說的自由一樣，他們實在是自由了。

尚不止此。他們大都又會設立一種自治機關，有權推選市長，設立市議會、市政府，頒布市法規，建城堡以自衛，使居民習戰事、任守備。遇有敵攻或警戒，凡屬居民，無分晝夜，均須盡防衛之責。在英格蘭，他們可以免除郡裁判所州裁判所的管轄；公事訴訟除外，民間小爭訟，均可由市長判決。其他各國，市長所得的裁判權尤大。[2]

市稅由市民包辦的都市，這種審判權的頒賜，乃有必要。強迫市民納稅，不能不給市長以強迫的裁判權。況此時，國家紛亂，設不給市長以裁判權，裁判必無從獲得，即使可得，亦必極為困難。但歐洲各國君主，為什麼定要以此租稅，規為定額，不可復加，卻使我們覺得奇怪。因為，我們知道，

---

② 參照麥馬克斯‧浮爾馬‧白赤所著書。並參照蒲肥爾關於休比亞王家腓特烈二世及其後繼者之大事紀。

這種稅收在一切稅收中，最不必勞神費財，自然會增加起來。此外，還有一點，似乎很奇怪，就是君主竟會在他們領土的中心，自動建立一種獨立的民主國。

要瞭解此中理由，須記著當時紛亂，歐洲各國君主，殆無一能保護全國弱小人民，使不致受大領主壓迫。這一部分弱小人民，既不能受國法保護，又無力自衛，所以只有兩條路走，即：若不是投身某大領主之下，為其奴隸，而乞求保護，就只有聯盟起來，共同守衛，彼此相互保護。城市居民，單個的說，雖無自衛能力，但一經有了攻守同盟，抵抗力亦就不可輕視。領主，常鄙視市民，不僅認市民之身分，與己不同，且認市民為被釋之奴隸，種屬亦與己異。因此，市民之富，常常使他們嫉妒憤怒；他們不稍寬容的，凡事加以壓迫掠奪。市民之嫉恨領主，畏懼領主，就是自然的了。恰好，國王亦嫉恨領主。在他方面，國王雖亦鄙視市民，但他沒有嫉恨他們，畏懼他們的理由。所以，相互的利害關係，終使國王市民，互結同盟，以抗領主。市民是國王的敵人的敵人，所以，為他自己的利益起見，他要盡其所能，使市民的地位穩固而獨立。他給他們以推擇市長，頒發市法規的特權，並使他們建築城堡，全面接受軍事訓練。總之，他是盡他所能給的，把一切使領主獨立安全的手段，再給予市民。但要使市民的自由同盟能對市民提供持續的安全保障，能對國王提供頗大的援助，則又非有正常的政府組織不可，非有強制居民服從的權威不可。至於，規定市租為定額，以示不復增加，亦不轉賜他人，則又不過表明心跡，稍釋同盟友軍（如果能夠如此說）的疑忌，使不復疑己再有壓迫之事而已。

　　對領主感情最惡的國王，對於市民，其頒賜的特權往往最
為寬大。譬如，英格蘭國王約翰，即對市民最抱寬容政策者。
法國菲立浦一世，已全失統率領主之權。至其末年，據神父登
尼耳言，其子路易，即與國內諸主教，謀一最適當之方法，以
取締領主暴行。主教的意見，可以歸納為兩種提議。（一）在
國王領土內，各大城市，均設市長、市議會，而創設新司法制
度。（二）使城市居民，組織新民軍，聽市長調遣，在必要
時，出發援助國王。據法國諸考古家說，法國市長制度；市議
會制度，就是這時創立的。德意志大部分的自由市，亦在式微
的休比亞王治下，始賜有這種種特權；有名的漢撒同盟，在這
時始漸露頭角（參看麥篤克斯及蒲肥爾二人之著作）。

　　都市民軍的力量，此時既不下於鄉村民軍，一旦有事，
集隊又復更為容易，故與當地領主爭議，他們常占優勢。義大
利、瑞士等地，或因各都市離首府所在地甚遠，或因各都市原
有勢力伸張，或由其他原故，致君主的權威，盡行喪失，致各
都市大都逐漸成為獨立的民主社會，並征服當地貴族，迫令拆
毀鄉間的城堡，使以平民資格，居都市內。伯思及瑞士其他若
干都市中，民主國之短期歷史，類皆如此。除了威尼斯，十二
世紀末至十六世紀初，義大利屢起屢滅的無數大民主國，經過
亦復如此。

　　英法兩國王權雖有時甚為式微，但從未全部破滅。都市因
此沒有完全獨立的機會。但因市民勢力日張，除上述的市租以
外，國王一切賦稅，仍須得市民同意，始可徵收。王有急需，
且須通詔全國各市，派遣代表，出席國會，與牧師諸侯等人協
議。但因市民代表，大都祖護國王，故國王每樂用之，以抗議

會內大領主的權力。此後，歐洲各大君主國的全國會議，雖爭相仿效，均有市民代表之推選，然此實爲市民代表的起源。

　　秩序、好政府，以及個人的自由安全，就在這種狀態下，在各都市確立了起來。然此時，鄉村農耕者，依然受貴族各種迫害。在鄉間，農民不能反抗，不得不滿足於必要的生活資源；他們不敢多求，以觸壓迫者之怒。反之，在他們勞力的結果，如果確有親自享受的把握，他們就自然會努力來改良他們自身的境遇，不僅要取得生活必需品，且要取得生活上的方便品、娛樂品。就振興產業以冀獲得生活必需品以上的物品那一點說，都市居民，一般可說是農村居民的先驅。因之，在賤奴狀態下，受領主箝制的貧窮農民，稍有儲蓄，必小心掩藏，使不爲領主所見（否則將爲領主所奪取），一有機會，即逃往都市。加之，當時法律，對市民既如此寬縱，又如此熱望減少領主對農民暴行，所以，只要農民逃往都市，一年不爲領主所獲，即永可自由。因此，鄉村勞動居民，一有蓄積，自然會逃到都市來，把都市看作他們唯一安全的避難所。

　　城市居民的食品、材料、產業手段，歸根的說，誠皆出自農村。但近海岸、沿大河邊的城市諸民，卻不必限定仰給於鄰近的農村。他們有更大得多的範圍，他們或以自身工業的製造品交換，或經營諸遠國間的販運業，以甲國產物交換乙國產物，而從遠地取得他們所需要的這種種物品。即使他們鄰近各農村均甚貧乏衰落，而和他們通商的各個農村，亦甚貧乏衰落，他們所居的城市，仍可發達起來，日臻於富強。單個的說，這各個農村所能提供的食物與僱傭機會，雖甚有限，但綜合的說，他們所提供的，卻極可觀。不過，我們須知道，在商

業範圍尚極有限時，就已有些國家很富裕，產業很發達了。譬如，尚未滅亡時的希臘帝國、亞巴西德統治下的薩拉森。又譬如，未被土耳其征服的埃及、巴伯里海岸某地，以及莫爾斯政府統治下的西班牙。

在歐洲，由商業致大富之國，似宜首推義大利諸城市。此時義大利位於文明改良世界之中心。十字軍雖然破壞了許多資財，傷害了許多居民，但於歐洲其他諸國之進步有害者，卻適足助長義大利若干城市之發展。為爭奪聖地而出發的大軍，對於威尼斯、熱那亞、比薩諸市之航海業，提供了極大的獎勵。十字軍由他們運送，其食糧亦由他們供給。他們簡直可以說是這種大軍的輜重隊。十字軍對歐洲其他各國，雖為破壞之狂，對此等民主國，則為富裕之源。

商業都市居民，往往以製造品、奢侈品運往富國，以滿足大富翁之虛榮心，大富翁亦莫不願以多量本國土產物為之交換。因此，當時大部分歐洲商業，主要都是以本國土產物，交換更文明國的製造品。英格蘭之羊毛，常與法國之葡萄酒，及伏蘭德之精製毛織物交換；波蘭之穀物，亦常與法國之葡萄酒和白蘭地酒，以及法國、義大利之絲絨交換。

對精良製造品的嗜好，遂由外國貿易，逐漸普及於未有精緻製造業的國家。但此種嗜好，一經普及於國內，引起頗大的需要，則商人為省免運輸費起見，自然想在本國建立同種製造業。因此，羅馬帝國崩潰後，歐洲西部各地，始有適於遠地販賣的製造業發生。

但我們必須注意，世界上完全沒有製造業的國家，絕不能存在；我說一國沒有製造業，我所指的，只是精良進步的製造

業，或適於遠地販賣的製造業。無論什麼大國家，大部分居民穿著的衣服，日用的家具，都是本國產業的產物。此種情形，在普通所謂無製造業的貧國，尤爲常見，而在普通所謂製造業發達的富國，反不常見。與貧國比較，富國下層階級人民日用的衣服、家具，反有較大得多的部分，是外國的產物。

各國適於遠地販賣的製造業，其發生蓋有二途。

先就第一途說。國內商人營業家，有時因要仿效外國某種製造業，而迅速密集把資本投下來經營。像這樣發生的製造業乃是國外通商的結果。十三世紀盛行於路加地方的製絲業、製絨業、製緞業，即如此發生。此等製造業，後爲琿奇威英雄凱斯托魯西‧凱斯托拉生尼之暴令所逐。一三一〇年，有九百家族，被逐出路加；其中，有三十一家，退往威尼斯，建議設絲業於其地。當地官吏許之，並許以多種特權。因此，他們就在那裡始設絲業。創立之初，即僱有工人三百；伊莉莎白時代始傳入英格蘭。而在古代即已盛行於伏蘭德之精緻毛織業，現在里昂及斯比特城的絲業，亦都似乎是這樣發生的。這樣發生的製造業，因爲是仿效外國，所以，大部分使用外國材料。當威尼斯初有製造業時，一切材料，均從西西里及里文特運來。推而上之，昔時路加製造業所用之材料，亦產在外國。桑樹的培植、蠶蟲的飼養，在十六世紀以前，義大利北部人，似乎還不大知道。種桑養蠶的技術，是查理九世時代，才傳入法國的。伏蘭德製造業所用的羊毛，均出自西班牙、英吉利。西班牙羊毛，雖然不是英格蘭毛織物最初採用的材料，卻是適於遠地販賣的毛織業最初所採用的材料。里昂製造業所用的絲，亦大半是外國產；而在它初創立時，就全部或幾乎全部是外國產。就

英國的斯比特城說，製造業材料，亦全不是英國本地的產物。
像這樣的製造業的發生，大部分要歸因於少數人的計畫，所
以，設立的位址，有時是海濱的都市，有時卻是內陸的都市，
那完全取決於這少數人的利害關係和主見。

　　有時，適於遠地販賣的製造業，乃自然而然的，由家用品
製造業、粗物製造業逐漸改良而生。我們講過，就連最貧陋的
國家，亦常有家用品製造業和粗物製造業。由這種製造業逐漸
改良而生的製造業，大都使用本國出產的材料；發生的位址，
大多是離海岸頗遠的內陸，那裡，甚而離可通航運的大河，亦
很遼遠。自然肥沃度最大的內陸，耕作甚易，所產之物，除了
維持耕者生活所必要的部分，尚有剩餘甚多。這種剩餘，因陸
運費太貴，航運不便，不易送往外地。過度的豐饒，使食糧低
廉，從而，鼓勵工人樂居其地。他們在那裡勞動，比較可以
獲得更多生活上的必要品、方便品。他們所用的材料，是本地
出產的，他們在材料上加以製造後，即以成品，或者說，以成
品的價格，換得更多量的材料、食物。他們，節省了由內陸到
沿河沿海各遠市的運輸費，從而，對於剩餘部分的原生產物，
附加了一個新的價值。從而，耕者方面，亦可以比以前，以更
為簡易的條件，從這些工人手上取得於他們有用或者使他們合
意的物品。對於剩餘部分的農產物，耕者可以取得更高的價
格；他們所需要的其他方便品，價格又更低廉了。這給農民不
少鼓勵，使農民進一步改良土地耕作土地，因而增加剩餘的產
量。土地豐沃，既然是製造業誕生的原因，製造業的進步，又
將反過來，增進土地的肥沃度。製造業，當初僅供應本地；後
來，成品精緻改良了，又將供應遠地的市場。原生產物和粗製

造品，要由陸運運往遠地，所費之大，雖甚難負擔，但精緻製造品卻不會感到這種困難。精緻製造品，在小容積中，常包含多量原生產物的價格。譬如，一匹精細布料，雖僅重八十磅，但所含價格，卻不僅是八十磅羊毛的價格，而且，有時，還包含著各種工人及其直接雇主的生活資源，比方說，幾千磅穀物吧。這種穀物，如果以穀物的原形，運往海外，定然是極困難的。但若寄託在這種精製品上，那雖要由天之涯，運往地之角，怕亦很是容易。里茲、黑里發克、雪菲爾德、伯明罕、武累罕布敦各處的製造業，就按照這個方法，自然發生起來的。這種製造業，是農業的結果。與上述那種製造業比較，一為國外商業的結果，一為農業的結果，而就歐洲現代史觀察，則後者的推廣改進，常較遲緩。在上述諸地適於遠地販賣的製造業尚未大發達以前一百餘年，英吉利用西班牙羊毛而經營的精緻毛織業，就很著名了。並且，後一類製造業的推廣改進，又只是農業推廣改進的結果，而農業的推廣改進，對於國外商業及直接由此而生的製造業，卻可說是最近的最大的效果。關於這一點，我們在後文說明吧。

第四章

都市商業對於農村改良之貢獻

　　工商都市的增設與繁榮，對於所屬農村的改良與開發，頗
有貢獻，而其貢獻之途徑有三。

　　（一）對於農村的原生產物，提供一個巨大而便易的市
場，從而，對於農村的開發與進一步的改進，提供了獎勵。得
此益者，且不僅為都市周圍的農村。凡與都市通商的農村，均
將受其實惠。因此等農村的原生產物或製造品，既因而取得了
一個市場，其產業自必因而改進，其治化自必因而改良。當然
哪，都市周圍的農村，則因鄰近之故，所得實惠，亦必最大。
其原生產物之運輸，所費既較省，所以，與較遠的農村比較，
對於生產者，商人即使出了高價，但對於消費者，取價卻仍可
一樣低廉。

　　（二）都市居民所獲的財富，常用以購買待售的（那通
常是大部分尚未墾植）土地。商人都渴望變成鄉紳，並且，在
他們變成鄉紳的時候，他們往往最能改良土地。商人與鄉紳
不同。鄉紳是一向奢侈慣了的，他只會花錢，從來不會想到賺
錢。商人卻常用錢來經營有利事業，他用一個錢，就希望在這
一個錢回來的時候，帶回一些利潤。他們這種不同的習慣，使
他們一則常常是勇敢的營業家，一則常常是膽怯的營業家。他
們營業的性情，極不相同。在商人，如果覺得一時投下大資本
來改良土地，或許有希望按照費用的比例，而取得一個價值，
他會毫不遲疑的，向前進行。但在鄉紳，則有資本者已少，即
使稍有，亦不敢如此投下。即使他想改良土地，然所用以改良
者，亦不是資本，只是每年收入的剩餘。是故，土地改良，實
當寄望於購置田地的商人。設你幸而住在四周農村多未開墾的
商業都市中，你當能看到在這方面，商人的活動，比起鄉紳，

更活躍到什麼程度。此外，商人由經商而養成的愛秩序、節省、謹慎等各種習慣，亦使他更宜於進行改良土地，不愁不成功，亦不愁無利潤可圖。

（三）農村居民，一向是處在不斷的混戰與壓迫中。他們常對鄰人戰爭，又常受貴族所奴役使令。但工商業的發達，卻逐漸使他們有秩序，有好政府，有個人的安全自由。這一種效果，是最重要的，但不爲世人所稍加注意。據我所知，曾注意此點的作家，一向只有休謨先生。

在既無國外貿易又無精緻製造業的農村，土地生產物，除了維持耕者，有餘之大部分，必因無物可以交換之故，而毫無所謂的，在國內，由地主施給人們消費。這剩餘部分，如足夠維持一百人，即維持一百人，如足夠維持一千人，即維持一千人。捨此以外，實無其他用途。所以，他周圍，常有成群的婢僕從人。他們依賴他的恩惠。他們服從他，像兵士服從王公一樣。其實他們捨此以外，亦即無任何等價的物品，以回報地主的給養。在歐洲，商業、製造業尚未擴張以前，自王公以下，一直到小領主，都是這樣施恩。這在今日我們，簡直難以想像。譬如，西敏寺的大廳，爲威廉・盧福斯之飯廳，且常有人滿之患。道麥斯・貝克特常以清潔之草秣，鋪於廳之地下，使不能得座位而坐地就食的武士文人，不致染汙他們簇新的衣裳。據說，瓦維克大公，每日所養達三千人；此或言過其實，但數目總必很大，不然，是誇張不來的。我們知道，不多年前，蘇格蘭高地一帶，仍盛行此風。而在工商業很不發達的民族，這種風氣，似乎亦是很普及的。鮑考克博士曾說：「我曾見，阿拉伯酋長在他售賣家畜的市中，當街宴請一切行人，就

連普通乞丐，亦在被邀之列。」

　　婢僕是大領主的隸屬，佃戶亦是大領主的隸屬。但這種人因非賤奴，而是無自由的佃農，故所納地租，無論就任何方面說，也不能與土地所提供的生活資源等價。數年前在蘇格蘭高地一帶，土地所產，足供一家，而普通所納地租，卻僅爲一克郎、半克郎、一羊、一小羊而已。有些地方，現在依然如此；但該處的貨幣，與他處比較，卻並不能購買更多的商品。其實，在這樣的農村，本地所產既必須在本地消費，故爲地主打算，設彼輩能像家僕一樣隸屬於自己，能聽從自己的號令，則不如讓彼輩消費所產於彼輩所在之地。他可以從此省去許多麻煩，隨從的婢僕，可不致過多。但我們應該知道，這種無自由的佃農，雖僅須付納免役的租稅，但從屬於領主，須絕對聽從領主命令，則無異於婢僕家奴。領主在自己家裡，養著他的婢僕家奴，又在佃農家裡，養著佃農。婢僕的食糧，固然得自領主恩惠，佃農的食糧，亦得自領主恩惠，而恩惠的繼續與否，又均取決於領主的好惡。

　　在這情況下，大領主對於其佃農家奴，必然有一種駕馭的權威。這種權威，便是一切古代封建權力的基礎。他們在平時，是境內居民的裁判者，在戰時，是境內居民的統領者。他們有統率境內居民以抗不法者的權力，故在境內，居然成了治安的維持人、法律的執行者。這種權力，在古代，幾乎全部屬於封建諸侯。國王亦沒有。國王在古代，雖爲領土內最大的領主，有統率全民眾以抗國仇的權力，而爲其他大領主所尊敬，但要親自執行法律，強制某大領主領地內人民償還小債（其地居民皆武裝互助），所費甚多，而所得之實效，恐又有限。因

此，大部分農村的司法權，遂不得不委之於能執行法律者。同樣，國王又因為自己不能消滅內戰，遂再以統轄民軍的權力，委於能統轄民軍者。

說這種地方的裁判權起源於封建法律，實是一個錯誤。不僅最高的民事刑事裁判權，是在歐洲尚不知有所謂封建法律以前數百年，即已握在大土地領有者手中。舉凡一切募兵權、鑄幣權、頒發地方行政規則權，均已於此時，委於大領主手中了。英格蘭征服前的薩克森諸領主掌握中的統治權與裁判權，並不下於征服後的諾曼第領主掌握中的統治權與裁判權。至若法國，則領主統治權裁判權的發生，先於封建法律的發生，尤為不容置疑之事實。這種種權力，無疑曾跟隨上述各種財產制度與風習而生出。且不講古代英法兩帝國吧，我們就在更晚得多的時代，亦可以尋出充分的證據，證明這種種結果，必隨這諸種原因而發生。不到三十年前，蘇格蘭洛赫巴地方，有一紳士，名羅齊爾的康昧郎，既不曾得一命於王朝，又非農民之豪長，不過亞基爾公爵一家僕罷了，卻常為其民眾，執行最高的刑事裁判權，不僅民事調解而已。據說，他的審判裁判，雖無司法儀式，卻頗為公正。這，也許因為當地情形如此，為維持公眾治安計，乃不得不以此權力，委託給他執行。這位紳士，每年得租，不過五百鎊，然一七四五年，曾率其子民八百，參加斯托亞的叛變。

實則，封建法律的設立，不但不要擴大封建領主的權力，其實是想把他們的權力縮小。自國王以下，一直至最下級的領主，均由封建法律，妥為制定等階，各有各的職守和義務。在小領主幼弱時，則對於該領主所有之土地，地租歸其直

接上司領受，管理權亦歸其直接上司掌握；而在各大領主幼弱時，則歸於國王。他對於幼弱的領主，盡保護教育的責任，並以監護人的資格，爲之婚娶——如果身分相應。不過，這種法律，雖本意要加強國王的權力，減弱大領主的權力，但仍不能使鄉村居民，得有秩序與良好的政府。導致動亂的財產制度與風習，並不能由此種法律，而徹底改變。政府的權力仍過小，貴族的權力仍過大，而貴族權力的過大，適足造成政府權力的過小。封建等級制度雖然確立了，國王仍不能制伏大領主。大領主橫暴如故。他們相互間，依然連年戰鬥，甚而對國王戰鬥。曠野鄉村的情況，依然是紊亂騷擾。

然而，封建法制雷厲風行，所不能實行的一切，卻竟能由國外商業及製造業，默移潛化，而漸次完成。國外商業與製造業之興，漸使大領主，得以其土地剩餘產物之全部，而與他物交換。由此而得之物，遂無須與佃農、家奴共享。於是，他們所得的地租，遂可由自身而消費其全價值。在古代，全爲自己不爲他人，簡直是主人的惡德。從這時起，他們的性情變了，他們不願再和別人共同享受了。他們從前的剩餘食糧，如足養活一千人一年，他們就只有把這食糧，用來養活這一千人。現今，卻不然了。他們會寧願把這一千人的食糧或其價格，用來購買一對鑽石鈕扣，或其他珍貴物品。他們毫不遲疑的，與其保留舊有的威權，而與人共用資源，寧願逐漸捨此威權，轉圖此等最兒戲、最平凡、最下賤的虛榮心的滿足。

在無國外貿易又無精緻製造業的國家，每年有一萬鎊收入的人，除了以這一萬鎊養活一千家人而使其俯首聽命以外，也許就沒有其他的消費方法。但現在的歐洲，每年有一萬鎊收

入的人，不必直接養活二十人，不必直接指揮無指揮價值的僕役數人，卻已可消費其收入全部。事實上，亦常如此。固然，他們間接僱用的人，也許和往昔消費方法所僱用的一樣多或者更多。他以全部收入所換得的實物，量也許極爲微小，但爲採集製造這實物而被僱用的工人，卻無疑很大。這種實物的大價格，大都出自他們勞動的工資及其直接雇主的利潤。他直接支付實物的價格，即間接支付這一切工資與利潤，從而，間接維持了工人及其雇主的生活。不過，他對於他們每個人的貢獻，卻只是他們全年生活費的極小部分。他們每個人每年的生活費，得之於他一個人的，少數占全部的十分之一，許多占全部的百分之一，有些則尚不及千分之一，萬分之一。他雖然維持了他們全體的生活，但他們全體的生活，都不一定要他維持，所以，對於他，他們就多少是獨立自主的了。

在大地主以其地租維持佃農家奴時，他們是各自維持各自的佃農家奴全體。但在他們以地租維持商人工匠時，他們全體所能養活的人數也許和往昔一樣多，且因往昔耗費較集中，今則分散，今所能養，也許還多於往昔。但是，分開計算，每個地主，對於這較大人數中每個人的生活費，所提供的幫助，往往極微。每個商人工匠的生活費，都不得自一個顧客，而得自百千不同之家。他在某程度上，雖不得不仰給於他們全體，但不須絕對仰賴於他們中任何一人。

大領主的個人消費，就在這情況下，逐漸加大起來。因此，他所養活的家奴，就非逐漸減少以至完全斥退不可。而又爲了同一原由，不必要的佃農，亦非逐漸斥退不可。農田加大了，儘管鄉村人數減少造成某些不便，然仍不得不按照當時

不甚完全的耕作改良情形，使佃農人數，減至耕作所必要的程度。不必要的寄食者，盡數斥退了，農田的地租又在盡量榨取，因此，地主所得的剩餘（或者說剩餘的價格），逐漸次加大。這個較大的剩餘，又由商人製造家那裡，取得了個人消費的方法。但再為了同一原由，地主渴望所得地租，能超過目前耕作狀態下土地所能提供的數額。但土地要進一步改良，佃農必致增加費用，若租期之長，尚不足使他收回這追加的費用及其利潤，他絕不會同意地主的要求。他定要延長租期。地主因有此種所費不貲的虛榮心，卒致承認佃農的條件。租期，遂得以延長。

無自由的佃農，耕作土地，雖須支給十足的代價，但絕非完全隸屬於地主。他們金錢上的利得，是相互的，是平等的；無自由的佃農，不必犧牲生命與財產來為地主服務。但在租期延長後，他就簡直是獨立自主的了；除了按照租約或習慣法，地主不要想他作一點事情。

佃農既已獨立，家奴又復斥退，大領主遂不能再干涉正常的司法機關，不能再擾亂地方的治安了，他們那與生俱有的權利，於是出賣了，然而，出賣的目的，不是像以前那樣為了饑餓、為了必需，卻僅僅為了耳目玩好，僅僅為了為兒童所樂玩，非成人所宜求的寶石鑽戒。因此，他們與城市的市民、商人相較，一樣平庸了。於是，在城市、在鄉村，都設立了正常的政府。沒有誰能擾亂都市的政治，亦沒有誰能擾亂鄉村的政治了。

下述一事，或與本題無關，但不妨在此一提。即，以大宗地產，由父傳子，由子傳孫，傳至許多世代的世家，在商業國，是頗為罕見的。反之，在商業不盛的國家，如威爾斯，

如蘇格蘭之高地，則極普通。阿拉伯的歷史，滿載著貴族的世系；有一位韃靼可汗，著了一部歷史，曾經譯成幾種歐洲文字，其中，就全是貴族的世系。這可證明世家，在古代，是極普通的。富人除了利用收入盡可能多富養一些奴僕之外，不會有其他的花用方式，他的仁愛心，似乎並不怎樣強烈，由而不致於使他所給養的，會多於他所能給養的人數。但在收入最大部分用於個人享受時，他的用度往往極無限制；他個人的虛榮心，永遠沒有滿足的時候。所以，在商業國，即使有極嚴重的法規取締奢侈，長久富貴之家，仍屬罕見。但在商業不盛的國家，即使沒有法規取締，亦多長久富貴的家庭。像韃靼阿拉伯那樣的遊牧民族，財產不易消費，故取締奢侈的法規，亦無設立的可能。

對於公眾幸福，這真是一種極重要的革命，但完成這種革命的，卻是兩個全然不顧公眾幸福的階級。滿足最幼稚的虛榮心，是大領主的唯一動機。至若商人工匠，雖不像那樣可笑，但他們也只知道為一己的利益。他們所求的，只是有機會賺一分錢，就賺一分錢。大領主的癡傻，商人工匠的勞動，終於把這次革命逐漸完成了，但他們對於這次革命，卻是始終未曾瞭解，亦未預先看到啊。

歐洲大部分的商業、製造業，就在這情況下，做了農村改良開發的原因，不是結果。

這種反乎自然的順序，當然是遲緩不定的。試比較以工商為國家財富基礎的歐洲各國的進步，與以農業為國家財富基礎的我國北美殖民地的急速進步吧，你會知道，歐洲各國的進步，是多麼遲緩啊。歐洲大部分地方的居民數目，似乎將近

五百年，不曾增加一倍。我國北美殖民地有些地方，卻是二十年或二十五年就增加了一倍呀。在歐洲，長男繼承法，各種限嗣繼承法，都使大地產不能分裂，使小地主不能增加。我們知道，小地主，對於自己有限的土地，有充分的瞭解，對於自己的土地，他的用心，他的愛護，真是無微不至。他不但喜歡開發它，而且喜歡改良它。他在各種耕作者中，其實是最勤勉、最開明、最常成功的。加之，長男繼承法、限嗣繼承法，又使許多土地不能出賣，常使購買土地的資本，多於待售的土地，從而，使土地常以獨占價格出售。購買土地所得的地租，常不足支付購買貨幣的利息，至於修補費，及其他各種意外用度，更不用說。所以，以小資本購買土地，在歐洲，居然是利潤最少的用途。固然有些不再經營工商業的人，為圖安全起見，亦有時願投小資本來購買土地。還有些從別個來源取得收入的職業家，亦因要使儲蓄節省之物，不易散失，而喜投資購買土地。誠然，一個少年人，如果不願從事工商業，卻願用二、三千鎊資本，購買一小塊土地，從而加以開發，那亦未嘗不可求生活優裕，但要希圖大資產，就絕不可能了。並且，這樣的少年人，雖無成為地主之望，但多不願為農業家。任人購買的土地既甚少，土地的賣價又甚高，結果，有許多原本願用來改良土地開發土地的資本，終究不能投到這方面來。反之，在北美洲，則有五、六十鎊的資本，便很夠改良土地了。那裡，未改良土地的購買與開發，既為最大資本最有利的用途，亦為最小資本最有利的用途。在那樣的地方，這是最直接的致富方法。那裡的土地，幾可全無代價取得，即使須出代價，亦尚不及其自然生產物的價值。這現象，在歐洲絕不能有；在土地早

已成為私有財產的國家，絕不能有。再者，在大家庭的家主死時，所遺土地財產若能平均分配於各個兒女，則所遺地產，大都有出售之日。待售的土地增加了，土地就不能再以獨占價格出售。土地自用所省下的地租，漸足抵付購買貨幣的利息；以小額資本購買土地，亦將和其他用途，同樣有利。

　　英格蘭，因土壤的自然肥沃度甚大，因海岸線與全國面積比例而言甚長，又因有許多可通航運的河流流貫其間，使內陸各地，能有水運之便，所以，與歐洲任何大國比較，都一樣宜於國外通商，一樣宜於經營遠地販賣的製造業，一樣宜於改良土地。但自伊莉莎白治世之初以來，英國立法，每特別注意於商業、製造業的利益；事實上，歐洲各國（荷蘭本國，也不例外）的法律，一般說，沒有任何國家比英格蘭對這兩種行業的發展更有利。所以，英國商業、製造業，就在這全期間，不斷向前發展起來。無疑，農村的開發與改良，亦在進步；但其進步，往往遠在商業、製造業進步之後，而其進步，亦甚遲緩，跟不上商業、製造業的急速發展。大部分農村，也許是在伊莉莎白時代以前開發；且尚有頗大部分土地，仍全未開發，至於，未曾盡量開發的農村，就更不在少數。不過，英格蘭的法律，不僅由於保護商業而間接鼓勵農村改良，且曾有若干直接的獎勵。除了在歉收的年度，穀物輸出，不僅自由，且有獎金。在收穫普通的年度，外穀輸入，又有等於禁止輸入的關稅。除了從愛爾蘭來，活家畜的輸入全被禁止，而且，准許從愛爾蘭輸入，亦是不久的事。在這兩種最重要的土地生產物（麵包與肉類）上，耕作土地者實享有一種有害國人的獨占。像我後面說的，這種獎勵，雖終究全是幻想，但由此，至少可

以推知英國立法當局，實有贊助農業的美意。而最重要者，則爲英格蘭法律，對於其國農民，曾竭盡所能，使其安定獨立而受人尊敬。在長男繼承法尚未消滅，什一稅繼續徵收，與法律精神相反的限嗣繼承法有時依然有效的時候，英格蘭總算盡了力來鼓勵農業。但英格蘭農業的情況，仍是如此未臻理想。那麼，設令農業，除了由商業進步而間接得到鼓勵以外，即不復有法律的直接鼓勵，並設令英格蘭農民的處境，與歐洲其他諸國相同，則農業又將現出何種情況呢？自伊莉莎白治世以來，迄今已二百餘年了。這麼長的期間，人類歷史中最長的繁榮時期通常也不過如此。

在英格蘭成爲大商業國以前大約一百年，法國的外國商業，尚很可觀。照當時人所擬想，似在查理八世往征那不勒斯以前，法國的航海業，亦頗可觀。但就全體說，法國的耕作改良事業，遜於英格蘭。法國法律，未曾予農業以直接的獎勵。

西班牙、葡萄牙對歐洲其他各國的外國商業，雖多由外國船舶裝運，但數量可觀。西班牙、葡萄牙對他們殖民地的外國貿易，由本國船裝運，則因殖民地富饒宏闊，尤爲巨大。然而，如此巨大的國外商業，並不會在這兩國，引起頗爲可觀的遠地販賣的製造業，甚至，這兩國的土地，亦尚有大部分，未曾開墾。可惜葡萄牙，在歐洲各國（除了義大利）中，向以國外商業，被推爲老資格。

由國外貿易及遠地販賣的製造業而使全國土地充分開發改良的國家，在歐洲，似乎只有義大利。據鳩西亞丁所述，則在法王查理八世侵入以前，義大利最平坦最肥沃的平原固已開墾改良，連最險峻最貧瘠的山區，亦是同樣開發了。這個國家所

處的地位，頗爲有利，立在這個國家裡面的獨立小邦，又有許
多。這種事實，對於全國土地的開墾，或不無小補吧。然而，
這位賢明的近代歷史家雖是如此說，但那時義大利的土地墾
作，卻還可能不及今日的英格蘭。

　　無論在哪一國，由商業、製造業而獲得的資本，在未附
加而實現在土地改良事業以前，總是極不確定的財產。說商人
無祖國，眞是不錯。究竟在何處營業的問題，於他，似乎沒
有多大意義；如果他們在甲國受到輕視，哪怕極微小，亦可使
他把資本，從甲國遷到乙國。跟著資本的遷移，資本所維持的
產業，亦必遷動。在資本尚未散在地面上，成爲建築物，成爲
土地永久改良物以前，那資本絕不能說屬於某一國。漢撒同盟
諸都市的大財富，哪裡去了呀？除了在十三世紀、十四世紀隱
隱約約的歷史上，眞是痕跡亦沒有留下一點。這些城市曾經位
在何處，或它們當中的一些拉丁文城名，屬於歐洲現在哪一個
城市，亦還不易確定。但是，十五世紀末、十六世紀初，義大
利的頹敗，雖會大減倫巴底及托斯卡尼所屬諸城市的商業、製
造業，但所屬的農村，則至今仍爲歐洲人口密度最大、土地耕
作最良的地方。伏蘭德經內戰後，又受西班牙統治，那雖然逐
去了安特衛普、根特、布魯日的大商業，但伏蘭德至今亦仍爲
歐洲財富最多、人口最稠密、耕作最進步的地方。戰爭與統治
上的普通變革，已可破壞以商業爲唯一來源的富源。農業的改
良，更爲堅實穩定，由農業改良而生的財富，亦更爲持久。所
以，除非有更激烈的由敵國野蠻國侵凌一兩百年而引起的大變
動（如羅馬帝國崩潰前後的西歐情況），就沒有其他事件，可
以把它破壞。

亞當・史密斯年表

年　代	年　平　記　事
一七二三年	生於蘇格蘭法夫（Fife）郡柯克卡迪（Kirkcaldy）市，生日不詳（於六月五日受洗），父親爲一名海關官員，在亞當史密斯出生前過世。在Kirkcaldy市立學校上學。
一七三七～四〇年	格拉斯哥（Glasgow）大學的學生。Francis Hutcheson是他的一位老師，教授道德哲學。
一七四〇～六年	牛津（Oxford）Balliol學院的學生，享有一筆豐厚的獎學金，由Snell基金會提供。
一七四八～五一年	・在Henry Home即Lord Kames的保護推薦下，在愛丁堡（Edinburgh）大學擔任公共講師，起先講授修辭學與純文學，後來也講授法理學和哲學史。 ・成爲愛丁堡主要啓蒙運動圈的一個成員，並結交他畢生最重要的朋友休謨（David Hume）。
一七五一～二年	格拉斯哥大學邏輯學教授，並且代課教授道德哲學。
一七五二～六四年	格拉斯哥大學道德哲學教授。
一七五五年	在《愛丁堡評論》第一期發表兩篇文章，評論強森（Samuel Johnson）編的《英文字典》（*Dictionary*），法國《百科辭典》（*Encyclopedie*），和盧梭（Rousseau）的*Second Discourse*。
一七五九年	發表《道德情感論》；第二版，經過顯著修訂，一七六一年；第三版，一七六七年；第四版，一七七四年；第五版，一七八一年；第六版，經過大幅修訂，一七九〇年。
一七六一年	發表〈關於語言初始形成的若干省思〉（Considerations concerning the first formation of languages）。
一七六四～六年	擔任Buccleuch公爵的伴遊導師，主要在法國逗留，認識法國啓蒙運動的主要人物，諸如伏爾泰（Voltaire）以及主要的重農學派學者，包括撲內（Quesnay）和特哥（Turgot）。因導師工作而獲得一份終身年金。
一七六七～七三年	待在Kirkcaldy的老家撰寫《原富》。
一七七三～六年	在倫敦完成該部經濟巨著，並且看它付梓出版。成爲主要文藝和知識圈，諸如強森俱樂部的成員；加入英國科學院院士行列。

年　代	年　平　記　事
一七七六年	發表《原富》；第二修訂版，一七七八年；第三版，經過顯著修訂，一七八四年；第四版，一七八六年；第五版，一七八九年。
一七七八年	被任命爲愛丁堡關稅局長，一個酬勞極爲豐厚的職位，他擔任此職至生命告終。寫了一份備忘錄給副檢察長，討論英國和美洲殖民地的衝突，建議讓北美殖民地分離。
一七七九年	建議英國政府和愛爾蘭組成聯邦。
一七八七年	成爲愛丁堡科學院建院院士。
一七九〇年	七月十七日於家中逝世；葬於愛丁堡Canongate教會墓地。
一七九五年	他的《哲學論文集》（*Essays on Philosophical Subjects*）由Joseph Black和James Hutton遵照他的遺願出版。

經典名著文庫 055

原富（國富論）（上）

An Inquiry into the Nature and Causes of the Wealth of Nations

作　　　者 —— 亞當‧史密斯（Adam Smith）
譯　　　者 —— 郭大力、王亞南
審　　　定 —— 吳惠林
發 行 人 —— 楊榮川
總 經 理 —— 楊士清
總 編 輯 —— 楊秀麗
文 庫 策 劃 —— 楊榮川
主　　　編 —— 侯家嵐
責 任 編 輯 —— 李貞錚、侯家嵐
文 字 校 對 —— 劉天祥、許宸瑞、石曉蓉
封 面 設 計 —— 姚孝慈
著 者 繪 像 —— 莊河源
出 版 者 —— 五南圖書出版股份有限公司
　　　　　　　地　　　址 —— 臺北市大安區 106 和平東路二段 339 號 4 樓
　　　　　　　電　　　話 —— 02-27055066（代表號）
　　　　　　　傳　　　眞 —— 02-27066100
　　　　　　　劃撥帳號 —— 01068953
　　　　　　　戶　　　名 —— 五南圖書出版股份有限公司
　　　　　　　網　　　址 —— https://www.wunan.com.tw
　　　　　　　電子郵件 —— wunan@wunan.com.tw
法 律 顧 問 —— 林勝安律師事務所　林勝安律師
出 版 日 期 —— 2020 年 7 月初版一刷
　　　　　　　2022 年 7 月初版二刷
定　　　價 —— 520 元

國家圖書館出版品預行編目資料

原富 (國富論) / 亞當‧史密斯 (Adam Smith) 著；郭大力, 王
　亞南譯；吳惠林審定 . -- 初版 -- 臺北市：五南圖書出版股份
　有限公司，2020.07
　　　冊；公分 .
　　譯自：An inquiry into the nature and causes of the
　　　wealth of nations
　　ISBN 978-986-522-021-1(上冊：平裝). --
　　ISBN 978-986-522-022-8(下冊：平裝)

　1. 斯密 (Smith, Adam, 1723-1790)　2. 經濟思想
　3. 國富論

550.1842　　　　　　　　　　　　　　　　109006676